向末来跨越

新技术和新世界经济范式中的俄罗斯和中国

［俄罗斯］谢尔盖·尤里耶维奇·格拉济耶夫　著

李勇慧　等译　　金哲　审校

РЫВОК В БУДУЩЕЕ:

РОССИЯ И КИТАЙ В НОЫХ ТЕХНОЛОГИЧЕСКОМ И МИРОХОЗЯЙСТВЕННОМ УКЛАДАХ

中国社会科学出版社

图字：01－2021－6965号

图书在版编目（CIP）数据

向未来跨越：新技术和新世界经济范式中的俄罗斯和中国／（俄罗斯）谢尔盖·格拉济耶夫著；李勇慧等译．—北京：中国社会科学出版社，2021.12

ISBN 978－7－5203－9459－8

Ⅰ.①向… Ⅱ.①谢…②李… Ⅲ.①中国经济—研究②经济—研究—俄罗斯 Ⅳ.①F12②F151.2

中国版本图书馆CIP数据核字（2021）第268370号

出 版 人　赵剑英
责任编辑　黄　晗　乔镜蜚
责任校对　韩天炜
责任印制　王　超

出　　版　中国社会科学出版社
社　　址　北京鼓楼西大街甲158号
邮　　编　100720
网　　址　http://www.csspw.cn
发 行 部　010－84083685
门 市 部　010－84029450
经　　销　新华书店及其他书店

印刷装订　北京君升印刷有限公司
版　　次　2021年12月第1版
印　　次　2021年12月第1次印刷

开　　本　710×1000　1/16
印　　张　27.75
字　　数　387千字
定　　价　139.00元

凡购买中国社会科学出版社图书，如有质量问题请与本社营销中心联系调换
电话：010－84083683

致中国读者

本书涵盖了笔者关于世界和俄罗斯经济可持续发展问题的学术、政论和方法论研究。笔者在研究中评价了中国特色经济奇迹，对中国读者而言可资借鉴。俄罗斯、巴西和其他国家因采纳国际货币基金组织的建议而陷入经济危机，在这些国家遭遇经济危机以及美国和其他发达资本主义国家发生经济大萧条的背景下，中国经验正成为建立本质上全新、更先进并卓有成效的先进生产关系的指导方针。沿此方针发展的国家其经济都呈现出跨越式增长。

在中国经济奇迹的背景下，后苏联国家几乎同时开始进行社会主义计划经济市场改革。苏联拥有世界上最大的科研生产教育潜力，改革的起点要比中国优越很多。但因改革之路的差异，苏联及其解体后的俄罗斯由教条主义方法主导，而中国则运用实用主义方法，因此中国取得巨大的成功，成为世界主要工业巨头，而后苏联空间开始衰落，社会经济发展指数低于全球平均水平。

实践经验损毁了经济科学的名誉，即实施主流经济思想的建议并没有给苏联和俄罗斯带来成功。同时，中国共产党在正确思想和经济发展目标的指导下，成功地使中国从落后国家跻身于世界前列。与普通的自由至上主义原理相反，中国的改革者们能够将市场机制与计划经济机制、多种所有制与社会主义价值观、经济开放与国家利益相结合。

中国的经济奇迹“不适合”主流经济理论。到目前为止，人们对中国经济奇迹形成了包括以下几种片面性的解释：科学生产潜力较低的初始发展水平，外国投资和技术进口，中国人的过度工业化。但是，中国经济的一个关键特征是超高效的管理体系，它将上述所有要素及其他成功因素结合成为统一的发展战略，并确保挖掘出数以亿计的中国人民的创造潜力，引导企业家的创业能量来解决一个大国的社会经济发展问题。通过市场机制来解决经济增长和社会福利问题，中国政府协调了各个社会群体的利益，带领中国走上了造福全民的道路。

俄罗斯杰出的旅美思想家皮蒂里姆·索罗金（Pitirim Sorokin）曾预见到结合社会主义和资本主义制度的优点，趋同为一种新的制度，在半个多世纪以前称其为“一体化制度”。但是，20 世纪 60 年代出现的资本主义和社会主义融合理论并不被苏联政治经济学和西方主流经济学所接受。主流的经济学理论本质上是为资本主义辩护，试图证明事物既定秩序的绝对优越性、正确性和无条件合理性。西方主流经济学教条主义摧毁了苏联，使其不可能进行有效的改革，现今它正在摧毁美国，将美国统治精英推向自杀式的世界大战。

笔者认为，中国过去 30 年的经济增长速度处于世界领先地位，这一定程度上解释了“一体化制度”不仅优于资本主义制度，还优于已成为过去的苏联社会主义模式。本书从经济长周期理论的角度对这种现象进行了科学的解释，包括运用康德拉季耶夫长周期理论和阿瑞基积累周期理论。研究表明，当前的全球危机是世界经济的技术和体制领域中发生的周期性结构性变化。当前技术范式的变化伴随着典型的周期性过程：世界经济体系中心处于萧条阶段并伴随着社会紧张局势，外围出现新的全球领导者，他们能够集中物质和智力资源实现新的有前景技术领域的跨越式发展。世界经济范式的更替意味着国际经济关系体系的根本变化和世界经济中心的转移，已设法建立了适应新条件的有效管理体系的国家占据了领先地位。同时，过去的领导国至今仍试图通过发动世界大战来控制外围国家，以维持其全球主导地位。

美国试图引入贸易限制来抑制中国的发展，通过“颜色革命”来建立对后苏联空间的控制，扶持极右翼政权和激进的宗教政权，并唆使他们在欧亚大陆发动针对俄罗斯的战争。这是一个正在失去全球主导地位国家的典型行为，其统治精英一直在试图不择手段地维持世界统治地位。在20世纪，英国试图通过在主要竞争对手之间发动两次世界大战来保持其全球主导地位。拿破仑战争的结果是法国溃败，同时英国因这场战争获得世界领导国的地位。由于美国统治精英将维护本阶层利益和维持全球主导地位意识相结合，导致当前政治紧张局势的加剧，已演变成一场世界混合战争，并已经导致整个国际法体系遭到破坏。

出于各种原因，俄罗斯和中国是美国侵略的主要目标。如果美国统治精英将中国视为全球经济体系的主要竞争对手，那么传统上西方地缘政治思想将对俄罗斯的控制视为统治世界的关键。华盛顿的反俄侵略旨在摧毁作为一个主权国家的俄罗斯，从而实现巩固美国的主导地位和削弱中国发展能力的目的。美国领导层对中国发动的贸易战也意在削弱中国。美国领导层所发出的世界大战威胁使那些已成为美国侵略目标的国家走近。为了避免世界大战并维持欧亚大陆的和平，需要一个足够强大的反战联盟，能够对侵略者造成无法接受的损失。本书指出了对和平与稳定、建立反战联盟感兴趣的国家的共同行动方向。

新的世界经济范式的形成包括世界经济关系体系的相应变化。美国将对外经济政策自由化和国家政权体制瓦解强加给他国，以此加速美国企业和金融资本独霸天下；不同于美国，中国和俄罗斯则在互惠互利和尊重国家主权的基础上构建国际经贸关系。中国政府提出的“一带一路”倡议是在参与国共同投资前景广阔的发展项目的基础上实施的。俄罗斯与其他国家共同创建的欧亚经济联盟建立在平等和承认所有参与国的国家利益、互利合作原则和有限的超国家职能基础之上。中俄一体化项目的对接构成了新的国际经济关系架构的核心，该架构建立在尊重参与国的国家利益和主权、承认每个国家在政治制度和经济政策中具有保持各自特色的权利的基础上。

与新的世界经济范式相对应的国际关系体系应以条约法为基础。所有超国家机构，包括世界货币和全球信息网络，都应在有关国际条约的基础上运作。向该体系的过渡自动使美国丧失了为世界混合战争提供资金的主要来源（世界货币发行不再受美国控制）和主要的影响手段（信息网络中的支配地位）。本书通过扩大和深化欧亚一体化进程来描述这种过渡方式。

本书对中国读者的意义不仅仅局限于国际主题。本书主要目的在于证明技术范式和世界经济范式更替进程的不可逆性，以及中国经济发展管理体系的进步性。中国经济发展管理体系并非是过渡性的体系，实际上，中国已经建立了成熟的制度体系和生产关系体系，从而确保了国民经济管理方面的高效。这一体系还在不断完善。

2020 年 10 月 29 日中国共产党第十九届中央委员会第五次全体会议通过的《中共中央关于制定国民经济和社会发展第十四个五年规划和二〇三五年远景目标的建议》（以下简称《建议》）指出："我国已转向高质量发展阶段，制度优势显著，治理效能提升，经济长期向好，物质基础雄厚，人力资源丰富，市场空间广阔，发展韧性强劲，社会大局稳定，继续发展具有多方面优势和条件，同时我国发展不平衡不充分问题仍然突出，重点领域关键环节改革任务仍然艰巨，创新能力不适应高质量发展要求，农业基础还不稳固，城乡区域发展和收入分配差距较大，生态环保任重道远，民生保障存在短板，社会治理还有弱项。"中共中央在《建议》中号召全党要创造性地工作，"要统筹中华民族伟大复兴战略全局和世界百年未有之大变局，深刻认识我国社会主要矛盾变化带来的新特征新要求，深刻认识错综复杂的国际环境带来的新矛盾新挑战，增强机遇意识和风险意识……准确识变、科学应变、主动求变，善于在危机中育先机、于变局中开新局，抓住机遇，应对挑战，趋利避害，奋勇前进。"中国对经济发展管理体制的不断完善，为努力实现社会经济超前发展的国家树立了典范。

这是其他国家寻求实现社会经济跨越式发展轨迹的一个典范。

中国与其他国家一道将市场机制与计划结合起来，使民营企业家精神与社会主义价值观相协调，构建了新的世界经济范式的核心。依靠新技术范式的跨越式发展，中国正在经济发展中取得巨大突破，与东南亚其他国家一起创造了世界经济的新中心。这是中国领导人在不考虑国际货币基金组织的建议和西方经济学家观点的情况下所取得的成果。俄罗斯实施国际货币基金组织建议的惨痛经历证实中国立场的正确性。尽管中国取得了令人瞩目的成就，但俄罗斯的惨痛经历对中国仍具有启示意义。

西方机构和经济学家还在继续将自由主义经济政策的己见强加给中国。俄罗斯时刻谨记，国际货币基金组织关于自由主义货币政策的建议只是服务于美国、英国和日本的主要大型金融资本的利益。正如俄罗斯的教训表明，实施这些建议的主要结果是在实体经济急速衰退的情势下大量资本外流。对于中国经济学家来说，在经济政策体系变化规划中必须考虑到俄罗斯的教训。

本书阐释了笔者对全球经济结构性变化（包括中国的经济飞跃）深层规律的认知，论证了一体化政策（包括在大欧亚伙伴关系框架下欧亚经济联盟和“一带一路”倡议的对接）的合理性。希望这些研究成果可以引起中国读者的兴趣，并对其有所裨益。

一并感谢俄罗斯同人：P. 阿文、A. 阿格耶夫、A. 阿卡耶夫、C. 贝扎科夫、C. 博利诺夫、C. 博德卢诺夫、A. 瓦尔沙夫斯基、A. 沃尔孔斯基、A. 格鲁伯列尔、A. 达维多夫、V. 达尼洛夫—达尼利扬、V. 捷门季耶夫、M. 叶尔绍夫、K. 扎杜林、F. 科比亚科夫、G. 科列伊涅尔、O. 科洛列夫、C. 列夫琴科、I. 里布什金娜、V. 马耶夫斯基、V. 马卡洛夫、K. 马洛费耶夫、T. 曼苏罗夫、E. 马特琴科、A. 梅连季耶夫、L. 明德尔、Ya. 米尔金、A. 纳戈尔内伊、V. 奈焦诺夫、V. 涅里松、R. 尼热戈罗德采夫、N. 纳吉切诺维奇、V. 尼科诺夫、A. 奥德尔巴、V. 潘金、K. 别列斯、V. 波列瓦诺夫、A. 普罗汉诺夫、O. 罗扎诺夫、C. 罗格夫、J. 罗斯、E. 萨夫琴科、

V. 萨多诺维奇、V. 西姆切拉、E. 斯特罗耶夫、O. 苏哈列夫、S. 苏拉科申、S. 特卡丘克、S. 温特尔、V. 法捷耶夫、A. 弗门科、K. 弗罗洛夫、A. 富尔索夫、A. 什洛夫、Yu. 雅科维茨、Yu. 亚库金和其他同事，这些志同道合的同人和富有建设性的批评家，在俄文版著述中已列数。

我要对中国学者和专家表示感谢，与他们的交流帮助我了解了中国经济管理体系。此处要特别感谢陈元先生和李琴女士，感谢王文和朱丽教授，感谢周先生和李山先生，感谢何振伟先生以及其他我有幸与之讨论这本书主题的中国同事和朋友。我要特别感谢约翰·罗斯（John Ross）教授，他作为当代知名的经济学家之一，为我提供了宝贵的帮助，帮助我了解曾作为世界经济中心的西方国家发生经济大萧条背景下中国所采取的经济发展机制。没有李勇慧女士的大力帮助和坚持不懈，本书就不可能出版，她在将本书译成中文并进行编辑的过程中做了大量工作。

目　　录

第四部分 俄罗斯经济滞后的原因

第五部分 俄罗斯走出外围进入世界经济中心

第六部分 发展欧亚经济一体化战略

第七部分 构建大欧亚伙伴关系

绪　论

本书呼吁读者客观理解已争论多年的经济发展之路。

本书介绍了作者提出的经济增长长周期理论，该理论考虑到科学技术进步的基本意义，技术和世界经济范式不断更替的周期性过程以及随之而来的长波动周期和资本积累的长周期①。该理论揭示了在技术范式更替时期世界经济深陷危机和长期大萧条及爆发世界大战和社会革命的客观原因。世界大战和社会革命是世界经济范式更替的间接表现。这一理论使我们能够解释当前世界经济危机的原因以及美国日益扩大的侵略行为，美国的统治精英为了维护其全球霸权，发动针对中国和俄罗斯的全球混合战争。

基于书中提出的理论，作者论证了既可以制止美国侵略，也可以为经济跨越式发展形成有效管理体系的切实建议。该理论包括选择新技术范式关键产业优先发展方向的方法，还预先告诉我们，可以通过制定新技术范式发展相应的制度，建立落实优先发展方向的机制。该理论将整个经济政策体系着眼于解决体系升级并在下一次技术范式的跨越式发展的基础上使体系转移到可持续增长的道路上。

所有国家管理机构，包括中央银行和银行系统、政府部门、企

---

① Глазьев С. Стратегия опережающего развития России в условиях глобального кризиса. М.：Экономика，2010；Доклад ученых секции экономики ООН РАН 2011 г. / Под ред. С. Глазьева；Конкурентный потенциал России и пути его реализации для обеспечения национальной безопасности / Доклад С. Глазьева на заседании Совбеза России в 2015 г.

业、科研和工程技术组织必须在统一的战略规划体系框架内运行，该战略规划一方面包括私人首创精神和市场机制的结合，另一方面是政府对所实施的共同发展规划提供支持。规划应在政府和社会资本合作模式的基础上制定，并规定国家管理机构和私营企业对实现共同设定的目标负有共同责任。中国经济奇迹的现代经验建立了管理体系的典范，这对俄罗斯极具现实意义。

俄罗斯年轻改革派，根据国际货币基金组织的建议，制定俄罗斯经济“休克疗法”，导致俄三十年来一直处于系统性危机中；与之不同的是，中国领导者在这三十年里奉行一贯的“改革开放”政策，同时坚持对中国社会和经济发展进行系统规划。

2020 年 8 月 24 日，中共中央总书记习近平在经济社会领域专家座谈会上说：“从 1953 年开始，我国已经编制实施了 13 个五年规划（计划），其中改革开放以来编制实施 8 个，有力推动了经济社会发展、综合国力提升、人民生活改善，创造了世所罕见的经济快速发展奇迹和社会长期稳定奇迹。实践证明，中长期发展规划既能充分发挥市场在资源配置中的决定性作用，又能更好发挥政府作用。”①

经济社会发展综合规划并未阻碍中国经济的市场化转型，而是使其向创新的方向发展。市场机制不只是狭窄的国有资产私有化，而是已巧妙地嵌入到治理中促进整个社会的福祉，并确保中国经济的技术发展水平和竞争力逐步提高。中国领导人不断完善国家规划和市场相结合的机制，建设性地利用市场机制实现社会经济发展的既定目标。

习近平在同一次讲话中向中国专家介绍了国家经济发展的宏伟目标。他强调说：“‘十四五’时期是我国全面建成小康社会、实现第一个百年奋斗目标之后，乘势而上开启全面建设社会主义现代化国家新征程、向第二个百年奋斗目标进军的第一个五年，我国将进入新发展阶段。……凡事预则立，不预则废。……我们要着眼长远、

① 习近平：《在经济社会领域专家座谈会上的讲话》，《人民日报》2020 年 8 月 24 日。

把握大势，开门问策、集思广益，研究新情况、作出新规划。"[①]

中共中央总书记呼吁专家们"以辩证思维看待新发展阶段的新机遇新挑战"[②]。这种创造性的治理和经济改革方法与华盛顿金融机构（国际货币基金组织和世界银行）的教条做法截然不同，后者的代理人轻率地摧毁了苏联经济的再生产机制，任由其被犯罪组织和腐败官员掠夺。

追随快速过渡到市场经济的乌托邦方案的空想，寻求通过挪用国有财产实现一夜暴富，幻想摧毁联盟监管机构篡夺无限的权力，俄罗斯联邦和大多数后苏联共和国的领导人无所顾忌地破坏了统一国民经济体系的再生产机制。这导致生产企业、科研机构、设计局和教育机构之间复杂的科技协作"链"迅速崩溃。科学和生产潜力被迅速摧毁，经济急剧衰退，数以百万的高素质专家离开祖国，资本外流估计超过万亿美元。

据说当今只有盲人或冷眼旁观的人才拒不承认后苏联时期实行的经济政策导致俄罗斯和其他后苏联国家经济陷入停滞。俄罗斯的技术水平、生产效率、人力资源以及人口生活质量的指标跌至世界平均水平以下，排名紧邻第三世界国家。中国一直保持着社会主义思想和规划，并已取代苏联成为新的世界经济范式的基础，建立了先进的管理体系，确保了中国社会和经济的跨越式发展。

为了提高社会福利水平，通过战略规划的优势与市场竞争机制结合，将国有基础设施项目与私人企业家精神结合，并基于公共利益对其进行调控，中国共产党创造了一种根本上崭新的生产关系体系，以满足现代生产力发展的要求。这种体系的先进性表现在生产率的高速增长和人民生活水平的快速提高。中国借助先进生产关系体系领导世界经济，将资本主义国家远远地甩在身后。中南半岛五国（泰国、缅甸、柬埔寨、老挝、越南）、印度及埃塞俄比亚引入了类似中国的经济管理机制，就经济增长速度来说这些国家已进入世

① 习近平：《在经济社会领域专家座谈会上的讲话》，《人民日报》2020年8月24日。
② 习近平：《在经济社会领域专家座谈会上的讲话》，《人民日报》2020年8月24日。

界领先国家之列。甚至在中国经济奇迹发生之前，这种管理体系的要素就一直被亚洲新兴工业国家——第二次世界大战后的日本和西欧所采用。

实际上，所有这些国家取得的成功，得益于在社会经济发展的基础上，将从属于社会利益的经济活动的社会主义原则、以私人资本为基础的企业家倡议及以团结社会不同群体为原则的国家统一利益相结合，以实现生产增长和提高社会福祉的目标。索罗金和经济趋同理论的支持者在半个世纪前就预见了一体化制度的出现。笔者认为，从保障生产力发展的角度来讲，一体化制度结合了社会经济制度中社会主义、资本主义和共产主义最优质的部分。[①] 这种制度体系的扩散，一定程度上为中国和其他社会主义市场经济国家提供了扩大再生产保障，超越了国家体系的界限，达到了国际水平，形成了决定未来全球经济体系的新的世界经济范式。[②]

新的世界经济范式与现今自由主义全球化思想不同，前者尊重国家利益，承认国家对任何外国经济活动限制的主权权利，遵循互利原则、自愿原则和国际合作共同利益原则，后者只顾及以美国为中心的跨国公司生产率的高速增长和人民生活水平的快速提高。不是通过打破边界、摧毁国家体制来实现资本、商品、服务和人员的自由流动，而是在共同互利投资的基础上将参与国国家利益与国家发展体制支持相结合，这将成为组建新的世界经济关系体系的指导方针。如果使用珀金斯的术语[③]来描述，那么新的世界经济关系体系不是由经济杀手建立的，而是由规划复杂的创造性合作网的专家建立的。经济杀手代表大型跨国资本在外围国家殖民获得的利益，而这些专家则是在落实共同投资项目时结合国家竞争优势以达到增效作用。因此，使用索罗金的定义，我们称这种新的世界经济范式为

① Сорокин П. Главные тенденции нашего времени. М.：Наука，Российская академия наук，Институт социологии，1997.

② 西方学者把市场经济看作资本主义的创造，把有为政府看作社会主义，包括对经济的主动干预能力和意识，不会被资本绑架、陷入利益集团，是代表多数人的利益。

③ Перкинс Д. Исповедь экономического убийцы. М.：Претекст，2005.

“一体化制度”。

技术和世界经济范式的更替是一个痛苦的过程，伴随着结构性危机、经济萧条和军事政治紧张局势的加剧。在世界经济演化的前一个周期中会形成权力—经济关系，对延续这种关系感兴趣的精英人士及服务于这种关系的机构会采取一切手段（包括世界大战）来维护这种关系。但是，战争的胜利者始终是新的领导人和更高效生产关系体系的载体，战胜国的制度随后被其他国家效仿，扩散到世界各地并形成了新的世界经济范式。

因此，在20世纪，英国为了保持其霸主地位，在最具威胁的竞争敌人之间组织了两次世界大战，但是却无法维持其殖民体系，而该体系目前由美国跨国公司把持。当前美国已经在组织世界混合战争，以维持对其外围国家的控制。但这场战争的主要结果是俄罗斯与中国的战略联盟，以及中国作为新世界经济和技术范式的领袖的地位得到巩固。这个联盟是否能够抵挡美国的侵略并防止新的世界大战发生？本书详细撰写了中俄战略联盟攻略。

根据经济发展长周期的客观规律，世界正在转向新的技术和世界经济范式。同时，一场技术革命正在进行中，决定国民和世界经济体再生产的制度体系也在发生更替。苏联解体后，俄罗斯和其他后苏联国家发现自己处于以美国为中心的资本再生产体系的“外围”，这使后苏联国家的经济发展服从于美国的利益。本书详细阐释了这种从属机制，该机制导致了经济衰退和原料导向型经济，曾经发达的国民经济综合体分裂成为为外部利益服务的独立部分。美国从俄罗斯经济中获得了以美国金融体系为核心的“摇钱树”，每年通过非对等的跨境交易链攫取数千亿美元的资本。

在苏联解体及其建立的全球社会主义体系崩溃之后，我们的社会科学家迷失在自有的幻想中，一味地追随西方学者的思想，开始使用含糊不清的后工业社会、后现代主义、后基督教、后共产主义甚至后人本主义的概念，放弃了辩证逻辑和历史唯物主义。他们用貌似科学的推论迷惑了自己和读者，无法提供任何可理解的社会经济发展理论。

同时，在后苏联空间的反社会主义大屠杀之后的25年——当时的场景历历在目，记忆犹新。生产力、生产关系和生产要素的基本概念开始回归，对关于向市场经济过渡的各种有效模式的客观数据进行分析，使我们能够在新的技术范式中恢复对社会经济发展逻辑的理解。与主流经济思想不同，社会经济发展逻辑不是基于教条主义，而是基于经济发展的客观定律，这些定律解释了当前世界经济的结构性变化以及由此产生的危机进程。

目前，根据技术和世界经济范式更替的客观规律，美国正在失去其全球主导地位。美国在与中国的地缘经济竞争中败下阵来，试图通过扩大对全球货币和金融体系外围国家的控制来改善其处境，而俄罗斯是其中的关键环节。美国领导层遵循地缘政治中的“盎格鲁—撒克逊”传统，在欧洲发动了新的战争，因为以往的战争给美国带来了巨大的利益。为此，美国和乌克兰制造了地缘政治麻烦。此举意在使俄罗斯陷入军事冲突，目的是使俄罗斯与整个西方世界对抗并引发经济灾难。这场已经在信息、外交和货币金融战线上发动的战争旨在摧毁俄罗斯，持有外国资产的俄罗斯人将无法避免这场战争。被美国控制的乌克兰政权规定，持有外国资产的俄罗斯人只能通过“背叛祖国”来保护资产；否则，账户将被“冻结”，资产将被征用。美国领导人发表了“克里姆林宫报告”，向俄罗斯主要商人和官员们发出最后通牒，允许美国控制的机构没收有影响力的俄罗斯公民的资产。其中不符合美国利益并拒绝与美国情报部门“合作”进行反俄战争的人，其资产将被没收。

本书从科学的视角展示俄罗斯奉行的宏观经济政策是过时的、错误的和有害的。对处于以美国为核心的金融和经济体系外围的俄罗斯和其他国家而言，市场原教旨主义意识形态的危险性在于缺乏对技术和经济发展规律的理解，该主义排除应有的现代化政策以及将经济提高到先进国家水平的政策。如果俄罗斯在以纳米和生物工程技术为基础的下一次技术革命中“沉睡”，会重蹈苏联未能利用前一次革命中的信息和通信技术成就的覆辙，将会引发政治风险，造成严重的技术滞后和劳动人民的贫困。为了消除这种风险，根据经济发展的基本规律和中国的成功经验，本书提出了科学合理的建议。

前面引用过的中共中央文件在总结“十三五”规划实施情况时指出：“‘十三五’时期是全面建成小康社会决胜阶段。面对错综复杂的国际形势、艰巨繁重的国内改革发展稳定任务特别是新冠肺炎疫情严重冲击，以习近平同志为核心的党中央不忘初心、牢记使命，团结带领全党全国各族人民砥砺前行、开拓创新，奋发有为推进党和国家各项事业。全面深化改革取得重大突破，全面依法治国取得重大进展，全面从严治党取得重大成果，国家治理体系和治理能力现代化加快推进，中国共产党领导和我国社会主义制度优势进一步彰显；经济实力、科技实力、综合国力跃上新的大台阶，经济运行总体平稳，经济结构持续优化，预计二〇二〇年国内生产总值突破一百万亿元；脱贫攻坚成果举世瞩目，五千五百七十五万农村贫困人口实现脱贫；粮食年产量连续五年稳定在一万三千亿斤以上；污染防治力度加大，生态环境明显改善；对外开放持续扩大，共建‘一带一路’成果丰硕；人民生活水平显著提高，高等教育进入普及化阶段，城镇新增就业超过六千万人，建成世界上规模最大的社会保障体系，基本医疗保险覆盖超过十三亿人，基本养老保险覆盖近十亿人。”

毫无疑问，中国共产党确定的以下目标将同样成功地实现：“党的十九大对实现第二个百年奋斗目标作出分两个阶段推进的战略安排，即到二〇三五年基本实现社会主义现代化，到本世纪中叶把我国建成富强民主文明和谐美丽的社会主义现代化强国。”①

从事人类发展“长”周期研究的科学家发现了当今时代呈现过渡性特点，兼有千年文明中的不同周期更替的特点。② 研究支配这些

---

① 《中共中央关于制定国民经济和社会发展第十四个五年规划和二〇三五年远景目标的建议》。

② Яковец Ю. Политическая экономия цивилизаций. М.: Экономика, 2016.

周期的规律非常困难，包括导致当前全球经济危机的技术和世界经济范式的更替。

当前技术范式的更替导致世界主要国家的经济出现结构性危机，这与现有技术范式的增长潜力耗尽和新的技术范式增长轨迹的形成有关。在新技术范式的“诞生”期，一些国家能够提前掌握新技术范式的关键产业资源，而前任领袖国家则陷入前一次技术范式的生产停滞、资本贬值中。通过这种方式，第二次世界大战后日本和西欧实现了经济奇迹，加入到美国和俄罗斯主导的世界领先行列中。当前中国和印度正在经历类似的飞跃。

尽管对技术范式更替的过程进行了充分的研究，并且第六次更替也正在进行，其中包括在当代领导人的记忆中进行的第二次更替，但很少有人了解这种更替进程的逻辑。包括俄罗斯在内的发达国家犯了加剧结构危机的典型错误，即继续投资以扩大即将淘汰的技术范式中不具备前景的产业的生产，以及延迟对新技术范式生产增加投资。

人们对世界经济范式更替理论的了解甚至更少，该理论解释了生产关系体系和资本再生产制度变化的逻辑。当前政治紧张局势的加剧是世界经济范式更替的典型现象，直至今日，世界经济范式的更替都伴随着世界大战。

按照这一进程的逻辑，美国作为金融垄断世界经济范式“核心”的“生命周期”即将终结，美国正通过发动一场世界混合战争以控制其经济外围国家，努力保持全球霸权，与中国和其他东南亚国家竞争，这些国家正在形成一个新的、一体化的世界经济范式“核心”。笔者在本书中揭示了美国发动世界混合战争的客观原因及战争的徒劳无益。

美国已经输掉了这场战争：中国在经济上超越美国、上海合作组织在政治方面领先于美国、金砖国家在意识形态方面组成了反战联盟。但是，美国将继续在全球货币和金融体系以及信息空间占据主导地位，美国的统治精英们仍然对其统治世界的专属权充满信心。

这带来了美国侵略升级的风险，出于主客观原因美国侵略的主要方向是俄罗斯。对世界经济范式更替规律的无知导致对美国侵略风险的低估，美国的侵略要么被视为是削弱俄罗斯和中国的平庸追求，要么被视为是对反对美国政治制度进行的惯常斗争，或者被视为是对国际恐怖主义的战争。实际上，这是美国统治精英与全世界的一场战争，目的是维持领导地位，而这种领导地位正随着其即将退出历史舞台的世界经济范式而下滑。美国无法阻止历史，但能够扰乱世界。美国可以轻易地攻破欧洲，就像一个世纪前的英国统治精英那样，英国参与了第一次和第二次世界大战，以维持其作为殖民帝国的全球领导地位。

由技术和世界经济范式更替而引起的两次全球性周期性危机，其带来的危险共振效应造成了经济和政治危机。在 20 世纪 30 年代，当第二次世界大战的灾难解决了危机现象时，发生了类似的共振效应。这次，随着世界领导地位的更替而发生的技术和地缘政治革命是否可在未出现共振效应的情况下进行？

从理论上讲，如果这些国家能借助新技术和世界经济范式增长“浪潮”，成功地组成足以阻止美国侵略的联盟，并且能够就新世界经济范式的关键问题达成共同立场，则可以由金砖国家甚至上海合作组织创建反战联盟。

先进国家的统治精英在了解当代世界经济体系运行的规律后，可以就人类未来的和谐发展达成共识。笔者认为，新的世界经济范式正在发展成为一个“一体化制度”，根据文明周期进化论，它将取代资本主义制度，并成为向人类智力文明过渡的基础。[①] 大规模过渡难以实现，因为在人类历史上第一次出现了可控发展的可能性。

---

① Яковец Ю. В.，Кузык Б. Н. Цивилизации：теория，история，диалог，будущее. М.：Институт экономических стратегий，2006. Т. 1；Яковец Ю. В.，Акаев А. А. Перспективы становления устойчивого многополярного мироустройства на базе партнерства цивилизаций：Научный доклад. М.：МИСК，2016.

第一部分

经济发展的基本规律

从经济科学的角度来看，与传统社会不同，现代社会以科学技术进步（STP）为特征，这已成为经济增长的主要因素。在社会生产和福利增长的因素中，科学技术进步占90%，劳动力、资本和自然资源等传统因素仅占10%。在科学技术进步的影响下，传统因素本身也在不断发生变化。当前此种情况在后现代化时代就已经实现，甚至早在现代化时代就已经存在。作为决定从传统社会向现代社会过渡的历史里程碑，我们将接受工业革命。因此，我们认为工业革命之前的时期属于过去的经济，而新的技术范式和世界经济范式属于未来的经济。目前正在向新的技术和世界经济范式过渡。

第一章　生产力发展中技术范式的周期性变化

自工业革命以来，经济增长（行情）发生了五次“长波”（康德拉季耶夫）更替。相应的技术范式的生命周期上升阶段成为长波更替基础，即一个可再生的完整的技术关联产业体系。

根据笔者的定义，技术范式是在经济结构上分离出的技术关联产业集群，这些产业集群通过同一种类型的技术“链”相连接并形成再生产整体。每次范式都具备内部统一性和稳定的构成物，在范式框架内进行了完整的宏观生产循环，包括初始资源的开采和获取、所有加工阶段以及满足相应公共消费类型的一系列最终产品。

从动态上看，技术范式是一个再生产模型[①]，其中包含为新技术范式同步开发的和可再生的基本技术集群。在静态中可以将技术范式定义为技术水平接近的产业集群，即作为一个经济水平。[②]

技术范式的特征在于构成技术范式的产业间技术水平相近。这些产业由纵向和横向关联的同类资源组建，同时使用与技术水平相适应的劳动力，并依托同样的科技潜力。

---

① Данилов-Данильян В. И.，Рывкин А. А. Воспроизводственный аспект экономического развития и некоторые проблемы управления // Экономика и мат. методы. 1982. Т. XX, вып. 1.；Глазьев С. НТП и воспроизводственные структуры в народном хозяйстве. Препринт. М.：ЦЭМИ АН СССР，1986.

② Яременко Ю. В. Структурные изменения в социалистической экономике. М.：Мысль，1981.

技术范式在其发展进程中具有复杂的内部结构。在这一进程中，决定形成技术范式“核心”和革新经济技术结构的经济基础创新发挥了关键作用。一些产业使用“核心”产品，且在技术范式扩散时起主要作用，正是这些产业构成了关键领域的产业集群。形成技术范式的技术“链”涵盖了资源加工各个层面的技术关联产业集群（技术集群），并连通相应的非生产性需求类型。后者构成了技术范式的再生产模型，同时又是技术范式扩散的最重要源泉，从而确保了相应素养的劳动力资源的再生产。

技术关联过程对一致性的高要求促使进入同一技术范式的不同产业间彼此联系牢固。技术集群要素的刚性连接规定要求技术的同质性（如相同的生产技术水平、产品质量、原材料和材料、劳动力资格、劳动组织的文化水平、按既定技术道路发展）。技术集群内的产业与未进入技术集群的产业在技术水平方面差别明显。将产业融入技术集群通常是一项复杂且在经济上完全无利可图的活动，因为这项活动要么需要改造相关生产过程（如果引入的技术高于集群内产业现有的技术水平），要么引起整个技术集群的生产效率及最终产品的质量下降（当引入的技术低于集群内产业的现有技术水平时）。

生产进程的技术关联联合成为技术集群，引起技术集群和生产进程同步发展。同一技术集群产业的出现、扩大、稳定和下降或多或少同时发生。由于技术集群的内部完整性，所以形成新的技术关联进程“链”就意味着淘汰旧的链条。因此，技术集群内任何重大技术革新都可在新技术平台上进行重构，这标志着下一个技术集群的出现。

通常技术集群之间紧密相连，从而使多条特定的技术链结合在一起，这些技术链并非被均匀地分配在技术空间中，而是以束的形式在同型技术链的关键技术集群内彼此相连。技术链的同型性表现在制成品的互补性、消费类型的统一性、资源质量的相似性、生产文化和生产工艺技术水平的一致性，并且用作同种类型的结构材料、载能体以及运输和通信材料。

在其发展过程中，关联的技术集群可以彼此适应。企业实体对生产稳定性的需求使技术集群之间的合作关系具有可再生产的特征。经济中正在出现可持续的技术“链”，这些技术“链”可以将相关联的技术集群连接起来。这些相关联的技术集群可以对从采矿到最终产品生产的一系列固定资源进行合理地重新分配。

以上对经济技术结构的阐释使我们可以对技术变革的过程进行如下描述：任何技术体系的发展都始于引入适当的基础创新，同时产生必要的补充创新。基础创新与传统技术环境完全不同，在基础创新的基础上创建的技术体系的有效运行需要组织新的技术水平相近的产业。因此，基础创新的传播伴随着新技术集群的形成。反过来，只有在对等的生产和技术环境下（即在相应的技术范式框架内），才能确保技术集群的有效运行。

由于通过技术“链”连接而形成的每组技术上相互关联的产业集群或多或少都与其他技术集群紧密地联系在一起，因此，一方面，产业集群中发生的变化受到相关技术集群吸收这些变化能力的限制；另一方面，技术集群本身也会产生结构上的相应变化。由此可知，构成技术范式的生产和技术体系或多或少地进行了同步转换。技术过程的发展和扩散以关联技术体系集群的发展为前提条件。向上的技术和经济发展是通过形成新的技术“链”来实现的，新的技术“链”是在相关联的技术集群的基础上形成并结合到新的技术范式中的。

技术范式是在整个经济体系内形成的，涵盖了资源加工的所有阶段以及相应的非生产性消费类型，形成了宏观经济再生产模式。因此，每个技术范式都是自我再生产的整体，经济的技术发展必定是通过连续的技术范式更替实现。

因而同时存在的技术范式之间的关系是矛盾的：一方面，由于前一次技术范式的发展形成了现有技术范式的物质条件；另一方面，同时存在的技术范式之间不可避免地存在有限资源的争夺。新技术范式的技术和经济发展基于前一阶段创造的生产潜力。新技术范式不仅能使用前一次技术范式发展中的能源载体、结构材料、原材料、大众消费水平，而且还能使其技术集群符合自身的需求，并通过改造将这些技术集群整合到再生产模型中。然而新技术范式的再生产模型不可能立刻形成。在新技术范式发展的初始阶段，由于引入了基础创新而产生的技术集群不会形成自我再生产整体，并在一段时间内仍与前一技术范式的技术集群相结合。随着新技术集群的出现或传统技术集群的升级，渐渐形成了新技术范式的完整再生产模型。

新技术范式再生产模型的形成是一个漫长的过程，它具有两个本质上不同的阶段。第一阶段是在前一技术范式占主导地位的条件下新技术范式的关键因素和“核心”的出现，前一技术范式由于自身扩大再生产的需求客观地限制了其后继产品的形成。随着这一过程的经济潜力的消失，第二阶段从用新的技术范式取代主导的技术范式开始，然后以另一轮经济行情“长波”形式继续。从第一阶段完成到第二阶段开始的这段时期呈现经济萧条的特征，在过渡期经济结构发生调整。在此期间，过时产业折旧后剩余的资本、劳动力和其他资源流入新技术范式的技术集群中。随着再生产模型的形成，新的经济增长“长波”开始了。

通过对技术和经济发展相关指标的动态进行实证研究，证实了技术范式和经济演变及其生命周期更替的连续过程存在的可靠性。通过测量与各种技术范式增长相关的技术变革的结果，可以表明技术范式的生命周期涵盖了半个多世纪，其指标有两个明显的“峰值”，并包含了技术和经济发展相应阶段。①

技术范式的周期性变化规律由科学技术进步的周期性决定。在技术范式生命周期的不同阶段，科技进步与产业间的相互关系不断变化。在不同的技术范式中，这些关系是在不断变化的技术基础上重现的。基于集成自动化的生产集中度不同于基于流水线的生产集

① 笔者著作中首次详细使用技术范式周期性更替规律：Глазьев С. Теория долгосрочного технико-экономического развития. М.：ВлаДар，1993。

中度。但是，在过去的三个世纪中，维持上述关系周期性振荡的一般机制在原则上保持不变。

通过逻辑增长曲线[①]可知，任何一种技术的生命周期都是有限的。众所周知，技术生命周期的有限性决定了技术范式生命周期的模式，即导入、迅速增长、成熟和衰退等阶段。当达到生命周期的倒数第二个阶段时，对技术开发投资带来的收益递减，在衰退阶段开始的投资收益呈现负增长。由于构成技术范式的产业间存在技术关联，所以这些产业的发展是同步的，这导致长达一个世纪的技术范式生命周期的模型与逻辑增长曲线的模型相似。图 1 – 1 直观显示了技术范式的生命周期，其中将康德拉季耶夫的长波模型与新技术范式的"诞生"阶段及旧技术范式达到的增长极限相对应。该图表明，技术范式的生命周期由两条连续的逻辑增长曲线表示。图 1 – 1 反映了在前一技术范式占主导地位的条件下新技术范式的发展处于萌芽阶段，前一技术范式的增长极限意味着经济向长波周期中的下降阶段和萧条阶段过渡，这不仅压制了现有行业，还压制了新行业。由于经济行情的总体恶化，投资和创新积极性正在下降，经济行情新增长始于新技术范式向增长阶段过渡，这一阶段用较大比例尺的逻辑增长曲线描述。

根据上述技术和经济发展以及社会资本再生产的规律性，经济现象表面上的技术范式的生命周期以经济行情"长波"的相应阶段形式反映。萧条期对应于相应技术范式的诞生阶段，恢复期对应技术范式的形成阶段，"长波"上升期对应技术范式的增长阶段，衰退期对应技术范式的成熟阶段，成熟阶段的特征在于经济进一步增长的能力消失了，经济由进一步增长变成向新技术范式过渡。

再生产模型的形成使生产成本迅速降低，新技术范式的增长阶段不仅伴随着生产成本的下降，而且伴随着与新技术范式再生产条件相一致的经济评价改革。价格关系的变化有助于提高构成新技术

① Львов Д. С.， Фетисов Г. Г.， Глазьев С. Ю. Эволюция технико-экономических систем：возможности и границы централизованного регулирования. – М.：Наука，1992.

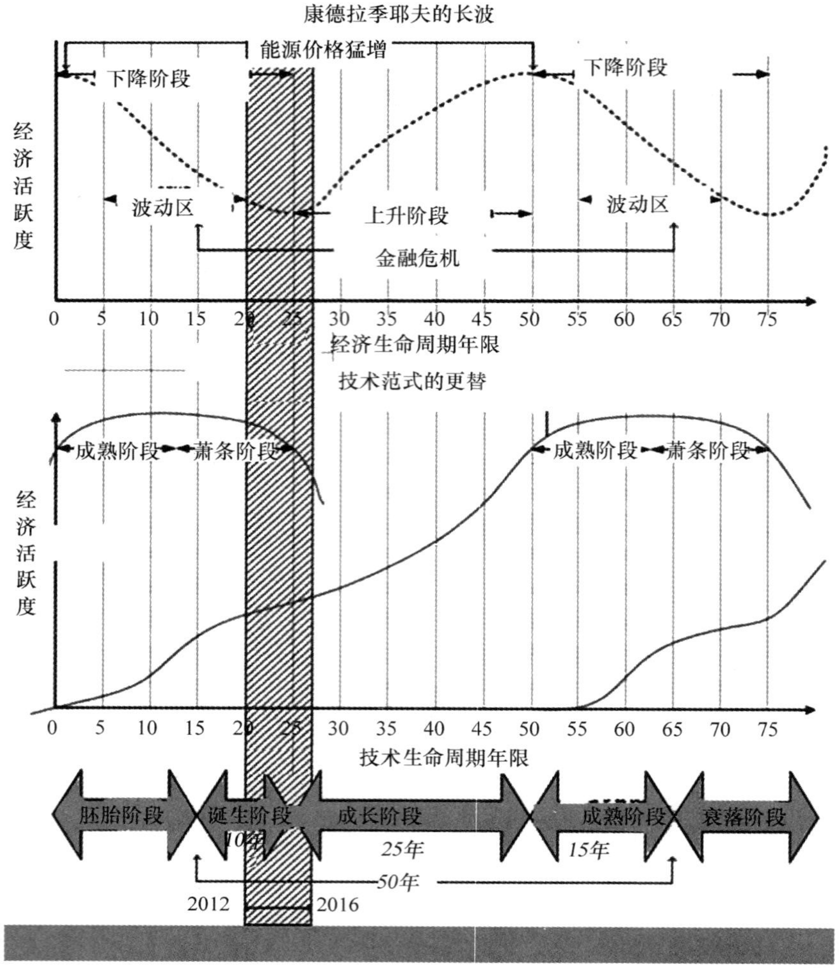

图 1－1　技术范式的生命周期

范式的技术效率，并且随着传统技术范式的更替，整个社会生产效率也会提高。最明显的是，这些变化体现在能源载体价格的周期性波动中，随着能源价格的急剧上涨，主导的技术范式效率开始下降，更有效率的新技术范式开始取代旧技术范式。随着新技术范式的发展，社会生产的能源消耗量降低，对能源载体的需求下降，能源载体、能源密集型材料和原材料的价格降低，这为基于新技术范式恢复经济增长创造了有利条件。

图 1－2 显示了将近 40 年前发布的图表，该图表将能源价格的波动与偏离全球能源需求趋势的偏差结合在一起。我们没有对其进行更新，以便避免陷入与 2000 年的石油价格飙升有关的数据，以免被怀疑存在数据伪造。根据该图中反映的规律，我们及时预测了油价在急剧上涨后立即下跌的必然性。

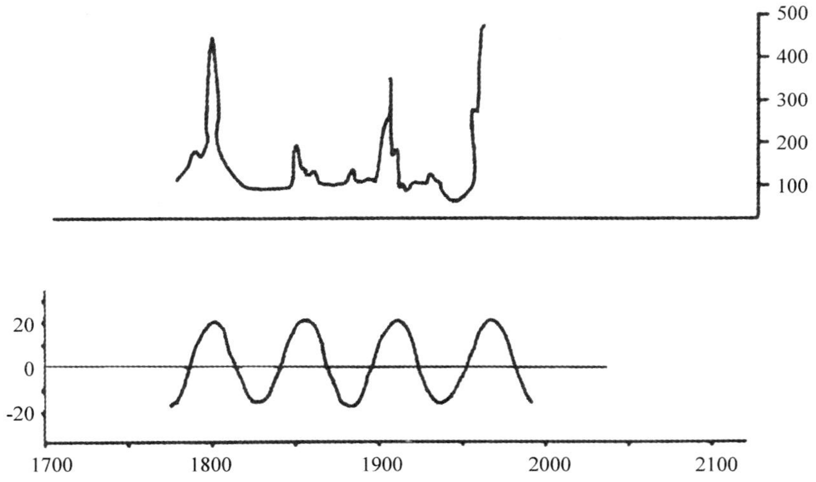

图 1－2　能源需求（上图）和价格指数（下图）趋势

资料来源：Marchetti C.，Nakicenovic N.，*The Dynamics of Energy Systems and the Logistic Substitution Model.* RR－79－13/IIASA. Laxenburg，Austria，1979.

随着新技术范式的发展，相应社会需求的饱和，消费需求及其产品价格的下降以及完善和降低其生产要素的技术能力枯竭，社会生产效率的增长放缓了。上一个技术范式生命周期的最后阶段与下一个技术范式的胚胎阶段相吻合，增长率以及相对增长率进一步下降，并且许多领域的社会生产效率绝对下降。

由于构成技术范式的产业间的关联性及这些产业发展的同步性，其技术改进效率的下降也或多或少同时发生，这反映在经济技术发展速度的急剧下降和科学技术进步对社会总产品增长“贡献”指标的下降中。在下一个技术范式的生命周期中，社会生产效率、各种结构关系和比例的波动会再次发生。

技术范式周期性更替的规律性使我们能够解释由于相应的技术变化而导致经济发展过程的不平衡性和不对称性。当先前的技术范式仍然在经济结构中占主导地位时，就会出现一种新的技术范式，并且其发展受到不良的技术环境和社会经济环境的制约。只有当主导技术范式达到增长极限并且主导技术范式产业的利润率下降时，才开始将资源大规模重新分配到新技术范式的技术“链”中。

周期性发生的技术革命证实了技术范式周期性更替的规律性，在此期间创新活动急剧增加，生产效率迅速提高，社会经济认可新技术潜力以及价格比例根据新技术体系的性质发生变化。技术革命伴随着大规模过时的资本贬值与缩减，这些资本曾被用于过时技术范式的产业，技术革命同时伴随着经济状况的恶化、贸易矛盾的加深以及社会和政治紧张局势的加剧。从经济现象的表面看，这一时期看起来像是一场严重的经济萧条，伴随着宏观经济指标的恶化——GDP 和工业生产的增长率下降、失业率上升。从过时的且无利可图的产业中释放出来的资本没有立即流入新的技术范式，并且在流通领域停滞了一段时间，加剧了金融泡沫。根据佩雷斯（Perez）[①] 的说法，过渡到下一个增长长波的成长阶段是在破裂的金融泡沫中贬值后的剩余资本找到一种向新技术投资的出路之后才开始的。这样就开始了新技术范式的成长阶段。

技术范式的更替规律可以通过以下方式来确认：社会和体制系统以及生产管理系统中的周期性变化，这些变化可以使各组织的成员和管理者的专业技能与新的条件相适应，从而缓解社会压力并有助于大规模引进新技术范式的技术，以及与新技术范式相适应的消费类型和生活方式。此后，新技术范式的快速扩散阶段开始了，这成为加速经济增长并使新技术范式在经济结构中占据主导地位的基

---

① Perez C.，*Technological Revolutions and Financial Capital*：*The Dynamics of Bubbles and Golden Ages*. London：Elgar，2002.

础。在新技术范式的成长阶段，前一个技术范式的大多数技术“链”都根据新技术范式的需求进行了升级。同时出现了下一个最新技术范式，该范式一直处于萌芽阶段，直到主导的技术范式达到其增长极限为止，此后下一次技术革命开始了。

技术范式的更替体现在经济原材料基础的结构变化中，并在一次性能源的消耗中得到明显体现（见图1-3）。

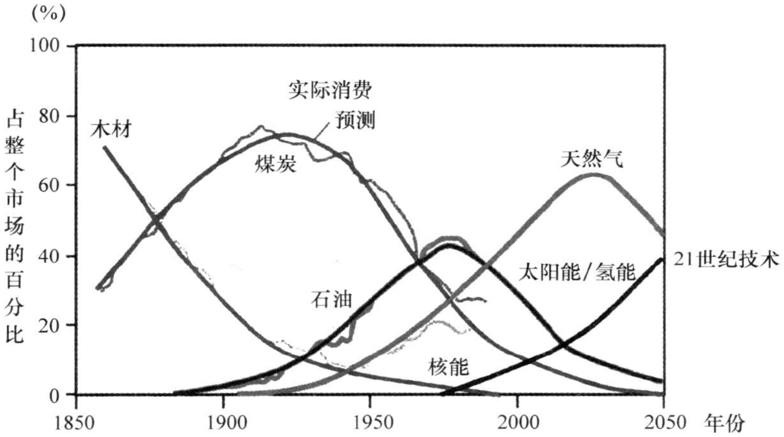

图1-3 1850年以来市场上能源类型比例以及2050年前预测

资料来源：Nakicenovic N., *Energy Strategies for Mitigating Global Change*. IIASA. January 1992.

每种新技术范式在自身发展中首先都利用现有的运输基础设施和能源载体，从而刺激了它们的进一步扩展；同时与长期趋势相比，新技术范式的快速增长阶段伴随着GDP和消费水平以及能源消耗的周期性增长。随着下一个技术范式的发展，克服了前一个技术结构的局限性，创建了一种新型的基础设施，并向新型能源类型过渡，这为形成下一个技术范式奠定了资源基础。

在技术范式更替的过程中，对科学发现和发明的需求结构发生了变化。由于不适应占主导地位的技术范式的生产和技术体系，因此很多科学发明和发现长期以来一直无人问津。只有随着技术范式增长潜力的枯竭，才从根本上出现了对新技术的需求，对新技术的竞争性筛选为新技术道路奠定了基础。新技术轨迹出现的先决条件是在科研、试生产及基础技术中形成新技术轨迹的半成品。由于相应需求的饱和、生产效率达到增长极限而使扩大资本的传统技术能力用尽时，上述先决条件就会实现，使潜在的资本投资方式转变为现实。

将长期技术和经济发展表示为不断变化的技术范式更替进程，使我们能够衡量长期经济发展的进程。使用来自世界和俄罗斯经济特定历史经验研究的资料进行的测量结果揭示了五种技术范式的形成和变化，包括当前占主导地位的信息和电子技术范式（见图 1－4）。这些发现还揭示了新技术范式的结构，新技术范式的发展将决定未来 20—30 年的经济增长。

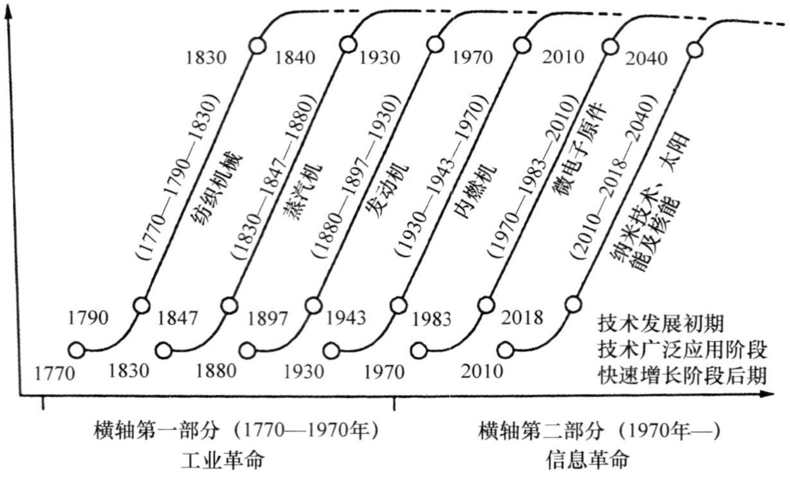

图 1－4　现代经济发展进程中技术范式的更替（附带主要能源转化技术）

世界经济的结构性危机引起主导技术范式的更替。当前正在发生的结构性危机的主要特征是能源载体价格的波动、金融“泡沫”和经济萧条。

2000 年石油和其他能源载体价格的“飙升”表明第五种技术范式已达到增长极限。技术范式周期性更替的规律性的发现使得可以预测石油价格的波动、金融“泡沫”的“膨胀”和“崩溃”、经济增长放缓、金融危机和萧条，这些现象自2008年以来席卷了发达国家。得益于新的第六次技术范式的成长，发达国家目前正在克服结构性危机。通过测量关键技术的扩散，我们可以确定新技术范式从“出生”阶段到未来增长阶段的进程。新技术范式很快将在发达国家的经济中占据主导地位，从而确保发达国家离开旧“长波”，过渡到康德拉季耶夫的新“长波”。

世界领先国家已经成功地掌握了纳米技术、生物工程技术和增材制造技术（3D打印技术）①，这些技术连同信息和通信技术构成新技术范式增长的关键因素。技术范式的“核心”正在以每年约35%的速度扩散，形成了经济增长新“长波”的技术轨迹②（见图1－5）。

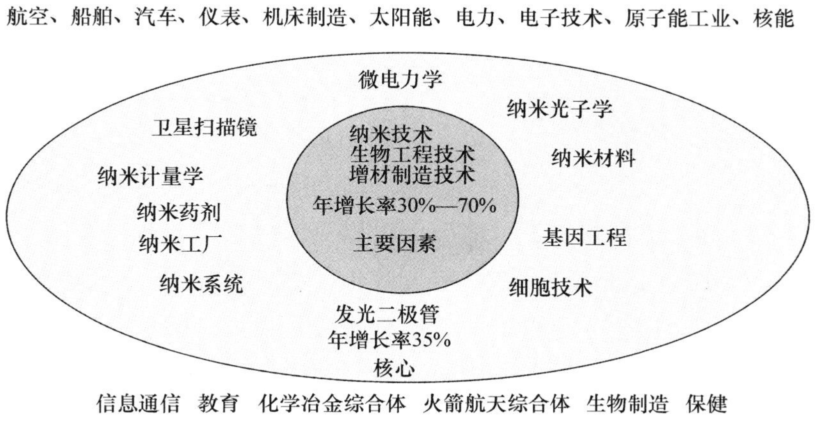

图1－5　第六次技术范式结构

资料来源：《俄罗斯经济发展战略》，学术报告。

① 增材制造技术（英文的“to add”技术）是根据3D模型的数据逐层合成对象材料的过程：产品实际上是从装入打印机的材料中培育出来。该名称与减法制造技术（subtractive）（即机械加工）相反。增材制造技术的优点是改善了成品的性能，节省了大量原材料，具有制造复杂几何形状产品的能力。根据俄工业和贸易部在《专家杂志》2017年第24刊（文章《增长技术》）中的引用，俄罗斯现在使用了约600—650台工业3D打印机，其中仅约10%是用于加工金属粉末的添加剂机。

② Нанотехнологии как ключевой фактор нового технологического уклада в экономике / Под ред. С. Ю. Глазьева, В. В. Харитонова. М.: Тровант, 2009.

测量结果、技术范式的分类和描述以及与技术变革有关的技术范式更替的预测，证实了在世界和国民经济发展中发现的技术范式周期性变化规律是可信的。这为长期预测技术和经济发展过程、选择科学技术进步的优先领域以及制定国民经济发展战略奠定了科学基础。发现技术范式发展规律和更替规律的科学和实践意义如下。

1. 改变长期经济发展概念。

如果经济发展最早被表示为围绕某个平衡状况提高效率的线性平均的稳定过程，那么随着技术范式更替规律的发现，就可以从根本上理解世界和国家经济长期发展的不平衡性和不对称性。

2. 解释经济发展的不平衡性、周期性萧条和严重的经济危机。

在先进国家经济的长期发展中，划分出经济上升期（大约1/4世纪）和经济结构重组期（大约十五年）。经济上升期是基于主导技术范式的增长阶段。经济结构重组期发生在技术范式更替之时，并伴随着经济萧条、经济危机、金融动荡、高度不确定性和政治局势紧张。

3. 证明在技术范式更替情况下可以克服经济增长极限。

主导技术范式的长期稳定增长产生了经济发展不会出现危机的幻觉，随着其生命周期的结束，这种幻觉变成了一种经济增长达到极限的感觉。实际上，通过建立新的技术范式可以克服这些增长的局限，这种新的技术范式可以成倍提高效率、减少能源消耗和经济物质消耗、提高劳动生产率并改善人口生活质量。

4. 可靠地预测世界和国家经济中的长期技术变化，确定有前景的经济增长方向。

目前，正在进行新的第六次技术范式，正逐步形成长期经济增长的关键方向。及时发展第六次技术范式的关键产业可以建立相对优势，这些优势将决定直到21世纪中叶的地缘经济竞争。新技术范式的关键领域已经确定：基于分子生物学和基因工程成就的生物技术、纳米技术、增材制造技术（3D打印技术）、人工智能系统、全球信息网络和一体化的高速综合运输系统。生产自动化、空间技术、具有预定性能的结构材料的生产、核工业和航空运输将得到进一步发展。氢能是清洁能源载体，因此，可通过扩大氢能的使用范围来缓解对核能源和天然气需求的增长，可再生能源的使用率将显著提升。

大多数行业将过渡到可持续的创新进程，大多数职业也将接受进修教育。从“消费社会”到“智能社会”的过渡将得以完成，其中对生活质量和舒适生活环境的要求将至关重要。制造业将转向纯生态和无废料技术。在消费结构中，确保人力资本再生产的信息、教育、医疗服务将占主导地位。

下一轮技术革命是向第六种技术范式的过渡，它极大地提高了经济发展关键领域的效率。在纳米技术的基础上，计算机技术的生产和运营成本将降低另一个数量级，与微型化和适应特定消费者需求相关的使用量将成倍增长。医疗将拥有在细胞水平上与疾病作斗争的技术，这些技术需要以最小的药剂和最大程度地利用机体的再生能力，将药物准确地输送到机体患处。纳米材料具有独特的消费特征，可以有针对性地成倍提升强度、耐磨性及其制成品的可靠性。转基因作物成倍降低成本，提高效率、制药和农业生产的消费质量。转基因微生物将用于从矿物原料中提取金属和纯净材料，从而彻底改变化学和冶金工业。在机械制造中，基于“纳米计算机—纳米操作装置”系统，创建了自动装配设备和3D打印机，能够根据先前获取或制定的网络三维原子分布“打印”任何宏观物体。随着纳米医学机器人和医学细胞技术的发展，预防性治疗能力大幅提升，人类寿命将大大延长。

5. 为国民经济发展战略提供科学依据，特别是在国内经济方面——基于新技术范式加速增长的超前发展战略。

考虑到新技术范式向增长阶段的过渡以及俄罗斯经济的状况，已制定了超前发展战略，该战略在激活现有科学技术潜力的基础上，提出了新技术范式产业发展的优先意义。对于落后的国家来说，正是在技术范式更替时期才有机会跳跃到先进的经济发展水平。这要求将资源集中在新技术范式的生产领域。为了动态弥补远落后于世界先进水平的产业，还必须激发创新积极性。最后，在毫无希望的落后产业中有必要实施依托先进技术水平的技术引进和外国投资的超前发展战略。实施这种超前发展的混合战略需要刺激对新产品的需求，包括通过政府采购以及通过长期可负担的贷款为新技术的增长提供融资。

6. 确定对经济政策和宏观经济政策体系的要求。

优先考虑新技术范式的跨越式增长和在此基础上的俄罗斯经济现代化及俄罗斯经济的潜能，制定有关实现经济超前发展的国家政策。[①] 其中包括：部署战略和指示性规划系统，为有前景的新技术范式产业的增长提供长期贷款机制，在先进技术基础上实现现代化和经济增长目标的政府和社会资本合作模式。在这种情况下，必须考虑适合新技术范式的管理方法。通过自动化设计系统以及市场营销和技术预测，将实现对产品整个生命周期的自动化管理。

成功实施这一办法的一个令人信服的例子是建立了有效科技进步管理制度的中国经济发展经验。中国领导者在研究国家发展方向的基础上，正确确立经济技术发展重点，将战略规划与市场竞争机制相结合予以落实，并根据对科技进步的预测及时调整。这一以科学为基础的方针构成了中国未来五年经济社会发展规划的基础。中共中央在“十四五”规划制定建议（以下简称《建议》）中用“坚持创新驱动　全面塑造发展新优势”的专门章节对有关方针进行了阐述：

“坚持创新在我国现代化建设全局中的核心地位，把科技自立自强作为国家发展的战略支撑，面向世界科技前沿、面向经济主战场、面向国家重大需求、面向人民生命健康，深入实施科教兴国战略、人才强国战略、创新驱动发展战略，完善国家创新体系，加快建设科技强国。

---

① Глазьев С. Стратегия опережающего развития России в условиях глобального кризиса. М.：Экономика，2010.

强化国家战略科技力量。制定科技强国行动纲要，健全社会主义市场经济条件下新型举国体制，打好关键核心技术攻坚战，提高创新链整体效能。加强基础研究、注重原始创新，优化学科布局和研发布局，推进学科交叉融合，完善共性基础技术供给体系。瞄准人工智能、量子信息、集成电路、生命健康、脑科学、生物育种、空天科技、深地深海等前沿领域，实施一批具有前瞻性、战略性的国家重大科技项目。制定实施战略性科学计划和科学工程，推进科研院所、高校、企业科研力量优化配置和资源共享。推进国家实验室建设，重组国家重点实验室体系。”

《建议》还明确了符合新技术方式关键要素的经济技术发展优先方向：“发展战略性新兴产业。加快壮大新一代信息技术、生物技术、新能源、新材料、高端装备、新能源汽车、绿色环保以及航空航天、海洋装备等产业。推动互联网、大数据、人工智能等同各产业深度融合，推动先进制造业集群发展，构建一批各具特色、优势互补、结构合理的战略性新兴产业增长引擎，培育新技术、新产品、新业态、新模式。促进平台经济、共享经济健康发展。鼓励企业兼并重组，防止低水平重复建设。”

第二章　全球经济结构中世界经济范式的周期性变化

尽管对构成康德拉季耶夫“长波”理论的生产技术基础技术范式更替规律性的研究较为充分，并已被登记为科学发现①，但构成积累周期制度基础的世界经济范式更替的周期性进程仍处于假设阶段。本章将对此提供理论依据，并对技术和制度变革的关系进行分析。

在阿瑞吉②的一项历史研究中，资本主义的演变过程可划分为一系列资本主义体系积累周期。根据在相应周期中处于领先地位并呈现资本再生产结构模式的国家名称，阿瑞吉划分出了西班牙—热那亚、荷兰、英国和美国体系积累周期，每个周期大约一百年。这项研究并没有展现在每个资本积累周期中具有资本扩大再生产的机制。作者仅限于详细描述形成每个资本积累周期的历史情况以及从一个周期向另一个周期的过渡，期间伴随着世界领导国的更替和世界大战的爆发。他认为，目前世界正处于新的资本积累周期的边缘。在美国资本积累周期后，全球经济发展的重心正在向亚洲转移，中国正在崛起。

---

① Научное открытие «Закономерность смены технологических укладов в процессе развития мировой и национальных экономик»（свидетельство о регистрации №65 – S выдано Международной академией авторов научных открытий и изобретений под научно-методическим руководством Российской академии естественных наук）.

② Arrighi G.，*The Long Twentieth Century*：*Money*，*Power and the Origins of our Times*. London：Verso，1994.

为了系统地描述世界经济范式的形成和变化过程，我们使用历史唯物主义中生产力和生产关系的概念。根据传统定义，生产力是指将天然物质转化成产品（制品）所必需的劳动者和物质要素。生产关系是指人们在物质资料的生产、交换、分配和消费各个环节中的关系。然而生产关系经常被理解为单一的经济关系；生产关系的技术方面与生产技术和劳动组织直接相关。生产力和生产关系之间有着不可分割的内在联系。生产力体现生产过程中人与自然的关系，这构成生产方式，而生产关系是生产方式的社会形式。

马克思历史唯物主义揭示了生产力和生产关系之间的辩证关系，即生产力与生产关系的相互作用形成了生产力与生产关系的矛盾运动。当生产关系符合生产力的性质时，它就能够促进生产力的发展。但是在某个阶段，生产力的发展超过现有的生产关系，那么生产关系就会束缚生产力的发展。生产力和生产关系之间存在矛盾。这种矛盾在社会政治矛盾加剧中得以体现，并成为社会革命的根源。这场社会革命摧毁陈旧过时的生产关系，用新的生产关系加以取代，从而为生产力的发展提供空间。这些革命体现了生产关系要适应生产力状况的规律。

在此基础上产生社会经济形态演进的学说，该学说将人类社会历史划分为原始公社制、奴隶制、封建制、资本主义和共产主义五个阶段（社会主义是共产主义的初级阶段）。根据这一学说，由于需要定期调整生产关系使之与生产力的发展水平保持一致，会通过社会革命产生阶段更替。从社会主义向共产主义的过渡将是一个例外，这种过渡将以有计划的、无冲突的方式进行。

抛开当代著作中对社会经济形态演进学说的广泛批判，我们使用阿瑞吉提出的概念来研究他所揭示的资本体系积累周期的演变和更替机制。同时，基于对生产力发展规律的现代理解，认为这是技术范式发生连续更替的过程，同时也将生产关系视为一种制度体系，该制度体系在一种世界经济范式向另一种世界经济范式过渡期间发生根本变化。

与上述以工业革命为起点的现代经济增长的时期相比，资本体系积累周期的时期更长。随着意大利北部的银行和资产阶级城市共和国出现，资本主义萌芽开始显现，资本积累周期随之产生。初步认为相应的世界经济范式是每个资本积累周期的基础，即一种相互联系的制度体系，该制度体系在相应的资本积累周期过程中保障资本扩大再生产及促进国家和世界经济发展。[①] 世界领先国家的制度尤其重要，这些制度在制定调整世界市场、国际经贸金融关系的国际标准时发挥主导作用。每次世界经济范式都有其发展极限，这种极限由其制度在再生产框架内积累的内部矛盾所决定。这些矛盾将一直发展，直到国际经济体系和政治关系失衡，继而通过世界大战解决这种失衡关系。一些曾在“过时的”世界经济范式中占优势的国家失去了主导地位，组织并挑起世界大战，以此加强对世界经济外围的控制，增强其竞争优势并削弱潜在竞争对手的地位。然而在其竞争者中总是会出现新的领先者，该领先者有着更加先进的制度体系和生产关系，直到最后一刻才介入战争，从而直接加入胜利者阵营并夺取全球领导地位。随着世界领袖的更替，新的世界经济范式制度正在扩展，从而使得现有的物质技术成就得以保留，并为社会生产力的发展创造新的机会。

图 2 – 1 为资本积累周期及相应世界经济范式的示意图，其中世界经济范式根据当时占主导地位的国际经贸关系体系类型进行命名。

当然，图中提出的国际经贸关系类型是非常受限的，仅在表面上反映确定世界主要经济体系再生产的制度和生产关系的“断面”。下面我们将指出，世界经济范式不仅在国际贸易组织类型上有所不同，在生产关系和制度上也存在差异，这使得领先国家获得世界优势，从而决定国际经贸关系体制。

---

① Глазьев С. Закономерность смены мирохозяйственных укладов в развитии мировой экономической системы и связанных с ними политических изменений // Наука. Культура. Общество. 2016. №3.

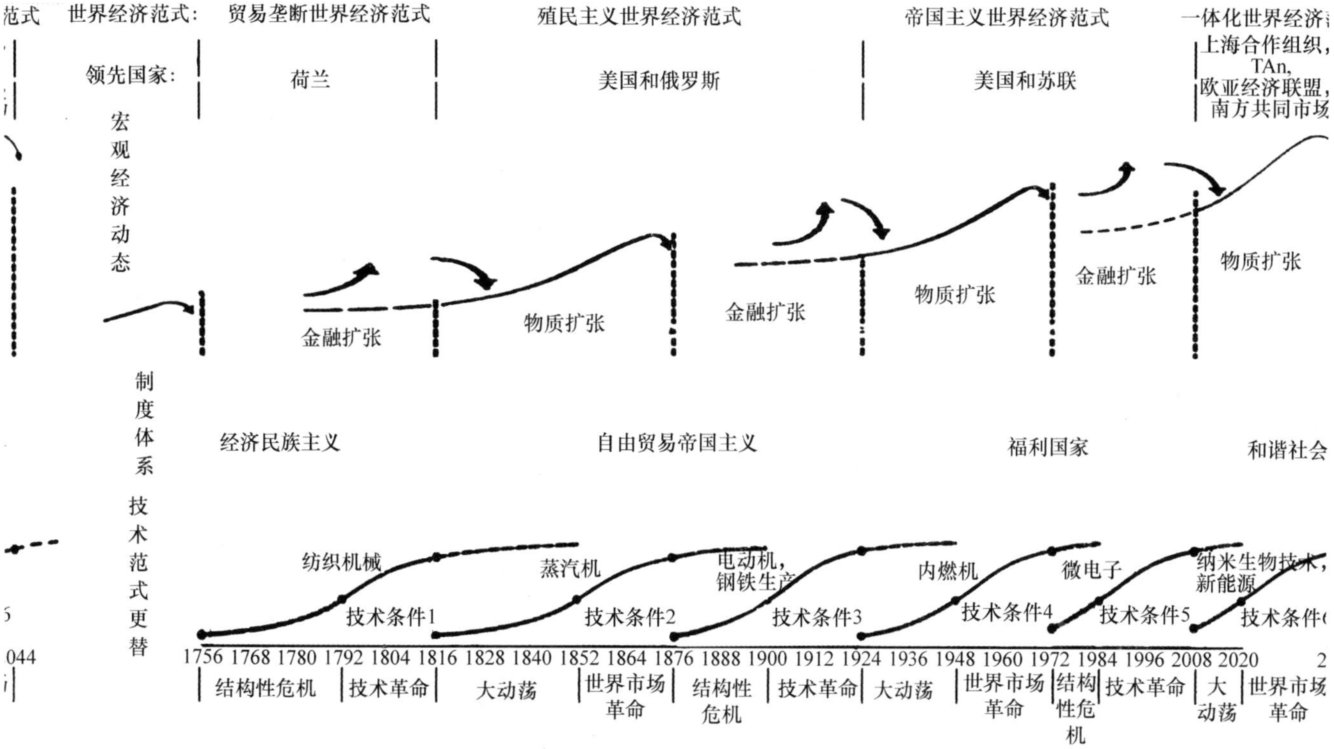

图 2－1　世界经济范式的周期性变化

资料来源：由 Айвазов А. Периодическая система мирового капиталистического развития / Альманах ? Развитие и экономика? . Март 2012. №2 修改而得。

使用“范式”这一概念旨在反映相关再生产要素的完整性：这些要素通过生产技术合作（技术范式）与经济建设制度（世界经济范式）相连。要素的结合性决定其生命周期的同步性，至少在成熟期和衰退期是同步的。而在经济的间歇性发展中，大量要素同时周期性地发生变化，从而产生跃进式的技术革命（当技术范式发生改变）和政治革命（当世界经济范式发生改变）。

在上述论述中，技术革命反映生产力构成要素的质变，政治革命反映生产关系构成要素的质变。尽管技术革命和政治革命彼此之间相互影响且具有内在一致性，但它们未必会同时发生。然而生产关系的惯性远大于生产力的技术连贯性，因此世界经济范式的生命周期比技术的生命周期要长得多。艾瓦佐夫认为世界经济范式的一个生命周期中包含两个技术周期。[①] 当前正处于这两个周期重叠的危机阶段，周期的重叠引起危险的共振，有可能破坏整个世界经济和政治关系体系。在这样的时期内，国际关系体系急剧动荡，旧的世界秩序瓦解，新的世界秩序形成。在现有体制和技术体系的基础上，社会经济发展的潜力已被耗尽。因此一些国家在维持以前的经济增长率方面遇到了难以克服的困难。陈旧的生产技术综合体中资本积累过多使经济陷入萧条，现有的制度体系阻碍新技术链的形成。而崛起成为经济发展领导者的一些其他国家则掌握了新技术链与新的生产组织制度。

从前的领导者试图通过加强对地缘经济“外围地带”的控制，包括通过军事政治的强制手段，来维持全球市场的主导地位。这通常将导致重大军事冲突并造成自身资源的浪费，无法达到预期效果。正处于上升期的潜在的新领导者力求采取观望态度以维持自身生产力，并吸收战争国家的先进思想、资本和财富。当交战对手足够衰弱时，新的领导者将有机会进入世界舞台，以夺取胜利果实。

以下世界历史转折点曾导致全球领导者更替。首先是西班牙与

---

① Айвазов А. , Беликов В. Экономические основы цивилизационных волн развития человечества // Партнерство цивилизаций. 2016. №3 – 4.

英国之间的冲突，这场冲突因1588年无敌舰队的溃败而结束，荷兰资产阶级以此摆脱了西班牙的控制。持续的战争导致热那亚—西班牙积累周期向荷兰积累周期的过渡，以及相应以贸易往来为主的世界经济范式的更替，从自然资源的洲际贸易转向基于手工艺品贸易的工场手工业形式。荷兰基于自由手工业者和有组织的手工业者的私有财产关系，根据现有资本再生产制度的需求重建其政治体制，并建立了当时最高效的经济体。通过成立荷兰东印度公司创建股份制公司，该公司很快成为世界上最大的垄断性商业组织，并建立了阿姆斯特丹汇兑银行与证券交易所。[①] 荷兰急剧拓展商业活动，为其企业家阶层的扩张提供机会。当时荷兰已成为世界先进技术的领导者，这使其在帆船舰队组建、水路建设以及消费品生产领域占据主导地位。依靠自身竞争优势，荷兰创建了一个全球贸易帝国，通过常规贸易路线将欧洲与世界其他地区相连。

此时在欧洲，威斯特伐利亚体系已初具规模，足以满足受国际法和国家主权制度保护的国家统治精英的利益。自18世纪初以来，该体系为国家资本再生产提供了稳定的政治环境。

从国际贸易组织的角度可以将这种世界经济范式称为贸易垄断世界经济范式，以此反映世界上第一个跨国公司在当时国际经贸关系构建中发挥的主导作用。荷兰东印度公司已成为国际贸易组织的典范，最早在荷兰成立的证券交易所和银行成为之后所有的世界经济范式中资本再生产中央监管机构的雏形，但其功能以及国际经贸关系制度已经改变。

贸易垄断世界经济范式造就了欧洲殖民帝国，其国家资本使全世界服从于其再生产方面的需求。欧洲殖民帝国之间冲突不断，在拿破仑战争结束后形成了新的世界经济范式，结果产生了泛欧洲的经济和法律空间，并建立了满足统治精英利益的稳定政治体系。当时荷兰所掌握的技术已传播到其他欧洲国家，在欧洲大国迅速发展

① Никонов В. Современный мир и его истоки. М.：Издательство Московского Университета，2015.

的背景下，弱小的荷兰已经无法再保持领导地位。为了躲避来自欧洲大陆的军事政治威胁，荷兰将资本转移到与之紧密相连的英国，为英国带来了先进的技术以及生产与贸易的组织方法。英国迅速发展舰队，修建运河，扩大了工场手工业生产。在君主制的保护下，英国仿照荷兰东印度公司，创建了英国东印度公司、弗吉尼亚公司、普利茅斯公司，这些公司成为当时最大的工商企业。

资本集中的“质变”为工业革命创造了条件，工业革命始于18世纪末的英国，在此期间水力织布机问世。大量雇用被剥夺土地使用权和所有权的农民作为工人，以及发展资本家和劳动者之间相应的生产关系，使工厂体系得以建立。机械制造业的迅速发展以及大量的廉价劳动力，使得英国完成工业革命，掌握了以机械制造为基础的生产技术合作机制，创建了工业社会的第一次技术范式。英国充分利用拿破仑战争带来的竞争优势，依靠当时先进的技术和国际贸易组织制度在19世纪中叶完成殖民统治，确保了其在世界经济关系体系中的全球领导地位。

英国已经形成了用于组织商业、社会、政治活动的制度体系，为任何规模的资本集中创造了机会。在英国王室的庇护下，荷兰东印度公司和荷兰西印度公司变为巨型跨洋垄断企业，成功地掌握了印度、中国和美国的巨大资源。侧重于公正解决经济纠纷的司法制度，在保护民营企业利益的基础上确保了民法的迅速发展，促使竞争日益激烈，这为资本积累创造了有利条件。随着股份公司的盛行，资本积累达到了更高水平。私营制度、股份制和国家资本主义制度的发展，为大型基础设施建设和工业企业创建铺平了道路。农村公社解体，农民土地被剥夺，这为建筑工地和工厂提供了廉价劳动力，从而为向第二次技术范式过渡创造了条件，这次技术范式以蒸汽机、煤炭工业、黑色冶金、无机化学及铁路建设为基础。

在选举权受限的民主政治制度下，私人资本的主导地位根深蒂固，这为大量资本扩大再生产创造了有利、稳定的环境。技术上的领先地位确保了英国经济的竞争优势，使英国得以在世界最大的商品自由贸易市场实现经济再生产。

整个世界被欧洲殖民帝国分割，欧洲殖民帝国在殖民地国家创建了受宗主国制度保护的资本再生产体系。因此我们将该世界经济范式称为殖民主义世界经济范式。欧洲帝国之间互相争夺领土和交通线，以此为本国资本家创造再生产的优惠条件。在先前世界经济范式中建立的资本积累制度，加强了世界殖民帝国的保护主义政策。这些帝国本身为全球扩张而建，以此最大程度扩大本国的资本再生产空间。

正如 V. 尼科诺夫所说："英国在 1845—1870 年期间处于全盛时期，当时英国国民生产总值（GDP）占世界比重超过 30%，工业生产总值占比达 2/5。"在 19 世纪，大英帝国的面积和人口增加了一个数量级，面积达到 1100 万平方英里，人口增至 3.9 亿人。[①] 需要指出的是，大多数大英帝国人口被剥夺了公民权和财产权。

英国人将大量百姓变为活的商品，以前所未有的规模组织人口贩卖。数千万人被剥夺了财产权，变成了奴隶，被迫离开居住地，来到新大陆的种植园。英国为了维持与中国的贸易平衡，发动了鸦片战争，将鸦片大量输入中国以摧毁其国民的意志。与此同时，在英国的工人阶级与奴隶阶级没有太大区别，从土地所有权"解放"的农民被迫出卖廉价劳动力，并遭受无情的剥削。随着劳动力市场的发展，资本家与无产阶级之间的对抗已具有全球性特征。

资本家剥夺劳动力的所有权并占有劳动产品，形成了马克思剩余价值理论的基础，该理论解释了由于剥削劳动者的劳动价值而产生的利润。[②] 根据这一理论得出了资本主义发展存在内在限制的结论，利润率下降的趋势破坏了资本主义再生产的基础，此外资本主义存在生产社会化和生产资料私人占有之间的矛盾。

在马克思时代，科技进步的潜力以及其中人为因素的重要性尚

---

① Никонов В. Указ. соч. 2015.

② Маркс К. и Энгельс Ф. Соч, т. 23. с. 10, 632. – М.: Государственное издательство политической литературы, 1960.

不明显。马克思通过资本有机构成的提高来解释技术的发展，并从中推断出利润率下降趋势理论。随着产业结构优化的潜力逐渐耗尽，这种趋势的确会在一个技术范式的生命周期内产生。马克思在第二次技术范式的成熟期和衰落期期间创作出《资本论》，该技术范式的特点是由技术水平较低的工人使用巨型蒸汽机和相关机器实现集中生产。第二次技术范式对生产力发展存在限制，在向第三次技术范式过渡的过程中，该问题通过经济的电气化得到解决，这为提高生产效率、发展生产力开辟了新的道路。在第三次技术范式中，工作人员技能和教育的重要性急剧提升，催生相应的国家制度并使生产关系发生重大改变。英国和欧洲盛行一种侧重于保护统治阶级特权的僵化的制度体系，该体系无限剥削劳动力的私有财产权，这种世界经济范式开始抑制生产力的发展。

此时生产力和生产关系的矛盾加剧，共产主义运动兴起，共产主义运动将此时技术范式和世界经济范式的发展极限解释为资本主义的终结。共产主义者建议推行全民所有制，通过“对剥夺者的剥夺”实现共产主义，废除生产资料私有制，实行生产资料公有制以解决上述矛盾。他们向资本家发动了阶级战争，这是无产阶级面对压迫的反抗。

社会主义工业化和集体化使人们依附于国有生产资料，因此一些观察员称这种生产关系为国家资本主义的标志。但是，与资本主义不同，苏联的生产目标不是实现利润最大化，而是为了共产主义建设而发展生产力。利润本身已失去意义，货币已成为政策规划的一种工具。苏联共产党确实废除了资本主义制度，但是直到第二次世界大战之前，都无法脱离这种基于强制性生产关系的世界经济范式。

上文中欧洲殖民帝国瓜分世界的时期，按照分类原则将其称为殖民主义世界经济范式。若不是马克思在历史唯物主义理论中已将古罗马的社会经济形态定义为奴隶制社会，根据生产关系的类型，这一时期可以称之为奴隶制社会。尽管在英国的资本积累周期中，使用奴隶劳动的规模无法与全球范围内对奴隶的贩运和剥削相提并论。如果我们接受马克思主义关于生产关系的解释，并充分评估欧洲宗主国对工人阶级的侮辱和剥削程度，那么可以肯定地将这种世界经济范式定义为古典资本主义世界经济范式。此后，在奴隶制废除、民主制度发展、社会立法产生后，种族主义、纳粹主义和阶级意识形态已经消失。

从 19 世纪末开始，随着第三次技术范式的出现，英国的全球领导地位开始受到冲击，很快被俄罗斯帝国追赶，俄罗斯帝国的军事实力和全球政治影响力不逊于英国。俄罗斯帝国保留了君主专制和国家宗教的传统制度，以此在工业快速发展、教育水平迅速提升、社会活动迅速增加的条件下确保政治稳定。

农奴制的废除和亚历山大二世的其他改革，废除了许多限制市场经济发展的封建制度，并在这种世界经济范式生产关系的基础上为工业生产的快速增长提供了机会。在 19 世纪末至 20 世纪初，俄罗斯从赶超型发展模式向超越型发展模式迈进。自 1860 年至 1870 年，纺织和造纸工业产量翻了一番。随着俄罗斯第一次技术范式期间产量的增长，第二次技术范式的技术集群开始迅速形成（在此指出，英国第二次技术范式是从 1820 年至 1840—1848 年期间形成的）。此时国家积极促进大型工业投资发展，以技术进口为基础大量吸引外资和设备。自 1860 年至 1876 年，生铁产量增长了 30%，铁产量增长了 40%[①]。自 1875 年至 1892 年，俄罗斯蒸汽机数量增加了一倍，功率增加了两倍，19 世纪 80 年代冶炼生铁产量提高了 1.5 倍。此时，俄罗斯上述增长率超过了同期英国的增长率。

但是需要指出，当时俄罗斯经济的“繁荣”在很大程度上是基于在第二次技术范式中生产规模的扩大，而在发达国家这次技术范式已被第三次技术范式所取代。与此同时，在国家的大力支持下，电力工业、无机化学和电力技术迅速发展。第三次技术范式基础技

---

① Львов Д. С., Фетисов Г. Г., Глазьев С. Ю. Эволюция технико-экономических систем: возможности и границы централизованного регулирования. - М.: Наука, 1992.

术集群的迅速发展缩小了技术差距，为俄罗斯迈入国际领先国家行列创造了先决条件。相对于发达国家，俄罗斯的某些工业部门具有竞争优势，国家工程技术人员数量迅速增加，这为俄罗斯能够有效地融入国际劳动分工创造了良好的先决条件。然而第一次和第二次技术范式生命周期的不完整性以及过时的政治制度，阻碍了国家的工业发展。

以先进技术推动经济发展可能使俄罗斯取得世界领导地位。若不是由于革命和内战的破坏，俄罗斯完全可以在 20 世纪 30 年代大萧条时期成为全球超级大国。俄罗斯经济不受陈旧技术、资本过度积累影响，准备在新技术范式的生产领域进行大规模投资。在第一次世界大战前，俄罗斯在化学、石油、冶金、汽车、航空和电力工业领域奠定了良好基础，这些领域成为 20 世纪中叶其经济增长的动力。

与此同时，在俾斯麦的执政时期，德国迅速发展，已成为机械制造行业全球领导者。俄罗斯和德国凭借各自的制度特点，在技术水平和资本集中规模上都处于领先地位。德国凭借的是受过教育的市民阶层迅速开展的创业活动，俄罗斯凭借的是丰富的自然资源和人类潜能。俄德两国成功掌握了英国的技术和生产组织形式，从而进一步推动深度合作，扩大生产规模。英国通过第一次世界大战来应对上述欧洲外围国家的挑战，巧妙地使这两个正在崛起的超级大国为敌。

俄德联盟可以形成当时最强大的联盟，能成为世界政治格局中的主导力量，并使世界免于战争，这两个在新的经济增长“长波”中成功发展的国家并不需要这场战争。但是英国需要通过战争来维持其领先地位。英国设法破坏了俄德同盟①，通过一连串的阴谋消灭

① 《比约克条约》——1905 年 7 月 24 日沙皇尼古拉斯二世与德皇威廉二世在波罗的海比约克岛外（维堡湾附近）的北极星号皇家游艇上进行会晤，期间签订了有关俄德联盟的秘密条约。德国发出了缔结该条约的外交倡议，旨在破坏俄法同盟并阻止建立协约国。为此，计划将俄德同盟变成针对英国的俄德法同盟。

有影响力的敌人，使这两个相似的帝制国家在无重大客观原因的情况下发生自杀式对抗。无论是杀死奥地利王位继承人，还是对塞尔维亚独立的威胁，或是将君士坦丁堡从土耳其人手中解放并夺取海峡这种不合理的欲望，都不能被视为引发世界大战的充分理由。英国通过外交上的阴谋诡计致使第一次世界大战爆发，以此使竞争对手之间产生冲突来保持自己的全球领导地位。

第一次世界大战摧毁了英国在旧世界的主要竞争对手，使得英国在20世纪中叶之前一直保持全球主导地位。此时，美洲殖民地摆脱了欧洲国家的殖民压迫并成立了美利坚合众国，美国的制度最初是根据大型私人资本的利益而建立的。由于无须为君主制和贵族制支付政治租金，资本获得了无限扩张的机会。欧洲国家面临农业人口过剩和军事开支的难题，无休止的殖民战争使人口不断涌入美国，为美国资本主义发展提供了廉价且熟练的劳动力。

美国内战后形成的制度体系与此前的根本区别在于，否定所有将社会成员划分为权利不同的阶层、群体或等级的法律依据。尽管公民的社会地位由其个人资本数量决定，但从法律上讲所有公民都是平等的。企业家精神与个人首创精神得到大力发扬，基于不受限的资本集中来扩大生产具有无限前景，这为工程师和学者提供了机会，创建了各种规模和技术最先进的工业企业。到20世纪末，美国已经走在工业发展的最前沿，与此同时，英国也开始形成以电力工业为基础的第三次技术范式。

由于英国运用外交手段推动了第一次世界大战，美国赢得了最大胜利。与英国介入普法战争如出一辙，美国在最后阶段介入战争，攫取了主要的胜利成果。美国不仅参与了新世界的划分，还接收了从第一次世界大战以及此后俄罗斯、德国、奥匈帝国革命和内战中逃脱出来的先进思想、资本和财富。移居美国的工程师和学者为美国资本主义发展提供了最新技术。美国已成为全球技术经济发展的领导者。美国基于化学冶金工业、电气化和电力工程、铁路和造船业的进一步发展，启动了满足第三次技术范式需求的能源、工程、运输基础设施的大规模建设。

由于美国资本主义着眼于资本集中和发展大型生产工业的制度结构，其比欧洲殖民帝国更具优势。欧洲殖民帝国的人才和技术仍在继续向美国“流动”，促进了美国经济的快速发展。在私有财产不受限制的基础上，形成了资本扩大再生产制度，这为新的世界经济范式奠定了基础，该范式以跨国公司为核心。1913 年美国联邦储备系统（简称美联储）成立，为美国资本主义带来了巨大的信贷机会以实现全球扩张。

不久之后苏维埃俄国崛起，美国开始进入新的经济增长“浪潮”。苏联在俄罗斯帝国的废墟上建立了统一计划制度和生产组织制度，使资源集中至前所未有的规模。苏联的指令性计划体制消除了私人资本积累的局限性，并出于政治目的使货币流通从属于生产增长的任务，因此解除了经济扩大再生产的体制限制，使得再生产可以在全球范围内进行。在大萧条时期，资本主义国家的企业面临需求不足和生产过剩的困境，与之相比证明了统一计划制度和生产组织制度的优势。

苏联的统一计划制度与美国的联邦制度都能够为全球经济扩张提供无限的财政保障。尽管二者是在完全对立的所有者关系（在苏联是为国有企业的国家经济计划提供资金，在美国是为私营企业再融资）上进行的，但均有在全球范围内无限扩大再生产的基本能力。这在第二次世界大战后得到充分体现，国际经济组织（世贸组织、国际货币基金组织、世界银行）为美国的扩大资本再生产体系提供服务，以实现其全球扩张；经济互助委员会使用卢布作为国际货币，为苏联建立的世界社会主义制度提供支持。因此，我们称这种世界经济范式为帝国主义世界经济范式，以强调其制度和扩大再生产机制的全球性。

在第一次世界大战期间，这种世界经济范式处于形成初期。随着美国模式和苏联模式的建立，德国模式也随之产生。德国成为具有国家社会主义意识形态的第三帝国，根据种族将人们划分为优等种族和奴隶，具有殖民主义世界经济范式的极端特征。西方列强的殖民帝国建立在种族主义意识形态之上，也许这就是德国纳粹主义被西方列强平静看待的原因。英美资本为德国经济的恢复和军事化做出了巨大贡献。

20世纪30年代，苏联和德国再次取得技术突破，追赶上了陷入经济大萧条的美国和英国。为了遏制苏联和德国，英国故技重施，挑起周边冲突。在美国企业和英国外交手段的推动下，纳粹德国做好了战争准备。英国牺牲了波兰和法国这两个盟友，将法西斯德国推向了苏联。美国再次获得成功，就像第一次世界大战一样，美国在最后阶段介入战斗，并夺取了西欧和太平洋战争的胜利成果。欧洲诸殖民帝国瓦解，资本主义世界的统治地位被移交给了美国企业。与此同时，社会主义世界随之产生，其高速发展并迅速赶上美国。英国通过外交手段造成两个制度之间的对抗，促使资本集中在美国。美国在第四次技术范式的形成阶段夺取了技术领导地位，该技术范式以内燃机、有机化学和公路建设为基础。在下一次基于软件和微电子的信息通信技术范式中，美国技术领导地位得到了巩固。这使得美国在军备竞赛中具有优势，从而对苏联的多元化经济造成破坏。

由于20世纪的两次世界大战，英国的统治地位终结，欧洲殖民帝国覆灭，资本主义世界的领导权被移交给美国。美苏“冷战”之后，随着苏联的解体，美国通过其在信息通信技术范式中的发展优势和美元占据世界货币的垄断地位，夺取了全球领导地位。随着美元在全世界大量发行，美国跨国公司完成该世界经济范式的创建，自由主义全球化成为该范式的主流思想。

在社会主义与资本主义世界体系的斗争中，帝国主义世界经济范式的生命周期走向终结。社会主义与资本主义之间的相互作用确保了普世价值与全球制度的结合。奴隶制、种族主义、法西斯主义以及将人类划分为优等种族和劣等种族，为前者利益压迫甚至消灭后者的理论，以上种种都已消失在历史的长河中。以国家主权原则为基础的国际法初具规模，联合国全球制度应运而生。

同时，在帝国主义世界经济范式的框架内，国际法在实际运用中仍然受限于全球帝国的利益。如果在社会主义世界体系中，是根据苏共领导层的政治决定实施管理，那么在资本主义世界中，国际政策由美国企业的观点决定。为了维护美国企业的利益，美国情报机构在周边国家组织政变，实施政治杀戮和镇压行动。美国宪法将国家法律置于国际义务之上，美国当局将其视为一种惯例。苏联解体后，藐视国际法已成为美国扩张政策的准则。美国在法外空间建立全球影响力网络，完全不顾及国家主权与国际条约。[①]

为了将管辖范围扩展到整个世界，美国完成帝国主义世界经济范式的生命周期。美国在其框架内建立统一的大众文化、教育和意识形态标准，仅用美元的多少来衡量人类活动所创造的财富，压制了人类文化的多样性，抑制人类发展。福山[②]和阿塔利[③]的反乌托邦理论宣告了“历史终结”与新世界货币王朝的建立，反映了美国资本积累周期的完成。但是，由美联储建立的美元崇拜旨在不断扩大私有者的财富，由于得不到文化认同，无法成为各国人民的生活原则。帝国主义世界经济范式生命周期的完成限制了人类生产力的进一步发展，只有过渡到新的世界经济范式才能解决这一问题。

在先前生产力和生产关系的演变过程中，向新的世界经济范式过渡的先决条件已经成熟。在第四次和第五次技术范式的生命周期内，随着生产力的发展，科学和专业知识在组织生产中的重要性大幅增加。因此，人为因素在资本积累和再生产过程中的重要性提升。自 20 世纪下半叶以来在发达经济体中，“人力”资本（教育和医疗保健费用）再生产方面的投资已经超过了物质方面（住宅、建筑、机械设备）资本再生产的投资。于是产生了新的社会福利制度，即通过相应增加所得税来保障用于扩大人力资本再生产的大部分支出。

---

① Филимонов Г. Культурно-информационные механизмы внешней политики США. Истоки и новая реальность. М.：Российский университет дружбы народов，2012.

② Fukuyama F. *The End of History and the Last Man*. Free Press，1992.

③ Attali J. Millennium：*Winners and Losers in the Coming World Order*. New York：Random House，1991.

因此，技术范式的发展和更替对社会福利制度的形成产生影响，为形成一体化世界经济范式创造了先决条件。这些先决条件在帝国主义世界经济范式中逐渐成熟，该范式在第二次世界大战后进入成熟模式。所有基于将公民划分为优等种族和劣等种族的社会制度都已经瓦解。随着法西斯主义的失败，欧洲殖民帝国也不复存在。东南亚国家摆脱了日本的侵占，中国走向社会主义建设道路。苏联正在向发达社会主义过渡，发达社会主义杜绝强制劳动，并承认所有公民的社会权利和自由。随着资本主义制度和社会主义制度之间的竞争，教育普及得到发展，创造性劳动和智力劳动的重要性得到提升，工人能够参与到生产管理和社会管理，政治制度实现了民主化。此时产生了这两种制度趋同的理论，索罗金试图证明这两种制度一定能够取长补短，趋同为一种新的一体化制度。下一章将详细讨论向新制度过渡的问题。

就本书而言，对世界经济范式的更替进程进行分析尤为重要。全球经济的主导者从欧洲殖民帝国过渡到了美国跨国公司，这种变化是通过两次世界大战和一次“冷战”实现的，随着每次战争的结束，世界政治体系发生根本改变。第一次世界大战导致阻碍国家资本扩张的君主制崩溃，第二次世界大战使限制资本国际流动的殖民帝国垮台。此后的冷战导致苏联解体，全球实现资本自由流动。

但故事并没有结束。与福山“历史终结论”的普遍观点相左，由于现有的资本再生产制度体系中存在无法解决的内部矛盾，美国霸权被削弱。从理论上讲，我们可以假设由于外来资本涌入，这些矛盾可以得到解决，美国可以发动新的战争以冲抵债务并侵占他人财产。但是基于现代货币的性质，使用这些机制来维持非对等的国际交流存在极限。

第三章 经济发展过程中的货币演变

信用货币（或称法定货币）的创造是帝国主义世界经济范式最重要的一项制度创新，保障了处于该生命周期的领先国家具有长期的竞争优势。信用货币的发行不具备任何的实际价值，而是以相关国家和公司债券作为抵押品，因此可以根据这些国家和本国资本的利益无限制地、以任意利率来“印刷”债券。

尽管世界领先国家使用信用货币已有一个世纪之久，但信用货币的创造和流通过程仍然不为人知，不仅是普通百姓，许多国家的统治者、商人，甚至是把美元和其他主流货币当作真金白银的经济学家都不知晓这个过程。实际上，目前世界上各国货币本身都不具有实际价值，其名义价值由国家决定，购买力取决于多种因素，包括可兑换性、通货膨胀和流通限制。这就是专家称其为法定货币或信用货币的原因，以此强调其与以下两种货币的区别：一是先前流通的具有金银货币实际价值的钞票，二是最近出现的价值受数字货币分布式交易系统保护的加密货币。为理解这一问题，需要对货币演变及其在现代经济中的作用进行简要分析。

货币演变的阶段

货币具有体现一系列复杂经济关系的制度，不能将其简化为只具有价值尺度、支付手段和储藏手段的基本职能。货币的性质随着世界经济范式的变化而改变。为保障工业发展必须实现信贷扩张，信用货币制度成为帝国主义世界经济范式的固有制度。而使用以黄金作保证的钞票，通过相互关联的银行系统，来支持欠发达甚至缺乏货币流通的国家间的经贸往来，则是殖民主义世界经济范式的特征。随着向一体化世界经济范式的过渡产生了数字货币，在新技术范式下通过编码和交易手段为数字货币提供保护。当前货币流通领域的数字革命具有划时代意义。新型货币极少出现，其标志着货币业以及整个经济发展的新阶段。

因此，通过银行的兴起和发展，五百年前开始从金属货币向纸币进行过渡，这为无休止的资本积累与国际金融交易开辟了机会。否则资本主义无法发展，工业革命不会产生，工业社会无法形成，城市化无法实现，科技进步也将停滞不前。在两个多世纪以来，纸币体系统治世界，在无止境的商品和服务的生产、流通、消费过程中将数十亿人联系在一起。现代国家以国家发行的纸币作为国家金融体系的基础，控制和分配利益的主要工具、国家主权象征，没有纸币的话这样的现代国家就无法形成。

计算机的产生以及计算和通信设施在金融领域的应用，导致纸币被非现金等价物（银行账户中的数字记录）取代。这种现象自然产生，并没有引起动荡，因为非现金货币的流通与纸币、发行纸币的银行同时产生。银行保留现金交易记录，并通过银行账户中的记录确保货币流通。在银行业务计算机化之前，由银行员工在纸质文档上手动记录。随着计算机的产生，记录开始在计算机内存中储存，并在某一时期复印在纸质文档上。随着软件和数据传输设备的发展，业务员被计算机技术所取代，通过备份系统和数据保护系统实现了无纸化。但实际上这些操作的性质没有发生变化，银行账户上的记录与纸质文档上的记录相同，只不过是不再通过手写记录，而是通过计算机算法自动生成。

近期出现的数字货币（加密货币）与当前使用的货币之间的根

本区别不是在于其无纸化（电子）形式，而是缺少银行作为其发行人。实际上这种数字货币不是钞票（银行券），而是通过计算机算法进行发行，该算法通过加密手段防止数字货币被复制。如果与纸币流通相关的非现金货币本质上无非是银行账户持有人具有取款权限，那么数字货币则具有唯一标识并与其所有者紧密绑定。数字货币的流通不是由银行进行调节，而是由计算机网络（当前通常是互联网）多次记录分布式账本中的所有交易（区块链）。在大量交易中，每个数字货币单位都保持其唯一性，并始终由计算机对其归属关系进行标识。

作为电子形式，数字货币的每个单位都具有唯一编号，这使其看起来类似纸币。但是纸币流通中具有不记名的特性，可以被盗窃或伪造，而使用数字货币进行的任何操作均由计算机记录下来。在利用标准化算法组织货币流通的条件下，数字货币无法被仿制或伪造。

因此，新的数字货币不仅结合了当前非现金货币（便于流通和储藏）与现金货币（具有编号）的优点，还具有根本上与众不同的特性，使其成为一种新型货币。首先，数字货币不是由银行发行，而是通过计算机算法进行发行，货币的进一步流通和安全性与发行人无关。其次，数字货币的每个单位都具有唯一编号，并且在流通过程中仍然记名。再次，使用数字货币进行的所有交易都被记录并储存在网络上。

目前，包括比特币在内的所有已知的数字货币都被称为加密货币，由私人发行。一些市场参与者认为这具有不受政府管制的优势，其他人则认为这是“吹大”金融“泡沫”和洗钱的工具。所有国家的货币当局都对其保持警惕，拒绝承认其为货币，并且通常不允许将其作为支付和结算手段。但这种情况不会长久，越来越多的国家宣布发行国家加密货币。

货币流通的历史表明，新型货币每次是由私人企业家最初发行，然后才由国家垄断发行。因此，在古代乃至中世纪，货币可以自由铸造，此后国家开始铸造货币并占有货币的发行收益率（铸币税），并规定在控制领土内仅允许流通该货币。同样，纸币最初由私人银行发行，此后国家确立了本国货币并由国家（中央）银行垄断其发行权。每次货币国有化都会受到其私人发行人的抵抗，但会被国家通过武力镇压和立法形式解决。俄罗斯作为典型的现代国家，《俄罗斯宪法》第 75 条中规定货币只能由俄罗斯联邦中央银行发行。

这种规则存在一个例外情况，在美国美元由美联储发行，美联储却是在一个多世纪前由美国私人银行建立的。但是美联储根据立法程序对美国本币发行进行调控，其调控方式主要是购买美国国库券。因此美国获得铸币税的最大份额，美国当局以此来弥补庞大的预算赤字，该预算赤字数额相当于其军费开支。

现代货币体系的演变

现代货币体系是在国家垄断纸币发行的基础上形成的，纸币最初由私人银行以银行券的形式发行，持有者可以通过出示银行券在银行提款。当时的货币是金银币。国家将纸币发行权收归国有，并为发行纸币建立国有银行，确保纸币可兑换黄金，集中了国有银行中相应的黄金储备，然而这种情况并没有持续多久。

一方面，私人银行继续运营，转向办理本国货币业务。同时私人银行保留了发行债券的职能，这些债券当前以本国货币为面值进行发行，并自动成为国家债券。在这种二级银行体制中，中央银行充当最后贷款人的角色，保证私人银行储户的资金安全。但是无论国家如何限制，私人银行家的货币发行量总是多于其接收量。隐藏在金融中介机构幌子下的私人银行保留了发行货币的能力，尽管是以有限的方式进行发行。通过增加货币发行量，银行系统的黄金储备可远超中央银行。

另一方面，面对不可抗拒的扩大支出的需求，包括与战争和其他灾难相关的紧急需求在内，货币发行量多于黄金储备量。尽管除黄金以外增加了其他可变现资产，包括以本国货币为面值的外国债券，但为弥补世界主要国家的预算赤字需要不断增加货币发行量。

随着货币发行总量与中央银行的黄金外汇储备量间差额的不断扩大，本国货币成为具有信托性质的货币，除了获得经营者和民众的信任外，不具备其他任何担保，通过国家债券担保其职能并维持其购买力，如今各国货币都是如此。即使某种本币的货币基础不超过央行的黄金外汇储备量，现代国家也不承担以固定汇率将货币兑换成黄金的义务。此前美国政府承担该项义务，直到 1971 年法国要求以布雷顿森林协议规定汇率，用自身储备美元兑换黄金。美国对该义务的逃避标志着金币时代的终结。从那时起，世界上流通的所有货币都成为具有信托性质的货币，信用货币的发行不具任何的实际价值，而是以相关国家和公司债券作为抵押品，因此可以根据这些国家和本国资本的利益无限制地、以任意利率来“印刷”债券。

信用货币对现代经济发展的意义相当于中世纪炼金术士发现了梦寐以求的点金石。中世纪不同于现代经济增长时期，现代经济增长时期始于 18 世纪末第一次工业革命，而中世纪科技落后，缺少信贷支持，无法融资开发新技术，也无法为扩大生产预支资金。当时只能以超高的年利率向高利贷者借款，其年利率高达 50%，有时甚至达到 100%。显然此类贷款不能用于扩大生产（扩大生产的利润率很少超过 15%），也无法为发展生产融资（多个世纪以来收益率在 3%—7% 范围内波动，平均约为 5%）①。国家信贷制度通过发行本币，为生产的增长和发展创造无限的资金来源，使大型高科技产业成功运作，为科技进步创造无限可能性。

当然，仅仅发行信贷资源不足以促进经济增长，还需要建立确保将信贷转化为扩大生产和投资的制度，需要能够保障工程技术和组织需求的科技和人力，需要建立有效使用和偿还信贷资源的责任机制。缺少上述机制就无法发展现代经济。如果上述机制不足以支

① Пикетти Т. Капитал в XXI веке. М.: Ad Marginem, 2015.

持扩大再生产，经济就会恶化。如果贷款利息过高，经济就会停止发展。

从本质上讲，贷款是促进经济增长的万能工具，而贷款利息则应被视为经济增长的负担。贷款利息类似于税收，不过收取贷款利息不是为了公众利益，而是为了银行家的私人利益。《经济发展理论》作者 J. 熊彼特恰当地将利息称作创新税收。[①] 为降低利息，促进生产发展，发达国家对货币发行实施监管，以此对具有经济发展前景的商业活动加强信贷支持。

应当指出的是，由于会获得发行收益率（铸币税），现代信用货币的创造是一种最有利可图的经济活动，货币发行国与获得发行收益率（铸币税）的发行机构进行首次交易。[②] 这就是私人企业家最初尝试建立中央银行和银行监管系统的原因，他们企图获得本币发行中的铸币税。这是通过使用“信贷杠杆”来实现的，信贷杠杆使商业银行发放的贷款总额超过其存款额和自有资本总和以及商业银行向中央银行再融资的数额。在这种模式下，除了中央银行收取的利息，货币发行中的铸币税主要流向商业银行。但是国家相对迅速地掌控了铸币税的分配权，试图利用铸币税增进公共利益，包括为预算赤字融资以及为促进经济活动提供贷款。

信用货币制度的利弊

如果国家不对信用货币的产生过程进行控制，那么信用货币的优点（自由发行、易流通）很快会变成弊端。

18 世纪末汉密尔顿在美国首次尝试使用国家发行的本币解决公众利益问题，包括发行本国货币（“美元”）来保障政府支出。经过

---

① Шумпетер И. Теория экономического развития / Пер. В. С. Автономова. М. : Прогресс, 1982.

② Отырба А. , Кобяков А. Как побеждать в финансовых войнах. Альманах «Однако». Июнь-июль 2014 г. № 174.

一些改进，该举措直到20世纪初一直保障着美国的货币需求。即使是在美联储货币发行私有化之后，直到现在其宗旨始终不变。发行美元的目的在于购买国债弥补国家预算赤字，使美国政府能够维持国防、科学研究和试验设计、经济和社会发展投资方面的庞大支出。

俄罗斯自19世纪末以来经常发放专项贷款来解决铁路建设和其他需求的融资问题。此后信贷发行成为苏联金融体系的基础，所有的资金投放都与生产和投资的增长挂钩。在第二次世界大战后，日本（根据指示性计划提高工业生产）和西欧（根据生产企业的期票）实施了大规模的信贷投放。

领先国家的货币当局已经学会如何根据国家和企业债务创造货币，从而为扩大经济再生产融资。如今，在结构性危机的背景下，这些国家正在进行大规模资金投放，以此刺激投资开发新技术范式。主要途径是中央银行购买低息国债以弥补预算赤字。在“量化宽松”政策下，美联储和欧洲央行也发行货币以购买大型银行和公司债券。中国和其他成功的发展中国家则按照中央确定的优先事项，为经济主体的投资计划“印钞”（见图3－1、图3－2和图3－3）。

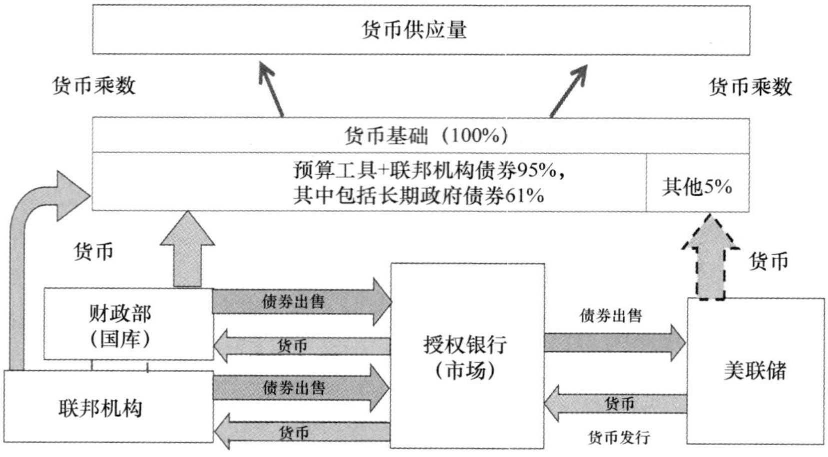

图3－1　美国货币发行计划

资料来源：叶尔绍夫·M. 根据美联储数据绘制。

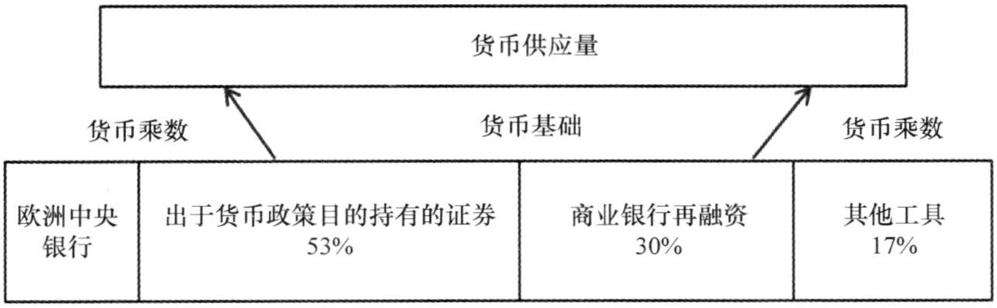

图 3－2　欧洲央行货币供应机制

资料来源：叶尔绍夫·M. 根据欧洲央行数据绘制。

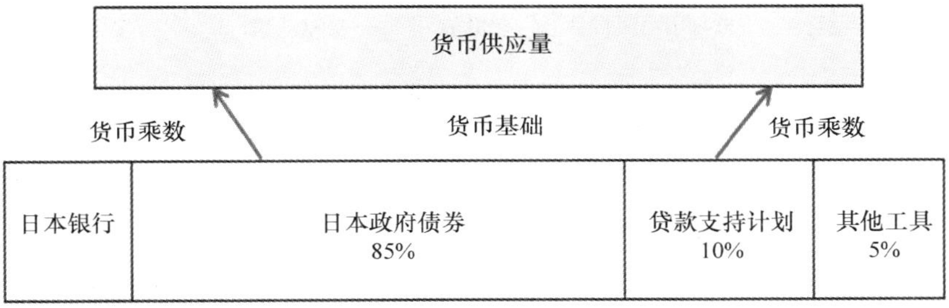

图 3－3　日本银行货币供应机制

资料来源：叶尔绍夫·M. 根据日本银行数据绘制。

与俄罗斯银行不同，一些储备货币发行国的中央银行以准零利率提供了大量廉价的信贷资源（见图 3－4）。由于贷款是用于现代化和发展生产方面的投资，因而不会导致通货膨胀，最终会降低成本，加大商品供应，即提升货币购买力。

当前，西方国家发行货币的主要方式是由中央银行发行货币购买国债。例如，90% 以上的美元通过这种方式发行。但这不影响美联储在必要时发行任何数量的货币来支持某些私人银行。美联储正在通过发行货币来“消除”美元金融体系日益严重失衡的现象，这些货币不仅用于购买国债，还用于援助大型私人银行。在 2008—2010 年的国际金融危机期间，美联储秘密发行 16 万亿美元，向美国、英国、德国、法国、瑞士等具有系统重要性的私人银行提供无息贷款（表3－1）。这个数字相当于美国国内生产总值。①

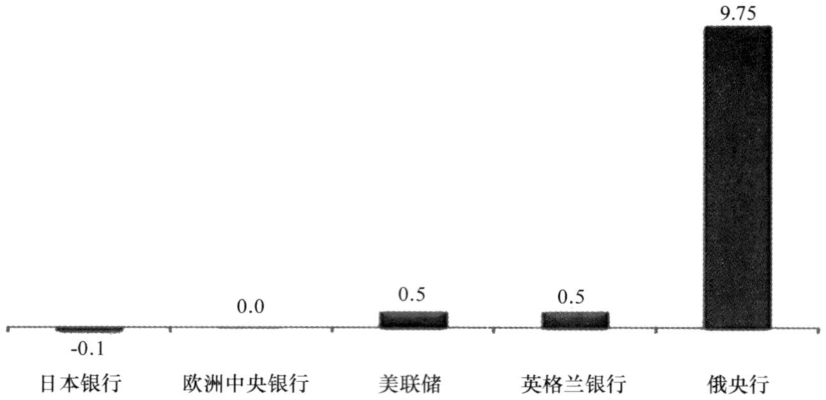

图3－4　一些国家中央银行的基准利率

资料来源：各国中央银行。

表3－1　**受美联储援助的银行**　单位：十亿美元

银行	国家	援助金额
花旗集团	美国	2513
摩根王丹利	美国	2041
美林公司	美国	1949
美国银行	美国	1344
巴克莱银行	英国	868
贝尔斯登公司	美国	853
高盛集团	美国	814
苏格兰皇家银行	英国	541
德意志银行	德国	354
瑞士联合银行集团	瑞士	287
摩根大通银行	美国	391
瑞士信贷集团	瑞士	262

① Смирнов Ф. Мировая финансово-экономическая архитектура. Деконструкция. М.：ООО «Буки Веди»，2015.

续表

银行	国家	援助金额
雷曼兄弟控股公司	美国	183
苏格兰银行	英国	181
法国巴黎银行	法国	175
富国银行	美国	159
德克夏集团	比利时	159
美联银行	美国	142
德累斯顿银行	德国	135
法国兴业银行	法国	124
其他借款人	—	2639
共计	—	16115

资料来源：Источник：Смирнов Ф. Указ. соч. 2015.

继美联储之后，其他世界货币发行银行也纷纷通过货币“注水”来刺激其经济发展（见图3－5）。同样，欧洲央行和日本银行在“量化宽松”政策下，以刺激经济增长为借口，发行货币购买某些金融中介机构和公司的股票和债券。

在主要的东方国家，货币投放的主要目的在于为有经济发展前景的领域进行投资。中国经济的加速增长就是其中一个范例。扩大投资的资金主要源于通过国有银行再融资发放的定向贷款。政府为开发先进技术、发展国际生产合作而吸引的外国直接投资也发挥了一定作用。今后随着产量的增加，居民收入和储蓄也会有所增长，从而导致更多的资金流入新的投资项目。同时，根据中央政府、省、市和公司的要求，为满足现代化和扩大生产的投资需求，中国央行继续通过国有银行和发展机构增加信贷投放。为此建立的金融投资平台可以降低风险，并确保中央银行根据国家优先事项，将信贷资源分配给具有发展前景的产业。

通货膨胀是对信用货币构成限制的主要因素。为避免通货膨胀，需要将制造业中的现金流与银行体系的传导机制联系起来。否则，信

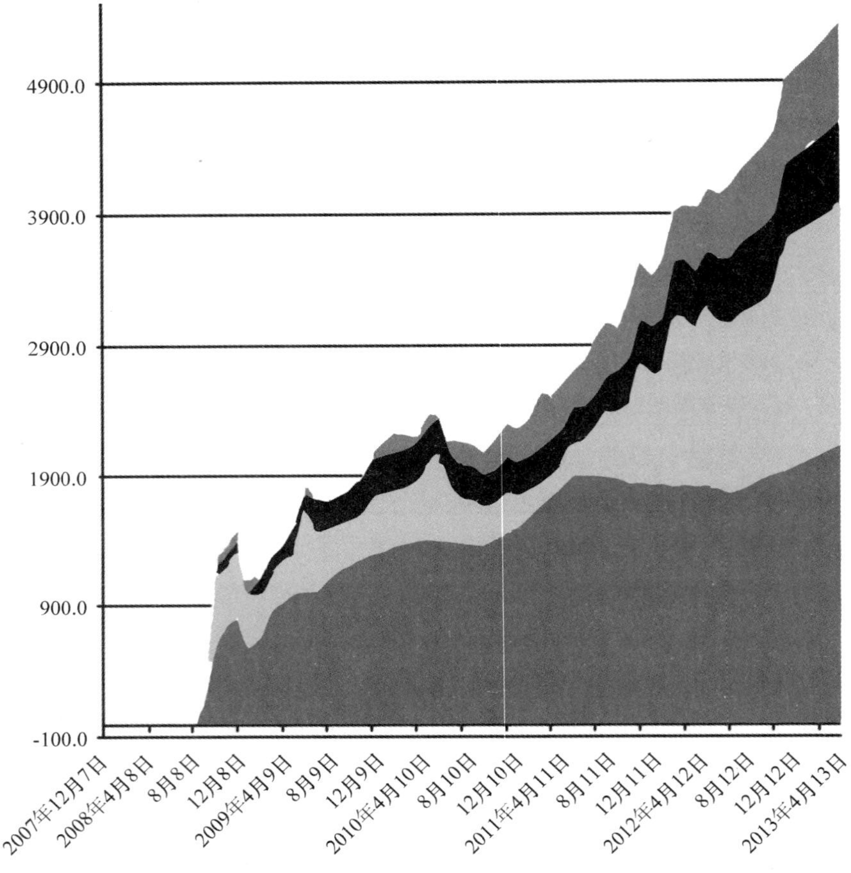

图 3－5　储备货币发行国中央银行结余增长

资料来源：汤森路透数据流。

用货币可能会成为金融“泡沫”和货币投机的温床，最终导致宏观经济失衡。中国的经验也表明，定向投放货币为发展投资和生产增长提供贷款的可能性很大，而且不会导致通货膨胀。从 1993 年到 2016 年，中国 GDP 每增长 10 倍，投资额、货币供应量、制造业银行贷款相应增长 28 倍、19 倍和 15 倍。每单位的 GDP 增长几乎伴随着三个单位的投资增长以及约两个单位的货币供应量和贷款额增长。这说明了中国经济增长机制的效果：投资的增长带动经济活动的增长（以 GDP 衡量），其中大部分投资来自国家银行体系的信贷扩张。尽管货币供应量增长多次超前于生产增长，但在中国经济货币化水平迅速提升的整个时期，中国的通货膨胀率一直保持在 4%—7% 范围内。

由于在以下回路中保持了现金流，导致商品生产效率和产量不断提高，从而确保了低通货膨胀。该回路为：信贷投放—投资增长—产量和效率提高—生产货物的单位成本降低、消费者成本降低，货物质量提高—收入增加—储蓄扩大—投资增长。实现上述回路需要国家银行贷款为生产发展投资项目提供保障，同时保持对资本交易的货币限制，需要国家当局“贯彻”达成生产投资指标的责任，系统地打击腐败。

在日本、印度、越南、韩国、马来西亚、新加坡和其他成功的国家，已经成功采用了类似方法，通过发行信用货币来发放贷款促进投资增长。其特点是根据国家确定的优先事项，提前增加定向贷款投放，为投资项目提供资金（表 3－2）。

表 3－2 **经济高速增长时期积累率的提高**

年份	投资/GDP，%					
	日本	韩国	新加坡	马来西亚	中国	印度
1950	X	X	X	X	X	10.4
1955	19.4	10.6	X	9.2	X	12.5
1960	29.0	11.1	6.5	11.0	X	13.3
1965	29.8	14.9	21.3	18.3	X	15.8
1970	35.5	25.5	32.6	14.9	14.6	X
1975	32.5	26.8	35. 1	25.1	X	16.9
1980	31.7	32.4	40.6	31.1	28.8	19.3
1985	27.7	28.8	42.2	29.8	29.4	20.7
1990	32.1	37.3	32.3	33.0	25.0	22.9
1995	27.9	37.3	33.4	43.6	33.0	24.4

续表

年份	投资/GDP,%					
	日本	韩国	新加坡	马来西亚	中国	印度
2000	25.2	30.0	30.6	25.3	34.1	22.7
2005	23.3	28.9	21.3	20.5	42.2	30.4
2009	20.6	29.3	27.9	20.4	46.7	30.8
2010	20.5	28.6	25.0	20.3	46.1	29.5

注：俄罗斯投资比例/GDP 为 16%（2017 年）。

资料来源：Финансовые стратегии модернизации экономики：мировая практика / Под ред. Я. М. Миркина. М.：Магистр，2014.

因此，在居民低收入和低储蓄的情况下，积累率急剧增长（表 3－3）。在所有创造经济奇迹的国家中，定向信贷投放一直是资本投资的主要资金来源。

表 3－3　**经济快速增长时期的信贷规模**

年份	国内信贷/GDP,%				
	韩国	新加坡	中国内地	中国香港	印度
1950	X	X	X	X	15，6
1955	X	X	X	X	18，9
1960	9.1	X	X	X	24.9
1963	16.6	7.2	X	X	25.8
1970	35.3	20.0	X	X	24.8
1978	38.4	30.7	38.5	X	36.4
1980	46.9	42.4	52.8	X	40.7
1990	57.2	61.7	86.3	X	51.5
1991	57.8	63.1	88.7	130.4	51.3
2000	79.5	79.2	119.7	136.0	53.0
2009	109.4	93.9	147.5	166.8	72.9
2010	103.2	83.9	172.3	199.0	76.2

注：俄罗斯信贷比例/GDP 为 42%（2017 年），其中银行信贷在投资中不超过 5%。

资料来源：Финансовые стратегии модернизации экономики：мировая практика / Под ред. Я. М. Миркина. М.：Магистр，2014.

在过去两个世纪中，运用信用货币的经验表明了该方式具有优缺点。一方面，如果不以信贷投资为目的发行信用货币，就无法在不断进步的科学技术基础上实现经济的现代发展。另一方面，过量发行信用货币会产生金融“泡沫”并引起通货膨胀，破坏经济稳定。在经济史上有许多这样的负面例子，通常在战争和政治危机的情况下，所有国家都被迫发行“无底洞”般的信用货币来筹集当前所需支出，随即面临的是恶性通货膨胀。

总结运用信用货币的历史经验不难发现，所有国家的政府都在努力使货币的发行和流通符合扩大经济再生产和社会经济发展的目标。为此，所有发展中国家成功采用一种综合方法来形成具有指定任务的货币供应机制，并依托该机制发行信用货币。发展中国家通过间接和直接发行货币的方法来实现上述目标，间接方法指的是在国家和有偿还能力的企业担保下进行再融资，直接方法是国有资产筹资、政府信用担保和发展机构储备。通过央行购买国债来直接使用信用货币满足国家需求，也是一种完善的机制。

但是，货币当局仅在控制银行系统工作的范围内设法确保国家掌控信用货币。法律规定了中央银行的作用。因此，美联储的主要目标是考虑生产的增长潜力，保持货币总量的长期增长；保持适度的长期利率，促进就业。在这种情况下，美联储主要通过购买国债发行美元。其他西方国家的货币当局也试图集中控制和调节信用货币的发行，通过国家预算对其进行引导，并在国家债务增加的条件下产生长期信贷资源。[①] 通过国家发展机构再融资、不再向实体经济部门提供贷款及转投优先发展领域，发展中国家成功掌控信用货币。

对私人银行发行货币的控制要复杂得多。国家只能通过准备金率和银行监管间接地对其进行调节。尽管国家对私人银行监管变得越来越严格，但私人银行正努力通过依靠作为最后贷款人的国家银行再融资来增加货币的发行量。在国际金融危机的背景下，该种方

① Ершов М. Экономический суверенитет России в глобальной экономике. М.: Экономика, 2005.

式正成为发行货币的重要渠道。很多美国和欧洲银行的行为不符合巴塞尔委员会的规则。许多日本银行长期以来一直处于负资产状态。然而，这并不能阻止世界主要国家的货币当局增大货币的发行量，以此维持商业银行运作，为国民经济扩大再生产和现代化进行再融资。美元、欧元、日元和瑞士法郎区的货币基础与俄罗斯卢布不同，自国际金融危机爆发以来的七年中，美元、欧元、日元和瑞士法郎的货币基础增加两倍（见图 3－6）[①]。大量信用货币的主要受益者是私人银行和公司。

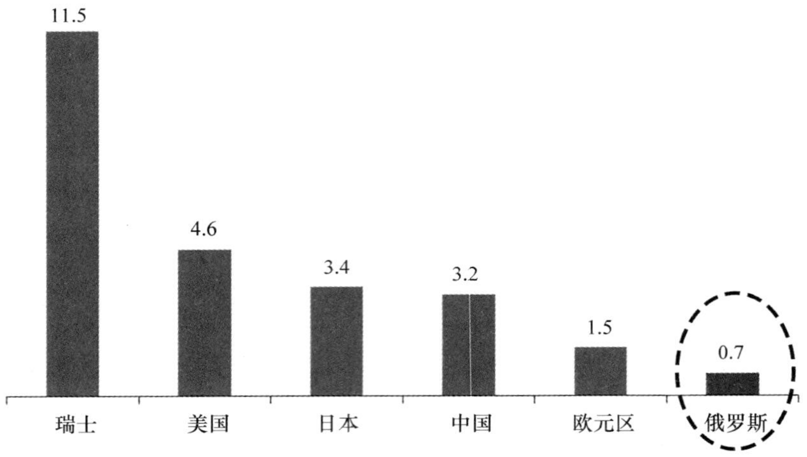

图 3－6　2007 年至 2015 年各国货币基础的增长情况

注：相关汇率以美元计算；数据从 2007 年至 2015 年 6 月。

资料来源：叶尔绍夫 M. 各国中央银行的数据。

由于货币供应量的增加，产生了大量准零利率的廉价信贷资源。只要货币仍留在银行部门或用于现代化和生产增长的投资贷款，就不会导致通货膨胀，其结果是成本降低，商品供应量增加，这意味着货币购买力提升。但是“量化宽松”货币政策的效果并非完美。

---

① Ершов М. Об обеспечении валютной стабильности и о новых финансовых механизмах в условиях санкционного режима // Российский экономический журнал. 2014. № 5.

并非所有发行的货币都流向实体部门，大部分货币被投机者投入金融“泡沫”。随着泡沫的崩溃，这部分钱款也随之蒸发，对金融市场的相应部分产生了通货膨胀的影响，但并不影响消费者价格，已发放的部分贷款不能回流。

形式上信用货币的发行是指发行人（该国的中央银行）将一定数量的数字合法化为货币，或是发行人赋予一定数量数字货币地位。但实际上，信用货币的发行是创造货币供应量并收取铸币税系统周期的一个阶段。这个过程包括三个主要阶段：把钱投入市场并对其进行吸收和冲销。在此过程中，股市作为一种机制扮演着主要角色，在金融“泡沫”膨胀期间保障吸收货币供应量，并在泡沫崩溃过程中对其进行冲销。在鼓吹金融“泡沫”的阶段，当股市的收益水平大大超过其他活动领域的指标时，大量货币流入股市，而当金融泡沫“崩溃”时，这些货币就会被冲销。只有了解内幕的人才能获胜，也就是控制世界金融领域所有进程的国际金融组织。

冲销作为循环过程的一个阶段，为货币发行人提供了持续开展活动的机会，使货币发行人无论是在全球经济增长的背景下，还是在发生危机导致货币和资金短缺的条件下，都能够创收。

今天，这种三段式布局仅适用于美元，而美元实际上是世界通用的储备货币。一些二级货币同样被国际货币基金组织承认为储备货币，并且可在一定限额内用于国际结算，但由于美元的主导地位，这些货币的发行受到限制。[①] 尤其是所有使用欧元、日元、英镑和瑞士法郎的银行均已包含在美元体系中，这些银行被迫将美元作为通用的等值货币，并通过与美国银行的美元代理账户进行国际交易。

金融不发达国家的货币形式上是本国货币，但实际上是高级货币的衍生品，然后组成了三级货币体系，其中包括俄罗斯卢布。三级货币的创造和流通与一级和二级货币储备的形成有关，但这些货币的性质、功能及政治经济本质是完全不同的。三级货币是一种工

① Отырба А. , Кобяков А. Как побеждать в финансовых войнах. Альманах «Однако». Июнь-июль 2014 г. № 174.

具，金融发达国家可利用其对发行国实行金融殖民主义（新殖民主义）政策。该政策的实质是非对等的对外经济交易机制，通过出售有形资产获取一级和二级信用货币，以形成用于发行三级货币的储备金。国际货币基金组织普遍采用的就是所谓的货币局制度，它规定三级货币的发行与一级或二级货币储备金的增长单位紧密结合。因此，为了创建本国货币的新单位，就需要从商品和服务的出口中获得收入，或以等值的汇率吸引一级或二级货币的贷款或投资。换句话说，发行三级货币的国家为了获得更多贷款，首先就必须向储备货币的持有国出售某些东西。因此，国家经济的发展要符合储备货币发行国的利益。储备货币发行国定期执行侵占从属国资产的操作。

为了一直获得铸币税，金融发达国家的货币发行中心定期对大量货币进行冲销。但是，这一过程只是创造货币周期性过程的阶段之一。

当本国货币发生贬值，商品和资产的价格受到冲击时，世界货币的发行者可以不受控制地自行创造所需数量的货币，然后以极其低廉的价格收购。在每一次所谓的"危机"过程中，世界货币的发行者都"吞噬"了一部分全球资产。而且，随后每次"吞噬"的全球资产都大大超过了前者。

俄专家认为股市崩盘及金融经济危机发生的过程都是自发的。实际上，这是一个有助于解决市场脱离货币供应量问题的过程，而且从中可以攫取大量铸币税，但同时也侵占了另一部分全球经济"馅饼"。随着上述过程的循环往复，各国都在不断改进方法和技术。[①] 应该指出的是，发行三级货币的主权国家正试图执行独立的货币政策，在不参考外汇储备的情况下发行货币，以此摆脱上述殖民掠夺式的金融机制。为满足当前业务中对外汇的需求，三级货币的发行量受到半年期进口融资标准的限制。此外，本币货币基础与外

① Отырба А. А. Указ. соч. 2016 г.

汇储备量的比值越大，向国内生产和投资提供信贷的机会就越多。但是，为了实行这种主权政策，必须进行外汇管制，以防止资本外流并阻止投机活动。

但是近年来对过剩信用货币进行冲销的成本过高，全球金融体系接近崩溃。实际上，全球金融体系已经进入恶化阶段，其特征是金融体系失去稳定性并开启动荡模式。这种动荡模式的规律已经形成，即每隔7年金融“泡沫”就会“破灭”（见图3－7）。危机发生时，相信金融体系稳定的数百万储户的存款消失了。同时，美联储正在给选定的银行大量注资，而这些银行挪用美元发行中的铸币税并侵占破产的市场参与者的财产。同时，危机在全球金融体系的核心中开始蔓延，美元资产贬值，一级货币的稳定性受到破坏。

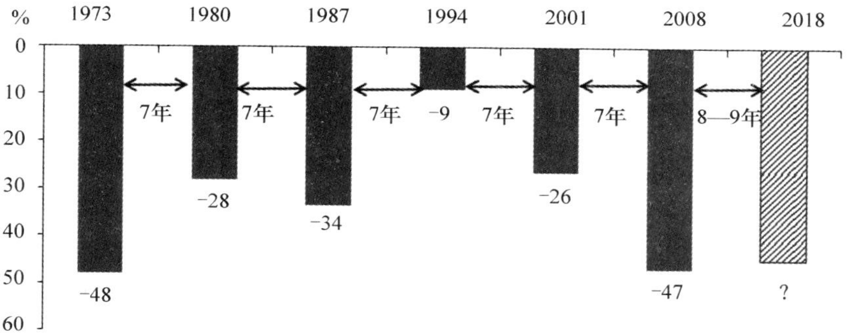

图3－7 金融泡沫和崩溃的周期（美国标准普尔500指数）

资料来源：叶尔绍夫·M. Bloomberg。

欧洲和日本金融体系的情况也不容乐观。在欧元区，一些国家的债券形成了金融“泡沫”。塞浦路斯就发生了严重的金融危机。其余国家则试图通过削减资不抵债国家的预算从而“攫取”钱财。同时，欧洲央行正加大对选定商业银行的信贷投放，以确保借款方履行约定。数百万公民收入下降，社会福利减少，而银行家们则因发行欧元而得到越来越多的铸币税。在日本，大多数商业银行的利润率都为负数，且只能通过中央银行的再融资来维持运营。

所有发行国际储备货币的国家清算破产银行储户的存款并减少社会福利，一方面使用铸币税为选定的私人银行提供支持，另一方面国民财富会自发地重新分配，使货币当局的亲信得以获利。货币当局本身不受社会控制，他们不是由人民选举产生，也不对议会负责。

使信用货币的发行服从于储备货币发行国利益的机制已经失效。同时，发行信用货币的效果急剧下降。如上所述，美联储每次发行的美元仅有1/5能够流入实体经济领域。其余的则被金融“泡沫”“吸入”，这有利于重新分配社会财富，使亲近美联储的银行家得以获利。应当补充的是，国际金融危机的爆发与私人银行过度发行信用货币有关。在美国投资银行取消了对吸收存款的限制后，银行大大增加了美元的发行量，使“信贷杠杆”几乎达到了三位数。这是二级银行体系的特点，不能由中央银行完全控制。

换句话说，近年来信用货币制度的社会效益急剧下降。中国是发行国际储备货币国家中的一个例外。也许这是由于当前人民币在资本运作中的不可兑换性决定的，它保护了中国金融体系免受外界的投机性攻击，并使其能够在中国经济超高货币化的情况下保持稳定。另一个稳定因素是中国商业银行属于国家，它排除了出于私人利益自发性发行货币的可能性。

中国政府保证提供长期低利率的信贷，商人保证将其有针对性地用于发展生产的特定投资项目。扩大投资的资金主要来源于通过国有银行再融资发放的定向贷款（见图3－8）。政府为开发先进技术、发展国际生产合作而吸引的外国直接投资也发挥了一定作用。今后随着生产增加，居民收入和储蓄也会有所增长，从而使更多的资金流入新的投资项目。同时，根据政府、省、市和公司的指示性计划要求，为满足现代化和扩大生产的投资需求，中国央行继续通过国有银行和发展机构增加信贷投放。为此建立的金融投资平台可以降低风险，并确保中央银行根据国家优先事项，将信贷资源分配给具有发展前景的产业。

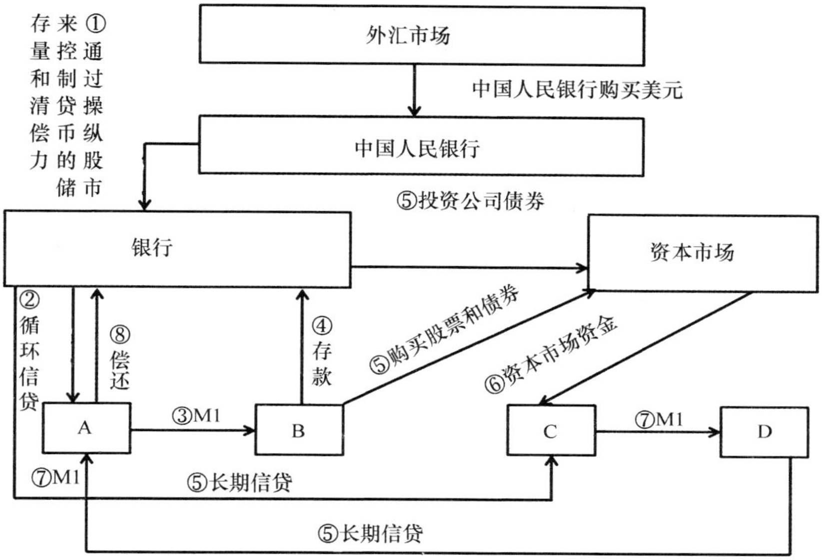

图 3－8　中国货币供应关系

资料来源：余永定，2017 年。

中国经济“过度货币化”已成为中国经济奇迹的金融反映，这也印证了一般规则：创造信用货币的社会经济效率与国家控制其流通的能力，以及为促进社会经济发展而使用铸币税的能力成正比。对信用货币的使用采取了大量行政控制及间接监管的方法，但其有效性有待提高，相反数字货币就不需要采取类似的举措。最初，数字货币的发行由一定的算法控制，所有交易都会被记录，从而自动控制数字货币的流通。

中共中央在这一纲领性文献中提出这样的任务并非偶然：“建设现代中央银行制度，完善货币供应调控机制，稳妥推进数字货币研发，健全市场化利率形成和传导机制。构建金融有效支持实体经济的体制机制，提升金融科技水平，增强金融普惠性。”①

① 《中共中央关于制定国民经济和社会发展第十四个五年规划和二〇三五年远景目标的建议》。

数字货币的不同之处

与常规电子货币不同的是，数字货币所采用的区块链技术具有去中心化的特点，不需要任何类似清算中心的中心化机构来处理数据。数字货币使用户能够可靠地控制交易资金的流向，避免在审核或监督过程中撤出资金的可能性，还避免了资金被盗窃、滥用及兑换成外币的可能性。这些优点对于那些想要使用数字货币以满足需求的国家极具吸引力。许多欧亚经济联盟成员国已经宣布将数字货币用于公共采购、定向信贷及投资。[①]

在货币流通中使用数字技术可以绕过传统的银行信息交换系统，同时确保用户更好地控制目标资金的支出并保证其安全性。该方式不需要银行担保，也不受银行风险的影响，其中包括由第三国制裁而造成的风险（“冻结”账户、阻止转账、与 SWIFT 系统断开连接等）。数字货币可以使用户显著减少交易成本并降低利率，筹集开展经济投资项目所必需的定向信贷。通过数字技术发行的货币会自动流向信贷资源使用的最终“环节”，即工资支付、股息收取及贷款偿还。

应用数字技术使用本币进行信贷发放在根本上不同于诸如“比特币”之类的私人加密货币的发行。应用数字技术使用本币进行信贷发放过程中，发行人是由货币当局授权的组织，该组织控制本国货币“数字版本”的发行及其与普通货币的兑换。货币当局确定发行量，被授权的发行人将相应的金额预留在中央银行的账户中，中央银行等价地发行数字货币，在国家规定的活动中进行定向信贷投资及扩大生产。通过这种机制可以将贷款利息降低到实体部门借款人可以接受的水平，并发挥现有的科学生产潜力以增加生产和促进

---

① 2018 年 2 月 2 日，在欧亚经济联盟政府间理事会会议期间举行了“全球化时代的数字议程”高级别论坛。该论坛的目的是促进欧亚地区实现全球数字化，加强与会国家间在该领域的伙伴关系。讨论的重要主题之一是国家独立数字化、在国际组织和合作伙伴框架下的数字化、欧亚经济联盟在该领域的区域优势、工业数字化、科技创业及农业数字化转型。

投资。此外，也无须对货币进行控制。交易既可以使用本国货币也可以使用专门创建的工具。使用本国的数字货币可以购买其他数字货币，将其兑换为普通的信用货币并绕开制裁。

有趣的是，数字货币的支持者将它们与普通货币进行比较，通常称普通货币为信用货币，其实也是间接地强调了信用货币同样缺乏物质保障。同信用货币一样，数字货币也没有任何等价物，但是具有上述的许多优点。数字货币拥有信用货币的所有功能，同时能够克服信用货币的固有缺陷，数字货币可以有效防范盗窃和抢劫，减少银行倒闭给用户带来的不安全感。

正如诺贝尔奖获得者托宾的建议，根据社会经济发展的目标，货币政策的主要目标应该是创造条件以最大限度地促进投资和开展创新活动。[①] 所有发展中国家都遵循这项建议，利用现代国际经验多渠道发行货币。在美国、欧盟和日本，信贷发行主要是在国家发行债券的条件下进行的，旨在为预算赤字、国家规划和发展机构筹集资金。中国、印度和其他发展中国家主要是向投资者进行信贷发行，信贷发行是确保经济增长的主要资金来源。数字技术的使用可以大大提高货币发行和流通管理的效率，使其成为增加投资和生产的可靠工具。数字货币最适合于一体化世界经济范式，因为其可以有效地利用国家在发行货币方面上的垄断权，从而获得信贷投资，以发展有前景的产业和其他国家优先事项，这确保了货币流通的透明度，从根本上提高管理预算支出和控制货币流通的质量。因此，形成新世界经济范式的国家正计划发行国家数字货币也就不足为奇了。例如在2017年，中国专门成立了一个研究区块链和大数据技术的研究小组。中国当局期望开发并批准一种算法，该算法可使中国中央银行成为世界上第一个发行自己的加密货币以购买任何商品的监管机构。在亚太地区其他快速发展的经济体也发生了类似进程，我们将这些经济体列在新的一体化世界经济范式的“核心”中。

---

① Tobin J. , *Liquidity Preference as Behaviour towards Risk.* The Cowles Foundation for Research in Economics at Yale University. The Review of Economic Studies. No. 67. February 1958.

第二部分

技术和管理变革

当前正在向一体化世界经济范式过渡。中国的共产主义制度和印度的民主制度保障了国家扩大再生产，这些制度体系确保了国家经济不受殖民主义者的攫取。美国的金融寡头是美元作为世界货币的寄生产物，美国的制度体系服务于金融寡头的利益。与之相反，中国、印度、日本、韩国、越南、马来西亚、新加坡、伊朗等国家的制度体系则着眼于确保社会经济发展中的社会利益，旨在协调社会群体的意见并加强协作，建立企业与国家之间的伙伴关系，以实现具有社会意义的目标。货币资本扩张受到国家和国际标准的限制，国家和国际标准保护了社会利益，并使信用货币的发行服从于再生产的调节进程。在帝国主义世界经济范式时期建立的国际法制度具有重要意义。

生产力的现代发展需要新的生产关系及建设全球经济体制，这将保障可持续发展及抵御包括生态和宇宙在内的世界威胁。自由主义全球化是为了迎合以英美公司为主的跨国公司的利益，在这样的背景下，这些威胁人类生存的问题仍然没有解决方案。此外，在缺乏民主治理机制的情况下，数百个家族手中的资本过度集中、全球影响力增加，形成世界霸权的威胁也不断上升，其目的是通过压迫全人类来确保世界寡头统治。因此，世界权力滥用的风险越来越大，给国家和世界人民带来灾难的风险也就越来越大。在一体化世界经济范式的管理框架下必须遏制世界寡头统治及管理全球资本流动。

继日本和韩国之后，中国、印度和越南崛起，向新的一体化世界经济范式过渡的进程变得越来越清晰，伴随此过程将形成完全不同的制度体系，这种制度体系符合人类可持续发展的利益。这种过渡需要通过管理变革来实现，数字技术是其技术基础，应用数字技术可以从根本上提升复杂社会经济系统的管理质量。

第四章　管理体系中的数字变革

数字化这个极为流行的话题不是今天甚至不是昨天才出现的。人学会了说话和描绘第一个字符后便开始处理数字。也就是说，一个理智的人与动物的区别就是具有说话和思考的能力①，人们运用数字的行为自古存在。几个世纪以来，数字同文字一样一直被用来生成、传输和储存信息，逐渐形成了一种特殊的数学语言，该语言已成为精确科学及相关技术中的应用语言。

电子计算机的出现被认为是数字化信息革命的开始，无须人工干预，电子计算机使用数字执行操作、接收、转换并传输数据。尽管人们给计算机设计程序并设置任务，但是计算机还是运用数字独立生成、储存及传输新信息。人类如果没有计算机就不可能独立地获得各类信息。计算机与人类自古以来创造并使用的具有自动控制系统的机器不同，具有自动控制系统的机器是由远古时代开始创造和使用的，从卫生间的排水箱到现代数控机床。

随着人工智能系统的出现，所有大型计算机都可以独立设计并完成任务，无须人工进行干预。正如掌握读写的孩子可以独立读写一样，现代计算机也可以读取和生成数字信息并将其传输给人类或其他类似产品。为了与人类进行交流，计算机能够将数字转换为声音、文字和符号，完成人类与计算机之间的信息传递和接收。无须

---

① Поршнев Б. О начале человеческой истории（Проблемы палеопсихологии）. М.：Мысль，1974.

人为干预，计算机可以通过数字语言与类似产品之间进行信息传递。起初计算机编程是为了实现某些功能或解决某些问题。在物联网或“智能家居”中计算机可以独立完成以前由人解决的所有任务，并且可以更快、更准确和更高效地完成任务。

20世纪中叶出现的第一台电子管计算机体积庞大、耗电量大，并且需要大量的人工来为其提供服务。但当时可能没有人会想到计算机的应用范围会如此之广，而且使用数量也数不胜数。当初最大胆的科技预测也仅限于将计算机应用于需要大量繁复计算的领域，例如银行、军事、科研和国家管理部门。现在的计算机可以放在孩子的口袋里，其相当于半个多世纪前的一栋五层楼的建筑、十名员工和一个变压器，现在计算机以手机的形式提供给每个家庭。计算机系统在生产、生活、社会和国家管理领域的广泛使用引发了数字革命的流行话题。

经济范式变化背景下的数字信息革命

现在数字革命几乎涵盖了所有领域，并吸引了大多数人进入其轨道。自第一台计算机问世以来，数字革命经历了三个主要阶段。在此期间，世界技术经济发展改变了两次技术范式。

电子管计算机的出现和应用发生在第三次技术范式的最后阶段，这种技术范式的“核心”是电气工业。当时，在发达国家的经济中第四次技术范式迅速发展，其“核心”是由汽车工业、有机合成工业和新型结构材料构成。核心要素之一是半导体的生产，其取代了计算机中的电子管。电子管可以显著降低计算机的生产和使用成本，并因此扩大了计算机的应用范围。但是真正的突破是集成电路和微处理器的发明，这为20世纪60—70年代的微电子学奠定了基础。

微电子成为第五次技术范式的关键因素，自80年代初以来该范式已进入发展阶段。计算机的微型化以及其生产和使用成本的快速降低保障了计算机技术的迅速广泛传播。在基于数控机床的制造业中实现了生产自动化。在技术和管理流程中也应用了自动化控制系统。个人计算机的出现为计算机在管理、科研和消费领域的广泛应用铺平了道路。互联网和光纤电缆将数十亿台计算机连接到全球信息通信网络中。

第五次技术范式的“核心”部分是信息通信技术综合体，在21世纪初之前一直以每年约25%的速度增长。其快速增长也确保了微电子领域科技的不断进步，其中摩尔定律①（图4-1）使我们能够迅速降低计算机的生产和使用成本（图4-2）。

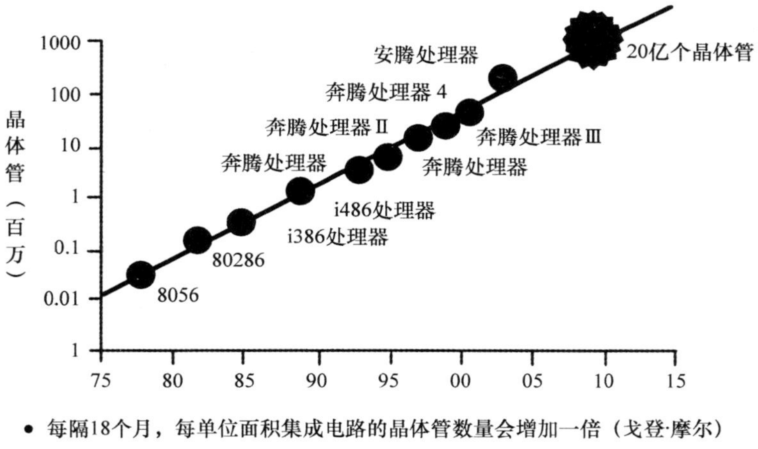

图4-1 每单位面积集成电路晶体管数量的增长动态

资料来源：Нанотехнологии как ключевой фактор нового технологического уклада в экономике / Под ред. С. Ю. Глазьева, В. В. Харитонова. М.: Тровант, 2009.

计算机正在掀起制造业的革命，在该领域中，无处不在的自动化设备和工业机器人取代了体力劳动。车载计算机被广泛应用在复杂的车辆和交通工具的控制中。移动通信蓬勃发展，在消费领域创

① 戈登·摩尔定律（信息通信领域的基本定律，于1965年提出），戈登·摩尔提出，集成电路上可容纳的元器件的数目，约每隔18—24个月便会增加一倍，性能也将提升一倍。基于此分析做出了一个假设，该假设随后得到了证实，即计算机技术的发展及其能力将呈指数式上升。

造了新的快速发展行业，并极大地改善了人们的生活质量。

图 4－2　随着微电路中元件数量的增加，微电路成本降低的动态图

资料来源：Нанотехнологии как ключевой фактор нового технологического уклада в экономике / Под ред. С. Ю. Глазьева，В. В. Харитонова. М.：Тровант，2009.

21 世纪初，第五次技术范式的发展正在放缓，自 2008 年以来，全球受到金融危机的影响，此后伴随着经济结构的改革开始向第六种技术范式过渡。目前，过渡过程即将完成，一种新的技术范式正在进入成长阶段。如上所述，信息通信、纳米、生物工程和增材制造技术综合体是新技术范式的核心，正在以每年约 30% 的速度扩展，其各要素以每年 20% 至 70% 的速度增长。

在第五和第六次技术范式之间存在连续性。它们的关键因素是信息技术，信息技术基于对物质基本结构以及信息处理和传输算法的认知，而这些算法通过基础科学获得。第五和第六次技术范式的边界在于技术对物质结构的渗透程度和信息处理的规模。第五次技术范式依靠微电子技术在微米级物理过程操作系统中的应用。第六种技术范式是基于纳米技术的使用，纳米技术是在十亿分之一米的大小上进行操作，并且能够在原子和分子层面改变物质结构，从根本上赋予其新特性，并穿透生物的细胞结构对其进行改进。纳米技术与计算机技术的发展，使人类可以创造有生命和无生命物质的新结构，并使用自我复制程序使其生长。

数字革命的社会和政治组成部分

显然，执政的精英们开始模糊地意识到，随着群众对数字技术的掌握，他们最终可能会失去对公民的控制。但实际上，新技术范式的推广从根本上改变了全球社会经济进程的整个管理体系。

一方面，在全球范围内有新机会可以完全控制公民的行为。美国的情报部门正朝着这个方向积极努力，美国通过监听电话及利用其制造的嵌入计算机技术的芯片监视社交网络，以此监视了全球数百万人。

另一方面，可能出现管理经济、社会和政治进程的私人跨国系统，损害国家及机构的利益。全球社会信息和贸易信息网络、加密货币、物联网和其他匿名交易手段为此类系统提供了基础，这些方式使得国际金融贸易脱离了国家的管辖范围。公民可以依靠网络使用区块链技术和智能合约拒绝国家系统以保护自己的利益。

国家法律体系显然落后于新技术能力的要求。不仅在网络安全、电子商务和互联网监管方面，而且在生物技术工程、无人驾驶车辆及 3D 打印机的使用问题等方面上，国家都缺乏相应的法律约束。与失控的机器人、改造人及与人机怪物有关的电影引起了公众的不安，商家用智能家居、有声熨斗和有声冰箱吸引消费者，想法超前的建筑师建议政府建设智慧城市……

同时，管理系统信息化仍然是最容易滋生腐败的领域，管理机构不断增加预算，却没有任何明显的回报。回想一下，许多国家的政府已经为解决 2000 年伪问题提供了资金。政府还强迫公民将不必要的计算机系统安装在房屋、汽车、个人计算机和电话上，并且公司和政府部门将系统集成商当成“摇钱树”，这给信息技术和计算机技术进行了不必要的升级。

让我们尝试了解推广数字技术所面临的各种复杂现实的挑战，同时考虑国家、社会、个人安全及整个人类安全领域的相关变化。

数字革命带来的社会问题

人们认为，由于工作岗位自动化、管理流程自动化及3D打印机的日渐普及导致失业率上升，这对社会安全构成严重威胁。尽管这个问题并不新鲜，自第一次工业革命以来，对社会而言，没有什么比两个多世纪前卢德分子在英国销毁机器运动更让人痛心的了，今天看来这仍然令人担忧。确实，在第一次大规模自动化时，可以预料到一些工种和专业的工人和雇员的失业率会显著增加。但是，正如近三百年的现代工业发展经验所展示的一样，这种威胁已被其他因素部分抵消。

首先，有些部门存在失业现象，而另一些部门则面临劳动力短缺的窘境。在技术范式更替期间，劳动力市场供需失衡状况急剧恶化。此时，由于经济停止向各领域扩张，经济陷入低迷，致使保障两代劳动人口的主要就业增长领域的生产和投资减少。以前劳动人口众多的地区，居民收入出现了“震荡”，并且急剧下降，其中很大一部分居民将永远无法恢复到原来的收入水平。同时，新技术范式的发展确保了其他专业对劳动力的需求，而那些从旧技术范式中解放出来的工人改学新的技能，然后被安置到新的专业中。国家可以通过补贴雇员再培训计划，及时调整教育体系满足新职业的需求，以此大力缓解劳动力市场失衡状况。

其次，就像数字革命一样，自动化已经发展了很长一段时间，摧毁了各个行业的数亿岗位。自20世纪80年代以来，随着当时新信息通信技术范式的发展，生产自动化已经覆盖了很多制造行业。

灵活的生产线使工厂不再需要数以百万的装配工、包装工和机床工。输送机生产的高度自动化使数百万从事单调工作、执行简单重复操作的人员得以解放。随着计算机技术的进步，打字员、打孔员、标定员、设计师、会计师与其他需要使用既定算法进行常规计算的相关工作岗位减少了数百万个。事实证明，成千上万的人被自动化所取代，处境艰难，但是没有发生像大萧条时期那样的社会灾难。热情的年轻人掌握了程序员、操作员、调试员等新职业，老年人则提前退休。许多人在服务业充分发挥自己的才能，服务业迅速扩张是社会向新技术范式过渡最明显的一个方面，人们开始议论社会将向经济发展的后工业阶段过渡。实际上，工业仍然是现代经济的基础，只有在发达国家的劳动力市场中，工业化水平平均下降到25%。

再次，对于俄罗斯劳动力市场而言，经济政策的不良影响在很长一段时间内将比数字革命更为显著。俄罗斯按照国际货币基金组织的方案进行了经济改革，却致使经济急剧恶化，拥有数百万个高科技工作岗位的产业遭到破坏。同时，与全球趋势相反，俄罗斯确保全球就业率的现代技术范式的生产却急剧减少。俄罗斯曾经在某种程度上是世界上唯一一个在20世纪90年代，科学家、工程师、程序员、操作员、调试员和其他高素质员工的数量有所减少的国家。他们中的大多数人迫不得已从事买卖人、摆渡工人和保安人员等低技能的工作。在向基于新技术范式的超前经济发展区政策过渡期间①，俄罗斯经济将面临工程专家严重短缺的状况。俄罗斯经济的“复苏”已受到高技能工人和工程师短缺的限制。

最后，将来对创建数字经济基础设施的专家需求将远远大于发展数字经济所摧毁的常规工作岗位的数量。的确，如果数字经济在国家智能技术的基础上发展，那么情况确实如此。如果国家在信息技术领域的政策没有改变，并且全部依靠硬件和软件的进口，那么可能会带来极大的负面影响。从服务、金融和贸易领域解放出来的

① Глазьев С. Стратегия опережающего развития России в условиях глобального кризиса. М.：Экономика，2010.

“白领”因为缺乏相应的技能，以及外国专家和设备的引进填补了俄罗斯市场的需求而导致失业。

因此，由于数字革命而导致失业率急剧增加的威胁被过分夸大。政府健全的经济政策很容易将上述威胁抵消。直到现在，不健全的经济政策才是数百万工作岗位消失和人力资本下降的主要原因，而不是数字革命。随着伊兹博尔斯克俱乐部提出的超前发展区政策①的落实，对高素质专家的需求将会远远超过其减少的人数。问题是存在大量低技能和专业受限的上班族，要安置这些上班族需要花费大量精力对其进行再培训。因此，国家政策是决定性因素。

在国家监管领域中使用数字技术的确是一个政治问题。例如：使用区块链技术将不可能伪造注册文件及许可证，也不能通过“倒填日期”来修改审查证明。该技术还免去了一定程度上不必要且昂贵的公证服务。智能合约的使用将避免国家采购领域的腐败。电子签名及准确识别纸媒和电子媒体技术的使用将排除伪造文件的可能性。整个政府体系将变得更加透明，并接受群众的监督。政府腐败行为将减少，国家对监察机关官员的需求也将减少。也许这就是国家管理系统信息化发展如此艰难的原因，大量资金浪费在低效和重复的例行公事中。

数字革命对人类未来的挑战

最后，我们阐述一下数字革命对人类而言的最后一种威胁。最让人兴奋的是科幻电影和反乌托邦电影编剧的想象力。现代科学已向改变人类性质的技术方向发展，并且数字革命对人类构成威胁的风险确实存在。我们将根据实际情况逐一进行分析。

1. 使用基因工程技术制造对人类有害的微生物。基因技术工程

---

① К стратегии социальной справедливости и развития / Авторский доклад С. Глазьева Изборскому клубу. 2015（3 августа）; Встать в полный рост / Доклад Изборскому клубу / Под ред. С. Батчикова, А. Кобякова, С. Глазьева. 2014（23 ноября）.

由来已久，国家安全机构显然低估了它。早在二十年前，科学家就承认基因技术可以合成拥有选择性功能的病毒，且该病毒只针对具有某些生物学特征的人群。通过将与人类共生病毒的DNA同病原体结合起来，可以合成在特定性别、年龄段甚至种族的人群中引起疾病的病毒。通过粮食出口将这些病毒输送到敌国领土，然后可以在其国家引起传染病并广泛传播，因此生物武器也是把双刃剑。显然，美国实验室进行的此类研究违反了禁止研制生物武器的规则。无论如何，一些非洲国家的领导人认为华盛顿犯有制造和传播埃博拉病毒的罪行。

2. 具有某些属性的克隆人。十多年前，实验证明了克隆哺乳动物的实际可能性，并为克隆高等灵长类动物和人类发放全权委托书，那时科学家们就开始谈论克隆人的威胁。如今，克隆犬行业已经开启了商业化步伐，从理论上讲，克隆人工厂的出现是可能的。

3. 人类已将各种计算机控制的设备植入人体。这已经是一项发达的医学技术，医疗领域已广泛使用起搏器、助听器、假体和传感器。从理论上讲，改造人是可能出现的，我们可以赋予改造人额外的计算能力，提高其感官、个体识别、传递信息及行为活动的能力。

4. 在机器人设备中安装人体器官及模型。这与别利亚耶夫的小说《陶威尔教授的头颅》中的幻想相同，陶威尔教授死后，头颅却仍然活着。人类神经系统模型的开发工作正在紧锣密鼓地进行，极有可能出现具有人类外貌的人工智能机器人。

5. 失去对具有仿生自组织机器人系统的控制能力。从理论上讲，机器人反叛的噩梦在不久的将来可能变成现实。自动化电力系统的故障已经使大城市陷入混乱。如果人工智能系统能够自行组织并做出独立决策，那么后果将无法预测。

上述所有对人类生存的威胁都是众所周知的，并已多次进行讨论。但是还没有制定出真正的方案来防止其发生。显然，即使对人类造成危险后果，停止科学技术进步也是不现实的，但是可以将其限制在法律框架之内。为了更好地发挥作用，这些限制措施必须具有国际性，并涵盖所有科技潜力巨大的国家。

缔结导弹和核技术不扩散、禁止细菌和化学武器及进行原子能武器试验等国际条约的经验令人鼓舞。尽管这些条约没有强制执行的责任机制，但世界大部分国家通常不会违反条约。一体化世界经济范式建立在国家互利、自愿伙伴关系及严格遵守国际法的基础上①，各国正向该范式过渡，在该过程中此类协议的范围将会扩大。协议还包括限制各国发展上述数字技术危险领域的国际条约。其中规定：

- 禁止克隆人；
- 禁止研制病毒和其他形式的生物武器；
- 实行人体设备植入的国际标准；
- 监测人工智能系统的发展，以判断和消除对人类的威胁；
- 在信息技术领域接受过培训的专家需要得到全球认证；
- 在智能机器人认证方面，应制定并执行国际通用的技术规章和程序。

俄罗斯可以制定和通过一个科学伦理国际公约，该公约禁止各国在改变人类性质、生物武器及编制程序旨在摧毁仿生自组织机器人系统等领域的研究。

数字革命远远超出了人们的想象，它是一个漫长的过程，已经发展了几十年。几乎所有的信息和金融领域都在使用数字技术，数字技术已是社会生产领域的重要组成部分，且正在向生活和商业领域渗透。数字革命创造机遇且改善了人们的生活质量，并未对社会造成太大破坏。将数字技术用于反人道和犯罪目的的众多案例都与人类的行为有关，而与此类技术无关。同时，以私人或国家利益为借口垄断数字技术的行为大大增加了这些人违法犯罪的机会，并可能威胁到国家安全。人们的这些呼声应通过法律解决。

---

① Глазьев С. Экономика будущего. Есть ли у России шанс? М. : Книжный мир, 2017.

在世界经济范式更替过程中利用数字革命的力量

另一个问题涉及人类进化中质的“飞跃”。数字革命大大提高了生成、处理、传递、储存和掌握信息的能力。计算机不会忘记任何东西，信息的传播不会花费任何费用，人类可以对人类日常活动的任意复杂算法进行编程，然后将其传输给机器人，由它来执行。数字革命将人类从单调而繁重的劳动中彻底解放出来，不仅是体力活，还有枯燥的办公室工作。数字革命解放了人们以前在商品制造业和服务业上所花费的时间，并为人类开启了向完全创造性活动过渡的新世界。这正是马克思列宁主义经典作家梦寐以求的景象，共产主义从必然王国向自由王国的“飞跃”。

具有讽刺意味的是，数字革命在世界社会主义阵营崩溃之后正在展开，它可以为国家经济计划体系的有效性带来质的“飞跃”，并在与资本主义国家的竞争中带来巨大的竞争优势。在苏联，科学技术进步可以提高公民的福利水平，延长人类生命周期中的自由时间。在战后时期，人民自由的时间随着娱乐领域的发展而持续增长。尽管许多居民在闲暇时间喝酒，但共产主义的意识形态决定公民要用个人的自我完善、创造性的工作、教育及参与包括国家管理在内的社会工作来填补空闲时间。因此，苏联成为世界上阅读率最高、拥有最好大众教育体系的国家绝非偶然。

中国共产党高度重视数字技术在经济发展管理中的应用。《中共中央关于制定国民经济和社会发展第十四个五年规划和二〇三五年远景目标的建议》中为此明确提出“加快数字化发展。发展数字经济，推进数字产业化和产业数字化，推动数字经济和实体经济深度融合，打造具有国际竞争力的数字产业集群。加强数字社会、数字政府建设，提升公共服务、社会治理等数字化智能化水平。建立数据资源产权、交易流通、跨境传输和安全保护等基础制度和标准规范，推动数据资源开发利用。扩大基础公共信息数据有序开放，建设国家数据统一共享开放平台。保障国家数据安全，加强个人信息保护。提升全民数字技能，实现信息服务全覆盖。积极参与数字领域国际规则和标准制定。”

对于资本主义制度而言，企业不惜一切代价使利润最大化，数字革命带来了无法解决的问题。一方面，劳动生产率的提高使剩余价值增加。另一方面，解放从事生产活动的劳动力意味着需求相应减少，这限制了生产增长和资本的扩大再生产。社会不平等日益加剧，社会正在“分裂”掌握关键数字技术的万能者和不参与生产活动的消费者。娱乐业致力于填补他们的休闲时间，同时演员、毒贩和公关人员都在进行努力。随着资本大量涌入金融部门，社会逐渐向无人生产技术过渡，信息革命引发了无尽无休的金融“泡沫”和金字塔。

数字革命摧毁了习以为常的经营规则。在传统领域，如果消耗的资源越多，产品的价格就越高，那么在数字经济中则相反。积累的数据越多，生产成本越低。价值定律和边际效用理论在数字经济中都不起作用。数据的累积可以生成新数据，同时减少接收其他信息的成本。互联网公司的市场估值没有实质性依据。随着活动范围和市场覆盖范围的扩大，投资的边际效用增加，而不是像在物质生产领域一样减少，互联网经济和金融领域的信息革命使实体部门成为奉献者。

以美国为中心的世界经济范式正在瓦解，在其过程中数字革命带来的问题多于给社会经济发展带来的机遇。即使西方国家利用信用货币“拉动”经济，但其货币发行量的最大份额仍被金融部门“吸收”，而生产投资领域的发展却停滞不前。美国、英国和其他资本主义国家的制度体系以数字经济巨头的利益为中心，而不是试图缓解数字经济扩张带来的失衡并消除上述威胁。这些问题阻碍了新技术的生产使用，也表明了现有的世界经济范式不符合生产力发展的潜力和需求。通过过渡到新的世界经济范式可以克服这种问题。

第五章　从帝国到世界一体化经济范式

如上文所述，主导技术范式增长潜力的耗尽导致近年来全球危机和经济萧条席卷世界主要国家。目前正在经历新技术范式的“诞生”阶段，其经济层面的表现是金融动荡与经济萧条，金融动荡伴随着金融“泡沫”的形成和崩溃，而经济萧条的特征是传统行业的利润率、生产量、收入和价格下降，其中包括基础能源和结构材料，而在科研生产周期的初始阶段，新技术才能得以迅速普及。①

危机进程的“震中”处于当前世界经济范式的“核心”，即美国金融体系。国际金融危机的第一次“震荡”冲击了美国主要机构，即世界最大的投资银行雷曼兄弟、摩根大通公司、贝尔斯登公司、德意志银行、法国农业信贷银行、巴克莱银行、瑞士信贷银行及法国巴黎银行。随后，保障资本再生产的国家机构即保险和抵押机构崩溃。尽管美国金融体系由于货币发行量的急剧增加而幸存下来，但此后不平衡的现象仍在增加，美国国债突增至21万亿美元，金融“泡沫”的衍生品仍在持续增加（图5－1）。

在美国国债和衍生品数量增加的同时美元发行量也在增加，这表明美元是以金融金字塔模式运作，短期负债通过发行美元来偿还。

---

① Глазьев С. О политике развития российской экономики / Доклад . М：. 2013.

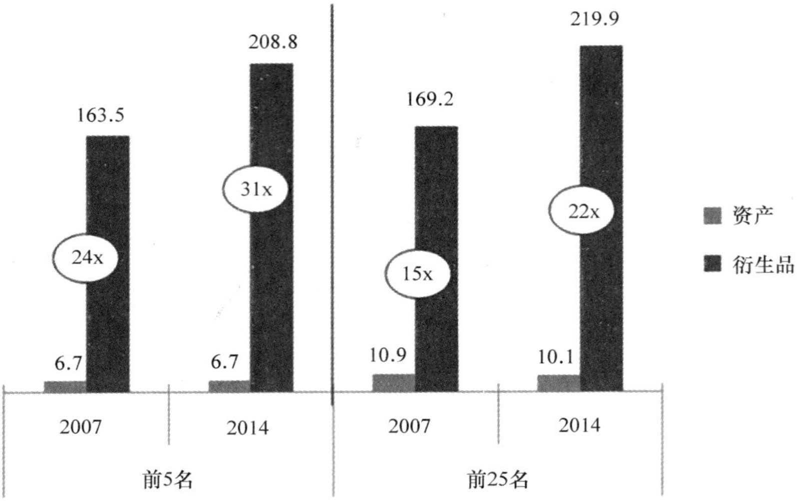

图 5－1　美国最大的金融控股公司（前 5 名和前 25 名）即金融衍生品持有者的衍生品数量、资产（万亿美元）及其比率（倍）

资料来源：M. Ершов по данным Office of the Comptroller of the Currency. －Эксперт. －2015，№36.

当系统失去稳定性并易受外部和内部“冲击”时，此模式进入加剧恶化阶段。所有这些证明了在帝国主义世界经济范式框架内，美国资本积累周期的扩张达到了极限，经济发展的潜力也消失殆尽。理解这一点，美国统治精英们就抓住了传统的“稻草”，为消除这些威胁，他们走上了破坏债权国稳定和秩序的道路，债权国陷入混乱使得美国大部分债务可以被冲销，债权国的资产被其据为己有。

从理论上讲，如果新技术范式的增长足够强劲，从而产生可以抵消累积负债的收入流，美国便可以重返可持续增长之路。但是，美国经济、金融、社会和技术领域的发展严重失衡，在现有世界经济范式框架内保障资本再生产的体制系统不太可能使美国重返可持续增长之路。

摆脱当前萧条的方法必然需要地缘政治和经济的大规模变化。

与以前一样，“冠军”国家无法进行根本性的机制创新，机制创新可以在新技术范式的基础上将释放的资金引流到经济结构的重组中，现有的制度体系可以继续促进再生产，并真正为经济利益服务。

如上文所述，目前全球经济结构正在经历转型，即在纳米、生物工程及信息通信技术基础上向新技术范式的过渡。不久，先进国家将进入其经济增长的“长波”阶段。石油价格下跌是新技术范式“诞生”阶段完成的标志，新技术的迅速普及大幅提高资源利用效率并降低生产能耗，使新经济范式进入指数增长阶段。在全球技术范式转型期间，落后国家才有机会在经济上取得“突破”，从而达到发达国家的水平，而发达国家则陷入在过时的生产和技术综合体中投资过度的窘境。

今天，中国和东南亚其他国家正在取得这样的“突破”。在过去三十年中，中国取得了令人瞩目的成就。2014 年中国 GDP 和高技术产品出口都位居世界第一。在过去的三十年中，中国的 GDP 增长 30 倍（按人民币兑美元的当前汇率从 3000 亿美元增长到 9 万亿美元），工业产值增长 40—50 倍，外汇储备增长了数百倍（从几百亿美元到 4 万亿美元）。在经济发展方面，根据人均国内生产总值，中国已经从最贫穷国家的名单中上升到了收入最高的 30 个国家行列（中等收入）①。

中国正在成为全球工程技术中心。2007 年，中国工程技术和科研工作者的数量占全球比重的 20%，比 2000 年翻了一番（2007 年为 142 万人，2000 年为 69 万人）。预测到 2030 年，全球将有 1500 万名工程技术和科学工作者，其中 450 万（30%）将来自中国。② 到 2030 年，中国在科技研发领域的投入将跃居世界第一，将占全球比

① Перспективы и стратегические приоритеты восхождения БРИКС / Под. ред. В. Садовничего, Ю. Яковца, А. Акаева. М.: МГУ – Международный институт Питирима Сорокина-Николая Кондратьева – ИНЭС – Национальный комитет по исследованию БРИКС – Институт Латинской Америки РАН, 2014.

② 胡鞍钢、鄢一龙、魏星：《2030 中国：迈向共同富裕》，中国人民大学出版社 2011 年版，第 30 页。

重中的25%。[①] 大国中的印度与中国一样，经济增速也很快，在国际金融危机之前，俄罗斯和巴西的经济增速很快。在此基础上出现的“金砖四国”反映了这些国家在改革全球货币和金融体系方面的共同利益。

2001年“金砖四国”出现之后，金砖国家的GDP增加了2倍多，占世界生产总值的1/3。南非共和国加入后，“金砖五国”占陆地面积的29%（不包括南极洲），几乎占世界人口的43%。按购买力平价计算，金砖国家占世界生产总值的27%，2012年，“金砖五国”对世界经济增长贡献率超过47%。

金砖国家高科技产品的产量占全球1/4，并有望在2020年前将这一比重提高到1/3。[②] 金砖国家科研与开发的支出正在扩大，已占全球总支出的近30%。由于采纳了国际货币基金组织的建议，巴西和俄罗斯的经济停止增长，但得益于中国和印度的持续快速崛起，有兴趣向新的世界经济范式过渡的国家为完成技术“突破”已经提供了足够的科学和生产技术基础。

随着亚洲资本积累周期“核心”的快速发展，美国资本积累周期“核心”的发展速度放缓，该过程在未来是可持续的。表5－1仅部分反映了这一过程，中南半岛五国（泰国、缅甸、柬埔寨、老挝、越南）、伊朗和巴基斯坦已加入亚洲资本积累周期的“核心”，欧亚经济联盟、日本和韩国未来也可能加入。

现有的世界经济范式核心是将国际金融和经济体系作为自由主义全球化的基础，与之不同，新的世界经济范式核心非常多样化。金砖国家的共同价值观也体现了这一特征，自由选择发展道路，否定霸权，尊重历史和文化传统主权。换句话说，金砖国家代表了一种全新的合作模式，与自由主义全球化的统一性相反，该模式尊重多样性，经济和社会发展处于不同阶段的国家同样可以接受。

---

① Садовничий В., Яковц Ю., Акаев А. Указ. соч. 2014.

② Стокгольмский международный институт исследования проблем мира（СИПРИ）, 2013.

表 5－1　　美国和亚洲资本积累周期核心 GDP 的比较①

	1913 年	1950 年	1973 年	2000 年	2010 年	2020 年	2030 年
美国和欧盟	54. 7	54. 4	49. 2	43. 4	36. 5	32. 4	18. 2
中国和印度	16. 3	8. 8	7. 7	17. 0	28. 7	41. 1	52. 0
日本	2. 6	3. 0	7. 8	7. 2	5. 4	4. 4	3. 2
俄罗斯	8. 5	9. 6	9. 4	2. 1	2. 4	2. 7	3. 0

金砖国家合作的主要因素：

• 金砖国家合作伙伴的共同愿望是改革过时的国际金融和经济体系，因为过时的国际金融和经济体系并未考虑到新兴市场和发展中经济体日益增加的经济实力②；

• 金砖国家坚决支持统一公认的国际法原则和规范，不接受武力施压和侵犯其他国家主权的政策；

• 金砖国家均面临着类似的挑战和问题，即对经济和社会生活大规模现代化的需求；

• 金砖国家经济部门的互补性。③

金砖国家作为一个文明共同体，其历史使命是提出一种满足可持续发展需求的新范式，其中要考虑到生态、人口和社会的发展极限，并防止发生经济冲突。④ 金砖国家共享的国际组织原则与在西欧文明下形成的世界经济范式存在根本不同，亨廷顿表示：“西方赢得世界不是通过其思想、价值或宗教的优越——其他文明中几乎没有多少人皈依它们，而是通过有组织的暴力方面的优势。西方人常忘

① GDP 数据通过购买力平价（PPS）指标获得，A. 麦迪逊统计了 1820—2000 年的数据，2010—2030 年中国科学家在 A. 麦迪逊的数据基础上进行的统计，Maddison A.，*The World Economy: Historical Statistics*，Paris：OECD，1995。

② 这项改革可能涉及在考虑到金砖各国支付系统计划的同时，建立金砖国家联合支付系统；建立联合多边投资担保机构；制定评级和评级机构活动的国际标准；形成自己的全球支付体系；统一各国货币当局的行动规则。

③ 请参见俄罗斯总统弗拉基米尔·普京于 2013 年 3 月 21 日批准的《俄罗斯联邦参加金砖国家的构想》。

④ Садовничий В.，Яковец Ю.，Акаев А. Указ. соч. 2014.

记这一事实，而非西方人却从未忘记。”[1]

金砖国家在平等、互利和共识的基础上建立了新的世界经济范式。根据上述原则，创建了上海合作组织、欧亚经济联盟、南方共同市场及中国—东盟自贸区等区域经济组织，以及金砖国家开发银行和金砖国家外汇储备库等金融机构。新世界经济范式与现今自由主义全球化思想不同，前者本着尊重国家利益，承认国家对任何外国经济活动的限制的主权权利，遵循互利原则、自愿原则和国际合作共同利益原则，后者只顾及以美国为中心的跨国公司主导的大资本利益。不能通过打破边界、摧毁国家体制来实现资本、商品、服务和人员的自由流动，而是在共同互利投资的基础上将参与国国家利益与国家发展体制支持相结合，这将成为组建新的世界经济关系体系的指导方针。如果使用约翰·珀金斯[2]的术语来描述，那么新的世界经济关系体系不是由经济杀手建立的，而是由规划复杂的创造性合作网的专家建立的。经济杀手代表大型跨国资本在外围国家殖民获得的利益。而这些专家则是在落实共同投资项目时，结合国家竞争优势以达到增效作用。因此，使用索罗金的定义，我们称这种新的世界经济结构为“一体化制度”。

中国在选择经济发展战略方面是俄罗斯的范例。中国不仅是建立新世界经济范式的最大邻国和领导者，而且还创造性地运用了中俄在建设社会主义中分享的经验成果。

---

① 亨廷顿《文明的冲突》（*The Clash of Civilizations and the Remaking of World Order*; 1996），这是20世纪90年代最受欢迎的地缘政治作品之一。来自《外交事务》杂志上的一篇文章，重新定义了整个地球文明的政治现实及对全球发展的预测，该出版物包含福山的成名作《历史的终结》。

② Перкинс Д. Исповедь экономического убийцы. М.: Претекст, 2005.

第六章　中国作为构建新世界经济范式的中心

随着技术范式和世界经济范式的更替，当前全球经济结构正在发生变化。中国成为全球经济的领导者之一，美国统治精英升级全球“混合战争”以维护美国的霸权地位。在这些发展趋势的斗争中将建立新的世界秩序。斗争的结果很大程度上取决于中俄两国在建立大欧亚伙伴关系方面的合作情况，中俄两国都希望以和平的方式向新的世界经济范式过渡。

中国经济发展管理体系中的新世界经济范式制度

全面激发投资及创新的活力是整个中国经济调控体系的关键。国有经济在经济调控系统中发挥重要作用，国有经济主要包括以下方面：国有银行体系，根据投资和生产增长的指导性计划发放贷款；交通及能源基础设施，国家规划赋予其重要意义；国有企业，集中资源用于科学地发展经济，研发并运用先进的技术。正如约翰·罗斯所指出的，政府投资带动中国经济发展。由于政府投资的引导作用，企业家投资时的风险降低，同时企业家还可以使用国家基础设施。因此，随着政府投资的增长，私人投资也发生增长。此外，当私人投资活动减少时，国家还会采取反周期政策，加大投资。①

不断加大对经济发展前景领域的投资可以保证中国经济的跨越式增长（图 6－1）。专项贷款是经济发展前景领域投资资金的主要来源。在开发先进技术、发展国际合作生产方面，政府吸引外国直接投资的政策发挥了决定性作用。未来，随着生产量的增加，国民收入和储蓄也将增长，同时创造了新投资初创信贷资金流。同时，政府、省、市及企业的指导性计划会阐明其在现代化及扩大生产方面的投资需求，中国人民银行将根据具体的投资需求，通过国有银行和发展机构等渠道，继续加大信贷投放力度。为此而创建的金融投资平台在降低投资风险的同时，还可以确保中国人民银行根据国家优先方向为具有发展前景的产业投放信贷。

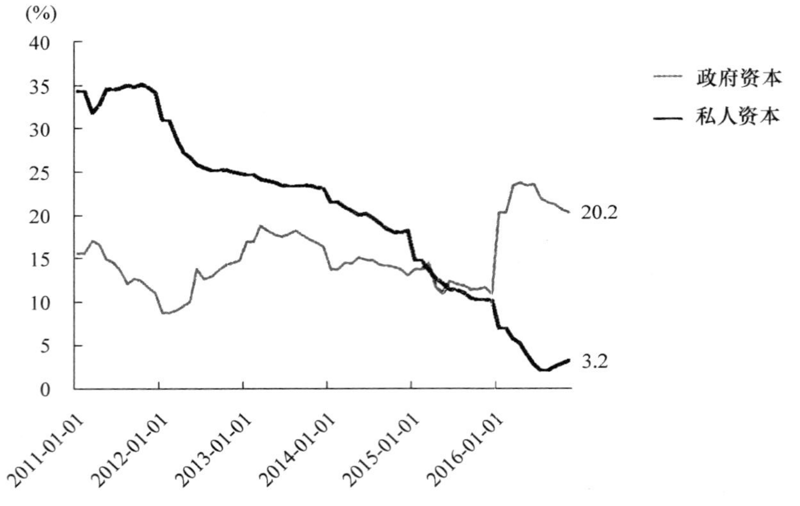

图 6－1　2011—2016 年中国国家投资与私人投资情况

资料来源：中欧国际工商学院和中国国家统计局数据，2016 年。

中国共产党领导层在继续进行社会主义建设的同时，避免意识

① Росс Дж. Китай и новый период в мировой экономике // Экономические стратегии. 2017. №4. С. 40－53.

形态僵化。他们更喜欢制定有关“人民福祉”的任务，将消除贫穷、建设小康社会、提升人民生活水平至世界领先地位作为目标。中国共产党领导层尽力避免出现社会过度不平等的现象，确保人民收入按劳分配，经济调控机制以生产活动为方针，长期投资以发展生产力为导向。

中共中央在总结“十三五”规划完成情况时指出：“居民收入增长和经济增长基本同步，分配结构明显改善，基本公共服务均等化水平明显提高，全民受教育程度不断提升，多层次社会保障体系更加健全，卫生健康体系更加完善，脱贫攻坚成果巩固拓展。”①

中共中央“十四五”规划建议强调指出，要“提高人民收入水平。坚持按劳分配为主体、多种分配方式并存，提高劳动报酬在初次分配中的比重，完善工资制度，健全工资合理增长机制，着力提高低收入群体收入，扩大中等收入群体。完善按要素分配政策制度，健全各类生产要素由市场决定报酬的机制，探索通过土地、资本等要素使用权、收益权增加中低收入群体要素收入。多渠道增加城乡居民财产性收入。完善再分配机制，加大税收、社保、转移支付等调节力度和精准性，合理调节过高收入，取缔非法收入。发挥第三次分配作用，发展慈善事业，改善收入和财富分配格局。”

在现代俄罗斯工资严重不足背景下，工人的单位工资产出是欧盟的三倍。中国政府在调整收入分配以利于工人方面做得相当有效，将资本家的胃口限制在合理标准内。所以，中国的平均工资能超过俄罗斯和所有苏联加盟国家毫不奇怪。而且这一成绩的取得并非传统上主张市场论的人所认为的劳动力匮乏。与此同时，中国政府还在执行减少失业、增加就业的政策。

中共中央“十四五”规划建议提出的任务还有：“强化就业优先政策。千方百计稳定和扩大就业，坚持经济发展就业导向，扩大就业容量，提升就业质量，促进充分就业，保障劳动者待遇和权益。

① 《中国共产党第十九届中央委员会第五次全体会议公报》。

健全就业公共服务体系、劳动关系协调机制、终身职业技能培训制度。更加注重缓解结构性就业矛盾，加快提升劳动者技能素质，完善重点群体就业支持体系，统筹城乡就业政策体系。扩大公益性岗位安置，帮扶残疾人、零就业家庭成员就业。完善促进创业带动就业、多渠道灵活就业的保障制度，支持和规范发展新就业形态，健全就业需求调查和失业监测预警机制。”

这是构建新世界经济范式“核心”国家的共同特征。

中国的崛起引起了世界经济秩序和国际关系的变革。制定经济社会发展规划、国家调控资本再生产的主要参数，实施积极的产业政策，监管跨境资本的流动及进行外汇管制，以上这些被华盛顿金融机构限制的“菜单”已经成为调控国际经济关系的通用手段。很多学者认为，与“华盛顿共识”相比，“北京共识”对拥有大量人口的发展中国家更具吸引力。“北京共识”基于非歧视原则、相互尊重合作国家主权及国家利益原则，制定这些原则并不是为了服务国际资本，而是为了增进人民福祉。同时，可能出现新的知识产权保护法及技术转让制度，可能在能源和资源领域采用新的国际贸易标准，制定新的国际移民规则，签署新的限制有害气体排放条约。中国在国际政治关系中所采取的立场（拒不干涉内政、反对武装一体化及贸易禁运）为发展中国家提供了一个可行的选择，即与其他国家建立平等互利的合作关系。① 中国坚决反对在外交政策中使用武力、制裁等手段。在与中国台湾的关系方面，即使台湾当局抵制两岸的经济文化交流合作，中国大陆也始终将扩大两岸经济文化交流合作作为重点。②

与后苏联国家不同，中国的市场经济建设主张实用主义和创新性改革。中国的市场经济建设是基于经济管理的实践，而不是与社会经济实际进程脱节的、意识形态化的教条主义。就像工程师设计

---

① Ramo J., *The Beijing Consensus*, London: The Foreign Policy Centre, 2004.

② Беседа В. Попова с П. Дуткевичем. 22 идеи о том, как устроить мир (беседы с выдающимися учеными). М.: Издательство Московского университета, 2014. С. 470 – 471.

新机器一样，中国领导人通过解决具体问题、进行试验、筛选更好的方案来不断地改进新的生产关系。中国领导人耐心地、循序渐进地建设自己的社会主义市场经济，逐渐完善国家管理体系，筛选出致力于发展经济和增进社会福利的制度。在维护社会主义成就的同时，中国共产党将调控市场关系纳入国家管理体系，将私营经济和集体经济补充到国家基本经济制度，从而实现提高经济效益，造福全民。

国家低价向企业开放基础设施及自然垄断行业的服务，而企业负责生产有竞争力的产品。为了提高产品质量，国家组织并资助进行必要的科学研究和试验设计工作、教育及人才培养等工作，而企业家则落实创新工作，并为新的技术领域投资。政府和社会资本合作的模式更符合社会利益，可以促进经济发展，增进人民福祉，改善人民生活质量。相应地，国际合作的意识形态也发生改变——以全人类利益为目标的可持续发展模式取代了以世界领先国家私人资本利益为目标的自由主义全球化模式。

对此，中共中央"十四五"规划建议表达得相当明确："推动共建'一带一路'高质量发展。坚持共商共建共享原则，秉持绿色、开放、廉洁理念，深化务实合作，加强安全保障，促进共同发展。推进基础设施互联互通，拓展第三方市场合作。构筑互利共赢的产业链供应链合作体系，深化国际产能合作，扩大双向贸易和投资。坚持以企业为主体，以市场为导向，遵循国际惯例和债务可持续原则，健全多元化投融资体系。推进战略、规划、机制对接，加强政策、规则、标准联通。深化公共卫生、数字经济、绿色发展、科技教育合作，促进人文交流。"

对于新的世界经济范式来说，经济调控制度结构应遵循公共利益高于个人利益的原则。首先，国家通过计划机制、信贷机制、津贴机制、价格机制及企业经营机制对资本再生产的主要参数进行监控。在这种情况下，与其说国家发挥决策作用，不如说国家在扮演调节器的角色，国家在主要的社会群体间建立社会合作机制。官员们不再试图领导企业家，而是组织企业界、科学界和工程界共同工作，制定共同的发展目标，研究落实这些目标的方法。同样地，企业家在实现利润和财富最大化时，应以维护社会利益的道德准则为前提。企业活动机制应旨在取得社会重大成果，而不是实现利益最大化，因此应扩大企业活动机制的使用范围——成立并发展非营利组织、发展机构及伊斯兰、东正教银行。货币流通管理应考虑到道德准则，并对非法的、非道德的活动加以限制，并以此为基础建立国家经济调控机制。

作为完整的经济综合体，在扩大再生产过程中集结了人力、知识、设备、原材料以及固定和流动资本的企业，占据经济发展治理目标的中心位置。无论何种所有制形式，生产社会所需产品且经济效益好的企业均能获得政府支持。对此，中共中央“十四五”规划建议做了如下描述：

“激发各类市场主体活力。毫不动摇巩固和发展公有制经济，毫不动摇鼓励、支持、引导非公有制经济发展。深化国资国企改革，做强做优做大国有资本和国有企业。加快国有经济布局优化和结构调整，发挥国有经济战略支撑作用。加快完善中国特色现代企业制度，深化国有企业混合所有制改革。健全管资本为主的国有资产监管体制，深化国有资本投资、运营公司改革。推进能源、铁路、电信、公用事业等行业竞争性环节市场化改革。优化民营经济发展环境，构建亲清政商关系，促进非公有制经济健康发展和非公有制经济人士健康成长，依法平等保护民营企业产权和企业家权益，破除制约民营企业发展的各种壁垒，完善促进中小微企业和个体工商户发展的法律环境和政策体系。弘扬企业家精神，加快建设世界一流企业。”

一体化世界经济范式的优势

中国政府继续谦虚地称自己为发展中国家。如果按照经济增长速度判断，中国确实是发展中国家，但就经济潜力来看，中国已经达到世界先进国家的水平。在生产关系结构方面，中国成为很多发展中国家学习的榜样，这些发展中国家希望复制中国的经济奇迹，向新世界经济范式的“核心”靠拢。中国形成的生产关系和社会政治关系不应被视为是过渡性的，而应被视为21世纪最先进的社会经济体系，即一体化的世界经济范式。

早在1964年，俄罗斯著名的旅美思想家索罗金就预见到这一历史性转折，并定义了新时代与旧时代的主要区别：“新时代社会和文化的主导类型可能既不是资本主义，也不是共产主义，而是一种独特的类型，我们称之为一体化类型。这种类型的秩序及生活方式将介于共产主义与资本主义之间。这种新的类型吸收了共产主义和资本主义大量积极的价值观，同时还避免了两者致命的缺点。而且，新出现的一体化类型可能不是共产主义和资本主义类型典型特点的简单折中或融合，而是将两者文化价值观、社会制度结合的一体化体系，并且与资本主义类型和共产主义类型有着本质的区别。”①

从本质上讲，现代中国建立的生产关系、制度和管理方法体系是一个一体化的框架。它吸收了苏联社会主义积极的价值理念（经济专注于有意义的目标、给予工人体面的工作、科学规范管理社会基础设施的发展、货币政策服从于制造业投资融资的任务）和美国资本主义积极的价值理念（企业家自由、刺激创新活动、符合消费者利益的市场竞争），而且不存在诸如指令性计划经济所固有的长期资源短缺和资本主义经济所特有的经常性生产过剩危机等缺点。

这方面的例证是已经引述过的中共中央总书记习近平与专家学者座谈会上讲话。他在会上强调说：“我们要充分发挥我国社会主义制度能够集中力量办大事的显著优势，打好关键核心技术攻坚战。要依托我国超大规模市场和完备产业体系，创造有利于新技术快速大规模应用和迭代升级的独特优势，加速科技成果向现实生产力转

① Сорокин П. Указ. соч. С. 350.

化，提升产业链水平，维护产业链安全。要发挥企业在技术创新中的主体作用，使企业成为创新要素集成、科技成果转化的生力军，打造科技、教育、产业、金融紧密融合的创新体系。基础研究是创新的源头活水，我们要加大投入，鼓励长期坚持和大胆探索，为建设科技强国夯实基础。要大力培养和引进国际一流人才和科研团队，加大科研单位改革力度，最大限度调动科研人员的积极性，提高科技产出效率。要坚持开放创新，加强国际科技交流合作。”①

这一综合了各种基本条件下所有社会经济发展治理有效机制的定位，证明了其存在是当代中国政府经济调控设计最佳体系的精髓所在。这一点可以从之前的管理经验中得到证明。首先是邓小平的务实做法，他曾有个形象的比喻：“不管白猫黑猫，捉到老鼠就是好猫。”

为了消除对中国经济管理模式的原始和肤浅的解读，不妨引用中共十八大报告中关于中国小康社会建设的内容：“社会建设取得新进步。基本公共服务水平和均等化程度明显提高。教育事业迅速发展，城乡免费义务教育全面实现。社会保障体系建设成效显著，城乡基本养老保险制度全面建立，新型社会救助体系基本形成。全民医保基本实现，城乡基本医疗卫生制度初步建立。保障性住房建设加快推进。加强和创新社会管理，社会保持和谐稳定。”

中共十八大报告从社会主义思想体系出发，对前一阶段的重要成果进行总结说：“人民生活水平显著提高。改善民生力度不断加大，城乡就业持续扩大，居民收入较快增长，家庭财产稳定增加，衣食住行用条件明显改善，城乡最低生活保障标准和农村扶贫标准大幅提升，企业退休人员基本养老金持续提高。”报告针对社会积累问题的批评，以及针对广大党员提出的解决这些问题的任务，更具社会主义精神。报告中强调：“同时，必须清醒看到，我们工作中还存在许多不足，前进道路上还有不少困难和问题。主要是：发展中

---

① 习近平：《在经济社会领域专家座谈会上的讲话》，《人民日报》2020年8月24日。

不平衡、不协调、不可持续问题依然突出，科技创新能力不强，产业结构不合理，农业基础依然薄弱，资源环境约束加剧，制约科学发展的体制机制障碍较多，深化改革开放和转变经济发展方式任务艰巨；城乡区域发展差距和居民收入分配差距依然较大；社会矛盾明显增多，教育、就业、社会保障、医疗、住房、生态环境、食品药品安全、安全生产、社会治安、执法司法等关系群众切身利益的问题较多，部分群众生活比较困难；一些领域存在道德失范、诚信缺失现象；一些干部领导科学发展能力不强，一些基层党组织软弱涣散，少数党员干部理想信念动摇、宗旨意识淡薄，形式主义、官僚主义问题突出，奢侈浪费现象严重；一些领域消极腐败现象易发多发，反腐败斗争形势依然严峻。对这些困难和问题，我们必须高度重视，进一步认真加以解决。”报告在总结中指出：“回首近代以来中国波澜壮阔的历史，展望中华民族充满希望的未来，我们得出一个坚定的结论：全面建成小康社会，加快推进社会主义现代化，实现中华民族伟大复兴，必须坚定不移走中国特色社会主义道路。”

在这条道路上的努力的确已产生巨大成果。不是因为市场机制，而是因为其以改善公共福利的社会主义目标为指引。许多肤浅的观察家将中国经济与列宁的苏联新经济政策进行比较，一个世纪前的苏维埃国家在私营企业的帮助下恢复了经济平衡。当时的共产党人视这一政策为社会主义建设的暂时退却。如今，民营经济已在中国特色社会主义理念框架内，成为实现社会经济发展目标的经常性机制。

习近平在座谈会上不仅指出了这条道路取得的成功，而且指出了必须在社会主义意识形态框架内解决的矛盾。他说：“我国已进入高质量发展阶段，社会主要矛盾已经转化为人民日益增长的美好生活需要和不平衡不充分的发展之间的矛盾，人均国内生产总值达到1万美元，城镇化率超过60%，中等收入群体超过4亿人，人民对美好生活的要求不断提高。我国制度优势显著，治理效能提升，经济长期向好，物质基础雄厚，人力资源丰厚，市场空间广阔，发展韧性强大，社会大局稳定，继续发展具有多方面优势和条件。同时，我国发展不平衡不充分问题仍然突出，创新能力不适应高质量发展要求，农业基础还不稳固，城乡区域发展和收入分配差距较大，生态环保任重道远，民生保障存在短板，社会治理还有弱项。”①

苏联社会主义的崩溃在于其制度体系不够灵活，不能保证及时进行资源再分配，也就不能将资源从过时的生产技术系统转移到更为有效的新的生产技术体系。苏联社会主义制度体系对数字革命的理解是通过特别的技术规划达到生产过程自动化，所以苏联创造了诸如转子自动化生产线之类的用于大规模生产的杰作。但计划经济体制却停留在“与以前一样的水平”，为同一种技术无止境的再生产服务。结果是苏联的国民经济只是技术层面的混合经济，过时的产业技术消耗过多的资源，致使剩余资源不足以开发新技术。② 严格的等级管理体系拒绝数字革命带来的新机会，延续第一个五年计划时期采取的工作方法，即持续增加产量。令人遗憾的是，出色的总产值最终掩盖了中央集中规划体系的缺陷——基础生产领域的投资边际效应趋于零。

中国共产党从集权式的社会主义经济管理体系的崩溃中总结出正确结论，并应用到市场经济自组织机制。同时在金融、基础设施等主要领域保留集权式的管理体系，为企业的经济增长创造条件。这赋予经济活力，使资源管理摆脱僵化的计划进程，集中于战略管理和协调各种社会经济利益，确保各个社会群体的经济再生产。与苏联不同，中国是从技术和制度方面改造经济管理体系，淘汰过时的产业，停止为效率低下的企业提供资源，并帮助先进企业掌握最新技术。

深化改革是中国加快转变经济发展方式的关键。经济体制改革的核心问题是处理好政府和市场的关系，更加尊重市场规律，更好

---

①　习近平：《在经济社会领域专家座谈会上的讲话》，《人民日报》2020 年 8 月 24 日。

②　Глазьев С. Теория долгосрочного технико-экономического развития. М.: ВлаДар, 1993.

发挥政府作用。同时，也要毫不动摇巩固和发展公有制经济，推行公有制多种实现形式，深化国有企业改革，完善各类国有资产管理体制，推动国有资本更多投向关系国家安全和国民经济命脉的重要行业和关键领域，不断增强国有经济活力、控制力、影响力。毫不动摇鼓励、支持、引导非公有制经济发展，保证各种所有制经济依法平等使用生产要素、公平参与市场竞争、同等受到法律保护。健全现代市场体系，加强宏观调控目标和政策手段机制化建设。

鉴于中国经济体制的复杂性，其方针是不断完善社会主义市场经济体制，完善公有制为主体、多种所有制经济共同发展的基本经济制度，完善按劳分配为主体、多种分配方式并存的分配制度，更大程度更广范围发挥市场在资源配置中的基础性作用，完善宏观调控体系。

同时，中国特别重视战略规划，要求推进经济结构战略性调整，认为这是加快转变经济发展方式的主攻方向。提出必须以改善需求结构、优化产业结构、促进区域协调发展、推进城镇化为重点，着力解决制约经济持续健康发展的重大结构性问题。牢牢把握扩大内需这一战略基点，加快建立扩大消费需求长效机制，释放居民消费潜力，保持投资合理增长，扩大国内市场规模。牢牢把握发展实体经济这一坚实基础，实行更加有利于实体经济发展的政策措施，强化需求导向，推动战略性新兴产业、先进制造业健康发展，加快传统产业转型升级，推动服务业特别是现代服务业发展壮大，合理布局建设基础设施和基础产业。建设下一代信息基础设施，发展现代信息技术产业体系，健全信息安全保障体系，推进信息网络技术广泛运用。提高大中型企业核心竞争力，支持小微企业特别是科技型小微企业发展。

中国经济发展的战略规划考虑到了国际市场竞争的要求，强调必须全面提高开放型经济水平。适应经济全球化新形势，必须实行更加积极主动的开放战略，完善互利共赢、多元平衡、安全高效的开放型经济体系。要加快转变对外经济发展方式，推动开放朝着优化结构、拓展深度、提高效益方向转变。创新开放模式，促进沿海内陆沿边开放优势互补，形成引领国际经济合作和竞争的开放区域，培育带动区域发展的开放高地。坚持出口和进口并重，强化贸易政策和产业政策协调，形成以技术、品牌、质量、服务为核心的出口竞争新优势，促进加工贸易转型升级，发展服务贸易，推动对外贸易平衡发展。提高利用外资综合优势和总体效益，推动引资、引技、引智有机结合。加快“走出去”步伐，增强企业国际化经营能力，培育一批世界水平的跨国公司。统筹双边、多边、区域次区域开放合作，加快实施自由贸易区战略，推动同周边国家互联互通。提高抵御国际经济风险能力。

在全球经济危机不断加深的背景下，习近平在经济社会领域专家座谈会上的讲话，反映了中国领导者解决发展国际经济合作问题的现代方法。他在讲话中指出要“善于转危为机，努力实现更高质量、更有效率、更加公平、更可持续、更为安全的发展”①。为此，他呼吁“坚持和完善中国特色社会主义制度，推进国家治理体系和治理能力现代化”②。

从这一观点出发，中共中央呼吁“维护多边贸易体制，积极参与世界贸易组织改革，推动完善更加公正合理的全球经济治理体系。积极参与多双边区域投资贸易合作机制，推动新兴领域经济治理规则制定，提高参与国际金融治理能力。实施自由贸易区提升战略，构建面向全球的高标准自由贸易区网络”。③

与苏联的社会主义制度和西方的资本主义制度相比，中国建立的一体化世界经济范式更加高效。中国在应用数字技术方面取得的成绩可以证明这一点。区块链和其他数字技术在中国的经济流通中得到广泛应用，就制造机器人的数量来说，中国仍排在世界第一位。

① 习近平：《在经济社会领域专家座谈会上的讲话》，《人民日报》2020年8月24日。

② 习近平：《在经济社会领域专家座谈会上的讲话》，《人民日报》2020年8月24日。

③ 《中共中央关于制定国民经济和社会发展第十四个五年规划和二〇三五年远景目标的建议》。

与美国和美国资本积累周期的其他核心国家相比，中国建立的经济发展管理体系更加高效，这预先决定了中国经济的跨越式增长。中国国内生产总值已经超过美国。重要的是，中国经济增长带动了新技术范式的增长浪潮，这确保了在可预见的未来直至21世纪中期中国经济的超前发展。

第三部分

未来经济领袖之争

第七章　美国维护全球主导地位的战略及新世界大战威胁

因争夺全球经济关系体系的主导地位，在全球经济发展300年间多次爆发世界大战。通过分析300年间资本积累周期及与之相适应的世界经济范式、主导国家的更替情况，可以发现反复爆发世界大战的客观原因。现在的情况与过去发生积累周期更替时一样，世界经济范式的主导国家逐渐丧失影响力，因而采取强制手段来维持自己的主导地位。由于金字塔骗局和生产中的资本过度积累，缺少产品销售市场及美元在国际交易中所占份额下降等问题，美国为了维护自身的主导地位，试图依靠发动世界大战来削弱竞争对手及合作伙伴的实力。在掌控主要碳氢化合物资源和其他重要自然资源方面，美国凭借对俄罗斯的控制及在欧洲、中亚和中东地区的霸权，比正在崛起的中国更具有战略优势。美国对欧洲、俄罗斯、日本及韩国的控制可以确保其在创造新知识、研发先进技术方面的优势。

美国在技术、经济、金融、军事、信息及政治等方面的领先地位是其全球霸权的基础。技术优势使美国企业占有人才租赁，并借此为科学研究与试验设计工作提供资金，从而在最广泛的科技进步领域超过竞争对手。美国企业垄断先进技术的使用权，因此无论是在生产效率方面，还是在新产品供应方面，美国企业在全球市场上都具有优势。

美国的经济优势为美元的统治地位奠定基础，此外，美国还通过军事政治手段维护美元统治地位。同时，美国还依靠发行世界货币获取铸币税，并以此弥补因“庞大”的军事支出造成的国家财政预算赤字。现在，美国的军事支出是俄罗斯的十倍，与排在美国之后的10个国家的军事支出总额相当（表7－1）。

美国及其北约盟友的统治集团奉行自由主义意识形态，但除国防需求外，自由主义意识形态不会为国家提供扩大经济干涉的理由。因此，当需要利用国家需求来刺激新技术范式时，实业界的领头人会升级军事政治紧张局势，并以此作为提高各国先进技术设备购买量的主要方式。

表7－1　**世界主要国家在世界军事开支中所占比重**　单位：%

	军事支出	核武器	武器贸易
美国	40.6	42.1	36.5
中国	8.2	1.3	2.9
俄罗斯	4.1	52.6	19.7
英国	3.6	1.2	6.8
法国	3.6	1.6	3.8
日本	3.4	0	—
印度	2.7	0.5	—
德国	2.7	0	3.8
巴西	2.0	0	—
世界	100.0	100.0	—

资料来源：Рогов С. Место России в многополярном мире / Доклад. М.：Институт США и Канады РАН，2012.

在上述领域的领先地位确保了美国信息领域的优势，美国进而垄断信息产品的生产和扩散，并控制全球信息网及通信渠道。[①] 为了

① Филимонов Г. Культурно-информационные механизмы внешней политики США. Истоки и новая реальность. М.：Российский университет дружбы народов，2012.

操控全世界人民的公共意识，美国控制文化信息服务市场，并建立美国需要的价值体系和形象体系。通过对全球通信渠道的监控，美国可以收集数百万拥有国家决策权的人的信息，并影响这些人所做的决定。对全球信息网的监控使美国可以了解世界各地所有对其有用的信息。

在技术、经济、金融、军事及信息方面的主导地位可以确保美国的全球政治霸权。美国的全球政治霸权体现在以下方面：人为监控其他国家的政治领导人及执政党对美国价值观的忠诚度；利用媒体操纵社会舆论；通过大量“铺路的”非政府组织来贿赂并拉拢有影响力的人；招募和敲诈政权机关的重要人物；对与其意见相悖的人、社会团体和国家使用武力。

在现代帝国主义模式的世界经济范式下进行的全球竞争（与之相对应的是第五次技术范式）不是国家间的竞争，而是跨国再生产体系间的竞争。每个跨国再生产体系一方面综合了国家国民教育体系、资本积累及相应国家的科研机构，另一方面又统一了全球市场范围内运行的企业生产结构和金融结构。这些彼此联系紧密的体系决定了全球经济发展。世界社会主义体系崩溃后，在全球自由主义的框架下，美国的资本积累达到新高度，其结果就是形成现代的世界秩序。在现代世界秩序中，经过美联储再融资的国际资本和跨国公司起决定性作用，并构成现代世界经济范式的“核心”。没有进入“核心”的国家构成现代世界经济范式的“外围”，同时丧失了内部的完整性及独立发展的机会。全球经济体系“核心”国家与“外围”国家的经济关系具有不等价交换的特点。在这种情况下，处于全球经济体系“边缘”的国家被迫依靠自然资源租金和劳动报酬，即出口原料和低技术商品，为进口商品及服务中的人才租赁付费。

通过对“外围”国家的控制，“核心”国家占有“外围”国家最优质的资源——优秀的人才、科技成果、国家财富中价值最高部分的所有权。“核心”国家凭借技术优势迫使“外围”国家接受更有利于自己的标准，巩固自己在技术交流领域的垄断地位。“核心”

国家为集中财政潜力，给“外围”国家的资本流动施加条件，并迫使“外围”国家使用“核心”国家的货币，包括建立外汇储备，从而建立对“外围”国家金融体系的控制，并在全球经济体系范围内分配收益。“外围”国家被剥夺经济发展的主要内部资源，从而也就失去实施主权经济政策及管理本国经济增长的机会，变成世界经济范式“核心”国家获取国际资本的经济带。

后社会主义国家形成了自己的企业结构并将剩余生产潜力私有化，因此，现在美国及其七国集团盟友失去了从后社会主义国家掠夺资源的机会。美国为了将美元“植入”金融体系不受保护的国家，在依赖美元的国际货币基金组织、评估机构及具有影响力的代理机构的帮助下，强迫这些国家接受货币政策，并与这些国家进行金融战争，但金融战争同时也使美国遭受损失。

同时，保留经济主权的国家（中国、印度）没有完全开放自己的金融体系，在国际金融危机的情况下仍可保持经济增长。通过开通双边外汇掉期业务，中国快速建立起本国的国际结算体系。在技术范式更替期间，后发国家获得“赶超”的机会——通过模仿先进国家的成果节约基础性研究和探索性研究的成本。换句话说，先进国家因将大量的资本投入到技术范式的核心科技生产中而承受较大的负担，致使技术生产结构具有极大的惰性。而后发国家在技术范式更替时期获得了“赶超”的机会，这些国家将投资集中在发展新技术范式的前景领域。今天，中国、印度和巴西正是以这种方式实现技术的跨越式发展。

随着新技术范式的演化，美联储的活动空间正迅速缩减。由于受到上一个技术范式生产过量、金融金字塔骗局及国家债务危机的困扰，美国经济不得不承受资本贬值的主要冲击。

学者们将现阶段的美国资本积累周期定义为“金融扩张”阶段。[①] 1980 年，美国各金融部门为其工业集团带来 15% 的利润，而

① Айвазов А. Указ. соч. 2012.

现在这些金融部门为跨国公司带来 50% 以上的利润。[①] 这证明在现有世界经济范式的框架下，生产力的发展潜能已经耗尽。现有的技术范式限制了新技术范式的发展——由于在金融金字塔骗局中技术范式的要素彼此联系，所以在金融金字塔骗局“崩塌”时这些要素将丧失价值。

美国在全球市场的份额不断下降破坏了其全球霸权的经济基础。今天，美元在全球货币金融体系的垄断地位是美国最后一个优势。美元在世界流通货币总量中的份额约为 2/3。[②] 由于美国作为全球领导者的经济基础受到“侵蚀”，为了弥补损失，美国企图通过暴力对其竞争者施加军事政治压力。在军事基地、信息监控、电子侦察（情报）及北约机构等全球网的帮助下，美国试图保持对全球的监控，制止个别国家试图摆脱对美元依赖的行为。但美国现在越来越难以实现这个目标——美国为维护领导地位需要进行必要的结构改革，但过时固定资产投资产生的惯性以及包括私人债券和国有债券在内的巨大金融金字塔骗局阻碍了改革的实施。为了尽快摆脱日渐沉重的负担，维护美元在全球货币金融体系的垄断地位，美国希望注销本国债务，注销债务最好的方式就是发动世界大战。由于使用大规模杀伤性武器的风险，不能以常规的方式发动世界大战，美国企图挑起一系列区域性战争，这些区域性战争将形成美国乃至全世界的混合战争。

美国通过组织武装冲突，在世界领先国家的自然资源范畴制造“可控的混乱”，挑拨这些国家卷入冲突，然后建立反对这些领先国家的联盟，借此达到巩固自己主导地位并使冲突结果合法化的目的。同时，美国获得不正当的竞争优势，并借此将不受其控制的国家隔绝在前景的市场之外。美国还依靠“冻结”战败国的美元资产为自

① К стратегии социальной справедливости и развития / Авторский доклад С. Глазьева Изборскому клубу. 2015（3 августа）; Встать в полный рост / Доклад Изборскому клубу / Под ред. С. Батчикова, А. Кобякова, С. Глазьева. 2014（23 ноября）.

② Рогов С. Место России в многополярном мире / Доклад. – М.: Институт США и Канады РАН, 2012.

己创造减少国家债务负担的机会，同时为其因研发、推广有利于美国经济增长的新技术而增加国家支出的行为进行辩护。

根据积累周期理论，美国不能在其所挑起的战争中获得胜利。但是积累周期理论不是教条主义，只可以帮助我们规范对历史进程的认知。与发动机的转动周期不同，技术、社会、政治、经济发展周期彼此间差别较大，单独地分离是有条件的。时代的更替并不是严格的周期进程，周期持续时间也存在变化。但从“长波”理论和积累周期理论中获得的知识足以准确地揭示未来 20 年的危机和挑战。

美国世界霸权的时代将要终结。美国积累周期进程提出的制度体系并不能保证生产力可持续发展，新的亚洲资本积累周期将要到来。随着新世界经济范式制度的建立，全球经济发展的制度、生产、经济及技术中心也将由美国转移到中国及新世界经济范式的其他“核心”国家。

全球市场已经无法保证美国积累周期扩大再生产体系的运行。在现有世界经济范式的“外围”出现了新的中心，这个新中心将迅速扩大再生产，在商品生产领域赶超美国。美国构建了跨太平洋伙伴关系及跨大西洋贸易与投资伙伴关系，并使自己成为伙伴关系的“核心”，希望借此增加自己的竞争优势。[①] 美国试图将帝国主义模式世界经济范式的“核心”国家与“外围”国家隔绝，这一行为已经表明美国正在向衰落阶段过渡。这让人想起一百年前英国无谓的挣扎，当时英国为了保护国内市场，利用关税保护手段孤立美国这一竞争对手。正如一百年前，英国的行为成为美国政权精英的信号，告诉他们“打破”殖民式世界经济范式的时刻已经到来。今天美国的行为与当年的英国类似，正在形成的新世界经济范式的“核心”

---

① 洲际军事联盟条约成员国所在地区的进口量占世界进口量的绝大部分（约为 85%）。北美出口量占世界总出口量的 18% 左右，欧洲占 36% 左右，亚洲约占 32%。俄罗斯的大部分市场也在这些地区。欧盟国家的出口量占其国内订单的 53%，亚太经合组织成员国的出口量占其国内订单的 17% 以上。

国家也可将此视为一个信号，即打破旧世界经济范式的时刻已经到来。如果美国希望依靠霸权计划来维护自己的竞争地位，那么美国就失去了进一步维护美国债券金融金字塔骗局的动机，要知道金融金字塔骗局是美国资本积累周期的基础。中国决定不再增加美元储备，这意味着以无冲突方式解决美国债券扩大再生产与全球投资潜能之间的矛盾已到达极限。继中国之后，俄罗斯也不再增加自己的美元储备。美国债券扩大再生产这一进程必然很快呈现雪崩式的特点，这将导致美国金融体系的崩溃和以之为基础的现有世界经济范式的坍塌。

毫无疑问，美国政权的寡头将试图阻碍新的全球经济中心的发展进程。但美国很可能以无冲突的手段达到这一目标，就像 1985 年一样，当时美国为了遏制亚洲积累周期的“先驱”——日益崛起的日本，通过强加给日本“广场协议”[①] 来人为地降低日本经济的竞争力。中国的力量足够强大可对抗不平等合作。印度自古以来就对来自盎格鲁—撒克逊人的压迫非常敏感。普京的独立政策排除俄罗斯受到利用的可能，俄罗斯不会再出现 20 世纪 90 年代受美国人摆布的情况。

因为不可能准确地测定积累周期，所以需要将其生命周期的各个阶段与典型的地缘政治事件联系起来，尤其是要将生命周期与间接展现世界经济范式更替的世界大战联系起来。从潘京的角度来看，2014—2018 年这一时期与爆发 1939—1945 年世界大战的时期相对应。正因如此，可以将北非、伊拉克、叙利亚及乌克兰的冲突视为一系列相互联系冲突的开端，这些相互联系的冲突都是由美国及其

① 1985 年，五个发达国家（美国、英国、德国、法国、日本）的财政部长和中央银行行长举行会晤，会议上美国说服其他四个发达国家实施一系列干预外汇市场的措施。这些措施旨在降低美元汇率，提高其他国家货币的汇率。其他四国都同意改变本国的经济政策，干涉外汇市场的运作，使美元贬值。日本采纳美国的建议，提高利率并竭尽所能使日元汇率“充分体现日本经济增长的良好态势”。由于日元汇率的飞速上涨，日本出口公司在国外市场竞争力不足，因此日本经济遭受了严重的打击。（存在这样的观点：这甚至造成了日本经济长达 10 年的衰退。）相反，签署协议后，美国实现了经济增长，且通货膨胀维持在较低水平。

盟友引发的。美国及其盟友希望在“可控混乱”战略的帮助下解决自身经济和社会政治面临的问题，在第二次世界大战（美国称为“正义战争”）期间，美国正是通过这种方式来解决经济和社会政治问题。①

美国正试图最大限度地延缓自己金融体系崩溃的时间，并在崩溃时刻到来之前，跳跃到新一轮经济“长波”的增长期。为此，美国试图将自己的债务负担转移到其他国家或完全冲销债券负担。为了维持对“石油美元”的控制，美国在中东和近东地区发动战争，使自己曾经的合作伙伴陷入混乱和无助的境地。为了控制“毒品美元”，美国入侵阿富汗。但美国扩张侵略的主要目标是控制欧洲。根据地缘政治传统，美国寡头把赌注押到欧洲各国与俄罗斯的战争上，并且美国希望像前两次发生的那样，再一次以战争胜利者的身份摆脱当前的冲突。为此，美国的情报人员在乌克兰发动政变，并在乌克兰建立反俄的右翼政权。

根据潘京的预测②，对于俄罗斯来说最危险的阶段将是 21 世纪 20 年代初期，那时发达国家和中国将开始技术更新，美国及其他西方国家也将走出 2008—2018 年的经济萧条期，并完成新的技术“飞跃”。也就是说在 2021—2025 年期间，俄罗斯技术和经济方面的发展可能再次明显落后于其他国家，这将导致俄罗斯的国防潜力下降，国内的社会冲突和民族纷争加剧，20 世纪 80 年代的苏联也曾发生类似情况。美国中央情报局和其他部门的分析员预测，俄罗斯将在 2020 年后由于国家内部矛盾而解体，内部矛盾可能是外部势力利用俄罗斯社会和区域发展不平衡问题而引发的，也可能是俄罗斯采取国际货币基金组织推荐的宏观经济政策，致使俄罗斯人民生活水平下降而造成的。

---

① Пантин В. Циклы реформ-контрреформ в России и их связь с циклами мирового развития // ПолИс. 2011. № 6.

② Пантин В. Наиболее вероятный прогноз развития политических и военных конфликтов в период 2014 – 2018 гг. / Аналитический материал. URL: newsdon. info, 12 июля 2014 г.

与上次世界大战不同，美国此次发动的世界大战没有出现军队间的正面冲突。新的世界大战主要依靠“软实力”，即利用现代信息技术和金融货币技术，同时限制使用军事力量惩罚丧失抵抗能力的对手。美国为了破坏“受害国”的内部稳定会采用以下手段：通过颠覆性的观念摧毁“受害国”的社会意识；破坏“受害国”社会经济局势的稳定；培养各种反对力量，贿赂并收买精英以削弱国家政权，从而推翻合法政府，然后将政权移交给傀儡政府。

这样的战争被称为“混合战争”：“受害国”的领导人直到最后一刻也没有感受到来自对手的威胁，“受害国”的政治意愿被无休止的谈判和磋商牵制，国家意志被蛊惑性的宣传压制，同时，对手积极开展行动以摧毁“受害国”的国家安全体系。如果在关键时刻遭到对手的武装压制，那么“受害国”的安全体系就会被摧毁。美国正是以这种方式在冷战期间成功击败苏联，并于 1993 年在俄罗斯发动政变。而现在美国在近东和中东等具有重要战略意义的地区制造“旋涡”，使这些地区的混乱局面加剧。美国还企图将傀儡政府强行植入过去的苏联社会主义共和国，并借此重新控制后苏联地区。

美国凭借对世界货币发行的垄断，在多方面发动混合战争。这使得美国有机会依靠包括美国侵略“受害国”在内的美国债券持有国，为本国发动、宣传、组织战争及其他军事支出筹集资金。美国以自负盈亏的原则发动战争。美国将侵略“受害国”的矿产区、基础设施项目及国内市场，并将此都转交给美国企业。美联储控制货币流通量，并将本国货币发行与国家债券的另一种表现形式，即外汇储备的增长绑定。美国侵占他国政权的活动资金由“受害国”的人民支付，该国人民还被迫进行伪选举，使美国傀儡政权合法化。

现有世界经济范式是在美国影响下建立的，因此，在现有世界经济范式的框架内，无论与任何对手发生冲突美国都占据优势。基于现有世界经济范式的技术体制，美国可以与半个世界进行有效的混合战争。在金融战线，美国在控制世界货币发行和国际货币基金组织方面具有压倒性的优势。国际货币基金组织可以决定世界货币市场以及大多数国家（包括俄罗斯）货币市场的运行规则。

日本、英国和欧盟等国的货币在全球货币市场也占据一定地位，这些国家是美国的地缘政治同盟，与美国一起控制着全球大部分货币金融市场，在国际金融体系中拥有极大的话语权。

在信息战线，美国媒体的全球霸权地位使其能够制造社会舆论，并借助舆论影响选民的偏好，从而控制大部分民主国家的政治局面。在混合战争的其他战线，即文化、意识形态、粮食、能源及通信等战线，美国也具有明显的优势。

在现有世界经济范式的框架下，任何具有开放型经济体系和民主政治制度体系的国家都无法在混合战争中战胜美国，也没有任何国家可以免遭美国的侵略。只有拥有封闭的金融、信息和政治体系的国家才可以有效地抵抗美国的侵略。但闭关自守会导致技术落后和经济衰退，继而导致人民生活水平下降并引发国家内政危机。实际上，只有及时地过渡到新的世界经济范式，重新调整全球金融信息系统的主要功能，并建立符合国际法的责任机制，才可以遏制美国的侵略。

美国政权精英仍幻想可以重新控制不再受制于他们的“外围”国家，但并没有清晰地认识到自身能力的局限性。这种局限性的产生不仅是因为新世界经济范式更加高效，还在于新世界经济范式“核心”国家拥有推行独立政策的能力。此外，这些国家有足够的军事实力，可以利用必要的资源和国内市场来维护国家主权，实现扩大再生产的目标。但由于在帝国主义世界经济范式中处于“外围”位置，上述的每一个国家仍无法摆脱对美国资本积累周期机制的依赖。为此，这些国家应该建立联盟，这也应该成为俄罗斯国际经济政治关系中的战略核心。

美国发动针对俄罗斯的混合战争绝对不是乌克兰冲突爆发的巧合。相反，乌克兰冲突只是美国政策的一部分，该政策试图通过在欧洲发动针对俄罗斯的战争，使美国在与中国进行的全球领导地位之争中占据优势。与在中东地区的侵略一样，美国对后苏联地区的侵略也是由美国政权精英操纵的，其目的是在世界经济演变的长周期更替之时，维护全球霸权及自身利益。

在篡夺乌克兰政权的极右翼分子的帮助下，美国唆使欧盟反对俄罗斯，从而削弱欧盟和俄罗斯的实力，便于美国对他们实施监控。在欧盟，美国通过制造移民危机，加剧欧盟的内部矛盾。在俄罗斯，美国通过破坏俄罗斯国内政治局势的稳定及组织国家政变等方式，使俄罗斯成为下一个分裂的国家。这样一来，美国就可以对中亚实施控制。美国迫使大部分欧亚地区国家进入美国的利益圈，从而达到增强自身实力、削弱中国实力的目的。美国地缘政治家希望以此来维护美国的全球领导地位。因此，针对俄罗斯的打击具有重要作用。对乌克兰的利用使美国获得双赢，所有行动都是借由他国之手实现，而所有的损失都是由逐渐走向自我毁灭的俄罗斯承担。

在乌克兰政变开始时，美国情报人员就指示建立极右翼政权的乌克兰领导人组织针对俄罗斯的战争，然后将北约的欧洲国家拉入战局。在潜在侵占乌克兰的四年期间，美国一直都在进行人员、武装力量和工业方面的准备，以达成以下目标：

- 在顿巴斯的军事行动中，数十万的年轻人进行军事训练和心理培训；
- 建立一支由五角大楼控制且具备战斗力的武装部队，并逐渐对其进行现代化武器装备改造；
- 建立训练营，并通过训练营对年轻人进行军事行动方面的培训，包括破坏行动方面的培训；
- 按照北约的标准重建军事工业；
- 渗透带有反俄情绪的社会舆论，并由美国间谍操纵媒体；
- 所有的政党，无论是执政党，还是反对党，都由美国间谍操控；
- 乌克兰总统和政府成员都是美国的傀儡，强力部门实际上是由美国管理，财政收入部门及包括农工综合系统、国防工业燃料能源综合系统在内的重要战略部门的控制权逐渐转移到美国资本家的手中。

有关乌克兰反俄政权瓦解的预测并非没有道理。在美国中央情报局的领导下，乌克兰安全局使用大量的政治迫害手段镇压抗议行动，恐吓乌克兰人民。数百万对乌克兰政府不满的专业技术人才移民到其他国家。剩余的人民已经适应了不断变化的环境，学会按照新主人的要求进行工作，逐渐改造乌克兰的科技生产力以满足西方市场的需求。

不必指望西方厌倦乌克兰无尽的求助。美国情报机构制定的侵占政策是以自负盈亏为原则运行的：乌克兰军事化的资金一部分来自乌克兰国有财产的纳税人，另一部分来自俄罗斯及顿涅茨克的商人，美国以低廉的价格收购这些商人的企业，并将这些企业置于美国公司的掌控之下。在美国的命令下，乌克兰交出自然资源和基础设施项目，核电厂使用美国燃料，同时农民被迫种植孟山都公司的转基因作物。为美国利益服务的乌克兰公司和企业家都获得了更多的收入。与之相反的是，和俄罗斯市场有关的乌克兰公司都走向衰败。乌克兰与俄罗斯断绝往来造成了巨大的损失，这些损失大部分都是由工作在东南经济发达地区的俄罗斯人民承担。同时，俄罗斯经济也遭受不少损失，仅双边合作方面的损失就达到750亿—1500亿美元（在俄乌两国间经济合作方面，俄罗斯因其他因素造成的损失达4000亿美元）。[①]

若未来俄罗斯与乌克兰的关系继续呈消极态势，同时俄罗斯还间接承认基辅反俄政府的合法性，那么形势对于俄罗斯来说只会更加不利。美国和北约为了侵略俄罗斯，正在大规模地建设军事基地及军事基础设施。乌克兰武装力量的规模不断扩大，在特殊时期可达到三百万人。那时，乌克兰地区将变成反俄战争的军事基地。西方国家将依靠乌克兰经济和人口潜力发动这场反俄战争，以对西方

① Косикова Л. Новейшие украинские шоки российской экономики（о воздействии «постмайданного» кризиса в РУ на воспроизводственные процессы в РФ）// Российский экономический журнал. 2017，№4. С. 69－82.

国家来说最小的代价给俄罗斯带来最大程度的伤害。根据官方公布的计划，新右翼政权的目的是摧毁顿涅茨克人民共和国及卢甘斯克人民共和国，然后以“解放”克里米亚为借口，向俄罗斯发动武装侵略。更长远的目标是占领库班，破坏伏尔加河地区及其他地区局势的稳定。

尽管乌克兰右翼分子的军事恶作剧看起来很荒谬，但应当指出，这些恶作剧正是美国人真实计划的写照。对于美国人来说，重要的不是结果，而是俄乌战争这一事实本身。为了点燃乌克兰与俄罗斯的战争，美国可以编造任何足以激发狂热极右翼分子反俄情绪的无稽之谈。我们不应排除使用核武器的威胁，乌克兰原子能专家可能已经制造了核武器。尽管美国公开宣称不允许乌克兰恢复核国家地位，但实际上，美国可能已经在暗中帮助乌克兰制造核武器。

极右翼政权已经通过关于顿巴斯问题国家政策要点法案。凭借该法案，极右翼政权将“反恐行动”合法地转变成“为解放被占领土而与侵略者进行的战争”。

与乌克兰政权交战之前，为了破坏反俄侵略计划，俄罗斯必须掌握主动权。为此应该采取以下措施：

1. 极右翼政权的合法化建立在国际法和乌克兰法的基础上。极右翼分子篡夺最高拉达的权利，并进行包括举行选举在内的一系列非法行动，从而实现非法政变。因此，极右翼分子政权的本质就是非法的。

2. 根据极右翼政权领导者对顿巴斯人民犯下的罪行向其提出控告，包括种族灭绝、战争犯罪、政治迫害并杀害反对者等罪名。一些基辅政权的代表者犯下反人类罪行，应该将他们的名单公之于众。最好由乌克兰难民和顿巴斯的人民指控基辅极右翼政权的活动家们，并由人民法院调查乌克兰极右翼分子的罪行。同时，利用国际人权组织、国际刑事法院、欧洲人权法院、联合国平台、欧安组织及欧洲委员会议会大会等机构来揭发极右翼政权罪行的本质。

3. 承认顿涅茨克人民共和国及卢甘斯克人民共和国（它们有可

能组建成乌克兰联邦）是乌克兰苏维埃社会主义共和国和后苏联乌克兰的合法继承者。这不仅是使顿涅茨克人民共和国及卢甘斯克人民共和国恢复主权国家地位的基础，还是恢复俄乌两国在 2014 年 2 月乌克兰政变之前的条约法律制度（包括俄乌自由贸易区协定）的基础。而且乌克兰的其他地区在法律上是属于被极右翼分子侵占的领土，无法建立合法政权。

还有另外一个承认顿涅茨克人民共和国及卢甘斯克人民共和国地位的原因，那就是极右翼政权通过关于乌克兰放弃不结盟地位的法案及关于“去共产主义化”的法案，这些法案导致《明斯克协议》政治方面的内容无法实现。若落实《明斯克协议》，那么这些共和国就能以基辅现任当局的无能为借口，宣布独立。

还应该宣布，乌克兰的其他地区是自愿重返乌克兰联邦的。这样就可以为解放乌克兰及解散极右翼政权创造法律条件。

美国政权精英培养反俄的极右翼分子，借助他们之手在欧洲发动反俄侵略并“挑起”战争，通过毁灭俄罗斯来维护美国的全球霸权地位，巩固其在欧盟的主导地位以及控制中亚、高加索、近东和中东地区。挑起世界大战以维持对“外围”国家的控制，这是世界领导者在技术范式和世界经济范式更替时期的典型行为。根据盎格鲁—撒克逊地缘政治传统，俄罗斯再次被选中，成为下一次世界大战的受害国，对俄罗斯的控制是维护全球霸权及削弱中国实力的必要条件。侵占乌克兰并利用乌克兰的人口和自然经济潜能，这些都是美国统治精英为维护全球霸权在混合战争中采取的主要政治战略。但混合战争的主要战线还是在经济方面，美国间谍已经成功地对乌克兰经济进行毁灭性的打击。

第八章　中国共产党对美国施压的回应

美国发动混合战争的主要目标是在中国在产业规模、知识密集型产品出口、经济现代化投资等领域进入世界第一的条件下，保持自己的全球领先地位。为了破坏中国经济的快速发展，美国利用一切法律手段，从国家立法方面违反世贸组织确立的（为该组织本身所承认的）国际法准则，其行动包括单方面提高进口关税、对先进技术出口实行禁运、对美国企业施压迫使其将生产迁回、禁止使用中国智能手机应用、实施选择性金融制裁等。

除了美国对中国进口实施的三轮制裁（2018 年以来总值估计为 4000 亿至 5000 亿美元），第四轮反华贸易、经济和金融限制的讨论仍在继续。一旦这些措施以对范围广泛的货物征收 25% 关税的形式生效，中国的损失每年可能增加 3000 亿美元。

分析人士认为，美国的这种经济施压不会像预期的那样对中国经济造成太大冲击，但也将毫无例外地对所有全球供应链产生重大冲击；美国对此并不在意，至少是声称要使作为最终收益的生产能力返回美国，实现本地化。中国在此背景下有很大回旋余地，尤其是美国占其出口的 20% 左右，欧盟国家占比同样多，对亚洲（东盟）的出口占其出口总量的 50% 以上。面对美国日益加大的制裁压力，中国可以凭借其固有的周密性，深化亚太地区乃至更广泛的欧亚大陆工业合作，使其对美国市场的依赖至少减少一半。而曾将大量产能转移到中国的美国，正经历着制成品和中间产品供应的严重短缺，严重削弱了其工业基础，也降低了减轻膨胀的公共债务影响的可能。

必须承认，美国政府坚持低估中国集中对付这一施压的能力。中国不仅出台应对措施，对美国市场造成严重损害，还付出巨大努力加强自身科技实力。这样做的前提是早有准备，从而使中国不仅在贸易上有效抵御了美国的压力，高科技领域也实现了对美国进口的替代。如果1999年美国高科技出口中所占份额几乎是20%，中国不到5%的话，2015年中国根据中共十七大和十八大的目标，大幅增加了高科技产品的开发和生产。世界银行数据显示，2015年美国高科技出口份额下降到当时的7%，中国增长8倍，达到26%。例如，中国大陆以及中国台湾和韩国如今几乎在生产智能手机、电脑和电视机的全部部件，如闪存芯片、液晶和等离子显示器、半导体激光器和固态传感器等设备。

美国情报机构越过国际安全体系红线，利用生物武器的发展，用尽破坏中国经济发展的所有相对合法的手段。美国是世界上唯一继续在该领域进行科学研究和实验并拒绝签署《关于禁止发展、生产和储存细菌（生物）及毒素武器和销毁此种武器的公约》的国家。

但中国也已做好应对这一威胁的准备。中国紧紧抓住和用好发展的重要战略机遇期，努力战胜一系列重大挑战，奋力把中国特色社会主义推进到新的发展阶段。中国持续深化改革开放，加快发展步伐，以加入世界贸易组织为契机，变压力为动力，化挑战为机遇，坚定不移推进全面建设小康社会进程。中国认真总结发展实践，准确把握发展的阶段性特征，开拓了经济社会发展的广阔空间。2008年以后，国际金融危机使中国发展遭遇严重困难，但其采取科学判断、果断决策，出台一系列重大举措，在全球率先实现经济企稳回升，积累了有效应对外部经济风险冲击、保持经济平稳较快发展的重要经验。

在当前国际地缘经济紧张局势不断发展的背景下，中国经济再生产面临外部挑战，通过大力推进中国特色社会主义克服这些挑战，更具有现实意义。将战略发展观、创造性思维和国家结构解放结合起来，实现包容性社会发展的做法使得中国在2008年国际金融危机期间和之后受益，并在不造成重大损失的情况下克服“突如其来的非典疫情”。毫无疑问，21世纪头十年末被禁止的生物武器被用作压制崛起的中国经济增长的工具。如今，美国指责中国新冠肺炎疫情不是“零”感染并进一步向西方蔓延，企图破坏中国在各方面的快速发展，包括经济（投资和国内生产总值增长）、社会（国家对所有劳动者平均财富的保证）和政治领域（将中国的政治外交议程扩展到美国人未触及的世界区域）。

但中国领导人成功经受住了这一考验，有效控制住了疫情大流行的蔓延，并开始以更大的热情恢复生产、贸易和对外关系。通过加强所有社会群体的纪律性，世界新秩序的承载结构得到加强，资源得到调动，共同责任以及权力公信力得到加强和提升，其意志坚定不移。

抗疫斗争有力地推动了中国医疗卫生事业的发展。中共中央“十四五”规划建议特别谈到这一问题：“全面推进健康中国建设。把保障人民健康放在优先发展的战略位置，坚持预防为主的方针，深入实施健康中国行动，完善国民健康促进政策，织牢国家公共卫生防护网，为人民提供全方位全周期健康服务。”

中国向世界展示了动员人民和资源像对待生物武器一样与疫情进行斗争的“大师班”式的做法。政府和人民共同行动打败了敌人，将国家从病毒中解放出来的战斗转移到了另一个战场。在这一过程中，中国显然是本着习近平主席提出的“人类命运共同体”精神，为世界树立了行动榜样。毫无疑问，中国经济将迅速复苏，并且已经显示出良好的复苏速度。

随着中国遏制住新冠病毒感染蔓延，2020年第一季度GDP下降后，第二季度中国经济开始增长。欧盟各国的限制性措施则大相径庭，从意大利的全面封城到瑞典的部分限制。在这方面，对经济的影响也各不相同，限制程度最高的国家经济受影响最大。美国在对经济的空前支持下，社会紧张局势日益加剧并导致骚乱发生，从而使复苏进程复杂化。关于哪种措施有效的问题至少要等到疫情大流行结束时才会有答案。

一些国际组织预计，各大世界经济体中只有中国能避免2020年GDP下降。到2021年，多数发达国家将无法达到2019年的水平，多数亚洲国家则将能超越它们。因此，东南亚快速增长的经济体在世界经济中扮演越来越重要角色的趋势将在短期内得到加强。宏观经济政策将在这一过程中发挥重要作用。发达国家货币工具在接近零利率的情况下已筋疲力尽，新兴经济体流动性增长仍可能为经济增长提供巨大推动力。

世界各国采取了类似措施应对因新冠肺炎疫情实施检疫措施造成的经济活动下降。一方面，迅速采取了加强卫生系统应对疫情的行动；另一方面，家庭和企业获得支持以维持其财务稳定。世界各国政府和中央银行制定和实施了广泛的财政和行政支助方案。这些措施为危机后经济复苏奠定了基础。

世界上主要有两种经济模式，分别采取不同措施稳定各自的社会经济状况，即“西方”模式和“东方”模式。“西方”模式主要是美国和欧盟国家，“东方”模式主要是中国和其他亚太国家。“东方”或“中国”模式的特点是实施大型项目，支持外向型产业。“西方”模式的特点是扩大对现有计划的资金提供，包括政府（医疗卫生事业、社会弱势群体扶持、中小企业发展）和中央银行计划（证券回购）。

由于经济管理水平较高，中国和亚洲国家的疫情在2020年上半年就很快得到了缓解。与此同时，“西方”国家由于社会“民主化”程度更大，采取限制性措施速度较慢，导致高发病率和疫情的迅速蔓延。因此，当东方国家，主要是中国和韩国，逐渐开始解除对某些经济部门的限制时，西方国家的发病率尚未达到“高峰”，从而影响了这些经济体“第一波”疫情后的复苏速度。此外，欧盟和美国2020年第三季度受到“第二波”疫情影响，亚洲国家由于其本国的特殊性，可以确保经济活动得以维持，并在其领土内控制疫情的爆发。

当前以及2008—2009年危机的经验表明，俄罗斯和其他欧亚经济联盟国家处于更加脆弱的地位。这与导致金融市场对国际投机者依赖的外汇管制过度宽松有关。美国对冲基金和相关投机者实际上是通过动摇各国货币汇率操纵这些国家的货币市场。这对相互贸易和共同投资造成巨大损害，破坏了宏观经济局势的稳定。中国在不允许跨境资本账户自由交易的情况下实现将人民币纳入一篮子世界储备货币的经验值得效仿。

过去十年，中国成功抵制了美国其他更传统的侵略工具，如美国情报机构的网络攻击（受其控制的媒体的企图，一些博主操弄公众意识，在特朗普发动的经贸摩擦中挺身而出以期破坏政治稳定），以及抵御货币金融威胁。华盛顿对中国高科技公司的制裁迫使其要求自己的研发部门建立国家技术基础，结果中国创新活动已占据世界首位。

总之，必须承认，中国已击退新冠肺炎疫情并进入反攻，对受影响国家提供医疗、防护设备和消毒方面的援助。于是，中国像以往各时期一样，用自己的成就扭转敌人武器的进攻方向，化解华盛顿思想和政治战线的主动态势。

从克服任何形式的外部压力和混合战争阶段的坚定态度出发，中国无疑将继续开展自己的“一带一路”国际合作项目，其核心是实施联合投资项目，提高参与国的竞争力和人民福祉。仅在6条经济走廊的建设中，中国就计划对60个国家的900个项目投资约9000亿美元；为这些项目提供资金的还包括亚洲基础设施投资银行和丝绸之路基金。新的世界经济格局中，国际一体化的主要动机不是跨国公司和外国投资者的市场自由化，而是通过联合投资和合资企业，结合合作国家的竞争优势实现产业增长。在中国的“指挥”下，国家利益的相互尊重、各国奉行独立政策的主权权利的不可侵犯、互利的国际贸易和金融经济关系原则以及国际法准则得到恢复。在中方的倡导下，上海合作组织、东盟和欧亚经济联盟国家，正在形成一个对所有发展中国家都有吸引力的世界经济新秩序。随着其被纳入更大的欧亚伙伴关系，一个新的世界秩序正在建立。

一般而言，要防止这种全球性破坏现象和事件再次发生，就需要形成欧亚大伙伴关系和新的一体化世界经济秩序，在相互尊重的基础上，本着建设性互利合作的精神，积极努力建立反战同盟。只有这样协调一致的国家联盟才能对美国及其盟友构成真正的威慑。因为他们在持续地、不惜一切手段和代价地进行混合战争。

除了已提出的建立一个主张和谐世界秩序的广泛国家联盟的理由外，不接受任何企图强加他人的意愿，包括通过不适当手段对新冠病毒的来源公开进行国际调查，可以作为建立这样一个联盟的起点。因此，1975 年生效的《关于禁止发展、生产和储存细菌（生物）及毒素武器和销毁此种武器的公约》的缔约国本可以指控美国违反该公约，因为美国拒绝接受 2001 年规定相互核查机制的议定书。作为这一指控的一部分，可以要求披露美国情报机构在各大洲各国建立的秘密生物工程实验室网络的数据。进行调查还可以对隐瞒其在这一领域活动的国家进行制裁，以对议定书进行补充。

如上文所述，制定一套网络安全措施也可以成为建立联盟的实质性环境，因为这一领域是美国主导下另一个最重要的“战场”。中国在国家一级采取实际“防疫”步骤，使其免受社交网站、互联网某些部分和一些电信技术的影响；在抗击新冠肺炎疫情的过程中，这些措施通过认知影响避免了恐慌情绪的大面积发生。

本书解释了中国和俄罗斯为什么愿意建立反战联盟。这与维持长期和平、在新的世界经济框架内促进经济发展的需要有关。如果说中国已经掌握了这一基本制度、完整的（而不是衰落的美国中心帝国）秩序，在成功地利用其提议的工具解决经济再生产的目标，那么俄罗斯则在华盛顿共识强加教条的挤压下，尚无法克服自由主义惰性，成为一个涉及广泛全球问题国际倡议的主体，在现代技术经济发展规律的基础上进行经济转型，成为新技术秩序的先锋。

中国运用国民经济发展经验成功解决了技术问题。但俄罗斯1991年后开始建设新国家和中国启动新的发展政策是在同一时期进行的。

正如约翰·罗斯所说，“中国的社会主义模式正在超越资本主义”，1989年华盛顿共识达成以来增长最快的经济体（除石油生产国或人口不足500万的国家外）不是国际货币基金组织、世界银行所提倡模式的追随者。他们（越南、柬埔寨和老挝）遵循或深受到的是完全不同的中国“社会主义发展战略”的影响。作为社会主义国家的中国和越南，贫困人口减少了85%。

俄罗斯不顾科学建议、基本常识和国际经验，公民储蓄、高技术产业和自然租金成为市场原教旨主义偶像的牺牲品，数以千亿美元计的石油被用于堆积美元金融金字塔，国内科学和生产潜力则失去了必要的现代化资源；科研和生产综合体被私有化阉割，不是逐步发展市场竞争机制，谨慎地将社会主义经济巨头转变为有竞争力的公司，而是建立一个以现代化项目长期贷款为导向的国家金融和投资体系。

我们来看看中国经济改革经验与俄罗斯经济改革经验之间的主要差异，这些差异使中国进入了科技发展的前沿。

1. 中国已经建立了一个私营经济与国有经济合理结合的最佳经济模式。西方不愿回忆的是，与苏联竞争的不是市场经济，而是混合和调节经济。无论美国、欧洲还是日本，经济制度都包含有大萧条以后开始实施的社会主义元素，因而实现了国内生产总值（每年高达9%—10%）和生活水平的高增长。苏联解体后，主要西方国家开始摆脱混合管制经济。为了大资本的利益，为拆解国家管制机构、公共部门私有化、放弃保护主义走向自由的全球化辩护的新自由主义神话开始生根。因此，实体部门的再生产开始从属于金融寡头的利益，生产和生活水平增长放缓。简化经济管制制度后的西方国家正在输给中国，中国正在使其在混合经济原则上复杂化。[①]

2. 记取苏共中央悲惨经验的中共领导者能在政治最高层遏制这一危机。1978 年改革开放以后，中国共产党确保了政权的稳定。中国走上了一条充满信心的发展道路。邓小平对中国改革的成功发挥了至关重要的作用，他将结合资本主义和社会主义最佳特征的融合理论运用于中国现代化的建设。

3. 中国领导人杜绝了西方国家干涉内政的企图。外部影响在经济改革决策中的作用被转化为研究科学家和专家的建议，这些建议则要经“中国特色”过滤。美国对中国垮台或按布热津斯基的“中美国”概念将中国转变为小伙伴的希望已破灭。与此同时，中国成功占领了相当一部分美国市场，吸引大量投资并获得先进技术。

结果：从科学知识的角度出发，对两种不同理论学说在实践中的应用进行比较试验，得到的结果截然相反。俄罗斯科技潜力和投资的主要指标出现了两次以上的下降，经济严重衰退并降为世界经济中的原料“外围”国；中国经济则在不断增长，经济深度现代化，在新的技术秩序基础上获得加速发展。

因此，中国建立的世界经济新秩序，即国家计划和市场机制相结合、国家对经济再生产和自由企业基本参数的控制、共同利益和个体能动性思想，使中国的经济发展管理具有极高的效率。同时，正如半个世纪前“趋同理论”的首创者指出的那样，中国确实成功地将社会主义和资本主义的强大属性结合了起来，避免了其各自的消极特征。

一方面，中国通过引入淘汰过时低效生产的市场竞争机制，从技术多元化、生产过剩、长期缺乏优质消费品等不平衡水平上消除了苏联政策规划模式的不平衡特征。另一方面，由于灵活的战略规划和维护金融体系、基本经济部门和国家控制下的基础设施，中国设法避免了过度的社会不平等、过度生产危机和金融泡沫等资本主

---

① Макаров В. Л. Социальный кластеризм. Российский вызов. -М.：Бизнес Атлас，2010. – 272 с.

义制度的弊端，并保护其经济免受资本外流和来自国外的投机的影响。

与此同时，中国领导人真正成功地将社会主义的强大特征（资源集中在关键发展领域、优先发展社会基础设施和保障提供基本消费品、免费教育和保健）与市场精神（企业家精神、创新愿望、最佳经济做法的选择和资源在竞争中的优化利用）结合起来。中国共产党学会了让私营企业的能量发挥在公共福利的增长上。因此，通过灵活改变社会和经济发展的优先次序，利用先进技术，集中资源解决社会优先事项和有希望的经济增长领域，中国领导人同时确保了中国传统经济部门生产的现代化和扩大，加快了新技术领域生产，为创新创业和技术进口创造了条件。

同时，改善公共福利、关爱人民、创造条件发挥个人创造性活动的潜力以及借此教育青年一代社会主义价值观，仍然是中国领导者确定的经济改革方针的关键组成部分。中共中央"十四五"规划建议强调：

"坚持把实现好、维护好、发展好最广大人民根本利益作为发展的出发点和落脚点，尽力而为、量力而行，健全基本公共服务体系，完善共建共治共享的社会治理制度，扎实推动共同富裕，不断增强人民群众获得感、幸福感、安全感，促进人的全面发展和社会全面进步。"

"建设高质量教育体系。全面贯彻党的教育方针，坚持立德树人，加强师德师风建设，培养德智体美劳全面发展的社会主义建设者和接班人。建设高质量教育体系。全面贯彻党的教育方针，坚持立德树人，加强师德师风建设，培养德智体美劳全面发展的社会主义建设者和接班人。健全学校家庭社会协同育人机制，提升教师教书育人能力素质，增强学生文明素养、社会责任意识、实践本领，重视青少年身体素质和心理健康教育。坚持教育公益性原则，深化教育改革，促进教育公平，推动义务教育均衡发展和城乡一体化，完善普惠性学前教育和特殊教育、专门教育保障机制，鼓励高中阶段学校多样化发展。加大人力资本投入，增强职业技术教育适应性，深化职普融通、产教融合、校企合作，探索中国特色学徒制，大力培养技术技能人才。提高高等教育质量，分类建设一流大学和一流学科，加快培养理工农医类专业紧缺人才。提高民族地区教育质量和水平，加大国家通用语言文字推广力度。支持和规范民办教育发展，规范校外培训机构。发挥在线教育优势，完善终身学习体系，建设学习型社会。”

中国智慧值得称道。国际金融危机爆发前一年，中国共产党在传统产业现代化的基础上，解决了经济均衡增长问题，及时确定了使经济走上创新发展道路的目标；强调加强创新型国家形成进程的紧迫性和重要性。国家创新体系的成功运作不仅需要强有力的科学和教育，而且需要一整套其他制度条件，其中突出强调：作为创新的主要推动者，有竞争力的商业部门的存在；作为发展国家高技术部门的必要条件，融入全球创新领域；在发展教育、科学和技术方面优先考虑公共政策，为创新增长创造有利的制度条件。中国实施创新驱动发展战略，把科技创新作为提高社会生产力和综合国力的战略支撑，摆在国家发展全局的核心位置；坚持走中国特色自主创新道路，以全球视野谋划和推动创新，提高原始创新、集成创新和引进消化吸收再创新能力，更加注重协同创新。同时，不断深化科技体制改革，推动科技和经济紧密结合，加快建设国家创新体系，着力构建以企业为主体、以市场为导向、产学研相结合的技术创新体系。完善知识创新体系，强化基础研究、前沿技术研究、社会公益技术研究，提高科学研究水平和成果转化能力，抢占科技发展战略制高点。实施国家科技重大专项，突破重大技术瓶颈。加快新技术新产品新工艺研发应用，加强技术集成和商业模式创新。完善科技创新评价标准、激励机制、转化机制。实施知识产权战略，加强知识产权保护。促进创新资源高效配置和综合集成，把全社会智慧和力量凝聚到创新发展上来。

中国在技术体制变革时代及时完成了从粗放型增长向创新发展

的过渡。虽然发达国家陷入危机，经济活动长期停滞，但中国将资源集中在新技术的关键增长领域，为私营创新企业掌握先进技术提供无限支持。为此利用了上文所述的技术变革时为发展中国家打开的“机会之窗”。通过正确选择新技术秩序发展的优先次序，对其重要产业门类的崛起集中进行投资，中国实现了一波新的长时间的经济增长，使其经济进入世界领先行列。

中国著名经济学家胡鞍钢认为，国家创新体系形成过程中，技术和技术生产水平的不断提高是中国从粗放型经济增长模式向集约型经济增长模式转变的最重要因素。作为一个工业化较晚的国家，中国具有“后发优势”（“动态追赶”的潜力），主要表现在通过进口农业技术和以进口为基础的本国研究与开发（R&D），迅速和廉价地赶上发达国家的可能。中国科学家提出三个技术创新来源：通过对外贸易进口新技术，包括版权转让和许可以及高技术生产资料进口；在外国直接投资过程中获取外国技术；以及其自己的技术创新来源于国家研发支出的增加。

2006 年，中国国务院通过《国家中长期科学和技术发展规划纲要（2006—2020 年）》，首次确立创新型经济建设方向。创新型国家的本质是使科技对经济社会发展和国家安全作出贡献，使基础科学研究和先进技术研究相结合，并取得世界领先的科技成果。这一计划实施以来，中国领导者持续奉行积极的创新激励政策。2020 年秋，中共中央在《关于制定国民经济和社会发展第十四个五年规划和二〇三五年远景目标的建议》中提出新的宏伟目标，其中最重要的内容是加大创新力度：

“完善科技创新体制机制。深入推进科技体制改革，完善国家科技治理体系，优化国家科技规划体系和运行机制，推动重点领域项目、基地、人才、资金一体化配置。改进科技项目组织管理方式，实行‘揭榜挂帅’等制度。完善科技评价机制，优化科技奖励项目。加快科研院所改革，扩大科研自主权。加强知识产权保护，大幅提高科技成果转移转化成效。加大研发投入，健全政府投入为主、社会多渠道投入机制，加大对基础前沿研究支持。完善金融支持创新体系，促进新技术产业化规模化应用。弘扬科学精神和工匠精神，加强科普工作，营造崇尚创新的社会氛围。健全科技伦理体系。促进科技开放合作，研究设立面向全球的科学研究基金。”

同时，加强作为经济发展主体的企业的创新能力也十分重要。该建议提出：

“提升企业技术创新能力。强化企业创新主体地位，促进各类创新要素向企业集聚。推进产学研深度融合，支持企业牵头组建创新联合体，承担国家重大科技项目。发挥企业家在技术创新中的重要作用，鼓励企业加大研发投入，对企业投入基础研究实行税收优惠。发挥大企业引领支撑作用，支持创新型中小微企业成长为创新重要发源地，加强共性技术平台建设，推动产业链上中下游、大中小企业融通创新。”

从历史情况看，可以说经过一段不长的时间，中国经济科技转型宏伟计划的落实是成功的。中国已建立起在合理利用国外先进技术的基础上完成自己创新的现代成熟创新型经济。民营企业成为建立国家创新体系的核心动力。政府对其提供的贷款没有限制，并确保提供所有必要资源，企业完成创新；这种创新方式的广泛推广确保了中国经济竞争力的迅速提高。因此，如专家所说，取得技术发展战略领域真正的突破。[①]

进入新发展阶段，中国领导人把激发广大科学家和工程师的科技创新作为建设自己科技基础的必要条件，从引进新技术到走向自主发展。中共中央在《关于制定国民经济和社会发展第十四个五年规划和二〇三五年远景目标的建议》中指出：“激发人才创新活力。贯彻尊重劳动、尊重知识、尊重人才、尊重创造方针，深化人才发展体制机制改革，全方位培养、引进、用好人才，造就更多国际一流的科技领军人才和创新团队，培养具有国际竞争力的青年科技人

① М.：Институт Дальнего Востока РАН，2009.

才后备军。健全以创新能力、质量、实效、贡献为导向的科技人才评价体系。加强学风建设，坚守学术诚信。深化院士制度改革。健全创新激励和保障机制，构建充分体现知识、技术等创新要素价值的收益分配机制，完善科研人员职务发明成果权益分享机制。加强创新型、应用型、技能型人才培养，实施知识更新工程、技能提升行动，壮大高水平工程师和高技能人才队伍。支持发展高水平研究型大学，加强基础研究人才培养。实行更加开放的人才政策，构筑集聚国内外优秀人才的科研创新高地。"

中国国家主席习近平2020年在经济社会领域专家座谈会上发表讲话，提出："以科技创新催生新发展动能。实现高质量发展，必须实现依靠创新驱动的内涵型增长。我们更要大力提升自主创新能力，尽快突破关键核心技术。这是关系我国发展全局的重大问题，也是形成以国内大循环为主体的关键。"①

应当指出，中国领导者确定经济发展任务时，充分认识到该书理论观点中所提到的经济发展循环规律的重要性。习近平说："要推动形成以国内大循环为主体、国内国际双循环相互促进的新发展格局。"② 他指的是中国经济发展向解决国内问题和扩大内需转变。

习近平在座谈会上说："自2008年国际金融危机以来，我国经济已经在向以国内大循环为主体转变，经常项目顺差同国内生产总值的比率由2007年的9.9%降至现在的不到1%，国内需求对经济增长的贡献率有7个年份超过100%。未来一个时期，国内市场主导国民经济循环特征会更加明显，经济增长的内需潜力会不断释放。我们要坚持供给侧结构性改革这个战略方向，扭住扩大内需这个战略基点，使生产、分配、流通、消费更多依托国内市场，提升供给体系对国内需求的适配性，形成需求牵引供给、供给创造需求的更高水平动态平衡。"③

---

① 习近平：《在经济社会领域专家座谈会上的讲话》，《人民日报》2020年8月24日。
② 习近平：《在经济社会领域专家座谈会上的讲话》，《人民日报》2020年8月24日。
③ 习近平：《在经济社会领域专家座谈会上的讲话》，《人民日报》2020年8月24日。

美国未能通过对先进技术的出口实施禁运阻止中国的技术崛起，证明中国经济在创新发展中实现了自给自足。让我们举几个雄辩的例子，说明中国在新技术秩序中的领导地位，比如电信和可再生能源领域。

2019 年 10 月 31 日中国启动 2020 年 5G 全球计划。同时，三家本地移动运营商开始在全国 50 个城市提供第五代网络接入，不仅一夜之间使中国在新技术应用上世界领先，而且使遭受美国制裁的华为公司地位得到加强。中国借此成为世界上最大的新网络用户，美国由于不使用华为解决方案，第五代通信服务只能在一些城市的特定地区提供。然而，中国广东省的深圳成为世界上第一个拥有新一代的 5G 通信完全覆盖的城市。根据中国信息通信研究院的数据，2020 年 1 月到 8 月中国共售出 9370 万部 5G 智能手机。值得指出的是，中国 90% 以上的智能手机供应来自本土制造商。

另一个例子是中国在发展氢能方面的领导作用。2019 年 6 月中国氢能联盟发表中国氢能和燃料电池白皮书，提出短期内（2020—2025 年）氢工业产值将达 1480 亿美元，燃料电池汽车保有量将达 5 万辆，基础设施包括 200 个氢气加气站。2026—2035 年工业生产预计将增加到 7400 亿美元，氢汽车保有量将达到 1500 万辆，氢气加气站将达到 1500 个。到 2050 年氢将占中国能源消耗的 10%（6000 万）。制氢收入将达到 1.5 万亿美元。

2019 年头 7 个月，尽管政府对新能源汽车的补贴已停止，中国氢燃料电池装机容量比 2018 年同期增长 642.6%（45.9 兆瓦）。氢燃料电池汽车生产和销售增长 7.8 倍（1106 辆），到 2030 年，中国计划生产 200 万辆氢燃料电池汽车（HFCV）。

据彭博社报道，到 2023 年中国在氢燃料运输投资上将超过 170 亿美元，其中的 76 亿美元来自中国国家重型汽车集团有限公司。这些资金将用于在山东东部沿海一家工厂生产氢汽车。还将建立大规模燃料电池生产，建设高技术加油站网络和供应链。

上海计划在嘉定建设一个世界级“氢能港”，为氢燃料电池汽车运输创造一个可靠的生产链。以氢能港为基础，形成面积 2.15 平方千米的产业集群，年收入将达到 72 亿美元。带领中国实现电动汽车领域突破的王刚，受中国共产党委托主导氢工业发展主题。

到 2025 年，中国将把湖北省省会武汉改造成国内领先的氢气中心。第一阶段计划建造 20 个加气站，为约 3000 辆氢汽车提供服务。到 2025 年，燃料电池生产领域最大企业和 100 多家与氢能有关的企业将集中在该市。加气站数量将增加到 30—100 个，投资总额估计在 17 亿美元左右。

中国国家主席习近平在全国科技创新会议、中国科学院院士第十八次会议、中国工程院院士第十三次会议、中国科学技术学会第九次全国代表大会上发表讲话，确定到 2020 年中国将跻身创新型国家前列，到 2030 年成为创新领先国家。2049 年中国将迎来中华人民共和国成立 100 周年，并将成为世界科技强国。

第九章　未来的七种选择

如上所述，根据中美俄三角关系的内外部因素，可以确定俄罗斯未来发展的方案。如果在新的世界经济范式中，俄罗斯与中国的关系仍维持现状，并在不久的未来形成新的全球经济体系中心，那么俄美关系的发展有两种情况。

第一种情况是美国的政策基本维持不变，美国政府仍沿着过去的路线来维护美国的全球霸权地位，继续发动针对俄罗斯的混合战争，同时遏制中国的发展。第二种情况是美国政府转向合乎情理的政策，承认多极世界这一事实及过渡到新世界经济范式的必然性。后者需要美国统治精英进行根本性改革，因此更加不可能实现。

俄罗斯的发展方案取决于国内的经济政策。第一种情况是俄罗斯保持现有的经济政策不变。这意味着俄罗斯经济技术方面的发展持续落后，同时竞争力下降，彻底丧失独立发展的能力，最终俄罗斯经济将走向衰败。第二种情况是俄罗斯采纳笔者在本书及其他专著中的合理建议，转向以新技术范式和新世界经济范式为基础的超前发展政策。这需要推行独立的货币政策并发展混合所有制经济，即加大投资力度；在技术“落后”相对较小的领域加速追赶；在发展严重滞后的领域，引进现代技术实现后发追赶。

因此，请考虑以下方案：

1. 保持现状。中美俄三国都继续按照现有政策发展。这意味着俄罗斯不仅严重落后于新全球经济体系的中心国家，同时也落后于旧全球经济体系的中心国家。这将导致俄罗斯军事技术实力减弱，人民生活水平及社会支持率下降。社会支持率下降还将致使美国对俄侵略的加强，包括在乌克兰增加极具挑衅性的军事活动，这些活动的策划者是美国控制的极右翼政权；高加索和伏尔加河地区的恐怖主义活动升级；破坏欧亚经济联盟各成员国首都社会政治局势的稳定。同时，中国将增强在俄罗斯及欧亚经济联盟各国的经济影响力，在这种情况下，俄罗斯和欧亚经济联盟的经济未必能够经受得住压力，欧亚一体化也将经受新旧全球经济中心的考验。俄罗斯经济将成为一些相互联系较弱的飞地，并服务于世界市场的各个领域。

2. 美国的殖民地。当俄罗斯社会经济问题日益严重时，其国内的亲美政治力量却正在恢复。俄方为了解除制裁而对西方的施压做出让步，这将导致美国的对俄侵略不断加强，直至在俄建立傀儡政权。美国将借助傀儡政权实现俄罗斯的核裁军，进而使俄罗斯走向解体。那时，俄罗斯将失去主权，欧亚经济联盟也将不复存在。

3. 在俄罗斯经济状况落后并不断恶化的条件下，俄罗斯与中国的战略伙伴关系将具有现实意义。在中国的资助下，落实欧亚经济联盟和丝绸之路经济带的对接项目。同时，中国将大力投资俄罗斯的能源燃料业、农工综合体以及运输业，这些产业都根据中国市场的需求进行调整。俄罗斯军事工业综合体的发展方向也将与集体安全组织、上合组织对外防御的目标保持一致。国家高科技产业的剩余潜力将由中俄联合企业共同挖掘。俄罗斯将保持独立的政治主权，并与中国发展平等的军事政治伙伴关系。

4. 孤立与干涉。这是对俄罗斯来说最糟糕的方案。俄罗斯将失去外汇储备和对外销售市场，处于完全孤立的境地。在保持现有经济政策的情况下，俄罗斯人民的生活质量将急剧下降，同时俄国内社会政治环境的稳定将遭到破坏。欧亚经济联盟极有可能解体。俄罗斯国内社会政治环境的不稳定会招致外部侵略，俄罗斯将被分裂到新旧两个世界经济中心，即中国与美国的不同影响范围内。

幸运的是，中俄两国的战略协作伙伴关系及两国元首基于互信原则的高度共识将把第四种方案排除在外。但来自西方地缘政治的阴谋一直在试图离间中俄两国关系，如果中俄两国的领导发生变化，或者两国中的任意一个国家发生政变，那么西方的阴谋就很有可能成功。

基于经济社会发展取得的成就，中国政府可以协调所有社会群体的利益。中国领导层在维护社会主义价值和国家主权的同时，走上增进人民福祉和实现经济跨越式发展的道路，这正是他们智慧的体现。与戈尔巴乔夫和叶利钦执政时期天真的政治家不同，中国的领导层不会过度信任“西方的合作伙伴”。中国的政治传统源自其传统道德价值观和实用主义，并未混入盎格鲁—撒克逊地缘政治的犬儒主义和病态的谎言。

美联储推荐的宏观经济政策是基于华盛顿共识原则，若俄罗斯继续采用上述宏观经济政策，那么俄罗斯政治局势不稳定的风险将逐渐上升。继续实施宏观经济政策将导致以下后果：原料导向型经济，俄罗斯经济脆弱，资本和人才流失，加工业和社会基础设施继续衰败，人口贫困化及社会极度不平等。由于俄总统普京对中俄战略协作伙伴关系的坚定立场，目前该种情况发生的可能性为零。但不应该忽视美国代理人在俄罗斯商业、媒体及金融经济机构的巨大影响。买办寡头依靠操纵卢布汇率占有大量财产，同时还通过出口自然资源获取自然资源租金。随着买办寡头财富的积累，以华盛顿为中心的关系网力量不断增强，同时随着俄罗斯人民生活水平的下降，这个关系网的影响范围也将逐渐扩大。若俄总统坚持的独立自主的对外政策遭到反对，而美联储提倡的自杀式宏观经济政策得以保留，那么这一方案实现的可能性会急剧增加。

5. 孤立和动员。在全球开展反俄战线的情况下，若俄罗斯仍旧具备科研生产、军事技术、自然资源以及人力资源的发展潜力，那么俄罗斯可以继续生存，并在世界经济一体化动员模式的基础上独立发展。这种模式支持离岸经济，主张将黄金作为外汇储备的主要组成部分，对货币资金进行控制，限制跨境资本交易活动，实行强制结售汇制度。此外，还需要审查私有化的成果，实行收入和财产累进税制，将自然资源租金收归国有。否则，将无法调动公众意识和恢复民众对政府公正性的信任。货币信贷政策应以现代化和发展生产力为目标。国企、银行和各个部门应根据指示性的战略计划进行工作，担负起应尽的职责。但现在的统治精英原则上无法做到这一点。因此，应该替换国家政权机构和商业机构的全体人员。

6. 中俄战略协作伙伴关系。当俄罗斯建立新的世界经济范式机制并过渡到超前发展区政策时，中俄战略伙伴关系将得到落实。中俄两国共同实施发展计划，落实大型联合投资项目，欧亚经济联盟和丝绸之路经济带的对接项目也会有实质性进展。大欧亚伙伴关系正在建立。俄罗斯高新技术产品进入中国市场。俄罗斯进入世界经济发展新中心的“核心”地带。在这种方案中，俄罗斯经济增长速度最快，国内生产总值每年增长10%，投资增长20%。俄罗斯和中国，最好还有印度，共同建立反战联盟。同时，俄罗斯的政权精英也将被替换。

7. 中美俄合作伙伴关系。若要实现这种方案，需要中美俄三国共同承担保护世界的责任，并承认向新世界经济范式过渡的必然性，同时美国解除对俄制裁，中美俄三国建立友好关系。因此，现在实现这个方案的可能性很小。实际上，这种方案实现的条件是美国停止对乌克兰及俄罗斯的侵略。这种情况对俄罗斯最为有利，但它的实现取决于俄罗斯经济政策的有效性，因此这种情况并不稳定。若保持现有经济政策，那么事情的发展可能会“脱离”轨道，回到第四种方案。

若普京仍担任俄罗斯总统，第四种方案和第二种方案都可以排除。只有在发生“颜色革命”或者国家政变的情况下，这两种方案才会发生。

根据现实情况，第六种方案对俄罗斯来说是首选。实际上，俄罗斯通过这种方案可以摆脱美国的影响，并借助与中国的合作摆脱美国的威胁，与此同时，使经济达到最大限度地高速增长。第七种方案最有利于俄罗斯发展，但实现第七种方案的先决条件是落实第六种方案。

第十章　向新的全球经济发展管理思想过渡：社会保守融合构想

市场原教旨主义理论是自由主义全球化的思想基础和依据，该理论认为国家干预不利于经济发展，取消国家调控更有利于资本自由流动。市场原教旨主义与美国大型资本的利益有机统一，这些大型资本属于美国资本积累周期的制度体系。对于美国社会精英及其同盟者来说新世界经济范式是完全陌生，且很难理解的。但通过对市场原教旨主义学说以及美国社会精英及其同盟者支持的观点进行科学的驳斥[①]，可以削弱美国资本积累周期制度体系的纽带，促使该制度体系解体。

市场原教旨主义思想不承认国家经济调控的合理性，该思想的理论基础是虚拟的市场均衡模型。市场原教旨主义者试图说明，在没有国家政府干预的情况下，市场自由竞争机制可以自动对已有资源进行合理分配，实现虚拟的自给自足。后者证明该理论只适用于保护私有财产、维护竞争及国防力量。尽管没有任何一个基于这些模型的原理在现实中得到证实，实现市场均衡，但这并不妨碍政权精英、大部分官员、商务人士及专家们对该学说的喜爱。

如果在经济改革中有什么是一直存在的，那一定是科学技术进步。科学技术进步可以保证生产力的持续发展、劳动生产率和生产

---

① Глазьев С. Уроки очередной российской революции：крах либеральной утопии и шанс на экономическое чудо. М.：Экономическая газета，2011.

效率的不断提高。在现阶段的经济发展中，科学技术进步对先进国家国内生产总值的贡献率达到90%。[①] 科学技术进步是提高生产效率、降低生产成本的主要因素，在增加开发新技术方面的投资时，科学技术进步还可以降低通货膨胀。正因如此，基于经济均衡模型的市场原教旨主义思想是不符合现实的，因而基于市场原教旨主义的建议也是毫无益处，甚至通常是不利的。

在现代工业的主要领域及服务业，可持续的创新进程并没有使经济达到平衡状态，经济一直具有不平衡的特点。市场竞争的主要奖励是可以获得人才租赁，人才租赁是依靠技术优势获得的，而技术优势则受知识产权法的保护，并且可以通过更高效率的生产或者更高质量的产品获得超额利润。为了追求技术优势，先进企业不断更换多种技术，改变生产要素的生产率，但理论上先进企业是无法找到技术平衡点的。现有技术的发展极限决定了在经济体系改革中会出现经济吸引区。经济吸引区具有暂时性的特点，所以随着新技术的出现，这些吸引区会逐渐消失，被其他新的经济吸引区取代。

在现代经济学中出现了新的经济发展模式，这种模式对复杂、不平衡、非线性及不确定的经济发展进程进行了研究。[②] 新经济发展模式为新世界经济范式的意识形态奠定了基础。

市场原教旨主义理论和市场均衡理论在意识形态上为帝国主义世界经济范式服务。帝国主义世界经济范式将让位于一体化世界经济范式，后者意识形态的基础是系统方法和可持续发展理论。系统方法通过发展社会福利来协调社会群体利益关系。由此看来，市场原教旨主义者称之为“神秘科学”的最优经济管理方式毫无根据。同时，也说明了在以美国为中心的自由主义全球化模式的背景下，有关“世界末日”的说法是荒谬的。事实上，该模式的发展已经达

---

① Глазьев С. Экономическая теория технического развития. М. : Наука, 1990.

② Эволюционная теория экономических изменений / Под ред. Р. Р. Нельсона, С. Дж. Уинтера. М. : Дело, 2002; Глазьев С. О новой парадигме в экономической науке // Экономическая наука современной России. – 2016. – №3 (С. 7 – 17) – №4 (С. 10 – 22).

到极限，并将在内部矛盾的影响下步入自我毁灭的阶段。

世界经济一体化秩序的核心是以社会福利增长为导向的战略规划，需要对社会经济发展规律有一个真正科学的认识。正如苏联解体的经验所显示的那样，现代社会可以批判地感知到任何未经实践经验证实的教条。今天，人们更相信科学理解，而不是宗教布道和意识形态宣传。从这个意义上讲，中国的经济改革方针也具有指标性意义。在当代中国，坚持发展是硬道理，以加快转变经济发展方式为主线，是关系中国发展全局的战略抉择。为适应国内外经济形势新变化，中国提出加快形成新的经济发展方式，把推动发展的立足点转到提高质量和效益上来，着力激发各类市场主体发展新活力，着力增强创新驱动发展新动力，着力构建现代产业发展新体系，着力培育开放型经济发展新优势，使经济发展更多依靠内需特别是消费需求拉动，更多依靠现代服务业和战略性新兴产业带动，更多依靠科技进步、劳动者素质提高、管理创新驱动，更多依靠节约资源和循环经济推动，更多依靠城乡区域发展协调互动，不断增强长期发展后劲。

以社会主义价值观为基础的经济政策中实行的科学方法，一直是中国领导人制定社会经济发展计划的基础。中共中央在今后五年发展规划建议中提出："坚持马克思主义在意识形态领域的指导地位，坚定文化自信，坚持以社会主义核心价值观引领文化建设，加强社会主义精神文明建设，围绕举旗帜、聚民心、育新人、兴文化、展形象的使命任务，促进满足人民文化需求和增强人民精神力量相统一，推进社会主义文化强国建设。"①

《建议》提出了一个宏大的制度目标："提高社会文明程度。推动形成适应新时代要求的思想观念、精神面貌、文明风尚、行为规范。深入开展习近平新时代中国特色社会主义思想学习教育，推进马克思主义理论研究和建设工程。"

① 《中共中央关于制定国民经济和社会发展第十四个五年规划和二〇三五年远景目标的建议》。

习近平谈到要不断推进理论创新，提出要特别注意“发展理念、所有制、分配体制、政府职能、市场机制、宏观调控、产业结构、企业治理结构、民生保障、社会治理等重大问题”[①] 上的创新。

正如谢尔盖采夫[②]所述，以美国为中心的寡头政治处于全球领导地位，这体现了以美国超级大国形象为基础的价值体系，该体系的主要思想来源于解放人类思想并对人类进行道德约束的后现代主义理论。人类的独断专行达到绝对化程度最终会转变为强权主义，美国寡头政治的行为正体现出这一点，它们企图垄断世界货币的发行权，从而随意地控制全球资源。只有基于更高的限制人类自由意志的价值体系，才能终结这种独断专行。只有被理性思维认可的客观规律和至高无上不可违反的宗教道德戒律才有可能凌驾于人和社会的意志之上，被理性思维认可的客观规律建立在可持续发展的科学范式基础上，宗教道德戒律应被视为全球立法体系的公理。

所有宗教都通过恪守某种道德规范体系来限制人类专断的自由。后基督教时代（指基督教对美国政治文化的影响力日渐式微）的现代西方文明并不认同这些规范的绝对性，将其解释为相对的或过时的规范，如果情况需要，可以违反这些规范。在国际条件允许的情况下，美国寡头政治具有占据全球主导地位的机会。可以通过扩大美国竞争对手的机会和潜力来限制美国，以此改变美国寡头政治占据全球主导地位的状态。在现存的世界秩序框架内，存在借助世界战争实现上述改变的可能。为避免发生世界战争，需要重建世界秩序，即对个体与任何共同体（其中包括国家及国家联盟）的独断专行实行绝对限制，从而消除帝国世界经济制度体系中威胁人类安全的超级大国的根基。

社会主义保守思想（社会主义与保守主义相结合的思想）观念能够成为新世界秩序的意识形态基础，该思想将世界宗教的价值体

---

① 习近平：《在经济社会领域专家座谈会上的讲话》，《人民日报》2020 年 8 月 24 日。

② Сергейцев Т. Падение мировой сверхвласти: крымский рубеж. М. : Однако, июнь-июль 2014 . №174.

系与社会福利国家（德语“Sozialstaat”）的成就、社会主义意识形态和可持续发展科学范式的成就相结合。[①] 这种思想可作为建立国际反战联盟的实证纲领，并为大家提供清晰的、使世界范围内社会文化关系与经济关系有序化并和谐发展的原则。

只有依托主要的文化与文明共同体所认同的基本价值观，才能实现国际关系的和谐发展。非歧视原则（人人平等）和所有宗教宣称的爱人如己的原则属于这类价值观。在此意义上，这样的价值观表现为公平正义、责任、公民享有法律上的权利和自由。此外，不论宗教信仰、民族、阶级属性及其他属性如何，人的基本价值和人人平等的权利都应得到各种宗教信仰和国家意识形态的承认。如果就现代世俗意识形态而言（社会主义意识形态、资产阶级意识形态），这个问题可在宪法层面上得到解决，那么就传统教派之间关系而言，统一价值观这一问题仍待其自行解决。

只信奉一个神是一神教的基础，一神教的各种教义中都指明，若要实现生存权的救赎之路，人必须要信仰和遵从唯一的神。如现代杰出思想家达维多夫指出，不可能强迫一个人相信另一个人的想法，就像人不可能替他人进食并使他人得到满足。基于这种理解，可以消除宗教和民族间的暴力冲突，将冲突转化为人对意识形态的自由选择。有必要针对宗教参与社会生活和解决社会矛盾问题制定相关法律，这将削弱美国在世界混战中使用的一个最具破坏性的战略，即利用不同教派之间存在的矛盾，挑起各宗教组织和各民族之间的武装冲突，进而将冲突演变为国内战争和地区战争。

宗教参与国际政治建设将为预防民族和种族冲突提供道德和意识形态支持，为将各民族间矛盾转化为建设性对话创造先决条件，并借助国家、社会规划的各种手段消除冲突。同时，宗教参与制定和实施社会政策将为国家决策提供道德基础，这将有助于遏制当前发达国家特权阶层的肆意妄为和不道德的行为，唤起当局对社会责

① Глазьев С. Социалистический ответ либеральной глобализации. М. : АПН, 2006.

任的重新理解。目前国家中不稳定的价值观获得意识形态的强力支持，同时各个政党不得不承认捍卫人类生存基础的基本道德约束的重要性。这一切有助于政治领袖和主要国家意识到对于国际关系和谐发展的全球责任，并促进成功建立反战联盟。

社会主义保守思想以公平正义、相互尊重国家主权和互惠互利为原则，为改革国际货币金融关系和国际经济关系提供意识形态基础。实施改革需要从根本上限制市场力量（即供求力量）自由作用，市场力量自由发挥作用常常导致多数公民和国家在财富收入方面的不平等。中国采用的具有民族特色的社会主义思想体系是探索社会主义新模式的优秀范例。邓小平使用“中国特色社会主义”一词来描述在共产党领导下社会主义计划经济与市场经济的结合。邓小平在 1992 年发表的讲话称：“不坚持社会主义，不改革开放，不发展经济，不改善人民生活，只能是死路一条。”①

中共的领导层和数千万执政党成员团结一致，整顿政府机关秩序，鼓舞民众加快小康社会建设，为经济实现新的飞跃奠定了基础。后来这被称为“中国和平崛起”。最初是实现 GDP 增长，之后每年 GDP 增速超过 10%。

在解决选择最优经济模式这一关键问题上，中华人民共和国国家主席习近平于 2013 年 11 月对国民经济这个具有强大生命力的有机体做出如下判断：当前，国内外环境都在发生极为广泛而深刻的变化，我国发展面临一系列突出矛盾和挑战，前进道路上还有不少困难和问题。比如：发展中不平衡、不协调、不可持续问题依然突出，科技创新能力不强，产业结构不合理，发展方式依然粗放，城乡区域发展差距和居民收入分配差距依然较大，社会矛盾明显增多，教育、就业、社会保障、医疗、住房、生态环境、食品药品安全、安全生产、社会治安、执法司法等关系群众切身利益的问题较多，部分群众生活困难，形式主义、官僚主义、享乐主义和奢靡之风问

① 《邓小平思想年谱（1975—1997）》，中央文献出版社 1998 年版，第 459 页。

题突出，一些领域消极腐败现象易发多发，反腐败斗争形势依然严峻，等等。解决这些问题，关键在于深化改革。[①]

习近平所领导的最深层的改革被称为“新常态”，即“新标准”或“新规范”。经济“新常态”的含义如下：以牺牲环境、牺牲居民利益为代价，致使经济发展比例失调来换取中国高速发展的时代正在过去。打造高质量的经济结构、维持行业间地区间平衡、提高资本利用率、节能减排的时代已经到来。完全依赖外部市场、不惜一切代价吸引外资的时代正在过去。满足内需、大力改善城乡居民生活条件、缩小城乡差距的时代已经到来。为世界生产链条中输出大量廉价劳动力，并将大把的金钱投到美国控制下的金融体系的时代正在结束。依托本国科技成果，生产高端竞争力产品、创建独立的金融体系、确保中国全球贸易利益的时代已经到来。

实现“中国梦”第一个五年规划（“十三五”规划）的经济指标较为乐观，这是有充分理由的。即便在经济方针调整、因关闭落后企业造成不可避免损失、释放数百万劳动力的情况下，GDP 年平均增长率仍为 7.2%。对中国而言，这意味着全面建成小康社会目标的实现。要知道 GDP 增长率达到 6.5% 就足以实现建成小康社会的目标。其他指标同样令人印象深刻：通胀率为 2%，失业率为 5%。2016 年中国居民人均实际可支配收入为 23821 元，比 2012 年增加了 7311 元。这意味着中国人均实际可支配收入年增长 7.4%。至 2017 年秋季，只有 4300 万人生活在贫困线以下（2300 元/年），与 2012 年相比减少了 5560 万人。自 2000 年代中期以来，中国摆脱经济发展衰弱趋势，进入稳定发展轨道。

实现“中国梦”第一个五年规划（“十三五”规划）成功的原因不仅是党和国家确定了一项鼓舞人心的长期规划，该规划为可预见的未来制定了非常实际的中期指导方针。该规划起草人不断将具

① 习近平：《关于〈中共中央关于全面深化改革若干重大问题的决定〉的说明》，《人民日报》2013 年 11 月 16 日。

体的战略等填充进来，在经济领域提出“新常态”，在社会生活领域提出“依法治国”，在国际经济关系领域提出“一带一路”倡议。上述倡议等和其他策略方针相辅相成，并逐步发展成为一个完整的创新体系。该创新体系的成就令人印象深刻，显然，“中国梦”有机会大获成功。

可见，邓小平于1978年提出的“改革开放”政策首先发展为“中国特色社会主义”。如今在新的发展水平上，中国开启了新的时代，即进入“中华民族伟大复兴”时代或“新时代中国特色社会主义”时代。

习近平的创新理念不仅没有背离社会主义理想，而且该理念在与自由主义和市场公理保持了三十年的平衡之后，更明确地回归到社会主义理想。习近平在中国共产党第十九次全国代表大会上曾表示，中国共产党一经成立，就把实现共产主义作为党的最高理想和最终目标。党的领导人习近平加强共产党的领导作用，保留发展国民经济的计划体系，甚至实施发展国民经济的长期计划（一般在10年或10年以上），而不是五年规划。他虽然推动大型企业和私企竞争，刺激公私伙伴关系，但却坚定地将经济的关键部门掌控在国家手中。

中国共产党第十九次代表大会报告指出，必须坚持和完善中国社会主义基本经济制度和分配制度，毫不动摇地巩固和发展公有制经济，毫不动摇地鼓励、支持、引导非公有制经济发展，使市场在资源配置中起决定性作用，更好发挥政府作用。最后，习近平主席提出重点是实现社会主义的理想，如摆脱贫困、实现小康、使贫困人口进入中产阶级行列。

根据美国布鲁金斯学会的专家估计，2030年前中国的中产阶级人数将达到8.5亿，超过中国人口总数的70%。生活中没有人一生都幸运，也没有人一生都倒霉，古人说的否极泰来就是这个道理。为此，应该预先设置“安全网”，在全国范围内建立社会保障制度和养老金制度。为维护社会的公平正义原则，缩小“上层阶级”和

“下层阶级”之间巨大的差距，建立相对公平的社会，积极开展反腐败斗争。

可以用儒家学派的“大同”“大一统”来描述中国社会的未来状态。该词体现的是几代哲学家、诗人和梦想家所赞美的，人们理想中的一个富裕和公正的社会。中国共产党总书记习近平在中国共产党第十九次全国代表大会上曾表示，大道之行，天下为公。

新时代中国特色社会主义不仅意味着中国走向繁荣富强，而且还预示着与近邻、远邻的共同繁荣。为此，“一带一路”倡议已成为实现“中国梦”不可或缺的一部分。中国共产党第十九次全国代表大会同意，把推进“一带一路”建设写入党章，并提出加强创新能力开放合作，形成陆海内外联动、东西双向互济的开放格局。构建人类命运共同体理念赋予“中国梦”新的全球定位，在可预见的未来，构建人类命运共同体这一理念将成为中国对外政策的理论基础。

在中国共产党领导下，“改革开放”政策已在中国实行40年，中国特色社会主义和新时代特色社会主义已成为世界规模最大、最有意义的尝试之一。中国特色社会主义经历过多个阶段，不止一次处于崩溃边缘。但新中国成立70年和改革开放40年的历程证明了社会主义符合中国的迫切需要。实践是检验真理的唯一标准，显然，中国的试验是成功的，任何力量都不能扭转社会主义向前发展的历史趋势。中华民族再次为人类文明发展做出巨大贡献，为人类实现“大同”社会铺平了道路。

自由主义全球化破坏了国家对国民收入和财富分配的管控。跨国公司获得资产转移不受监管的权利，而之前这一权利由国家掌控。因此，国家被迫降低人民的社会保障水平，以维持其经济对投资者的吸引力。同时，国家社会性投资的效益下降，社会性投资的消费者不受国籍限制。由于以美国为中心的寡头将世界经济中产生的收益据为己有，导致实行开放性经济体制的国家人民生活水平下降，公民福利差距扩大，社会不平等现象再次加剧。为了阻止这些破坏性趋势，有必要通过限制资本流动来改变国际金融关系的整体架构，一方面阻止资本流动规避社会责任的可能性，另一方面均衡国家的社会政策成本。

缩小资本规避社会责任的范围，包括取消允许资本规避纳税义务的离岸法区，承认国家对跨境资本流动的监管权。均衡各个国家的社会成本需要制定全球最低标准，以加速提高相对贫穷国家居民的社会保障水平。鉴于此，应建立旨在提高人民生活水平的国际机制，创建相关的筹资手段。

社会保守思想认为，形成全球性社会保障制度是新（一体化）世界经济范式的组成部分。例如，为确保在全球性社会保障制度下开展活动，可以对外汇交易征收相当于交易额0.01%的税款。现代货币理论的代表人物托宾认为，这种税收合理地遏制了破坏经济可持续发展的金融投机活动。应在国家税法的框架内根据有关国际协定征收这种税款，并将征收的税款交由授权的国际组织使用。授权组织包括：红十字会（目的是预防和克服自然灾害、战争、流行病等造成的人道主义灾难后果）；世界卫生组织（预防流行病、降低儿童死亡率、给民众接种疫苗等）；国际劳工组织（建立监督技术安全执行及遵守劳动法公认规范的全球体系，包括支付不低于最低生活水平的工资，禁止使用童工、强迫劳动和劳务移民）；世界银行（用于建设社会基础设施，如供水、道路、排污等设施）；联合国工业发展组织（组织向发展中国家提供技术转让）；联合国教科文组织（支持科学、教育和文化领域的国际合作，保护文化遗产等）。资金的支出应基于相关的预算，建议联合国大会对预算进行授权批准。

依靠污染环境的企业投资建立全球环境保护体系是世界经济范式一体化制度的另一方向。为此，建议签署相关国际协议，引入通用的环境污染处罚条例，根据国家立法并在授权国际组织的监管下，将罚款所得用于环保活动。筹集的部分资金应用于举办全球性生态活动及组织环境监测。通过扩大和启动《京都议定书》机制，可以在排放配额交易的基础上建立替代机制。

建立一个消除文盲并确保地球上所有公民获得信息和接受现代

教育的全球体系是新世界经济范式一体化制度的最重要方向。这一全球体系必须对普及初等和中等教育的最低要求做出规定，在不发达国家落实这些规定时，借助上述征收的税款向其发放补贴。还应该建立一个由发达国家的一流院校提供高等教育服务的体系，全球公民都可参与其中。发达国家的主流大学可以自行分配名额，以接收在国际比赛中招募的外国学生（学费由主流大学提供）。同时，参与该体系的大学应该设置一个提供远程教育服务的全球系统，该系统向地球上所有公民免费提供中等教育。建议构建和维护相应的信息基础设施，并委托联合国教科文组织和世界银行向参与的大学筹集资金。

一体化世界经济范式要求制定稳定全球经济的计划，该计划基于互惠和公平竞争的原则，旨在优化全球金融关系，避免为谋求个人或国家利益而垄断某些调节国际经济交流的功能。富国和穷国之间日益扩大的鸿沟威胁着人类的生存和发展，美国及其盟国出于自身利益将国际经济交流的许多职能据为己有。上述国家垄断了世界货币发行权，出于个人目的利用股本溢价向其银行和公司提供无限制的信贷渠道。它们垄断了技术标准的制定，同时保持了其行业的技术优势。它们向世界强加了对其有利的国际贸易规则，迫使其他国家开放国内商品市场，严重限制了这些国家的国民经济竞争力。它们强迫大多数国家开放资本市场，为其金融寡头的垄断地位创造条件，赋予金融寡头无限量发行世界货币的垄断权。

确保社会经济成功实现可持续发展，就意味着消除出于个人或国家利益对国际经济交流职能的垄断和差别对待。为此，建议在全球和国家层面上实施限制措施。

特别是必须采取紧急措施以防止全球金融灾难的发生，以本国货币互惠交换为基础，消除为个人或国家利益将全球股本溢价据为己有的行为，形成一种新的安全有效的国际货币金融体系。服务于国际经济交流的商业银行应使用本国货币开展业务。同时，应根据国家银行在有关国际协定框架内商定的程序确定汇率。必要时，可以将黄金、国际货币基金组织特别提款权或其他国际结算货币用作一般等价物。建议将超主权数字货币当作一般等价物，这些数字货币最初是在区域一体化结构的基础上创建的。

鉴于此，应改变国际货币基金组织的职能和管理体系。在体系中明确监测本国货币汇率的责任，以及在个别国家及其银行的国际收支中出现暂时赤字时，世界货币发行国发挥提供紧急信贷的作用，以预防区域和世界货币金融危机的发生，为稳定的国际经济交流创造条件。国际货币基金组织可与巴塞尔经济研究所一道履行全球银行监管职能，为所有服务于国际经济交流的商业银行设定必要标准。为此，有必要使国际货币基金组织的管理体系民主化，其所有成员国都必须享有平等的权利。

为使社会经济发展的机会均等，需要为发展中国家提供获得新技术的自由通道，但前提是这些国家不将获得的技术用于军事目的。同意这一限制并公开其军事支出信息的国家可以免受国际出口管制制度的监督。此外，还需要帮助发展中国家获得对其发展至关重要的新技术。为此，必须促进联合国工业发展组织（包括组建相应的信息网络）和世界银行积极开展活动。国际货币基金组织应向世界银行提供其发行的信贷资金，用于为发展中国家开发现代技术和建立基础设施的投资项目进行长期融资。在再融资条件相同的情况下，国际区域性发展银行也可以获得这些资金。

为确保公平竞争，应建立预防跨国公司滥用市场垄断地位的国际机制。建议通过所有成员国必须遵守的国际协议，赋予世界贸易组织反垄断政策的相关职能。该国际协议应规定国际经济交流主体有权要求消除跨国公司滥用市场垄断地位的行为，并有权通过采取适当的制裁措施来补偿跨国公司造成的损失。在跨国公司滥用权力的行为中，除了高估或低估价格，伪造产品质量以及其他不正当竞争的典型例子，还包括发放的工资低于国际劳工组织确定的地区生活费用最低标准。针对全球和区域的自然垄断，应建立合理的价格调控程序。

在经济交流不平等的情况下，国家必须保证能自由调控国民经济，以达到平衡社会经济发展水平的目的。除了在世界贸易组织框架下采取的保护国内市场免受外部不公平竞争影响的机制外，国家自由调控国民经济的工具还包括各种刺激科学进步的机制及国家对创新和投资活动的支持，确立国家对自然资源的垄断，实行货币管制条例限制资本输出并消除对本国货币的投机性攻击，保持国家对国民经济最重要部门的监管，以及其他提高国家竞争力的方法。

在包括大众传媒在内的信息领域，为公平竞争创造有利条件具有重要意义。全球所有居民都能以消费者和信息提供者的身份访问全球信息空间。为保持市场的开放性，应采取严格的反垄断限制，限制任何国家或相关团体在全球信息空间中占据垄断地位。同时，应确保不同文化的群体可自由进入信息服务市场。联合国教科文组织可以通过外汇交易税收入和支付有限信息资源使用费来提供重要支持。同时，必须采取国际标准切断不利于社会稳定的信息传播途径。

如果美国和欧盟拒绝按照上述原则重建世界经济秩序，那么想要快速过渡到新世界经济范式的国家应该准备建立自己的国际机构，以取代国际货币基金组织、世界银行和巴塞尔经济研究所。这完全可以依靠金砖国家的统一立场来实现。

新全球经济发展中心的扩张限制了当前世界经济范式再生产，该范式旨在维护美国资本的利益。金融寡头自愿放弃全球统治地位的想法本就天真。金融寡头为保护其统治地位有可能推动发动世界战争，迫使美国军事政治机器摧毁不受其控制的经济“外围”。

第十一章　形成向新世界经济范式过渡的反战联盟

为及时防止战争发生，必须使侵略者确信其目的无法实现。为此，首先必须成立国际联盟，使侵略者客观上无法赢得战争。其次，联盟的成员应该对威胁有统一的认识，对未来有共同的愿景，重要的是对社会经济发展规律达成共识。最后，联盟成员需要一致的目标和促使成员国团结的计划。当然，应该采取措施削弱侵略者，对侵略者破坏国际法的行为加以惩罚。

向新世界经济范式过渡的国际反战联盟应该包括以下成员：

- 欧亚经济联盟和集体安全条约组织成员国，这些成员国的历史命运和国家利益与俄罗斯紧密相连；
- 充分了解西方侵略危险性的上合组织国家；
- 可能因美国动荡而导致经济复苏遭到破坏的金砖国家；
- 不愿与俄罗斯关系恶化的中南半岛的一些国家（缅甸、老挝、柬埔寨）；
- 一些维护主权的中东国家，因为世界大战对其意味着自身区域冲突升级；
- 美洲玻利瓦尔联盟国家，美国对该联盟的直接入侵会促进新的世界战争的升级；
- 77 国集团成员国，这些发展中国家是不结盟运动的继任者，它们反对为追求公正的世界秩序而发起的战争；

• 某些欧洲国家，这些国家的政治精英有能力为国家利益服务，它们完全无法接受世界大战再次在欧洲领土上发生。

美国发动混合战争对联盟成员造成共同威胁是成立反战联盟的原因。如上所述，联盟取得成功的一个重要条件是，由于不断揭露美国武装干涉他国造成的反人类后果，如平民遭到大规模屠杀、美国在各国安排的傀儡政权带来毁灭性结果等，剥夺美国在意识形态领域的垄断地位。必须揭穿美国完美的神话，拆穿美国领导人的厚颜无耻和欺骗，其双重标准的政策带来的灾难性后果及美国官员与政客的无能和无知。

宗教组织可以成为反战联盟的强大盟友，因为其有助于阻止肆意妄为和道德败坏行为的发生，以及破坏家庭和其他人类共同价值观的传播。宗教组织将帮助联盟成员组织工作，并以恢复对人类专横的道德限制为出发点，向世界提出一种新的统一的意识形态。此外，应该赋予国际人道主义组织和反法西斯组织建设性作用。潜在的盟友还应包括世界科学和专家团体，该团体应坚持同一立场并制定具体的可持续发展项目。

反战联盟的行动目标不仅是揭露和破坏美国政治优势，还应破坏美国的政治军事力量（美元作为国际货币是其军事政治力量的支撑）。在美国为挑起世界战争继续采取侵略行动的情况下，联盟成员应在贸易合作中拒绝使用美元，拒绝将美元与黄金外汇挂钩。

反战联盟必须以互利、公平正义、互相尊重主权为原则，为全球金融经济体系稳定制订积极计划。换言之，需要在建立新世界经济范式基础上达成一致。为了避免在混合战争日益混乱的情况下发生全球灾难，需要在气候、能源、金融、粮食、水、人口、废物处理等世界经济制度的关键问题上达成共识。[①]

上文中已介绍解决这一问题应采取的必要措施，包括稳定金融体系，提高对金融市场、银行和投资中介机构的监管效率，促进新

---

① Кьеза Д. Что вместо катастрофы. М.：ИД «Трибуна»，2014.

技术范式的发展和开展渐进式结构变革，建立相关新机构等措施。

通过实施上述措施，解决造成国际金融危机的主要原因，其中最重要的原因有以下几点：

• 世界储备货币发行缺乏监管，这导致发行国出于自身利益滥用垄断地位，不惜使国际金融经济体系失衡加剧并趋向崩塌；

• 现有的银行和其他机构业务管控机制无法确保国家金融体系免受以下情况的破坏：以破坏金融体系稳定性为目的的投机性攻击，跨境投机性资本流动的过度风险，形成金融泡沫等；

• 主流技术方式发展已达到极限，建立新技术范式的条件尚未成熟，包括缺乏投资来广泛引入构成新技术范式基本工艺的集群。

反战联盟应提出积极的摆脱国际金融危机的措施，包括消除国际金融危机爆发原因、为世界金融市场和国际货币金融互利交易创造稳定条件、发展国际生产合作和世界商品与技术交易等。上述条件将有助于国家货币当局对新技术范式的生产和经济现代化提供融资，在具备增长潜力的经济方向上刺激创新和商业积极性；为此，世界储备货币发行国必须通过遵守对政府债务和国际收支及贸易逆差赤字的某些限制来确保世界储备货币的稳定性。此外，世界储备货币发行国应遵守相关国际准则，确保其使用的本国货币发行机制的透明度，并保障发行国境内所有资产均可使用该国货币进行无障碍交易。

对世界储备货币发行国提出的重要要求是遵守公平竞争原则和本国金融市场非歧视性准入原则。此外，遵守类似限制的其他国家需要为伙伴国创造条件，使伙伴国能将该国货币用作对外贸易和货币金融兑换工具，包括用作储备货币。对于寻求发挥世界储备货币或者区域储备货币作用的国家货币，应根据发行国家需遵守稳定性和可兑换性的要求，进行货币分类。

在对世界储备货币发行国制订要求的同时，需要加强对资金流动的管控，以便防止破坏世界和国家货币金融体系的投机性攻击。为此，联盟国家需要禁止本国居民与离岸区进行交易，并且不允许离岸公司参与建立的银行或企业参与再融资方案。如果发行国不遵守既定要求，那么应在国际结算中限制使用该国货币。

货币流通中采用数字技术能够大大简化以上任务的解决。如果不采用匿名制的形式，国家数字货币和超国家数字货币将自动满足对世界储备货币发行者提出的大部分要求。

为明确对世界储备货币发行者提出的要求并监督其遵守情况，需要对国际金融机制进行深化改革，以便根据客观标准为参与国提供公平的代表机构，客观标准应考虑到每个国家在世界生产、贸易、金融、自然潜力以及人口等方面所占的比重。根据同样的标准，可以创建货币篮子，发行新的国际结算货币，确定世界储备在内的所有国家货币对于新国际结算货币的汇率。在初始阶段，同意遵守相关规定义务的联盟国家的货币将进入该货币篮。

实施规模如此庞大的改革需要具备相应的法律和制度保障。具体落实过程中，可通过出台决议的方式确立有意参与改革的国家的国际义务，还可借助联合国机构和被授权的国际组织来开展实际工作。

为了鼓励新技术范式重要成果在全球范围内普及，需要部署全球社会经济战略规划体系，该体系包括对科技进步进行长期预测，确定世界经济、区域组织和大国发展前景，挖掘和消除现有不平衡状态的能力，包括消除发达国家和不发达国家之间的差距，以及选择国际组织优先发展方向和指示性活动计划。

显然，美国和七国集团成员国将反对落实上述有关对全球货币金融体系进行改革的建议，落实上述建议将破坏它们不受管束的发行世界储备货币的垄断权。发达国家对当前发展中国家和发达国家间的经济活动成果和要素交流机制十分满意，西方国家通过发行世界储备货币获得巨额利润，并引入新的限制，制约资本、技术和劳动力进入本国市场。

美国实施的政策表明，比起以公平、互利和尊重主权为基础的世界金融体系改革，美国更喜欢挑起混乱的世界战争来维护自己的主导地位。正因如此，想要成为真正发挥效用的反战联盟，应具备足够的防御能力，来击退美国在世界任何地方挑起的侵略行径和破坏稳定的企图。为此，应该扩大集体安全条约组织的规模，吸引中国、越南、叙利亚、古巴、乌兹别克斯坦、土库曼斯坦、阿塞拜疆等国家加入合作，与印度、伊朗、委内瑞拉、巴西以及其他受美国侵略威胁的国家一同建立拥护和平的伙伴关系机制。如果相信创建超级大国这一意图的重要性，那它们将会有兴趣参加这一联盟。

美国和反战联盟之间的力量对比很大程度上取决于欧洲国家的立场。由于加入了北约组织，欧洲国家紧随美国的外交和军事政策。与此同时，美国针对俄罗斯开展的混合战争有悖于欧洲国家的利益，美国对乌克兰的侵略对欧洲国家的安全带来严重威胁。美国发起的对俄制裁，使欧洲国家经济地位最先受到冲击。正因如此，俄罗斯总统普京在向欧洲国家领导人说明美国对乌克兰政策危害性方面付出的努力是十分重要的。

即使没有欧洲强国，反战联盟也具备与北约组织匹敌的军事政治和经济实力，能够抵抗美国发起的冲突。无论美国的意愿如何，为了世界经济和所有国民经济的可持续发展，反战联盟都将着手开展全球金融货币体系改革。如果七国集团拒绝国际金融管理机构改革，那么反战联盟将开展充分协作，建立替代性的全球管理机构。

建议从确保经济安全问题着手，在向以金砖国家为基础的世界经济秩序过渡中组建一个联盟，包括：

• 建立金砖国家通用支付系统并发行连接中国银联、巴西 ELO、印度 RuPay 以及俄罗斯支付系统的金砖通用支付卡；

• 建立独立于美国和欧盟的银行信息交换系统，类似于 SWIFT 系统；

• 转向使用联盟自身的评级机构。

解决世界储备货币发行国和二十国集团（G20）其他成员国之间矛盾的方法是发起大规模的全球创新项目，这些项目可以让过量发行的世界储备货币投入保障全人类可持续发展条件的投资中。上述情况可确保向新技术范式过渡并保障世界领先国家真正的利益平衡。直到现在这还尚未实现，因此国际金融危机（正如当前的金融危机）均是通过灾难来解决的（20 世纪 30—40 年代通过第二次世界大战来消除金融危机，70—80 年代通过外太空军备竞赛消除金融危机，外太空军备竞赛导致苏联经济衰落）。

近十年来，不断加剧的军事政治紧张局势是技术方式变化时期的典型现象，这体现了世界大国企图以牺牲他国利益为代价，通过实施经济结构调整和经济现代化来维持自身的主导地位。一方面，军费开支的急剧增长能够为建立新技术范式关键产业提供融资；另一方面，根据各种不对等的对外经济交换机制，从从属国获取新技术范式关键产业所必需的资源。

在当前条件下，迄今为止存在的通过经济军事化和军事政治对抗来解决全球经济结构性危机的机制将会为全人类带来灭顶之灾。应将现有机制替换为向所有国家开放的全球互惠的机制，共同实施全球互惠项目将使先进国家能够在建立新技术范式时发挥自身优势，而其余国家则可以通过参与新技术范式获得切实利益。但创建此类机制需要具备协调利益、制定和落实互惠发展规划的全球机构。G20 作为全球最大经济体对话俱乐部，是建立此类机制的最佳平台，包括：

- 制定全球可持续发展目标，包括消除人类安全威胁；
- 制定和批准全球发展规划；
- 建立全球发展规划融资机制。

直到今天，全球可持续发展规划均是以相互限制为基础建立的。一些大国不愿遵守上述限制，导致很多成熟的倡议遭遇失败。比如，温室气体排放被认为是造成气候变化的主要威胁，由于中美两国立场不一致，目前尚未建成限制温室气体排放的全球机制。就实际成果而言，气候变化与可持续发展国际学术研讨会并未取得任何成果。

俄罗斯具有世界领导者的经验，它可以为聚集资源注入动力，进而在互利互惠和在成员国间公平分配收益、分摊费用的基础上实现人类生存与发展的目标。最初的目标是选择消除对人类安全造成显著威胁的解决方案，在这方面很容易达成共识，解决这一问题需要在研发领域投入大规模的资金并创建新技术范式生产产业。

制定全球行星预防体系是组建反战联盟的项目之一。20 世纪末，科学证实了小行星和具备巨大动能的彗核存在与地球碰撞的可能性。出现这类碰撞将会使人类瞬间灭亡或者使人类发展退步到几百年前。因此，必须把太空小行星威胁视为整个人类、国家和国际安全组织面临的挑战。俄罗斯科学院下属风险与安全工作组和俄罗斯联邦会议联邦委员会认为应将太空小行星威胁视为国家安全优先问题，俄罗斯紧急情况部也将制定太空小行星威胁防御措施纳入降低自然和人为灾害事故风险工作计划。

这一威胁的实例包括：

- 1908 年 6 月通古斯小行星坠落，1930 年 9 月在巴西发生小行星坠落事件，小行星坠落时的爆炸威力相当于百万吨 TNT；
- 2009 年 2 月直径为 50 米的小行星 $2009DD_{45}$ 在距离地球 7 万千米处以每秒 10 千米的速度掠过地球，出现该事件的三天前才发现这一小行星；
- 2012 年 12 月 11 日直径为 40 米的小行星 $2012XE_{54}$ 以每秒 13 千米的速度掠过地球，与地球的距离约为地球与月球距离的一半，该小行星仅在发生该事件的前一周才被发现；
- 预测 2029 年小行星阿波菲斯（编号为 $2004MN_4$）将在距离地球 3.5 万千米处掠过（发生撞击时速度为每秒 12.6 千米），尚不能预测 2036 年该小行星是否会接近地球；
- 预测 2048 年直径为 130 米的小行星 $2007VK_{184}$ 将接近地球，发生该事件的概率为 0.0005（发生撞击时速度为每秒 19 千米）。

若最后两项预测兑现了，将对当代的地球生物圈和智力圈带来致命的后果。尽管上述事件发生的可能性为 1%，但小行星在地球附近出现的频率极高，而且它们的出现通常是无法预测的。

应对小行星危害的措施是建立国际行星防御体系。苏联、美国及其他国家当时几乎都建立了国际行星防御体系的所有基本组件，包括火箭太空技术、核武器、通信工具等，这也表明构建国际行星防御体系具有可行性。俄罗斯还具备建立国际行星防御体系的所有基本组件和该领域重要的科技基础。同时，在科研和落实探测危险天体计划方面处于领先地位的美国和西欧通常是在国家鼎力支持下进行的，而在俄罗斯和独联体国家，行星防御领域的工作主要根据倡议进行，缺少统一的协调。其原因就在于该跨部门和跨学科的问题缺少统一协调中心，而且相关部门和企业对待该问题态度消极。

美国正视该任务的复杂性，并考虑将正在研发的防御小行星危害的设备用于军事的可能性，同时为了改善该领域工作的协调性还组织开展了一系列活动。因此，2016 年 1 月美国国家航空航天局（NASA）成立了行星防御协调办公室（Planetary Defense Coordination Office）。其中，美国国家航空航天局成立该部门的原因是吸取了车里雅宾斯克陨石坠落和在万圣节期间小行星靠近地球的教训。

金砖国家也关注了预防小行星危害的课题，俄罗斯可以独立或与金砖国家伙伴国一道提出与 G20 其他成员国共建全球行星防御体系的方案，并在相应协议中规定有效的融资机制和协调机制。在建立行星防御全球协作的框架下，后者是关键任务，因为在建立或开发行星防御体系组件中已取得的多项成果可能会被用于军事。例如，使用地基望远镜和天基望远镜探测危险天体也构成了威胁。原因是若借助它获取的信息被一个国家或一个国家联盟（如北约）所垄断，那么这些国家或组织可能会向其他国家隐瞒天体坠落的信息。这种情况已被证实存在，美国曾表达过有必要隐瞒检测到危险天体这一信息的想法，而且美国也确实这样做的。例如，2004 年 1 月 13 日美国天文学家发现了一个名为 2004AS1 的小行星，据初步评估，它可能会坠落到北半球。但他们并没有向其他国家通告这一危险，只是持续观察。因此，重点是要考虑各种天体飞近/飞过地理位置信息在军事战略上的意义。

建立行星防御体系的基础是俄罗斯制定的“城堡”国际行星防

御体系的方案构想。该方案的制定主要基于俄罗斯的技术，但考虑到这是全球性问题，行星防御体系显然应采用人类的最佳成果来创建。为此，需要在前景广阔的科技发展领域开展大量的搜索和应用研究，这将为构建新技术范式注入强大动力，而新技术范式的核心是纳米技术、生物技术、信息通信技术和增材技术。研发和创造用于消除小行星威胁的必要技术手段将推进上述技术的发展，然后应用和推广至其他领域，进而促进经济体向新技术范式过渡。用作防御威胁体系的基本要素是军事技术领域的各项技术：检测目标，创建高能脉冲能源及其输送方式等，同时要考虑到它们的规模化。军工综合体获得有关制造和开发新技术的大量订单，这将防止军事化成为向新技术范式过渡的手段。在技术突破方面所获得的国际经验，证实向重大科学项目投入大量资源是完全合理的，即使这些项目的初期目标未获得认可。

这一任务的规模要求整合全球的知识、科技和信息资源。只有在相应国际规划基础上联合俄罗斯、美国及其他世界领先国家的科技实力才能解决这一任务。在如此大规模的规划基础上发展广泛的国际合作将加强各国信任，阻止对抗趋势的发展。落实这类项目为顺带解决保障人类安全的重要任务创造了条件，如针对未经批准的导弹发射建立世界反导系统。

可以通过缔结国际网络安全公约来组建反战联盟。

来自美国的网络威胁对俄罗斯、中国、印度、伊朗及其他遭受美国当局发动混合战争的国家构成严重的安全问题。因资源受限，仅靠俄罗斯一国之力很难解决这一问题。由于电子工业的衰落，纳米和信息通信技术领域发展日益落后，俄罗斯不可能在任何领域都利用本国生产来代替进口技术，该问题涉及的领域仅是国防工业、情报机构和国家管理系统。至今国家管理系统主要使用进口计算机平台和软件开展工作。国家领导人就该问题提出的多项授权并未得到执行，而且俄罗斯自主研发的操作系统也未得到推广。

解决上述问题的关键方法是签署广泛的国际网络安全协议，协议中要规定缔约国对拒绝加入该协议的国家实行集体制裁。[①] 这些措施包括：

• 当发现某国情报机构实施入侵或破坏数据库、网站、服务器、数据中心、国家权力机关管理系统、国防和战略设施、国企、银行、交通、通信和能源设施及其他生活保障系统时，可以将该国确定为网络入侵者；

• 针对被认定为网络入侵者的国家，禁止其进口计算机技术、软件、国家和国企所需的设备，切断社交网络连接，关闭电视广播，停止银行结算；

• 采取集体行动，最大限度减少因对网络入侵国实施制裁所带来的损失，这些行动包括制订和落实统一的进口替代计划，联合开发软件工具、统一的社会和信息网络、银行间结算系统。

建议最先由上合组织成员国签署集体应对网络安全威胁的条约。这将为上合组织成员国电子工业的发展、软件产品和复杂技术系统管理综合体的生产注入强劲动力。制定这种将美国排除在外的国际条约的声明或许本身就是对美国的一种警告，而我们能够建立全球网络安全系统。如果将该系统建立在欧亚大部分地区，就完全可以顺利解决这一问题。建立欧亚网络安全系统可以自动剥夺美国在世界信息空间、计算机技术设备和软件生产领域的领导地位。在失去重要进攻武器后，美国应该很快就会停止发动世界级混合战争，包括侵略俄罗斯。

若在国家层面保障国际网络安全的任务得以解决，那么消除来自个别犯罪团伙、极端组织或个人的威胁将成为技术问题。为了应对该问题，应利用并协调国际条约缔约国的国家系统，联合监督并实施统一的行动计划。若美国拒绝签署国际网络安全条约，那么建议缔约国构建打击网络威胁的国际联盟，该联盟的任务还包括打击来自第三国领土和司法管辖区的网络威胁。

---

① Глазьев С. Информационно-цифровая революция / Доклад Изборскому клубу // Журнал «Изборский клуб». 2017. №8.

尽管目前存在自由主义全球化，新旧世界经济秩序的领导者之间互相理解的能力远不如从前。如果荷兰、英国和美国体系积累周期的基础是秉持个人主义和竞争的共同英德文明和新教伦理，那么中国、日本、韩国、俄罗斯和印度属于另一种以集体主义和团结优先的文明。

在拜占庭帝国覆灭后资本主义发展的整个时代，全球资本积累的中心处于西欧文明框架下，苏联解体后西欧文明将世界其他地区打造成自己的边缘地带。20 世纪以来的资本积累周期都是由这种文明搭建，它具有独特的资本积累和强制手段的思想，在美国体系积累周期这种思想演变成崇尚万能的金钱力量，个人价值取决于其所拥有的资本数量。

亚洲一体化世界经济秩序是基于另一种文明形成的。尽管这种文明的基础拥有复杂的特点，但核心国家的传统价值观是拒绝将使用暴力作为查明关系的主要方式，寻求人类与自然和社会的和谐，谴责贪婪行为，追求合作和利益平衡。在国际关系中上述价值观可以表现为互相尊重国家主权，在保持国家多样性和制定统一发展战略的情况下追求合作。在经济领域，它们批判当前的世界经济秩序具有不公平性，通过不平等的对外经济交流剥削其他国家，进而保障“Golden Billion”（十亿美元：指工业发达国家或西方国家中相对富裕的人）国家的富裕。上述价值观不存在侵略和暴力，但它们不能阻止美国为维持全球领导地位而实施的侵略。消除这一侵略的唯一方式是建立国家联盟，该联盟的成员是新世纪积累周期中的潜在核心国家，而该积累周期是由一体化世界经济秩序各机构所组建的。

反战联盟必须强大到足以应对上述国际关系发生的原则性变化。该联盟将受到美国等七国集团国家的抵抗，因为美国等七国集团国家凭借其在全球市场和国际组织中的垄断地位从中攫取了巨大利益。为了维持美国的特权地位，事实上这些国家正在发动一场世界混战，惩罚所有不同意其在全球金融和经济体系中滥用特权的国家。为了在这场战争中获胜并以和谐发展为目标重建世界经济秩序，反战联盟必须准备对美国等拒绝承认国际义务高于本国法规的国家实施制裁。迫使美国开展合作的最有效方法是拒绝在国际结算中使用美元。

取代对抗和竞争的可持续发展范式主张将协同合作作为在科技进步最富前景的领域中整合各类资源的机制。作为形成新技术范式的管理机制的科学基础，该范式明显超过军备竞赛。而且新技术范式中产品的主要消费者是卫生、教育和文化部门，这些部门很少受到军费支出的影响。同时，在短期内这些非生产部门联同科学领域的产值将达到发达国家 GDP 的一半。由此可见，需要将国家推动国防科技进步的重点从国防转至人文领域，首先是生物医学研究。由于国家支出中一半以上用于卫生、教育和科学，这种转变可促进在社会经济发展管理方面有计划地开展工作。

在构建反战联盟中发挥领导作用的国家是俄罗斯和中国，因为两国正处于弱势，若不构建反战联盟，它们各自将无法在针对其发动的世界战争中获胜。如果近期俄罗斯和中国不提出构建这一组织的倡议，那么美国及其北约盟国将极力威胁其他国家，包括我们在上合组织和金砖国家的伙伴国，破坏或阻止潜在盟国参与建设反战联盟。

俄罗斯在世界政治中作为领导者的历史经验不比美国少，俄罗斯具备所需的精神权威和足够的军事技术力量。苏联制定的国民经济体系在制度上取消了扩大再生产的限制，这是一项重要的新措施，它是构建一体化世界经济秩序的起点。苏联在其短暂的生命周期中成为从殖民主义的世界经济秩序过渡到一体化世界经济秩序的桥梁，同时完成了前所未有的工业化，保护世界免遭德国法西斯欲殖民全球的威胁，否则德国法西斯可以长时间阻止人类发展。

为了获得领导地位，俄罗斯社会需要摆脱亲西方媒体在戈尔巴乔夫改革时期和叶利钦亲美时代灌输的一系列自卑情结。需要重建俄罗斯人民对于本国文明的自豪感，因为这一文明是数百年来俄罗斯人民顽强拼搏所打造的，凝聚了多种民族和文化，而且不止一次挽救濒临毁灭的欧洲和人类。回想一下，从基辅罗斯时代到成为苏联和俄罗斯帝国继承者的现代俄罗斯联邦，俄罗斯在创造全人类文化中的作用上具有历史继承性。在这一背景下，应提出欧亚一体化进程，并将其打造成一个全球方案，重建从里斯本到符拉迪沃斯托克和从圣彼得堡到河内人民世代居住、合作和共同富裕的统一发展空间。

第四部分

俄罗斯经济滞后的原因

中世纪不同于现代经济增长时期（始于18世纪下半叶的第一次工业革命），当时缺乏科学技术和保障新技术开发及扩大生产的投资贷款。这些投资贷款只能从放高利贷的人那里获得，他们以50%的年利率、有时甚至以100%的年利率提供贷款。显然，此类贷款不能用于扩大生产，因为其利润率很少会超过15%，更别说确保生产开发的投资，其平均收益率在多个世纪以来一直在3%—7%波动，约为5%。[①] 如上所述，这就是创建国家信贷体系的原因，该体系通过发行国家货币为发展和扩大生产提供无限的资金来源，为建立大型和高科技产业创造了条件，并为促进科学技术进步提供了可能。从本质上讲，信贷是促进经济增长的通用工具，而利息类似一种税收负担。为了降低利率，为生产发展开辟前景，先进国家在两个世纪里一直采取有效的货币政策，调节信贷发行量，以确保经济有效稳定增长。

俄货币当局坚决拒绝采取专项信贷政策来支持经济增长，导致经济增长不得不依赖外部贷款，而这在很大程度上已经决定了俄罗斯经济增长的衰退和原料专业化，从而陷入新殖民主义的运作模式。欧美制裁导致俄罗斯无法获得外部贷款，俄罗斯经济回到中世纪依靠高利贷放款发展的时期。严重缺少贷款注定使经济进一步退化。

---

① Пикетти Т. Капитал в XXI веке. М.：Ad Marginem，2015.

由于高利率和破产借款人财产的再分配，获得国家支持的商业银行能够获得超额的垄断利润。这正是多年来由俄罗斯货币当局控制的货币政策所造成的结果。

本章研究了俄罗斯现行宏观经济政策的复杂性。从实践角度对货币主义理论进行分析，总结在俄罗斯应用货币主义理论的成果，解释持续应用货币主义理论的原因，并对继续应用该货币主义理论所产生的影响进行预测。

第十二章　宏观经济政策理论的不足与经济发展实践*

在华盛顿共识的教条框架下，几乎在整个后苏联时期，俄罗斯的宏观政策都是在不断改革的口号下实施的。美国寡头主导的华盛顿共识的本质是消除国家对经济的管制制度，以充分实现外国（主要是美国）资本的自由流动，以及使共识服务于寡头利益。华盛顿共识的要求包括：（1）取消经济管制、实现金融外汇市场和对外贸易自由化、减少国家支出以及提升对外部贷款的服务水平；（2）减少国家的社会义务、减少劳动收入以及对养老金的依赖；（3）将俄罗斯卢布的发行与获取美元计价的美国债券捆绑，从而增加外汇储备，这将人为地使国家获取的外币数量限制实际货币供应量，经济发展服从于外部需求；（4）增加生产者的税收负担，而减轻食利者的负担；实施阻碍工业发展的高利率；（5）拒绝支持私人生产者，这将给整个国民经济领域造成损失；（6）完全私有化，包括自然垄断。

为了保障市场力量的自由竞争，俄罗斯改革者专注于与通货膨胀作“斗争”，将简单的货币主义“配方”作为武器。根据“配方”，宏观政策应基于市场自组织机制的自动运行，以最优方式利用可用资源，通过限制货币供应量来降低通货膨胀。货币主义者坚信，通过控制货币供应量来缩小国家干预经济的范围，可以为扩大自由

---

* 本章基于《现代俄罗斯经济科学》杂志2015年第2—3期发表的题为“贫穷与俄罗斯货币主义者的光辉”的文章，已更新和补充。

经营提供稳定的宏观经济环境，而这种自由经营是在竞争机制的基础上确保经济活动效率最大化。[①] 从货币主义者的角度来看，这足以使经济成功发展。

这种观点与管理理论的一般原理形成鲜明对比。任何一个了解管理理论的学生都知道，管理体系的选择能力必须与管理对象的各种状态相对应。将国民经济这样的复杂管理体系的目标参数只归结为消费价格的增长，只将确定货币数量看作通用工具，这无论是与常识、还是与科学意见都相矛盾。基于现代系统性管理方法和作为领先科学范式的协作学，货币主义更像是一种宗教，而不是科学。从意识形态的角度来看，它是一种过时主义，是一种宗教世界观的遗迹，它致力于将所有社会经济现实的复杂现象简化为一个简单的实体——货币量。货币主义政策就像中世纪治疗任何出血性疾病的实践方案——现代货币主义者将每个宏观经济问题都归结于多余的货币量，中世纪的医生将所有疾病的原因都归结为过量的“恶血”，最后他们的治疗结果，即使不是致命的疾病，病人的生命也会由于身体器官的极度衰弱而结束。

货币政策理论的破产

半个世纪前，货币主义在占主导地位的凯恩斯主义（既不能预见20世纪70年代世界资本主义经济的危机，也不能解释其发生的前提）遭到批评后兴盛起来。货币主义的出现还要归因于新凯恩斯主义本身，因为它指责国家过度管制经济。苏联东欧社会主义制度的瓦解是货币主义者的胜利，从中切实看到并证实了国家干预经济的危险性。国际货币基金组织（IMF）将货币主义理论作为华盛顿共识理论的关键要素，该理论成为大多数处于经济转型时期的国家经济政策的基础。货币主义理论在俄罗斯统治集团中占主导地位，俄统治集团沉迷于国有

① M. Friedman, “Guantity Theory of Money”, in J. Eatwell, M. Milgate, P. Nevoman, eds., *The New Palgrave*, 1998.

财产私有化和国民财富货币化，并不断向国外输出资本。

但是，正如凯恩斯主义在面对 20 世纪 70 年代危机时无能为力一样，货币主义理论既无法解释在俄罗斯和其他后苏联国家应用该理论的灾难性后果，也无法解释 1998 年亚洲危机和 2008 年国际金融危机。发行世界储备货币的主要资本主义国家迅速摒弃了货币主义理论，开始通过无节制地发行货币来摆脱经济危机。这不同于货币主义理论，不会导致通货膨胀“激增”，但也不同于凯恩斯主义，不能保障经济增长。对于西方经济学来说，世界危机是不同寻常的。经济学主流的所有流派中，包括货币主义、凯恩斯主义和新古典综合主义，无论是在过去还是现在，都无法预见任何一种世界危机。

为了在经济学“主流”的框架内找到无法预见未来危机的原因，我们应该转向研究以经济学“主流”为基础的新古典主义范式的基本前提。众所周知，新古典主义范式基于几个公理：将所有多样化的经营主体作为经济活动的主体，以使当前利润最大化；假设这些主体绝对合理地运作，拥有所有现有的技术能力，并在制度“真空”中自由竞争。通过最有效利用资源使市场达到均衡状态，这仍然是对新古典经济学行为的解释。

上述任何公理都没有与经济现实相对应，许多知名科学家已经多次关注这一现实。早在 1971 年，美国经济学会（AEA）会长、诺贝尔经济学奖获得者里昂惕夫在其官方年度讲话中谈到了这一点。1972 年，他的继任者，另一位诺贝尔经济学奖获得者托宾也讨论了这个话题。1980 年，经济增长理论的经典著作作者索洛官方宣布了新古典经济学的危机。从那以后，出现了许多关于新古典理论缺陷的书籍，这些书籍解释了由于新古典理论公理效力不足而导致的许多经济现象。

对企业在实体市场中行为的实证研究表明，经营主体的动机绝不限于对利润最大化或其他经济绩效指标的追求。事实证明，经营主体可利用的市场条件和技术信息并不完整，甚至也出现信息交易成本和与获得该些信息其他相关费用。而且由人为实现经济平衡的观点也遭到质疑。但是，市场中经营主体行为合理性这一公理遭到严重质疑。在对企业行为的大量研究中，已经确定了经营主体在做出最佳选择时分析能力有限。在半个世纪前发展起来的有限合理性的概念中，企业的目标不是做出最佳选择，而是做出对其行为变体的可接受选择。[①]

然而，直到现在，批评并没有阻止新古典主义范式在政治和经济权势集团的思想中占有一席之地。更糟糕的是，经济学主流的发展已经通过抽象数学结构逐渐简化，并与现实隔离。在货币主义理论中，这一过程已到达逻辑终点。正如纳伊杰诺夫和斯门科夫斯基在其深刻而具有说服力的书中写出了货币主义的本质，补充了新古典主义市场均衡理论不切实际的公理，货币主义学说的创立者弗里德曼还提出了与实际经济完全脱节的前提[②]：（1）恒定的人口数量；（2）固定的市场实体风格和偏好；（3）固定数量的物理资源；（4）恒定的劳动生产率；（5）稳定的社会结构；（6）自由竞争；（7）资本货物稳定且未亏损；（8）不能购买或出售资本货物；（9）禁止借贷；（10）只允许以金钱换取服务和以服务换取金钱，即禁止以物易物；（11）自由定价；（12）仅存有现金（硬币和纸币）；（13）固定的现金金额。

弗里德曼利用经济处于均衡状态这一前提，对经济进行了分析。在这些假设的框架内，他分析了名义货币离散增长的后果，并得出结论：随着货币购买力的降低，价格将成比例上升，经济均衡状态将逐渐恢复。弗里德曼认为，名义货币量由其供给决定，实际货币量由其需求决定，需求量在其“固定社会”模型中保持不变。据此他得出结论：流通货币量的增加将导致价格成比例地增加，个人和社会财富数量减少。此外，他认为，凭借市场自组织定律，价格会

① Herbert S., *An Administrative Behaviour: A Study of Decision-Making Processes in Administrative Organizations*, Glencoe: Free Press, 1960.

② Найденов В., Сменковский А. Инфляция и монетаризм. Уроки антикризисной политики. Киев: ОАО БЦКФ, 2003; Фридмен М. Количественная теория денег. М.: Эльф пресс, 1996.

自动进入新的平衡状态。并由此得出结论：货币稳定的主要条件是限制货币供应。

弗里德曼写道：“货币供应稳定理论是最接近最优政策的……该政策的近期目标可能是稳定资源价格。如果实质货币需求弹性与需求收入弹性相同，那么，鉴于人口和劳动力的增长，美国需要将货币供应量每年增加约1%。如果像上个世纪那样，弹性变得更大，那么货币供应量的增长每年可以达到约2%。”[①]

弗里德曼的这一结论与所有世界储备货币发行国的实际货币政策形成鲜明对比：近年来，这些国家以更大的数量级扩大货币基础。莱曼对弗里德曼新古典主义教条给出了准确的猜测。他认为，弗里德曼的计算结果与“人口和劳动力的增长”都不能证明所提出的论点。坎普补充说，美国需要类似于1933年以前的黄金标准，这也解释了那些年黄金开采增加的原因。[②] 随着美元向黄金可兑换性的恢复，通货膨胀将消失。纳伊杰诺夫和斯门科夫斯基在其非凡且具有说服力的研究中得出结论[③]，“实际上，这就是弗里德曼和其他货币主义者用来确定货币‘最佳’流通量的手段。货币主义再现了金属硬币时代的货币定量理论”。本章以纳伊杰诺夫和斯门科夫斯基的研究成果以及弗里德曼文章的分析为基础，他们客观地将货币主义描述为“货币经典定量理论的庸俗变化”[④]。

基于货币的定量理论，货币主义者认为通货膨胀的主要因素是流通中货币量的变化。在他们看来，实际生产量并不直接取决于货币供应量的变化，而是由经济中现有生产要素的供给决定，如劳动力、设备、土地、技术等的规模和生产率。在这种情况下，他们支持费雪关于货币“被动性”的假设（交易的规模取决于其他因素，而不取决于货币的数量[⑤]），货币主义者粗鄙地忽略了费雪关于货币

① Фридмен М. Если бы деньги заговорили... М.: Дело, 1998.

② Kemp J. An American Renaissance: A strategy for the 1980s. N. Y., 1979.

③ Найденов В., Сменковский А. Инфляция и монетаризм. Уроки антикризисной политики. Киев: ОАО БЦКФ, 2003.

④ Найденов В., Сменковский А. Инфляция и монетаризм. Уроки антикризисной политики. Киев: ОАО БЦКФ, 2003.

⑤ Фишер И. Покупательная сила денег. М.: НКФ СССР, 1926.

供应量的增长积极影响贸易这一条件。

由于费雪交换等式已成为货币主义者的基本教条，因此我们有必要深入研究其含义。费雪早在 1911 年就制定了交换等式：$MV = PQ$，其中 M 是货币供应量，V 是其流通速度，P 是价格，Q 是商品数量。实际上，该方程式是一个恒等式，因为它的变量之一——货币流通速度——通常是通过其他变量确定的，即 $V = PQ/M$。而且，该等式在实践中违反了理论频数，用 GDP 代替了商品数量，并且价格解释为消费价格的变化，这被称为通货膨胀。

该恒等式是不可验证的，它被视为公理，从中可以得出货币数量理论的最重要假设。在此基础上，根据货币数量增加与通货膨胀率之间的直接比例关系①，提出了有关宏观经济政策的建议。

与货币主义者的看法相反，在其他所有变量（包括货币供应量）保持不变的情况下，价格可能会上涨和下跌。此外，商品供应的增加和减少都可能取决于经济的动态变化过程。新技术的引入导致价格下降，而垄断者的舞弊行为导致价格上涨。一组商品价格的变化绝不会由另一组商品价格的相反变化来补偿。而且，这种补偿可能只会在商品供求价格（这一价格与投机行为相符）无弹性的情况下发生，这一点没有包含在弗里德曼公理学中。

货币主义者的恒等式反映了静态的画面，理论上可以在抽象的数学模型中将其复制为某种市场均衡状态。当引入反映真实经济过程的依赖关系时，此恒等式的变量能够彼此独立地变化。实际上，经济永远不会重现平衡，在任何时候它都会以货币恒等式的变量值进入新状态。

货币数量论的矛盾，无视经济增长的主要因素，如科学技术进步以及货币供给与生产扩大之间的反向联系，使该理论的所有实际结论和建议都变得无意义，包括由弗里德曼和其他经济学家得出的结论，如 20 世纪 50 年代末期“芝加哥学派”的代表提出的货币主

---

① Глазьев С. Нищета и блеск российских монетаристов // Экономическая наука современной России. 2015，№2 – 3.

义者所钟爱的信条：困难和危机的根源——外部因素和政府对经济的干预。因此必须尽量减少国家的调控作用；经济调控的主要机制是货币信贷政策；宏观经济政策的一个重要组成部分应该是限制工资，因为它对价格具有决定性的影响。

货币主义者机械推理得出的肤浅结论经不住任何批判。欧肯根据“菲利普斯曲线”推论出失业与生产之间的反比关系，这意味着国民生产总值（GNP）每下降2%，低于潜在的国民生产总值，那么失业率就会增加1%。就像纳伊杰诺夫和斯门科夫斯基所指出的那样，如果将菲利普斯和欧肯的结论结合起来，就会发现通货膨胀与生产之间存在直接关系。一些货币主义者由此得出结论，为了将通货膨胀率降低1%，有必要牺牲5%的年度国民生产总值或者2.5%的就业率。[①] 尽管菲利普斯曲线不可靠，自20世纪70年代以来一直没有得到证实（甚至在整个第二次世界大战后时期，麦康奈尔和布鲁的研究表明，该假设无法经受美国宏观经济指标回归分析的验证[②]），但它仍被应用于国际货币基金组织乃至俄罗斯银行的商品货币兑换数学模型中。

因此，货币主义者的建议在付诸实践后导致了灾难性的结果，他们对此做出了伪科学解释。他们将货币供应“收缩”引起的生产下降和失业增加解释为降低通货膨胀的合理消耗。在俄罗斯采取这项政策而带来灾难性后果之前，曼昆称由于通货膨胀下降而导致的产量严重下降是“休克疗法”。但是，实际上，如果因为需求减少使通货膨胀率下降，那么通常来说不会持续很长时间。货币供应的“收缩”将导致通货滞胀，在通货膨胀率和失业率上升的情况下，生产和投资同时下降。在社会主义经济体和发达资本主义经济体中，许多研究都没有揭示货币供应量增长与通货膨胀率增加之间的显著关系。然而，货币供应量的减少与生产和投资的下降之间可以清楚

① Мэнкью Г. Макроэкономика. М.: Из-во Московского университета, 1994.

② Макконнелл К., Брю С. Экономикс: принципы проблемы и политика. М.: Республика, 1992.

地找到稳定的、并经过统计确认的联系。①

货币政策的实际缺陷

货币主义理论的应用与经济增长率之间存在明显的负相关关系。国际货币基金组织被认为是这一理论最权威和最有影响力的“辩护律师”。因此，为了评估其有效性，我们可以简单地比较那些采用和不采用国际货币基金组织建议国家的经济发展结果。从图 12－1 可以看出，未采用国际货币基金组织建议的国家的平均经济增长速度是其他国家的两倍左右。②

图 12－1　曾向（未向）国际货币基金组织借款国家的 GDP

请注意，发达国家从未采用过国际货币基金组织的建议，也没有将其视为针对附属国家的普遍新殖民主义政策的工具。国际货币

① Обучение рынку / Под ред. С. Глазьева. М.：Экономика，2004.

② Политическое измерение мировых финансовых кризисов / Под ред. В. Якунина，С. Сулакшина，И. Орлова. Центр проблемного анализа и государственно-управленческого проектирования. Век глобализации. 2013. Выпуск №2（12）.

基金组织由美国政府负责与外国合作的财政部副部长监督并非巧合。国际货币基金组织的建议就是以这些发达国家为依据制定的。这种双重标准一直存在，并多次导致发展中国家发生大规模危机。国际货币基金组织建议重点为与发行世界货币的美联储有关的美国资本利益服务。在发展中国家，美国资本利益的指挥者是买办精英，他们利用西方资本，开发本国的自然资源和人口潜力。社会被分化为超级富裕的“精英”和独裁政权控制的贫困人口，这是货币主义政治的后果之一。资本化的增长指标和亿万富翁人数（通常用来证明货币成功性的指标）揭露了该项政策的受益者，也隐藏了受害者，其中包括因国家货币主义思想而被剥削的大多数人。

艾哈德的政策是反对新古典主义教条的一个直观积极案例，他是战后联邦德国经济奇迹的创造者。关于货币主义者的建议，他写道：“货币具有经济没有的优先地位。我们首先也是唯一应该关注的是经济福利，只有在货币和技术措施确实为实现这一目标服务时，它们才是合理的。货币不是与经济处于同一水平的东西，而是其辅助机制之一。”① 他认为，在现有生产力利用不足的情况下，有必要增加信贷扩大生产增长。此外，他清楚增加信贷的界限，即通货膨胀与货币流通量之间没有因果关系，通货膨胀仅是在中期计划内或从经营活动（没有给经济带来真正利益）中获得收入时出现。②

凯恩斯描述了货币供应与生产动态之间的关系：“如果生产要素中就业不充分，那么生产要素的使用程度将与货币量成比例变化，如果就业充分，那么价格将与货币量成比例变化。”③

因此，俄罗斯银行现行政策的荒谬之处在于，在工业产能负荷约为60%的情况下，实际货币供应量减少。此外，明显与事实相反的是，俄罗斯银行声称，制造业的生产力利用率仍然很高。然而，基础设施和体制方面的限制仍然存在。所有这些都限制了潜在GDP

---

① Эрхард Л. Полвека размышлений. М.: Руссико-Ордынка, 1993.

② Эрхард Л. Полвека размышлений. М.: Руссико-Ордынка, 1993.

③ Кейнс Дж. Избранные произведения. М.: Экономика, 1993.

的增长率，并且如果不进行现代化升级，提高劳动生产率，那么会限制非通货膨胀生产增加的可能性。[①]

利用经济—数学结构（简单外推观察到的指标、菲利普斯曲线、生产函数以及货币主义者传统上使用的其他人为构建的依存关系，尽管生产动态和货币供给之间的真实关系不匹配）论证了这种说法有悖于官方统计数据。看来俄罗斯银行现有的简单经济和数学工具只是为货币主义教条量身定制。

各种宏观经济政策中最重要的一点是降低通货膨胀。这是一种假设，该假设尚未得到统计研究的证实，而且在弗里德曼的著作中或在其他著名的货币主义理论家的研究中均未发现，但这被认为是国际货币基金组织的公理，即通货膨胀率越低，生产增长率可能越高，反之亦然。

同时，被认为是现代经济理论经典作家的萨缪尔森指出：有人会担心通货膨胀吗？资源使用效率或实际 GNP 会不会更高或更低？这两个问题的答案是：不。通货膨胀是平衡且可预见的，不会影响实际的产量、效率或收入分配。[②] 后来，波尔捷罗维奇用大量实例证明，适度的通货膨胀率（每年达 20%）不会成为经济增长的障碍。[③] 同时，通货膨胀率超过 40% 将对经济增长产生负面影响。[④] 在尼热戈罗德采夫的领导下，对 30 多个国家的数据进行的研究明确了通货膨胀与经济增长之间的相互关系。[⑤] 根据获得的模型可以确定，对于大多数国家来说，如果不超过允许范围内的最大通货膨胀率上限，则可以保持 GDP 的稳定增长。而且，正如笔者所指出的那样，关键

① Основные направления единой государственной денежно-кредитной политики на 2015 г. и период 2016 и 2017 годов // Вестник Банка России. №106（1584）от 1. 12. 2014.

② Самуэльсон П.，Нордгауз В. Макроэкономика. К.：Основы，1995.

③ Полтерович В. Механизмы «ресурсного проклятия» и экономическая политика // Вопросы экономики. 2007. №6.

④ Найденов В.，Сменковский А. Инфляция и монетаризм. Уроки антикризисной политики. Киев：ОАО БЦКФ，2003.

⑤ Нижегородцев Р.，Горидько Н.，Шкодина И. Институциональные основы теории финансов：современные подходы. М.：ИНФРА-М，2014.

宏观经济参数变化允许的合理范围需因国家而异，其值应根据具体的特定经济动态轨迹来确定。

像弗里德曼一样，俄罗斯货币主义者相信通货膨胀在任何地方都是货币现象，只需要用货币信贷政策的限制措施来对抗它——这是第二个教条。同时，在半个世纪之前，即使在货币主义者的模型中（尤其是哈里斯和 F. Keygen）①，也确实存在货币供应量没有相应增加而发生通货膨胀的可能性。在现代经济中经营主体行为的典型案例清楚地显示了上述教条的不可靠性。脱离现实的货币主义者在其投机理论中既看不到生产领域，也看不到科学技术的进步。因此，他们无法理解垄断者的定价政策是大多数国家（如俄罗斯）实体经济中通货膨胀的主要因素。降低通货膨胀的主要因素是平价成本的降低和商品质量的提高。两者均由科学技术进步来定义。反过来，科学技术进步依靠贷款进行投资和创新。

在对大量资料统计的基础上，对货币供应量与 GDP 和通货膨胀关系的分析，打破了人们关于限制货币供应量而成功实现宏观经济稳定的任何幻想。在这方面，日本和中国是领先者，其中货币供应量的数量超过 GDP 的 1.5 至 2 倍，② 经济增长期间的货币供应量每年增长 20%—40%，并伴随通货紧缩。

世界银行专家进行的研究也驳斥了这一教条，并指出货币流通量（货币供应量占 GDP 的百分比）与通货膨胀之间存在非常明确的反比关系：根据各国家数据比较判断，流通量越少，通货膨胀率越高。③ 该事实与通常的货币主义思想相矛盾，具体解释如下。

按照企业之间实际关系的逻辑，旨在减少货币基础的限制性货币政策与其说是减少货币供给的数量，不如说是降低货币供给的质量。相互联系的生产合作企业通过发行的货币替代品（各种债券）补偿资

---

① Харрис Л. Денежная теория. М.：Прогресс，1990.

② Обучение рынку / Под ред. С. Глазьева. М.：Экономика，2004.

③ Бузгалин А. В.，Колганов А. И. Введение в компаративистику（Исследование и сравнительный анализ социально-экономических систем：методология，теория，применение к переходным экономикам）. М.：Таурус-Альфа，1997.

金不足，从而缓解了欠款危机。例如，据估计，20 世纪 90 年代中期，在俄罗斯流通的“准货币”总量达到了货币总供给量的一半，在某些领域，它占了俄罗斯企业运营总量的 80%—90%。[①] 用货币替代品代替货币不能保证拥有充分的资金进行再生产和投资，这将导致经济衰退加剧。加上欠款风险的增加，通货膨胀也将随之增加。

2013 年，通货膨胀与经济货币化水平之间的反比关系令人确信，经济中的货币量越高，通胀越低，反之亦然。[②] 不仅后苏联国家，而且对流通量实行最严格限制的欧洲国家（保加利亚和罗马尼亚），在通货膨胀和抑制生产下降方面都遇到了最严重的问题。之后，这些国家中的多数国家都利用扩大货币发行量以刺激经济增长，然而这与金融稳定的货币主义教条相反。

尼热戈罗德采夫和戈里季科最新的研究表明，货币供应与通货膨胀之间呈“U”形关系。[③] 根据许多国家的经验数据，他们明确证实了货币供应过剩和短缺对货币流通稳定性同样危险。货币供应过剩和短缺在同等程度上阻碍了对通货膨胀进程的有效管理。换句话说，货币市场的稳定要求货币供应量不少于简单的经济再生产所必需的供应量，也不应多于根据可用资源进行扩大再生产所必需的供应量，因为在两种情况下，通货膨胀不可避免地会增加。流通的货币量保持在适中水平时，通货膨胀率极低。

因此，通货膨胀与货币供应量之间的关系不仅是非线性的，而且是非单一的。当货币数量超过扩大再生产的最佳水平或者不足时，

---

① Яковлев А.，Глисин Ф. Альтернативные формы расчетов в народном хозяйстве и возможности их анализа методами субъективной статистики // Вопросы статистики. 1996. № 9. С. 21 – 31.

② Якунин В. Сулакшин С.，Орлов И. Указ. соч. 2013.

③ Нижегородцев Р.，Горидько Н. Критика формулы Ирвинга Фишера и иллюзии современной монетарной политики / Материал к обсуждению на научном семинаре кафедры теории и методологии государственного и муниципального управления ФГУ МГУ，2016; Глазьев С.，Горидько Н.，Нижегородцев Р. Критика формулы Ирвинга Фишера и иллюзии современной монетарной политики // Экономика и математические методы. 2016. №4. С. 3 – 23.

通货膨胀都会增加（图 12－2）。

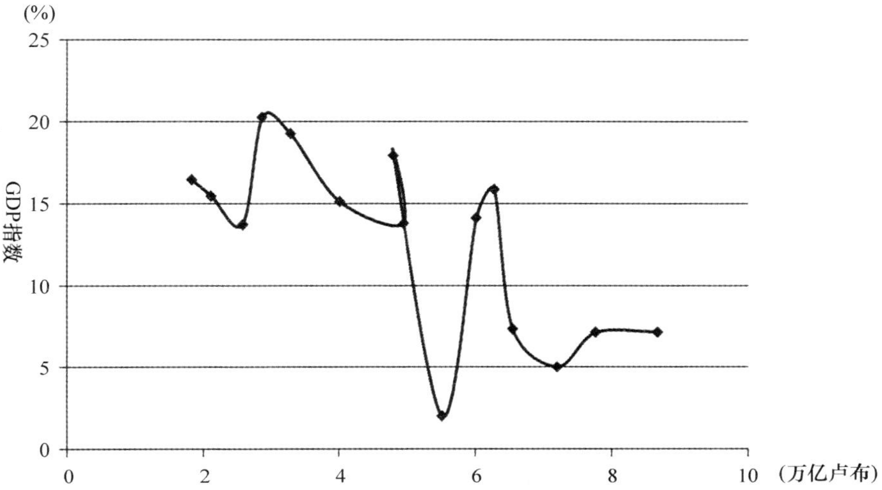

图 12－2　2001—2015 年俄罗斯货币供应与通货膨胀率之间的关系

资料来源：Нижегородцев Р. М.，Горидько Н. П. Управление монетарной сферой и перспективы экономического роста：уроки кризиса，модели，прогнозы. В кн.：“Экономическая безопасность современной России：уроки кризиса и перспективы роста”/Под ред. В. А. Черешнева，А. И. Татаркина，М. В. Федорова. Екатеринбург：Институт экономики УрО РАН，2012. Т. 1. С. 831－877

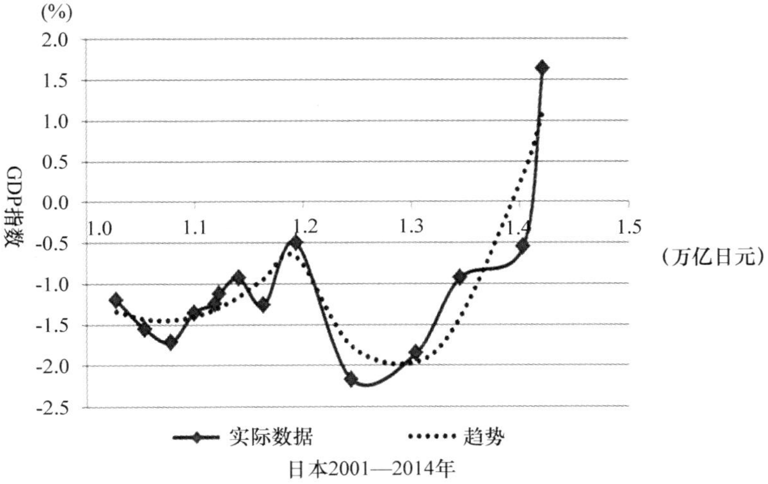

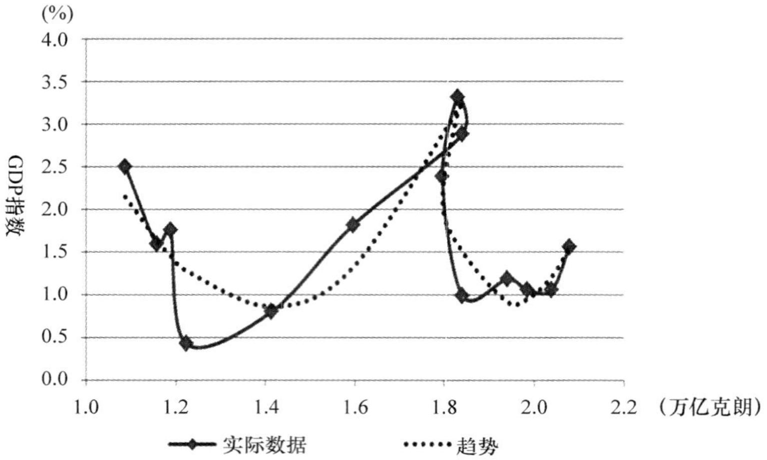

瑞典2001—2014年

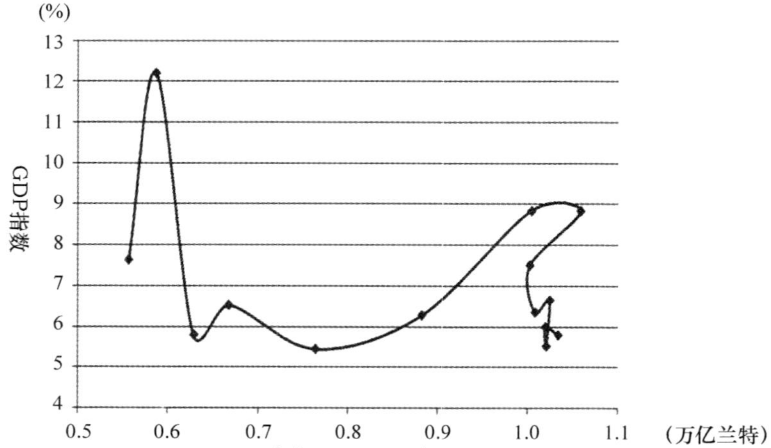

南非2001—2014年

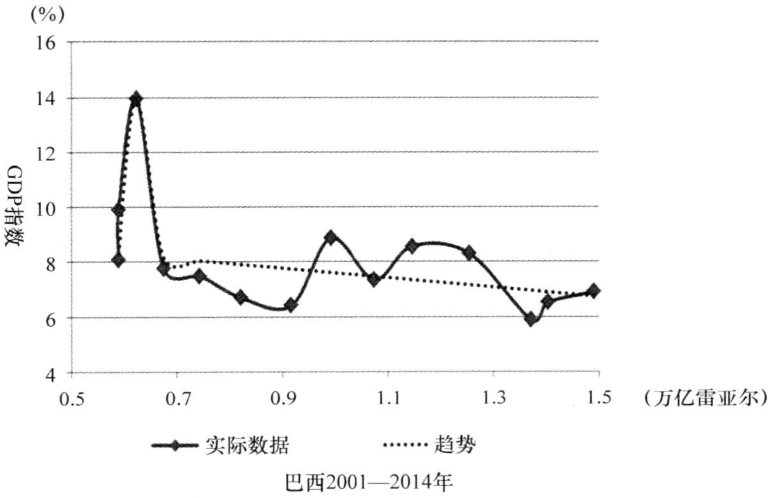

图 12－3　世界各国通货膨胀率与货币供应之间的关系

第三条教条和货币理论的最后结论归结为反对政府以任何形式干预经济活动，因为根据弗里德曼的说法，政府干预经济活动威胁到就收入分配达成的共识，而收入分配是自由社会的道德基础。但是，这并不能阻止货币主义者提出“收入政策”以限制工资增长，从而确保他们认为的低通胀水平。俄罗斯实行这项政策的结果是实际工资、养老金和社会福利水平会下降很多，从本质上讲，这意味着种族的灭绝，在正常的生育条件下，潜在的人口数量较 20 世纪 90 年代相比减少了 1200 万人。[①] 减少预算支出和反对发行机构弥补预算赤字的建议补充了这一教条。货币主义者认为，应仅从非法性渠道筹集资金以弥补预算赤字：在金融市场投放内外部贷款。

恰恰相反，在美国、欧盟和日本通过发行国家债券来弥补预算赤字。而国家债券是保障世界主要货币安全的基本。从本质上讲，这意味着货币主义者试图禁止其他国家根据自己的需要发行货币，以迫使他们承担美国和世界储备货币其他发行国家的债务义务。通

① Glazyev S. *Genocide*. Terra，1998.

过外部贷款为预算赤字筹集资金，将借款国的货币储备作为偿还的担保，即可看出货币主义者的企图。如果国内贷款没有相应货币发行量的支持，那么将通过减少投资来为预算赤字筹集资金，这将自动导致经济增长放缓。事实证明，货币主义者利用自己的建言迫使国家货币当局操纵预算赤字，并向世界货币发行国家提供贷款，而这些国家奉行与其建议正相反的政策——无限制发行货币。

中国的做法与俄罗斯领导者中盛行的教条主义经济政策不同，中国发展道路的最重要经验就是勇于推进实践基础上的理论创新，围绕坚持和发展中国特色社会主义提出一系列紧密相连、相互贯通的新思想、新观点、新论断。习近平新时代中国特色社会主义思想是中国特色社会主义理论体系最新成果，是中国共产党集体智慧的结晶，是指导中国共产党和国家全部工作的强大思想武器。这一思想将马克思主义同当代中国实际和时代特征相结合，把对中国特色社会主义规律的认识提高到新的水平，开辟了当代中国马克思主义发展新境界。

中共中央在“十四五”规划中重申，要把重点放在实体经济上，发展工业合作：“坚持把发展经济着力点放在实体经济上，坚定不移建设制造强国、质量强国、网络强国、数字中国，推进产业基础高级化、产业链现代化，提高经济质量效益和核心竞争力。

提升产业链供应链现代化水平。保持制造业比重基本稳定，巩固壮大实体经济根基。坚持自主可控、安全高效，分行业做好供应链战略设计和精准施策，推动全产业链优化升级。锻造产业链供应链长板，立足我国产业规模优势、配套优势和部分领域先发优势，打造新兴产业链，推动传统产业高端化、智能化、绿色化，发展服务型制造。”

按照中国领导人的理解，宏观经济政策，包括货币政策，不能超越生产性发展和基础设施的目标。中共中央“十四五”规划确定了以下任务：

“完善宏观经济治理。健全以国家发展规划为战略导向，以财政政策和货币政策为主要手段，就业、产业、投资、消费、环保、区域等政策紧密配合，目标优化、分工合理、高效协同的宏观经济治理体系。”

提出“加强财政资源统筹，加强中期财政规划管理，增强国家重大战略任务财力保障”，并列举了发展基础设施的任务清单：

“构建系统完备、高效实用、智能绿色、安全可靠的现代化基础设施体系。系统布局新型基础设施，加快第五代移动通信、工业互联网、大数据中心等建设。加快建设交通强国，完善综合运输大通道、综合交通枢纽和物流网络，加快城市群和都市圈轨道交通网络化，提高农村和边境地区交通通达深度。推进能源革命，完善能源产供储销体系，加强国内油气勘探开发，加快油气储备设施建设，加快全国干线油气管道建设，建设智慧能源系统，优化电力生产和输送通道布局，提升新能源消纳和存储能力，提升向边远地区输配电能力。加强水利基础设施建设，提升水资源优化配置和水旱灾害防御能力。”

当然，中国领导人一刻也没有忘记，经济政策的最终目标是增加社会福祉。“十四五”规划还强调：

“坚持以人民为中心。坚持人民主体地位，坚持共同富裕方向，始终做到发展为了人民、发展依靠人民、发展成果由人民共享，维护人民根本利益，激发全体人民积极性、主动性、创造性，促进社会公平，增进民生福祉，不断实现人民对美好生活的向往。”

从上面可以得出结论，半个世纪前美国附属国将美国制定的货币主义理论专门用于外部消费。用现代的术语来讲，它被美国货币当局用作一种认知武器，这种武器触动了附属国家精英阶层的意识，从而使他们自身所需要的经济政策得以强化。但在俄罗斯，只有通过货币主义理论受惠国（且有影响力的国家）的触动，才可能加强自身所需要的经济政策。

宏观经济政策的受益者

上述内容并不意味着货币政策是毫无意义的。笔者认为，货币政策造成了经济恶化和产量下降，使数以千万计的人民陷入贫困，但货币政策却为离岸寡头提供了前所未有的机会来获取超额利润并向国外转移。提高货币价值和垄断商品及服务的价格、出于私人利益开采自然资源、降低工资和对劳动过度征税都是以国民收入重新分配为基础的。该政策的重点在于相对于卢布的购买力平价，其汇率被大大低估了。从本质上讲，这意味着要靠人民的收入和向出口商提供产品的企业来补贴出口商。由于出口的产品大多数是能源和原料商品，此类补贴只会加剧对外经济交流的不平等。在货币主义的幌子下，继续通过操纵金融市场、提高利率和垄断商品的价格、分配自然资源租金以及将税负转移至劳动和对劳动的过度剥削上来实施离岸寡头富裕政策。

本质上，货币主义发挥意识形态功能，在公众意识上强行灌输自由市场绝对正确的理念，以证明当前政策的正确性和社会的极大不平等性。这种伪科学有其自己的教条，这种教条展现出市场均衡性的严格数学定理，并在经济政策中规定了适当的禁令和决策原则。在这种教条中，国家不干预市场“要素”的教条是“信仰的象征”，这一教条在私有财产权中居首要地位，被视为“神圣不可侵犯”。

与货币主义相关的经济和政治利益就能够解释货币主义惊人的生命力及其在大企业间盛行（大型企业大力支持在公众意识中推行货币主义思想模式）的原因。货币主义扮演市场原教旨主义和自由主义经济政策思想的科学基础的角色，大量外国资本和买办资本对实施自由主义经济政策非常感兴趣，他们力图使国家对其活动的限制最小化。这种意识形态证实了货币主义企图在社会中占据统治地位，因为它将社会关系归结为金钱的力量。这种意识形态也为现代形式的新殖民主义作了辩护，新殖民主义允许世界货币（主要是美元）的发行者通过无抵押纸币与实际财富的不等价交换来剥削全人类。因此，美国通过直接的政治压力以及对国际机构和向专家团体提供资助的间接方法，大力将该意识形态灌输给国家统治精英，以剥削受这些精英阶层统治的国家。

对俄罗斯宏观经济政策的理论基础进行分析，从经济理论和常理两个角度证明了该政策的不可靠性。实施的市场原教旨主义政策从根本上违背了国家利益。实际上，为了国际资本利益，俄罗斯被迫强制实施该政策以损害俄罗斯的国家地位。这与苏联解体后形成的统治精英的目标不谋而合，这些统治精英试图通过其拥有的财富和国际认可来巩固他们的特权地位。而国家作为实现社会福利和国家利益的制度体系，成为统治精英实现其企图的主要障碍。货币主义理论为这些破坏行为提供了必要的思想基础，并给它们披上了“科学的合理建议”的外衣。新兴寡头以“货币政权”形式取代了成熟的政府机构，将国家职能和国家对国民财富的控制私有化。实际上，这是利用在实施宏观经济政策时放弃国家主权来换取外国势力的保护。

在“刑事犯罪的大革命”时期（S. 戈沃鲁辛将苏联解体后的头几年命名为刑事犯罪的大革命时期）进行一场针对国家财产私有化的内战，美国管理者“建立”了货币当局，选拔并培训人才。他们很清楚罗斯柴尔德的原则，罗斯柴尔德在两个世纪前说过：“给我印钞的权利，而我不在乎谁在这个国家制定法律。”华盛顿国际金融组织高度重视世界各国货币当局的人事政策。他们建立了高效且具有影响力的网络，利用该网络决定“世界权威者”、媒体、“领先的科学流派”和优秀人事专家（能够在金融市场、货币政策和银行系统等国家监管机构中推举人员担任高级职务）的意见。该网络旨在操纵美欧资本殖民国家统治精英们的意识。民族精英越是无知、越依赖美欧资本，那这个网络就越有效。我们必须承认，在俄罗斯和其他大多数后社会主义国家中，该网络的运行效率远远超过100%。统治精英们被货币主义的梦幻泡影所蒙蔽，使自己国家变为废墟。美欧资本在后社会主义国家的财富中约占有30000亿美元，比培训和引进人员以及支持货币信贷政策和外汇政策的成本高两个数量级。

对于新兴寡头来说，货币主义意识形态另一个吸引人的方面是完全放弃了当局保障公民福祉和经济发展的责任。根据货币主义的教条，所有这些都是市场自动形成的。对于转变为寡头的统治精英而言，货币主义学说为国家控制体系的解体提供了条件，为国家调控的主要职能实现私有化提供了意识形态上的辩护，从而获取超额利润。

俄罗斯寡头集团的利益立足于自身的充实，而国际金融组织根据国际资本的利益来决定俄罗斯政府的经济政策，二者的立场不谋而合。前者乐于承担破坏国家的指挥者职能，后者在超短时间内，为国际资本清理了俄罗斯的经济空间，全面落实“自由改革”的任务。众所周知，在国际金融组织的意识形态掩盖下以及在美国和北约其他国家领导人积极的政策支持下，通过国际投机者夺取国家财产，随后转售跨国公司，从而造就了寡头政治。

市场经济转型、经济稳定和自由化的政策被正式提出。尽管这种政策造成了经济灾难，但对于寡头而言，这样的政策却出人意料地成功，在国民财富重新分配中为其带来了巨额利益。同时，有权威的意识形态为其辩护，这使得寡头可以在逐步的经济改革和民主变革下巧妙地掩饰其掠夺国民财富、篡夺权力、压制人权以及使该国大部分种族灭绝的行为。货币主义者利用自己所谓的才华，在各种经济、投资和公共论坛上，对政治精英开展大规模的催眠会议，邀请国外的“世界经济学权威人士”赞扬他们的失败政策及货币当局的领导。这样做是为了使该国的领导层迷失方向，根据俾斯麦赋予自由主义政策的特征，向该国领导层“眼中倒入沙土，从而清空这个国家的口袋”。

因此，将伪科学货币主义学说作为经济政策的意识形态基础与货币主义的真实性或追求某种科学流派的理论无关，而与伪科学货币主义学说有关的是，一方面是利于在“改革”年代为在俄罗斯形成的离岸寡头的利益服务，另一方面是国际资本在实施货币主义政策中的利益。宣布国家需要摆脱经济管制和社会责任的同时，缩减国家保护私有财产权和调节货币供应的职能，货币主义学说已成为某些有影响力的集团使用国家权力杠杆、以权谋私、侵占国家财产甚至是攫取国家监管货币流通、发行货币以及监督法律的合理依据。这些集团本身已经是国际性的利益团体，俄罗斯寡头的利益与国际金融投机者、跨国公司的立场紧密地交织在一起。前者在这种共同的经济利益中，为了自己的利益，实际上充当了后者的桥梁，而后者确保了将国民财富的控制权转移给国际资本。因此，后者能够迅速在俄罗斯私有化企业的股市中占据主导地位也就不足为奇了，掠夺性私有化的自然延续有利于组织者和欺诈者将俄罗斯企业转售给外国竞争对手。

货币主义范式在政府经济学家的思想中占主导地位，统治精英们坚定地认为货币主义绝对正确，而穷人对只有金钱能解决一切问题彻底失望。在这种形势下，俄罗斯将完成向市场经济的过渡。但在当前社会认知的情况下，几乎不能指望国家会成功发展。

下一章将说明俄罗斯实施货币政策所造成的损失。

第十三章　执行国际货币基金组织的建议造成的损失

经济政策在经济利益方面不是中立的，它往往来自占主导地位的最具影响力群体的利益，而这些影响力群体并不总是与国家利益集团相对应。例如，国际货币基金组织以国际资本为目的，将“华盛顿共识”政策强加给发展中国家和经济转型国家，违背了其国家利益。[①] 我们还观察到20世纪90年代俄罗斯实施这项政策的后果，当时俄罗斯银行的行动在扼杀高科技产业的同时，给外国（主要是美国）金融资本带来了空前的利润。[②] 如今也出现了类似的情况。

鉴于外部压力的加剧以及俄罗斯借款人与全球资本市场的分离，提高利率会增加信贷成本，并增加借款公司违约的风险。俄罗斯银行建立内部资源代替外部信贷的机制，与其说是用来弥补制裁造成的信贷资源短缺，不如说加剧了这种信贷资源短缺的现象。在维持自由资本运作制度的同时，俄罗斯银行促进了资本的出口，每年约达800亿美元。停止非法资本外流可以完全消除制裁的负面影响，央行可以采取一切可能性措施。但是，俄罗斯银行拒绝采取必要的外汇管制准则来终止“资本外逃”，并继续被动地遵循“资本运作

---

① Перкинс Д. Исповедь экономического убийцы. М. : Претекст, 2005.

② Глазьев С. Центральный банк против промышленности России // Вопросы экономики. 1998. №1 –2.

完全自由”的教条。[①]

俄罗斯实施货币主义政策的第一年，GDP 下降了 15%，实际工资下降了 30% 以上。1992 年的工业生产量退步到 12 年前。1991 年至 1998 年期间，俄罗斯的生产率下降了 42%，比任何一个 G7 国家都低，俄罗斯生产率较印度减少 1/2，较中国减少 3/4。总体而言，俄罗斯 GDP 在世界总产值中所占的份额几乎减少了一半，从 1990 年的 5.5% 降至 1995 年的 3.0%，2001 年为 2.7%。固定资产投资额缩减更多，在改革的头几年下降了将近 4/5，目前仍然是改革前水平的一半。

在货币主义者实行“休克疗法”政策的整个过程中，直到 20 世纪 90 年代末生产活动和固定资产投资的数量以及经济效率的指标一直在稳步下降。与其他成功的发展中国家（增加高附加值商品生产）相比，俄罗斯生产结构已大大恶化。俄罗斯主要靠出口能源和进口商品贸易的增长维持 GDP 增速。在工业生产结构中，燃料和能源综合体以及化学和冶金综合体的份额急剧增加，而机器制造业的份额则不断下降。

恶化最严重的领域分别是高科技产业、投资和农业机器制造业、轻工业和工业消费品的生产领域，其中工业生产水平，甚至是应用科学领域发展水平都下降了一个数量级。此外，如果俄罗斯 GDP（按购买力平价计算）下降到美国的 1/7，那么技术密集型产品的生产量将下降到不足美国的 1/100。

最终产品的生产者经历了极为痛苦的货币政策，由于数十年的合作关系被破坏以及进口商的激烈竞争，成本急剧上升。在各个领域，生产下降的幅度与其复杂性以及附加值的大小成正比。那些可能成为市场导向型经济基础和经济增长驱动力的领域跌幅最大，而且这些领域保障了国内生产增长与需求之间的联系。合理地向市场经济过渡可以提高其效率并扩大生产，这不仅可以避免技术密集型

---

① Годовой отчет Банка России за 2013 г. URL: http://www.cbr.ru/publ/God/ar_2013.pdf.

和制造业集中的地区过度失业，而且可以使它们成为经济增长和就业增长中心的“排头兵”。

经济结构简单化伴随着几乎所有经济领域的退化，具体表现为劳动生产率下降、能耗提高和固定资产利用率下降。再生产机制的破坏，导致投资活动停止，转而开始向消耗此前积累潜力这一机制过渡。除贸易、金融部门和电信业外，在所有经济部门均出现固定资产老化、效率下降和产出结构恶化的现象。

到目前为止，在开始彻底改革后的25年以来，当前俄罗斯几乎所有的经济生产效率指标都无法与1990年的苏联模式相比。很多能够发现暂时联系并能建立因果关系的研究者都不得不承认这一显而易见的事实，即俄罗斯的经济灾难是实行货币主义政策的结果。定期出版的改革白皮书中包含了诸多事实材料，这些材料说明了实物产品生产的客观指标动态以及社会基础设施的投入情况。[①]

在后苏联时期，国家为阻止衰退趋势并使经济重返可持续增长道路做出了多次尝试。第一次是由最高权力机构——最高委员会进行的尝试，最高委员会于1993年9月宣布对当时的叶利钦总统进行弹劾。政府进行了政变并夺取了犯罪集团（在美国及其北约盟国的大力支持下掠夺国家财富）的权力。普里马科夫—马斯柳科夫—格拉先科政府为使俄罗斯摆脱自我毁灭的困境进行了第二次尝试，该政府迅速稳定了宏观经济形势并恢复了生产，工业规模以创纪录的速度增长（每月增速超过1%）。普京当选总统后开始维护政治稳定并使国家结束分裂，保障了国家发展的积极趋势，形成了与寡头分离的垂直权力。但是，在此期间石油价格和国家税收（设法从出口的碳氢化合物中收回大部分自然资源租金）开始上涨，削弱了向经济发展政策过渡的动力。

买办寡头不仅继续从剥削俄罗斯国家财富中获取超级利润，而且还保持着其离岸经商方式，将很大一部分国民收入输出到国外。

---

① Кара-Мурза С. Г., Батчиков С. В., Глазьев С. Ю. Белая книга. Экономические реформы в России (1991－2001 гг.). － М.: Изд-во ЭКСМО. － 2003.

尽管消除了国家的外债负担并减轻了对美国金融机构的依赖，但政府监管并没有改变，依旧着重于为世界资本的利益服务，俄罗斯的离岸经济成为世界资本的“外围”。这种没有任何发展的增长形势一直持续到国际金融危机，伴随而来的是国内经济的进一步恶化以及技术滞后的加剧。

2008 年的国际金融危机为向发展政策过渡又提供了一次机会。但是，俄罗斯统治精英的自满情绪起到致命作用，他们依靠石油和天然气租金，沉迷于俄罗斯这座“稳定之岛”对国际资本具有较大吸引力的幻想，并幻想着在学术和应用科学崩溃的同时向创新发展道路过渡。在所有 G20 国家中，从 GDP 可以看出俄罗斯经济损失最大，对抗危机措施成本最高。经济的稳定是通过由统治精英控制的银行和企业的补贴来实现的，而这时许多企业已经破产并削减了生产。更糟糕的是，货币当局掌握了操纵卢布的机制，旨在通过守法公民和企业储蓄资金及收入的贬值来获取超额利润，并且已经使货币金融投机者从危机中获利。俄罗斯错过了促进经济走上发展道路的机会。如今，俄罗斯监管体系更加服从统治精英的利益，统治精英仍然保持离岸经济模式，每年从俄罗斯攫取一千多亿美元。

俄罗斯奉行的货币信贷政策悖论将在历史上被视为最荒谬的笑话。这就像是在向一个理智的人解释，在哪种情况下石油出口的外汇收入越大，俄罗斯企业可支配的货币资源就越少？外资流入的范围越广，国内储蓄的潜力就越窄？预算盈余越大，国家国内债务就越高？

这些悖论要归结于货币供应计划操作的本身，直到 2008 年国际金融危机之前，出于限制通货膨胀的目标和针对改变货币流通速度的模糊提案，货币供应计划本质已被简化为货币供应增长年度计划。在设定了货币供应量增长基准之后，货币当局随后从市场中收回了超过这些数量的货币。此外，已发行货币的接收者主要是出口商、外国债权人和投资者，“多余”货币的回笼是在预算系统中通过降低工资和社会经济发展支出进行的。

图 13－1 显示了直到最近才运行的货币发行计划，在实施制裁

之后，主要进款渠道（外国贷款和投资）被封锁了。为支持经济增长、就业和投资，俄罗斯与发达国家在政府和企业债务增长的情况下发行货币的方式大不相同。俄罗斯银行的货币发行技术通常忽略了这些目标，将自身限制在银行部门流动性的短期平衡和满足俄罗斯市场中外国贷方和投资者的需求上。

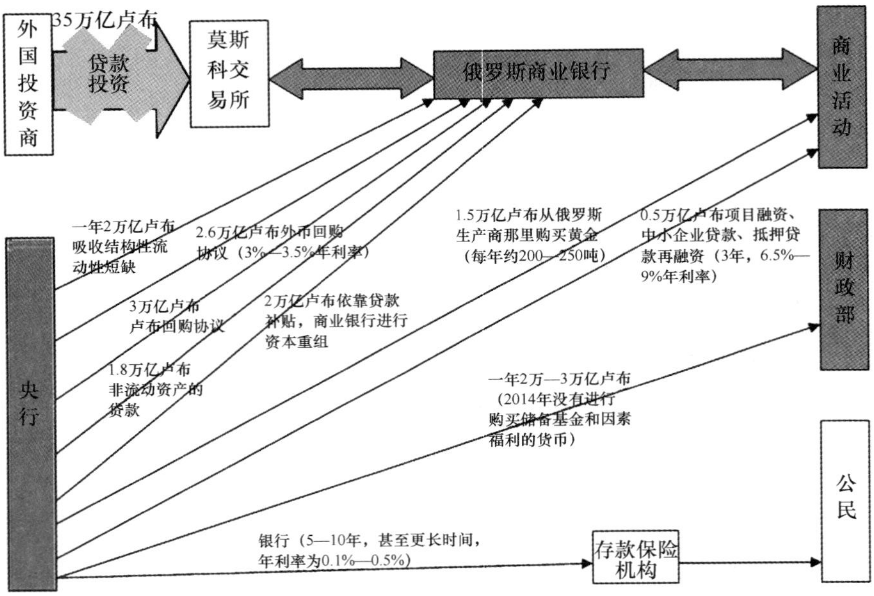

图 13－1　俄罗斯使用的货币发行机制（2014—2017 年）

资料来源：Глазьев С.，2017.

金融危机之后，俄罗斯银行放弃了货币供应计划，转而实行将利率作为监管参数为商业银行再融资的政策。直到 2013 年，该政策为经济提供了约 9 万亿卢布贷款，以确保在外部经济形势恶化而导致外汇流入减少的情况下维持经济活动。但是之后，由于听从货币基金组织的摆布，央行决定提高再融资利率，这很快超过了大多数实体部门的获利能力。央行将再融资利率重命名为关键利率，将其提高到不包括生产项目投资贷款的水平。商业银行失去具有偿付能力的借款人之后，开始偿还先前从央行获得的贷款。到 2017 年年底，俄罗斯银行从经济中撤回了几乎所有以前发放的贷款，并开始通过开设存款和发行债券从中抽取资金。实际上，自 2014 年以来，俄罗斯银行回到了以前的政策，即在恶劣的条件下从经济中撤资。如果早些时候，货币当局禁止因外币流入而导致的部分货币供应增长，那么在油价下跌的情况下，将可以通过减少对实体部门流动资金和投资进行贷款的方式回收资金。

俄罗斯银行的行动，外加国内投资的再融资资金不足而造成的间接损失（是资本累计外流的 2 倍），按照累计资本外流计算，国家金融体系的总损失估计超过 1 万亿美元。此外，由于 20 世纪 90 年代俄罗斯银行的相同政策，工业生产将下降一半，并且与 2000 年代相比，经济发展投资不足，下降了 1/3。实施该政策导致 2008 年金融市场三次恶化（按世界标准记录），1998 年国家破产。若国家实施稳健的货币信贷政策，着眼于实现国家社会经济发展目标，而不是外国资本的利益，可以避免这些灾难。如果央行为了发展国民经济开发内部信贷来源，那么俄罗斯的 GDP 将提高 1.5 倍，生活水平将提高两倍，生产现代化的累计投资额将是现在的五倍。

货币当局根据美国金融组织的指示实施货币政策将国内经济拖入滞胀的“陷阱”。因此，在实施第一个反俄制裁之后不久，俄罗斯银行听从了国际货币基金组织使团（于 2014 年 10 月 1 日在莫斯科）提出的以下建议①，即俄罗斯央行有理由继续实行紧缩的货币信贷政策并提高利率，以减少通货膨胀，同时在汇率灵活的情况下继续努力实现自己的通胀目标；为了减少通货膨胀，需要紧缩的货币信贷政策。近几个月来，俄罗斯银行采取了适当的措施，提高了利率，并恢复了向更大汇率灵活性的过渡。但是，基础通货膨胀率加快了，因此需要进一步收紧货币信贷政策来稳定和控制通货膨胀预期；提高利率也将有助于限制资本外流。

---

① URL：http：//www. imf. org/external/np/ms/2014/100114. htm.

奇怪的是，国际货币基金组织向美国提出了相反的建议，即过早加息会导致金融状况收紧或破坏金融稳定，这将阻碍经济增长……[①]国际货币基金组织建议的双重性揭露出政治黑幕和其立场的虚夸。俄罗斯实行了自杀式货币信贷政策，不仅会有"稳定停滞"的威胁，而且还会又一次引发类似于20世纪90年代国家经历的再生产崩溃。同时，国际货币基金组织正在强迫俄罗斯接受该政策为唯一正确的选择。该政策的延续将导致公民生产、收入和生活水平下降，银行和企业破产雪崩，科学技术潜力遭到破坏，使俄罗斯失去信誉，并破坏欧亚一体化进程。央行的政策将北约对俄制裁扩大到大规模杀伤性武器的水平，扼杀了所有不受官员保护的经济活动领域：从小型企业到大型机器制造厂，再到建筑公司和农业公司。

米加耶夫表示，国际金融危机后恢复了以货币手段实现宏观经济稳定的政策（通过降低货币供应和减少政府支出来对抗通货膨胀），这将导致经济衰退加剧，银行系统瘫痪，只能通过增加外债规模来谋求经济发展这一必然结果。[②]

在2008—2009年国际金融危机的第一阶段，俄罗斯损失了1/3的外汇储备，工业生产下滑超过10%，投资下降15%，股市下跌2/3，对本国货币的信心丧失，通货膨胀率跃升至18%。成千上万背负外币贷款（包括消费贷和抵押贷）的公民面临破产，失业率有所增加。企业财务业绩暴跌2/3，偿付能力急剧下降。在俄银行和企业偿还外债方面出现严重问题，2009年在该方面的支出额为1361亿美元，2010年为867亿美元，而在2010年后达到2748亿美元。[③] 俄经济危机明显高于世界其他主要国家和大多数独联体国家。

---

① 2015 Article IV "Consultation with the United States of America Concluding Statement of the IMF Mission", IMF. 28. 05. 2015.

② Митяев Д. А. О динамике саморазрушения мировой финансовой системы（сценарии и стратегии）. Возможности адаптации и выбор стратегии для России / Сценарно-игровой доклад. 2009.

③ Маевский В. И. Реальный сектор и банковская система.（URL：http：//www. econorus. org）

在该背景下俄采取了代价沉重的反危机政策。据俄联邦审计署称，以化解危机为目标的总支出达10万亿卢布（考虑到信贷资源方面），该数额达到2008年俄GDP的25%。如果算上从央行储备划拨用于支持卢布的2000亿美元，这一数额将达到16万亿卢布，该数额达到2008年俄GDP的40%。而其他大国在此领域的支出情况，中国为GDP的13%，美国为GDP的20%。正如德米特里耶娃[①]所说，应对国际金融经济危机的结果仍有待完善。这里列举几个原因。第一个原因是所动用资源的“倒置”结构。根据政府报告和联邦审计署的判断，这些资源中有85%—88%用于支持金融体系、股票市场运作和挽救“寡头经济”，而扶持实体经济的资金量仅占12%—15%。此外，商业银行将从俄央行获得的大部分反危机贷款转换为外汇资产，撤回流通资金，导致卢布在外汇市场面临巨大压力。第二个原因是错误选择了反危机扶持形式及其具体优先方向，且实施后者的预算机制效率低下。[②]

不幸的是，俄并未认清该举措的负面影响，将这一反危机规划错评为成功方案，并以更具破坏力的形式反复实施。2008—2009年反危机措施的主要资金来源是央行信贷发行。推进落实反危机措施主要依靠预算资金，因此其他对社会经济发展更为重要的支出预算会被压缩。银行补贴取代了对国家采买和投资领域的预算支出，而该预算支出对于重振生产意义重大，很大一部分银行补贴资金也被用于货币投机。

俄银行竟悄然变为“反央行”，错误履行其主要职能。毕竟，央行存在的意义在于保障国家垄断货币流通和货币发行，以建立和维持经济发展的有利条件。除货币稳定外，这些条件还包括可获得贷

① Дмитриева О. Еще раз об измененном бюджете-2009 и правительственной антикризисной программе // Российский экономический журнал. 2009. №5.

② О внешних и внутренних угрозах экономической безопасности России в условиях американской агрессии / Научный совет РАН по комплексным проблемам евразийской экономической интеграции, модернизации, конкурентоспособности и устойчивому развитию. 2014.

款、积累储蓄并将其转化为长期投资的机制、为扩大再生产进行稳定的再融资。俄央行并未开展用于为经济增长提供贷款的货币供应，而是致力于将货币从经济中撤出并人为地限制其增长。

这在经济史上史无前例，俄货币当局设法将国家对货币供应的垄断地位从最重要的经济引擎转变为刹车停滞。在这种荒谬的宏观经济中，只有对外出口产品并从国外获取贷款的企业才能生存，而不是依赖货币当局。几乎所有专注于国内市场的制造业部门都持续低迷并继续痛苦地走向灭亡，它们并没有得到国外信贷资金。

从常识的角度来看，俄奉行的货币政策似乎完全是荒谬的。如果俄放弃本国央行和本国货币，转而进入欧元区并放弃积累外汇储备，那么货币将增加三倍，通货膨胀率将降低2/3，且贷款成本将减少一半。但是从资金管理者（包括国家）的利益角度来看这是理想主义，因为可通过提升贷款利率以获取超额利润和攫取破产债务人的财产。这就是为什么受到国家支持的银行家以各种方式支持并继续赞扬货币当局的活动。为获取超额利润，国家错失经济增长的良机，造成公民收入降低。

在限制货币供应量的背景下，将货币发行与外汇储备增长绑定导致货币资金从大部分专注于国内市场的制造业中流出，在缺乏贷款的情况下国内市场被迫通过降低工资来寻求发展资金。制造业、建筑业和农业领域中大多数部门生产面临急剧下降和长期萧条的威胁，这是货币政策造成的直接后果。[①] 对于大多数从事经济活动的公民和企业而言，贷款始终无法获取或者在经济层面上毫无意义。这些公民和企业在自身不利条件下被要求以虚高的利息和短期抵押品为条件获取贷款。绝大多数企业只能依靠自有资金发展，银行信贷在大中型企业融资中所占份额不超过1/10。商业贷款体系不发达，几乎完全没有向制造业提供长期贷款的机制，这是货币当局坚持顽

---

① Глазьев С. Центральный банк против промышленности России // Вопросы экономики. 1998. №№1 – 2. ; Глазьев С. Кудрявая экономика. М. : Политический журнал, 2006.

固政策的直接后果，在市场经济中货币当局未能在供应贷款方面发挥主要作用。

在2000年代，石油美元并没有为俄经济提供动力，相关资金流向国外，而货币当局并没有打击资本外流，而是对资本外流起到推动作用。他们取消了外汇管制，“石油收入”流向国外以购买美债而耗尽。实际上货币政策归根结底是将油气资金用于向美国和其他北约国家政府的支出提供贷款。

让我们更加仔细研究俄银行奉行的上述货币信贷政策中的悖论。

在该货币政策下，收入和出口增加对经济增长变得毫无用处。根据货币当局提出的财政预算规则，[①] 流入国家的外汇收入越多，央行发行的卢布（用于对应获取外汇收入）就越多，资金对冲规模就越高。就油气公司获取外汇收入并缴纳出口税的程度而言，国家预算和银行系统划拨资金是为了将其控制在稳定基金和央行的债务中。

在该政策下外国投资也被证明是无用的，因为按照货币主义的逻辑，外国投资者用于收购俄企业股份的资本越多，外汇储备和货币发行量的增量就越高，货币当局用于货币对冲的资金就越多。事实证明，外国投机资本大量涌入金融市场导致利用财政系统开展货币对冲的规模增加，资金从实体经济中流出。因此，鉴于外国投机资本推动资产膨胀，俄经济资本化程度有所加深并伴随其实体经济领域金融状况进一步恶化。这种相反趋势中存在的自相矛盾点将不可避免地引发金融灾难。金融市场“泡沫”程度越高，金融危机就越大，金融危机将促使经济资本化程度同实体经济的价值保持一致。

在这种情况下银行系统无法正常发展。所有俄商业银行的总资产比美国、欧盟或日本任何一家大型银行的资产小数倍。俄商业银行的“轻量级”是货币当局政策所预先确定的。由于央行严格限制

---

① 自2012年以来，“财政预算规则”获得了官方地位（通过了相关法律）。根据该规则，俄罗斯除了将“超额”资金（能源出售所得收入超过既定限额）归入储备基金外，俄罗斯的预算赤字不应超过GDP的1%。2014年石油价格急剧下跌，卢布汇率也随之大跌，旨在限制预算支出的“预算规则”失去自身意义（超高收入消失）。2016年该规则被暂停。

货币供应，且并未建立商业银行再融资体系，故俄商业银行发展受到货币当局货币供应增长规定的严格限制，因此商业银行无法满足不断增长的贷款需求，这些银行的优质客户转而从国外贷款。

央行人为地缩小货币供应量并使再融资利率保持在高于内部导向型经济利润率水平，通过短期投机活动和超利润行业限制了对货币的需求。央行的政策迫使竞争性企业从国外获取贷款，从而破坏了国内银行体系和金融市场发展机遇，这为外国资本蚕食俄金融市场创造了前提。

计算这种奇怪的宏观经济政策效果并不难。在 2000 年代，俄政府以 4%—5% 的利率将俄纳税人的钱借给外国借款人，而俄本国借款人被迫以每年 8%—15% 的利率从外国借款人手中获得贷款。在国际金融危机之后，利率分别下降至 1%—2% 和 6%—9%，但二者之间仍存在较大差异。如此荒谬的金融交易所造成的损失估计每年达数百亿美元。俄以低利率贷款给美国和欧洲，但美国和欧洲以高利率对外进行借贷。同时，外汇流入国家越多，对国家银行体系的贷款需求就越少，俄企业就越积极地从国外贷款。

在国内信贷减少的情况下，有偿债能力的俄企业被迫从国外借贷必要资金，以保障生产活动扩张。尽管受到制裁，俄外债额仍约为 5000 亿美元。俄金融体系正在遭受损失，以巨额资金来偿还这些贷款，投资收入逆差约为每年 500 亿美元。对外依赖的副作用是离岸经济和在外国司法权庇护下转移俄财产，因为离岸公司较容易通过抵押获得外国贷款。反过来，离岸业务导致资本外流以及大量逃税行为。美国和欧盟金融体系补贴政策几乎不符合俄国家利益，而俄罗斯同这些国家正处于“开战”局面。

2008 年经济危机的经验表明，俄经济在全球金融市场中具有极高的脆弱性。俄本国监管政策存在不合理之处，包括降低信用评级，对开放国内市场和遵守金融限制方面提出非法要求，施加非等价对外经济交换机制。综上所述，鉴于以上原因俄每年损失约 1000 亿美元，其中约 500 亿美元以外国贷款和投资的逆差形式流出本国，而约500亿美元是非法的资本外流。这种非法的资本外流累积高达5000亿美元，再加上俄公民的外国直接投资，资金外流总额高达约1万亿美元。国家预算收入因资本外流每年损失约1万亿卢布。国家预算收入因高水平的离岸经济、资本外流和其他逃税活动每年损失总额约5万亿卢布。[①]

在经济科学领域中众所周知的是，针对外国投资存在合理限制，当外国投资触碰限制“红线”后，外国投资的进一步发展将变为经济发展的阻碍，因为偿还这些投资资金的数额增长过快。从支付外债资金迅猛增长的趋势来看，外国投资早已超过限额（图13－2），偿还外国投资的款项已超过收入。同时，约70%的外国投资是俄企

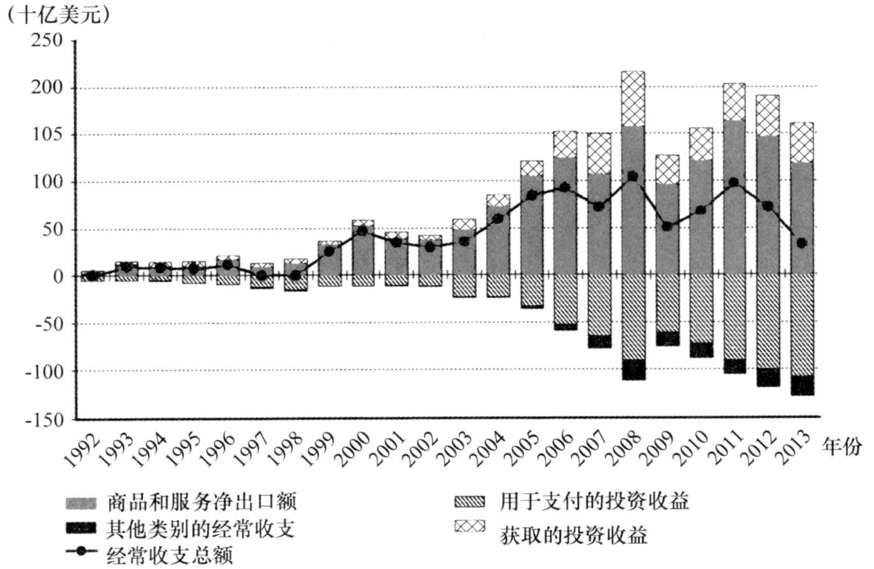

图13－2　1992—2013年因离岸业务造成的收入损失

资料来源：YU. K. 彼得罗夫：《新经济模式的形成：限制预算支出或增加税收?》，《俄罗斯经济杂志》2013年第4期。

---

① Петров Ю. К формированию новой экономической модели: рестрикция бюджетных расходов или повышение собираемости налогов? // Российский экономический журнал. 2013. №4.

业离岸投资。事实证明，俄金融体系与国外间关系主要由俄资本循环构成，这些资金在海外无须缴纳税款，其中仅有部分回流国内。

应当指出，客观来讲俄再生产体系中缺乏资金不是俄经济实体向外部寻求贷款的全部原因。图 13－2 证明了这一点，该图清楚地表明外部借贷量与资本外流同步增长。如果俄公民没有将其收入隐藏在离岸市场并在俄银行系统中存钱，那么就不需要外部贷款来保障信贷市场供求平衡。但俄银行人为提高利率迫使企业向国外贷款，其收入用于偿还相关贷款。这打破了央行建立的资金升值与资金短缺的循环，因为这些廉价货币通过离岸公司从俄罗斯流出不需要缴纳税款，而货币回流需要支付利息和利润分成（图 13－3）。同时，约半数离开俄罗斯的公民是在国外购买高级房产并获得外国公民身份后在国外定居的，这进一步加重了俄经济再生产过程的负担，实际上俄经济已成为外国贷方的“摇钱树”。俄银行实施的政策刺激了俄商业进一步离岸化，不利用外部资金的商人陷入困境。

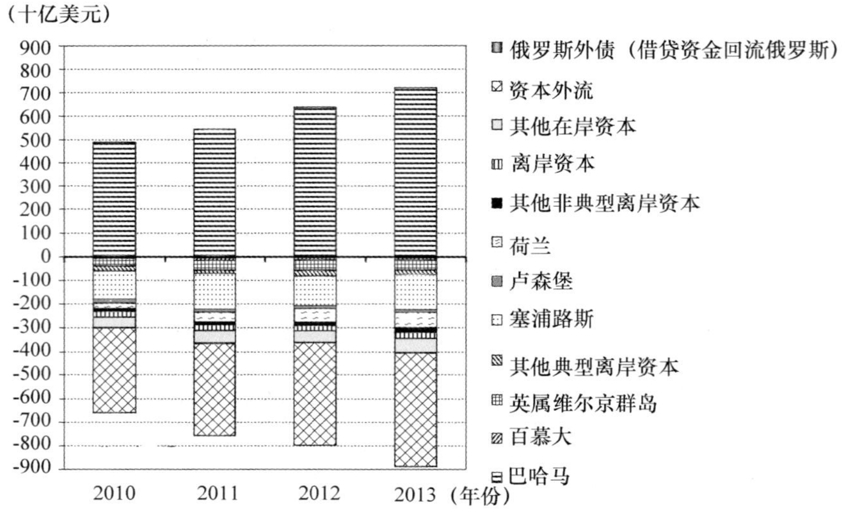

图 13－3 俄外债以及从俄国内外流的直接对外投资资金

资料来源：Петров Ю. К формированию новой экономической модели: рестрикция бюджетных расходов или повышение собираемости налогов? // Российский экономический журнал. 2013. №4.

俄罗斯与世界金融体系之间通过当前投资收益来进行非等价对外经济交换的数额平均为每年 500 亿美元。在货币当局推行货币政策的不同年代里，从俄经济转移至世界经济的资金数额达到 900—1100 亿美元。米加耶夫制定的规划说明了俄金融体系与外界非等价交换的主要流程（图 14 –3）。

这种非等价的交换是由俄经济离岸化（这是贷款需求向国外转移的结果）预先确定的，迫使向国外转移抵押清算的资产。货币当局并没有阻止这一进程，而是用货币主义理论的另一教条——对外经济活动自由化来证明这一进程是合理的，包括取消外汇管制，对外经济活动自由化导致资本外流超过 1 万亿美元，其中半数成为离岸资产，而这些资产都是俄经济再生产的重要因素（图 13 –4）。俄大部分私营部门投资都通过离岸资产完成。同时，这些外流资金被置于外国管辖权之下，给俄经济造成不可避免的损失。另外半数资金以外国投资的名义回流俄罗斯，享有税收优惠和海外收益回笼的法律权利。

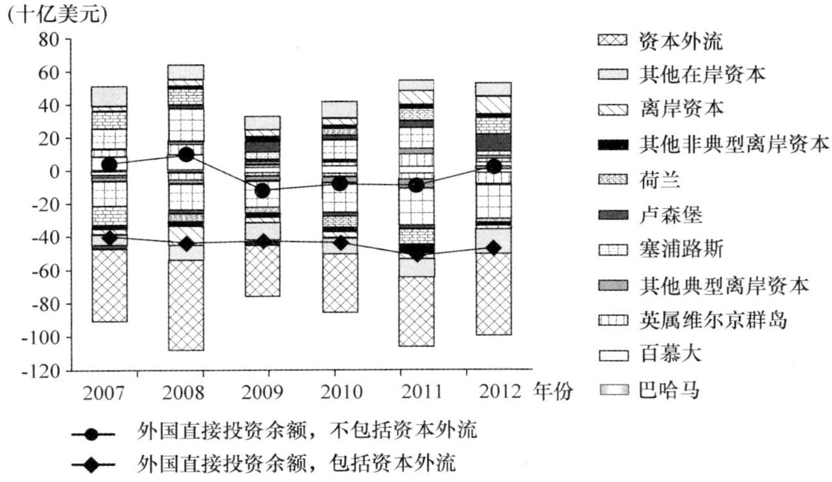

图 13 –4　俄罗斯离岸经济。回流俄罗斯的投资资金（+），流入国外的投资资金（–），按国家和管辖区类型划分（离岸和在岸）

资料来源：YU. K. 彼得罗夫：《新经济模式的形成：限制预算支出或增加税收?》，《俄罗斯经济杂志》2013 年第 4 号。

在危机导致俄证券市值“缩水”的情况下，缺少外汇管制有可能导致俄企业质押资产转移到外国债权人手中。半数俄工业面临这种风险，很多工业领域已经置于非本国公民管控之下。

美国债务金字塔的货币化日益增长，货币发行量急剧增加以及美元从美国外流以获取实体经济资产，这导致对整个俄经济的危害有所提升。在私有金融体系缺乏保护措施的情况下，俄经济被外资“吸收”并被剥夺了独立发展的能力，在全球危机进一步深化的背景下俄经济注定会恶化。

正是国际货币基金组织在之前金融危机中采取的政策导致了这些后果。在将货币发行同获取外币绑定的背景下，外国资本流入国内使金融体系陷于瘫痪，并导致企业拖欠资金被纳入预算中，本国货币不受控制地贬值，部分外汇储备丧失流动性，生产下降以及通货膨胀加剧。廉价资产多次被外国资本收购，国民经济失去独立性，并被与外国发行中心相关的跨国公司所掌控。在人为促使金融市场“泡沫”膨胀并将其刺穿的循环中，外国投机者在金融金字塔“松动”时期以低价获取私有化资格，并在 1998 年国家金融体系崩溃后获得了大量资产。[①]

俄奉行的货币政策客观上导致外国资本对俄经济进行“殖民化”。正如奥德尔巴和科比亚科夫在一份分析报告中所证实的那样，“25 年间俄银行和政府奉行的政策是为外国资本掌控俄经济和俄国家财富创造有利条件”[②]。在该背景下，与全球货币发行中心有关的外国资本取得优势。

两位作者正确地指出，现代信用资金和在此基础上创造的资本是经济扩张的最有效工具，它能够以低成本获取他国资源并对民众进行剥削。包括俄罗斯在内的这一政策受害者并没有阻止其渗透到

① Глазьев С. Уроки очередной российской революции: крах либеральной утопии и шанс на экономическое чудо. М. : Экономическая газета, 2011.

② Отырба А. , Кобяков А. Как побеждать в финансовых войнах. Альманах «Однако». Июнь-июль 2014 г. № 174.

国内经济领域，甚至在努力吸引这些资金，这归因于其金融知识水平较低。俄银行政策制定基于现代货币性质的过时观念，未考虑到以上论述的货币具有信用性质和功能。

因此，俄货币当局不加思索地追随国际货币基金组织和美国财政部门的专家，他们向俄灌输有利于自身利益的思想。国际货币基金组织和美国财政部门专家的目的是为获取外汇（主要是美元）储备而进行货币发行，并限制外汇储备量的增长。在这种情况下，本国货币成为美元的替代品，俄经济被美国资本利益操纵，以美国资本为来源的投资成为俄国内信贷的主要来源。外国投资者不感兴趣的行业将无法获取贷款，这些行业在未来将走向没落，经济将在外部需求的决定性影响下发展。

如果国家银行通过获取他国外汇的方式来进行货币发行，那么将无益于他国获取发行收入。除生产和管理成本外，货币成本还包括产品成本，央行持有的外汇是产品成本的支付来源，并且这些货币可能实现保障职能。实际上，这些外汇是高成本的“具有赚钱能力的”货币，这使得货币本身和在其基础上建立的资本都失去了竞争力。它们不仅不能保障发展，而且还是外国经济操纵者对非独立国家开展潜在抢劫行为的工具。外国经济操纵者严格控制了非独立国家货币流通的两个最重要过程，即向市场注入资金和收集市场资金，它们可以通过收集资金并停止继续投入来触发金融危机，并使国家陷入混乱。当前这种情况正在发生。美国货币当局切断了俄经济的外部信贷来源，俄货币当局未以本国资源来代替外部信贷来源，而是增加国内信贷成本致使经济滞后。

政府采取的反危机措施无法阻止经济螺旋式下滑，因为这些措施没有改变央行政策导致的投资和商业活动性下降。毫无疑问，宏观经济政策向减少政府支出和货币供应收缩方向延伸，这是生产进一步下降和经济恶化加深的后果。通货膨胀目标制的两个主要组成部分持续发力是造成这种局面的原因。

第一组成部分与关键利率的急剧上升有关。根据 2014 年生产要素的客观情况，GDP 增长 3%—5% 被认为是经济回升，但央行的关键利率连续上涨至高于实体经济平均利润水平，这阻止了经济回升。这种做法是按照国际货币基金组织通过提高利率以减少通货膨胀的标准建议进行的。

综上所述，这种政策实际上导致经济陷入滞胀。在过去二十年中进行了许多研究，它们表明提高利率和压缩货币供应将导致生产和投资下降，银行业面临危机和破产。[①] 此外，在俄经济垄断化和非货币化的情况下，俄经济还面临通货膨胀增加。

第二组成部分是卢布汇率向自由浮动机制转换。央行领导认为其自身的决定是过渡至通货膨胀目标制所必需的，但这种观点无非是国际货币基金组织的推测。国际货币基金组织的建议与常识相反，却受到俄货币当局的信任。没有科学证据表明为达成通货膨胀的目标需要实施自由浮动汇率。相反在俄经济过度开放，经济依赖于石油价格，进口在消费市场上占据高份额的情况下，实施自由浮动汇率与确保宏观经济稳定是不相容的。全球市场价格波动，金融投机者发动“袭击”或对外经济状况的其他任何变化，都可能会推翻实现通胀目标的计划。

应当指出，只有极少数国家实行本国货币汇率自由浮动。发达国家中仅有挪威实行本国货币汇率自由浮动，该国依靠碳氢化合物出口获得大量外汇收入。挪威货币当局重视在“抵消”机制的作用下消除本国货币汇率上升的压力，该机制实际上确保了外汇市场平衡。根据目前主流方法应将自由浮动汇率制和通货膨胀目标制分开独立考虑，在发达国家二者中的任何一个都不是实行另一个的要素或条件。

在西方经济类文献中，当前通货膨胀目标制通常也被视为与自由浮动制无关。[②] 与俄罗斯相比，绝大多数国家的经济更加多样化和

① Обучение рынку / Под ред. С. Глазьева. М.: Экономика, 2004.

② Например, см.: Hammond G. State of the art of inflation targeting. Bank of England, 2012.

稳定，因此它们不必冒险转为自由汇率制，因为这与科学的管理思想不符。正如上文所述，管理对象越复杂，就越需要使用更多的数据和工具将汇率控制在所需水平。对于俄经济而言，放弃对卢布汇率的控制就像是拒绝使用汽车制动器。但是早在“2009 年以及 2010—2011 年国家统一货币政策的基本方向”中就曾提出自由浮动汇率、通胀目标制、强化俄央行利率作用间存在密切关系，“必须实行自由浮动汇率制以全面推行通货膨胀目标制”[①]。

目前俄银行根据国际货币基金组织的分类确定自由浮动汇率制。根据国际货币基金组织的分类，现行的浮动汇率制应该被称为自由浮动汇率制。基于自由浮动汇率制，央行在特殊情况下对货币干预的频率每半年不得超过 3 次，每次干预持续时间不超过 3 天，同时国际货币基金组织必须能够获取确认俄遵守上述要求的信息，否则该制度将被归类为浮动汇率制。这听起来像是为操纵国家货币的投机者从中获利提供保证。如果禁止警察每年在交易大厅出现 18 天以上，且相关行为必须提前告知，那么欺诈者可以在剩下的 347 天里开展阴谋。

因此，与理论、发达市场经济的国家经验和常识正相反，上述两个错误结合在一起导致一个结果，即央行宣布向通货膨胀目标制转变走向了与目标完全相反的方向：通货膨胀率翻了一番，失去对本国货币和管理者的信任。俄罗斯 GDP 和投资的年增长潜力为 6%—8%，但俄经济却被人为地拖入滞胀陷阱。

此外，拒绝使用选择性的货币限制是通货膨胀目标制的另一个组成部分，它导致资本严重外流，助长腐败，经济离岸化，对于应对外部威胁来说极其脆弱。包括美国在内的绝大多数国家都实行选择性的货币监管和跨境资本流动限制。从体系层面来看，这种限制是由金砖国家合作伙伴开展的，它们在吸引外国直接投资方面非常成功。事实证明管控货币以抵制投机和确保宏观经济稳定的必要性，取消外汇管

① Вестник Банка России. 14. 11. 2008. С. 5.

制使资本外流合法化。综上所述，俄陷入每年超过1000亿美元的不平等对外经济交易“陷阱”中，且俄金融体系依赖于对外资本。

从科学角度来看，通货膨胀目标制的这些组成部分是货币当局的典型错误，这可能是央行领导层忽视了学术界和商界建议。在这种情况下，任何反危机措施都注定失败。特别是央行分配给商业银行用于再融资的贷款最后被用于购置外汇资产（图13－5）。

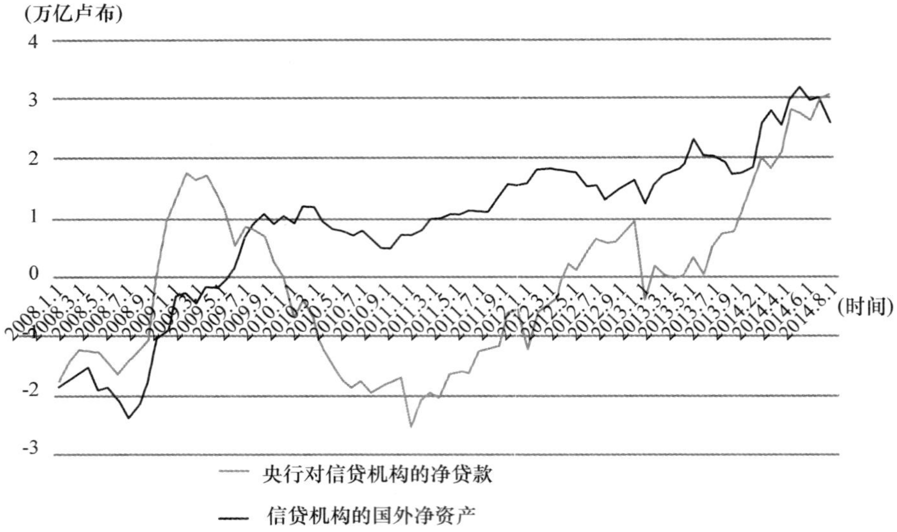

图13－5　外国净资产和信贷组织对俄央行的净债务动态

这是央行采取提高利率和退出外汇市场措施导致的自然结果，该利率比制造业的获利能力高出许多倍。第一，将现金流从再生产渠道转向投机领域；第二，将外汇市场的控制权转移到投机者手中，投机者利用其操纵卢布汇率，以从货币波动中获取超额利润。反过来，利率的持续提高导致信贷减少和货币供应紧缩，这通常会导致生产和投资下降（图13－6）。

货币当局实行卢布自由浮动汇率后立即爆发了通货膨胀的“浪潮”。俄银行领导以绝对荒谬的言论解释了自己的行动，“卢布浮动

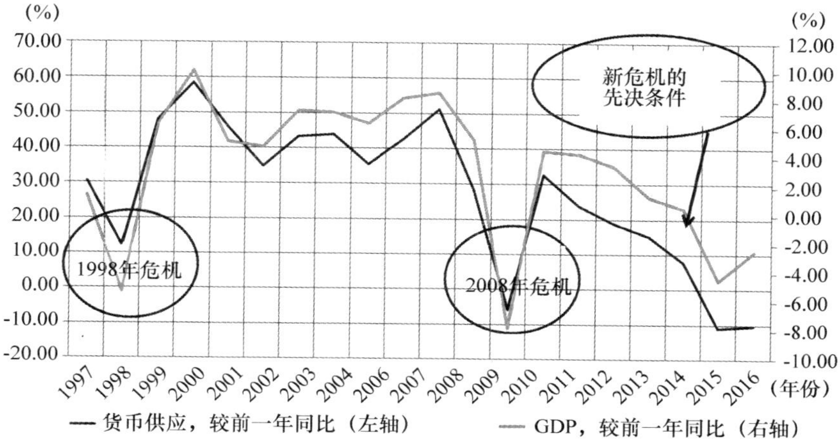

图 13－6　GDP 增长（或下降）对货币供应量增长（或下降）的依赖度

资料来源：Блинов С. Ошибка доктора Кудрина // Эксперт. 2015. № 19. С. 30－38.

汇率仍然是减轻外部因素对经济负面影响的一个因素”①。实际上，卢布汇率自由浮动没有减轻外部因素的负面影响，反而使其大大增强了。央行认为汇率自由浮动使外部因素对经济的负面影响得以缓冲，正相反，投机者利用外部经济形势的波动来操纵货币金融市场，以获取超额利润，从而破坏了经济稳定，增强了外部因素的影响。受控的汇率浮动机制或周期性地调节汇率机制有助于减轻外部因素影响，保障应对投机活动的威胁，并及时修正应对基本因素变化的举措。

在外部经济局势不断变化的背景下，日本、韩国、马来西亚、越南、中国、印度、西欧等国家和地区创造了经济奇迹，这些国家和地区经验表明，恰恰相反，尽管本国货币汇率浮动，但仍保持稳定态势。没有这一点，就不可能确保在富有前景的经济发展领域的投资加速增长。这些国家当前继续执行这项政策，通过稳定汇率的

① См.：Основные направления единой государственной денежно-кредитной политики на 2017 г. и плановый период 2018－2019 гг. С. 24.

措施来抵御外部冲击，从而保障对提升新技术范式方面投资增长的有利条件。

国家统一货币信贷政策基本方向的制定者并没有考虑到浮动汇率制的棘轮效应，这指的是汇率瞬间下跌引发进口价格上涨，进而导致通货膨胀率上升；而汇率瞬间上涨对进口价格影响较小。这就是为什么“经济实体适应汇率波动适度提高限制了汇率动态对金融和价格稳定的风险”这一说法是错误的。[①]

俄货币当局已经表示并继续强调，实行通货膨胀目标制要以卢布汇率自由浮动为前提。货币信贷政策、领导层的讲话、制定货币信贷政策的思想家的文章中都从未有任何令人信服的证据证明这一论点。美国金融机构的权威使得这一观点成为不容置疑的结论，但对于任何具有系统性思维的人，这一观点似乎是有些奇怪的。

货币当局宣布实行通货膨胀目标制，放弃了能够控制多数消费品价格的因素——汇率。任何采用这种方法的人都看起来很疯狂——就像在冬天尝试加热没有安装玻璃窗的房间一样，没有意识到房间热度不取决于供暖设备的功率，而是取决于窗外的温度。这种对现实的奇怪态度可以通过基于对盲目信仰的教条思维来解释。

在这种情况下，货币当局荒谬地将自己看作以利率进行局势操纵的简单机制。根据通货膨胀目标制的神话，如果不限制资本流动，并且只有一种调节货币金融市场的工具——利率，那么卢布应该是自由浮动的。的确，如果不是世界储备货币的发行人，那么在资本账户上资源自由流动的情况下，不可能将卢布汇率保持在一个水平。但是，为什么要限制自己只使用一种管理工具?

换句话说，货币当局宣布实行通货膨胀目标制时实际上就意味着它们仅保留一个控制杠杆，即以短期操纵利率来平衡金融市场的流动性需求。他们所认为的通货膨胀目标制的概念与系统性方法背道而驰，即拒绝除关键利率以外的所有货币政策工具。如果他们奉

① См.: Основные направления единой государственной денежно-кредитной политики на 2017 г. и плановый период 2018－2019 гг. С. 36.

行通货膨胀目标制政策，那么在开放经济的背景下首先应该关心的就是管控卢布汇率，汇率能够在不同程度上决定消费品价格。相反，他们放弃了这种管控。

基于上述内容，下文我们将引用“目标制”来定义俄银行政策，因为实际上该词被理解为货币政策的所有目标和工具，但除关键利率以外。下面我们将论述在这种情况下实现通货膨胀目标是不可能的，因为在这种情况下实现该目标是由超出央行控制范围的因素决定的。更糟糕的是，宣布通货膨胀目标制后货币当局失去对通货膨胀的所有管控，将宏观经济形势置于外部因素之下。

通货膨胀目标制的真正含义和后果

让我们从货币主义者的逻辑开始，他们向俄货币当局输出通货膨胀目标制的思想。假设放弃对资本账户中跨境资本流动的控制，那么在实行自由市场定价以控制宏观经济数据的条件下，货币当局仍然可以控制卢布汇率和货币政策工具，例如：贴现率和其他获得流动性的工具、强制性储备的标准、资本充足率、建立贷款和证券储备、在公开市场上的政府债券交易和外汇交易干预，这些共同构成了货币基础的规模。科学文献证明，没有“黄金标准”进行管制就无法同时保证资本市场开放、本国货币汇率固定和奉行自治独立的货币政策。显然，基于这种逻辑，货币当局选择了独立的货币政策，倾向操纵利率，牺牲对汇率的管控。

该理论（指的是前文论述的同时保证资本市场开放、本国货币汇率固定和奉行自治独立的货币政策）是由奥姆斯特菲德、沙姆巴乌赫和泰勒基于第一次世界大战和第二次世界大战间隔时期国家银行间实行货币政策的经验研究提出的。[①] 但是，在此之后发生了很多变化。拥有国际储备货币的全球金融市场兴起，该国际储备货币为

① Obstfeld M., Shambaugh J., Taylor A. Monetary Sovereignty, Exchange Rates, and Capital Controls: The Trilemma in the Interwar Period. IMF. 2004. IMF Staff Papers. Special Issue. Vol. 51.

美联储通过美债形式发行的美元。考虑到美债数量成倍数增长并且远远超出了美国财政体系的稳定性界限，应该在该理论中丰富以无担保美债的形式增发国际资本的内容。为准确起见，随着欧元、英镑、日元增发，还应在理论中增加欧盟国家（希腊、英国等）的无担保债务理论。继美元之后，主要储备货币发行呈指数增长，这导致自2008年国际金融危机爆发以来，这些货币在全球金融市场中的货币基础增加了3—5倍。

因此，与两次世界大战间隔时期相比，现代资本市场的特征是依靠国际储备货币的无担保发行来保障通货膨胀呈规律性增加。这就是为什么资本市场开放的国家不可避免地承受着以投机性资本流动的形式无限增发货币的压力。这意味着在全球金融市场上出现了垄断，这种垄断拥有巨大的操纵可能性，包括对全球金融体系的各个国家开放领域建立监管，这些领域中对资本自由流动持开放态度。与遵守竞争法并受世贸组织规则监管的全球商品市场不同，全球金融市场并未受到严格监管，而世界货币基金组织的规则为这种放松监管的行为提供了保护，有利于国际金融投机者的利益，这些投机者能够无限制地接触到全球货币发行领域。

综上所述，如果央行无法发行全球储备货币，不对跨境资本流动进行限制，并且其本国货币没有黄金储备保障，那么央行将无法控制本国的汇率和利率。投机者在适当的时机能够接触到世界货币发行领域，可以提高利率，任意开展投机性攻击，并以可接受的利率向国家性的借款方提供任何数量的信贷。以俄罗斯为例，他们已经反复证明了这一点。应当指出的是，黄金储备可以为卢布提供100%的保障，这从理论上讲能够使俄银行将卢布汇率保持在合理水平（符合货币市场供求形成的基本条件）。显然，俄放弃这种优势，俄银行退出了外汇市场，为投机者提供了操纵外汇市场的条件。鉴于非居民的主导地位（占莫斯科交易所3/4的业务量），俄银行将卢布转为自由浮动汇率并离开外汇市场，这意味着将对俄金融市场的控制权转移给了由全球金融投机者组成的国际网络。

因此，为了管控国家货币体系，有必要控制资本运营中资金跨境流动。否则，我们的经济发展将由国外来决定，这将加剧混乱。此外，这里说的不是单一的管理主体，因为除了跨国公司和外国银行，这些外国的寡头离岸业务集团还将操纵俄金融市场。实际上，这就是过渡到通货膨胀目标制政策的政治后果。

从政治上讲，如果国家失去了对其货币汇率的控制权，那么就会处于货币投机者操纵之下。如果央行向这些投机者提供贷款，并且将投机者转移给货币交易所管理，那么就会出现货币波动，货币金融市场将面临动荡，所有对外经济活动陷入混乱，依赖于对外经济活动的企业再生产也会出现混乱。这正是通货膨胀目标制政策导致俄经济面临这些后果。

除通货膨胀目标达成失败外，通货膨胀目标制政策对整个经济再生产也造成极其不利的影响，这一政策带来的长期负面后果包括卢布汇率的稳定性遭到破坏，货币从实体经济转移至投机者手中。

俄银行宣布放弃汇率监管并提高利率后，资金短缺加剧，货币投机成为金融市场上最有吸引力的活动。此后制造业的利润率下降至5%—7%，实体企业的偿付能力明显下降。随着俄银行提高关键利率，企业贷款条件一直在恶化。在央行将关键利率增加至17%后，大多数实体经济领域企业都无法获得贷款，经济中剩余的流动性又涌向了外汇市场。随后企业崩溃是投机者操纵和货币当局实行错误政策的必然结果。

2015—2017年继续实行刺激货币投机的政策。为了减少对证券交易所的外币需求，俄银行实行一种为外币回购交易进行外币融资的机制，银行创造了投机者赚钱的新渠道。以2%的利率获得外汇贷款后，银行将外汇贷款转换为卢布，以超过10%的收益率购买俄联邦贷款债券，然后将其出售并再次按照已经提高的卢布汇率兑换外币。鉴于汇率增长了1/3，这些货币金融投机行为的获利能力与2014年卢布汇率平稳下降时相同，达到30%—40%。毫无疑问，货币从实体经济继续流入外汇金融市场。

货币信贷政策过度紧缩导致卢布贬值，制造业无法提高产品竞争力。尽管卢布贬值以扩大有竞争力的本土产品生产后，国家领导人曾呼吁实行广泛进口替代和提高本土产品价格竞争力，但实际上由于缺乏信贷，无法做到这一点。由于无法吸引用于生产的贷款，工业企业倾向提高价格和降低生产量。因此通货膨胀增长趋势有所加强。

商业银行再融资过程中发行信贷资源达 8 万亿卢布，这些资金近期主要被用作开展投机性融资。如图 13－8 所示，商业银行对央行的负债及其外币资产数量的同步增长证明了这一点。受货币当局政策影响，外汇交易所已成为俄经济中激发商业活动的主要推动力。2014 年莫斯科交易所的交易量约为 4 万亿美元，是国家 GDP 的 2 倍，是外贸交易额的 10 倍。2015 年，它再次翻了一番，是 GDP 的 7 倍和外贸交易额的 15 倍（图 13－7）。外币业务量达到 100 万亿卢布，其中超过 95% 是货币投机活动。在实体经济领域生产、收入和投资下降的背景下，2015 年莫斯科交易所的利润增长了 600 万亿卢布。

如果没有投机者操纵卢布汇率以获得超级利润，那么金融“泡沫”不可能如此大规模膨胀，这些投机者熟知监管政策，并确信其没有风险。根据交易所经纪人评估，在过去两年中投机者利用公民和企业收入与储蓄（这些公民和企业信任国家并以卢布形式进行资金累积）贬值人为造成汇率波动，赚取了约 500 亿美元。大多数投机活动获取的超额利润通过“虚假”交易链被转移到境外——非俄公民在俄市场外汇金融交易总额中占比达 60%—90%。

卢布汇率最终脱离了对外经济交换的基本条件，成为投机游戏的工具。俄银行政策导致的投机活动正在从银行和实体经济中吸走越来越多的资金。俄经济为货币金融投机者服务，经济面临失衡和破产。当卢布汇率下跌时，投机者通过以卢布计价的储蓄和收入贬值来获取超额利润。当卢布汇率增长时，廉价进口产品迫使实体企业退出市场，实体企业利润下降，而投机者利用该契机获取利益。

不难计算，在利率上升、卢布贬值 50% 以及通货膨胀率跃升至 16% 后，企业成本增加了 20%—30%（具体数额取决于进口业务的

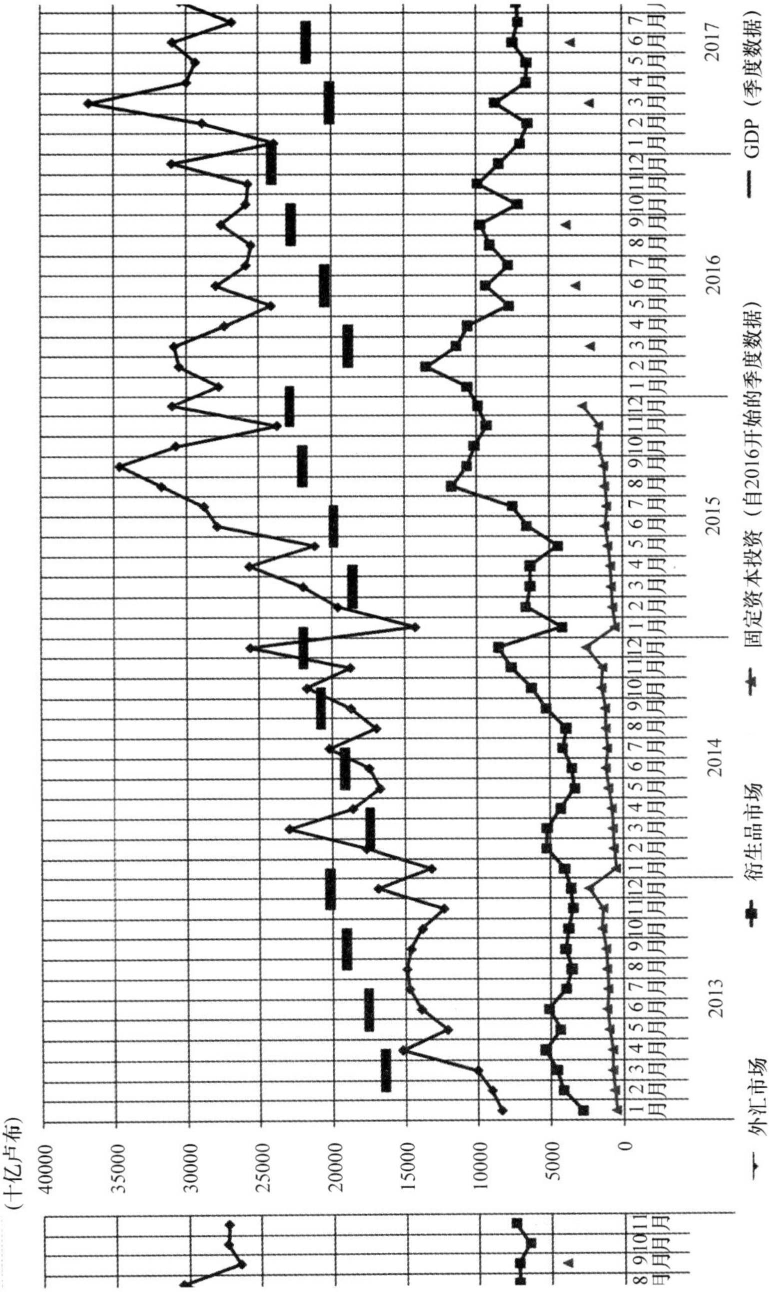

图 13－7　2013 年 1 月—2017 年 11 月莫斯科交易所贸易额、固定资本投资额和俄国家 GDP 情况

资料来源：E. 马特琴科，俄央行和俄联邦统计署数据。

比例)。卢布升值1/3后，产品出口价格竞争力相应下降。同去年相比，货币仅贬值1/4，贷款价格却高出一倍。

如果必须出于贸易平衡的客观因素迫使卢布汇率贬值（石油和其他原产品出口价格下跌，西方制裁和资本外流），那么就必须让其同“汇率稳定至新水平”同时进行，不能引发投机“浪潮”。例如，持续一个月将利率减少1/3，以使交易适应这种变化。同时，向制造企业提供贷款以增加进口替代。如此就不会发生投机“浪潮”，同时价格竞争力得到提高，生产也将有所发展。汇率大幅降低1/2后增长1.5倍，这无疑是毁灭生产和投资的“可靠”方法，这主要是因为具有极大的不确定性，且货币投机获取超额利润使生产活动无利可图。

早在1992年，持这些思想的人就在俄罗斯建立了外汇市场。卢布在当时被称为“木制卢布”，因为官方汇率对企业的对外经济活动自由和公民而言毫无意义。官方汇率同黑市汇率相差巨大，国家没有外汇储备，似乎完全无法承受外债。总的来说，当时的国家金融形势不能与拥有庞大的外汇储备、稳定的国际收支平衡和微不足道的外债现状相提并论。那么，为什么当时我们能够快速落实市场方针和保障市场相对稳定，但当前企业却无法预料卢布汇率的走向来规划投资活动？

答案很简单。当时国家控制着货币市场，而今天则由投机者操纵。那时国家处于疲软状态，但是政府和央行的能力和决心都十分卓著。如今国家实力强大，但政府却陷入自由市场的幻想中，无法下定决心进行管控，央行却依赖于国际货币基金组织的建议，而不是自身的决断力。

我们注意到国际货币基金组织不喜欢我们为建立现代外汇市场并向卢布市场汇率过渡而采取的措施，这些措施不符合美国宣称的理论。其中包括：（1）出口国在国内市场上强制回笼和出售外汇收入，以使进口国有足够的外汇供应，这是过渡到市场汇率所必需的；（2）开展货币管制，禁止资本输出，只为经常收支提供货币自由兑换；（3）原材料的出口关税能够保障最多1/3的联邦预算收入，能够限制卢布汇率增长和爆发"荷兰病"；（4）为建立国家外汇储备而以提高1.5倍的汇率出售部分外汇收入，由此为购买关键进口产品提供资金。

依靠这些措施有可能迅速摆脱绝望局面，建立现代外汇市场，逐步转向卢布市场汇率并保障卢布汇率稳定，使进口商品的国内需求饱和，开始增加非原料出口并偿还外债。如今，除了根据世界贸易组织要求不断降低出口关税，这些措施并没有实行。

1993年国家政变后买办寡头阶级立即被废除了，当时他们曾垄断国家政权。新兴寡头在建立了对原料商品出口的控制后，取消了向国家出售外汇的方针，因为他们对人们急需的药品和食品进口不感兴趣。为了在国外狂热地积累财富，他们将资本外流合法化，取消外汇管制，并开始减少必须出售的外汇收入份额。然后又开始废除出口关税（将出口自然资源的资源租金从财政转移到寡头的外国账户中），并为了弥补失去的联邦预算收入开始以疯狂的利率发行短期国债。

买办寡头阶级的狂躁贪婪很快使国家面临破产。1998年8月在国际货币基金组织和美国财政机关的监督下，买办寡头阶级的代理人无法支付外债。俄联邦委员会成立临时调查委员会针对俄联邦政府和俄央行1998年8月17日制定的决议原因、情况和后果开展调查，包括重组国家短期债务、卢布贬值问题、暂停进行资本性质货币交易、违约相关责任人经常同华盛顿方面代理人进行商议并向总统和议会隐瞒其计划。该委员会在官员行动中发现叛国迹象，货币当局活动也存在一定过失，这些过失给国家带来灾难性后果。叶利钦解散政府并辞去央行领导层。普里马科夫、马斯柳科夫和格拉先科立即采取了以下显著措施，使国家迅速摆脱灾难：

（1）恢复出口关税以应对财政预算危机；

（2）恢复外汇收入强制性出售，以确保国内汇率和国内市场的进口融资所需的外币供应稳定；

（3）收回货币管制权，确定商业银行的货币头寸，以阻止资本外流并将货币保留在国内，这对于稳定卢布汇率非常重要；

（4）对自然垄断企业实行关税“冻结”，以阻止通货膨胀的巨大波动；

（5）央行不提高再融资利率，而是开始根据其客户出口合同为商业银行再融资，这使实体企业营业额增加和生产扩大。

这些措施的出台立即阻止了危机，稳定了卢布汇率，并推动生产发展。尽管参与短期国债投机活动的商业银行面临崩溃，但扩大对实体经济信贷使企业能够以每月最高2%的速度（不是像政府今天所梦想的“每年”）快速开展生产。随着商品供应增长和汇率稳定，通货膨胀率迅速下降。在这一年中经济完全稳定下来，并走上了稳定的增长道路，如此一直持续到2008年。

2008年国际金融危机爆发，卢布崩溃。金融危机使国际收支恶化，但并没有使俄经济崩溃。尽管如此，与其他G20国家情况相比，俄罗斯受波及影响程度最深。金融危机再次让货币当局措手不及，在经济崩溃的前六个月梅德韦杰夫邀请投资者云集圣彼得堡经济论坛，鼓励对俄罗斯这一“金融危机的避风港”投资。但当时普里马科夫和格拉先科建立的所有保护机制都被取消了，取消了对资本运营的外汇限制，取消了强制性出售外汇收入，取消了对自然垄断企业实行关税“冻结”，取消了商业银行对实体企业的债务再融资。因此，国际金融危机立即波及俄罗斯这一“避风港”，资本流入国外，而不是外国投资大量涌入国内。货币当局为使卢布平稳贬值而采取的不恰当的行动只会加剧这一进程，刺激经济美元化以及货币从实体经济流向货币交易所。通过发行货币和对商业银行投入财政预算来挽救金融危机的行动加深了货币危机，因为在没有货币限制的情况下，银行将从央行获得的贷款转换为外汇，导致卢布进一步贬值。

俄拥有G20国家中最高储备资源（就黄金储备保障本国货币汇率、名义汇率与购买力平价之比、稳定的贸易顺差而言），但俄金融市场的跌幅大于其余国家，造成该问题的原因完全是人为的，俄货币当局没有采取任何措施来保护其金融市场，这使国际投机者可以轻松地从操纵卢布汇率中获取超额利润。

更为奇怪的是货币当局坚信他们可以通过控制利率来应对通货膨胀率和卢布汇率波动。在多年来的市场改革中，成千上万的研究表明利率同货币量和通货膨胀水平没有显著关系，但利率与货币量同生产和投资间存在紧密联系。无论何时何地，货币供应量的减少和利率的上升都伴随着生产与投资的下降，这在俄罗斯经济中尤为明显。

国际货币基金组织的标准化建议是提高利率以抑制通货膨胀和提升本国汇率。该标准化建议是以市场均衡的数学模型为基础，但该数学模型不符合经济现实，而且只能论证简单且表面上有说服力的观点。货币主义者认为，提高利率可以增加银行存款的吸引力，这会减少货币需求并导致价格降低，也会集中闲置资金并减少其在外汇市场中的供应，从而促进本国汇率上升。但是，这种肤浅的判断没有考虑到利率的提高导致借款人的成本增加，而借款人将成本转移到生产成本上，会导致价格上涨，并给本国货币贬值带来压力。同样，由于受规模效益的影响，需求减少导致产量下降和成本增加，这可能不会引起价格下跌，反而会引起价格上涨。相反，降低利率和增加货币供应可以转化为扩大生产和投资，相应地，价格和成本会降低。

实体经济不同于经济均衡模型，就像生物有机体不同于模塑品。货币主义者不想去理解经济动态过程中非线性和不平衡性这些显而易见的事情。就我们这种情况，货币化水平本来就很低，经济非货币化会危害极大。到目前为止，我们经济中货币供应量扩大并没有引发通货膨胀加剧，在经济实体部门产能利用率提高的背景下，由于生产增长超过预期和成本降低反而使通货膨胀率下降。与此同时，贷款增加而无法控制专项信贷资源的使用，这可能导致信贷资金流入金融市场，引发新一轮的货币投机浪潮、卢布汇率再次崩溃，随后通货膨胀的浪潮加速。可以预言，持续的经济非货币化必将加剧生产和投资的下降。

制裁和其他危机因素对经济影响的评估方法及结果[①]

衡量经济制裁对俄经济产生的影响需要解决一系列方法论问题。第一，有必要区分经济形势的影响，包括商业和投资活动的周期性波动。第二，除制裁因素外，俄经济还受到其他外部因素的影响，如经济行情及系统性因素，对这些因素的评估无法做到精确。第三，制裁后果受到实行的经济政策[②]的影响。从影响经济态势的所有因素中找出制裁带来的影响完全是相对的。[③]

从理论上讲，为评估制裁对俄经济的影响，应确定在没有制裁的情况下俄经济发展的理想轨迹。如果像我们这样的情况，国家政策加剧制裁造成的负面影响，评估实施国家政策带来的后果则需要与替代政策相比较，因为替代政策可能会部分抵消国家政策导致的负面影响，甚至有利于国民经济的发展。例如，在实施的反制裁措施中，对实行反俄制裁国家的食品进口实施禁运，因此农产品的进口替代取得极大发展。与此同时，国家提供了优惠贷款（2016 年为

① Данный подраздел подготовлен на основе сл. источника：Глазьев С. Ю.，Архипова В. В. Оценка влияния санкций и других кризисных факторов на состояние российской экономики // Российский экономический журнал. 2018. №1.

② Глазьев С. Ю. Экономика будущего. Есть ли у России шанс？ М.：Книжный мир，2017. С. 104 – 125；Ершов М. В. Какая экономическая политика нужна России в условиях санкций？ // Вопросы экономики. 2014. №12. С. 37 – 53.

③ См.，например：Широв А. А.，Янтовский А. А.，Потапенко В. В. Оценка потенциального влияния санкций на экономическое развитие России и ЕС // Проблемы прогнозирования. 2015. №4. С. 3 – 16；Гурвич Е.，Прилепский И. Влияние финансовых санкций на российскую экономику // Вопросы экономики. 2016. №1. С. 5 – 35；Сухарев О. С. Экономические санкции：проблема оценки ущерба // Экономика и предпринимательство. 2017. № 8，ч. 4. С. 80 – 87；Crozet M.，Hinz J. Collateral Damage：The Impact of the Russia Sanctions on Sanctioning Countries' Exports. Research and Expertise on the World Economy. CEPII Working Paper，№ 2016 – 16 – June. P. 3 – 46；Russell M. Sanctions over Ukraine：Impact on Russia. Members ´ Research Service. European Parliamentary Research Service，March 2016. p. 1 – 12.

1.5 万亿卢布）与补贴，制裁反而促进了农产品的产量增长。根据俄联邦统计署数据，2016 年各类农场的农业生产指数（按可比价格计算）达 104.8%，比国家规划指标高 1.7%。各类农场的农作物生产指数（按可比价格计算）为 107.8%，比预定指标高 5.3%，且甜菜（增长 31.6%）、葵花籽（增长 18.6%）、谷物和豆类（增长 15.2%）产量有所增加。其他领域的农产品产量在 2016—2017 年也明显增加。

很遗憾，除了农业综合体，国家在宏观经济上成功应对制裁的效果并不明显。这其中包括为军工综合体和能源动力综合体服务的机械制造业，国外对于这些部门的制裁形式是禁止向俄罗斯以及个别俄罗斯公司出口设备。为此根据俄总统指示，俄创立了一些新的领域，这些领域能够替代进口西方国家和乌克兰复杂技术。也许正因为如此，俄减少了因近期经贸关系解除所造成的损失，该损失估计在 720 亿—750 亿美元至 1300 亿—1500 亿美元。[①] 衡量各部门受制裁影响的结果需要对相关领域进行研究，这超出了本项工作的范围。我们试图将制裁的后果与内、外部市场形势以及国家宏观经济政策的影响区分开，仅评估宏观经济的影响。

基于本项研究目的，我们采用以下 2010—2016 年的动态指标：GDP，包括家庭消费支出和固定资产投资；对外贸易额，包括服务；零售贸易、工业和农业生产指数。为确定评估危机规模相关的基准，我们运用静态和动态方法。在第一种情况下，将危机前期 2010—2013 年相应指标的平均值作为基准值。在第二种情况下，根据 2010—2013 年俄经济的平均增长轨迹构建曲线趋势外推（表 13 - 1）。因此，我们的出发点是：俄货币当局拥有足够资源来确保宏观经济形势的基本参数是稳定的，这可能抵消由于货币信贷政策变化所带来的内部危机因素的影响。

---

① Косикова Л. Новейшие украинские шоки российской экономики（о воздействии «постмайданного» кризиса в РУ на воспроизводственные процессы в РФ）// Российский экономический журнал. 2017，№4. С. 69 – 82.

表 13－1　**俄罗斯经济发展的主要指标：实际增长和基准增长（较上一年同比）**

指标	2010 年	2011 年	2012 年	2013 年	2014 年	2015 年	2016 年
GDP：实际基准	4. 5	5	3. 7	1. 8	0. 7 3. 7	－2. 8 4. 01	－0. 2 3. 95
家庭经济开支：实际基准	5. 5	6. 8	7. 9	5. 2	2. 0 6. 37	－9. 8 6. 58	－4. 5 6. 44
实际零售量指标：实际基准	6. 5	7. 1	6. 3	3. 9	2. 7 6. 0	－10. 0 6. 2	－4. 6 6. 0
固定资本形成总额：实际基准	5. 9	9. 1	5. 0	1. 3	－1. 8 5. 3	－9. 9 6. 0	－1. 8 5. 8
工业生产指标：实际基准	7. 3	5	3. 4	0. 4	1. 7 4. 0	－3. 4 4. 4	1. 1 4. 6
进出口总额：实际基准	13. 3	7. 8	4. 8	4. 1	－2. 9 7. 5	－8. 5 8. 28	0. 8 8. 26
农产品生产指标：实际基准	－11. 3	23	－4. 8	5. 8	3. 5 3. 2	2. 6 3. 1	4. 8 3. 2

资料来源：俄联邦统计署：http：//www. gks. ru/wps/wcm/connect/rosstat_ main/rosstat/ru/statistics（使用日期：2017 年 11 月 12 日）。

研究初期我们对俄经济再生产的宏观经济指标与基准轨迹的偏差进行了评估。为获取评估数据，我们基于 2010—2013 年制裁前的平均经济增长速度构建 2014—2016 年预期走势和下一时期曲线趋势外推。

应当指出，在 2014—2016 年大多数具有代表性的指标（农业生产领域除外）与基准轨迹相比均出现了急剧下降。消费指标的动态变化引人担忧，通常消费指标相对于市场行情变化较为稳定。这些指标的急剧下降表明研究期内本国经济日益衰退。固定资产投资支出的动态与工业生产指标一致。对外贸易指标的特点是相对温和下降，2016 年根据实际增长率，对外贸易指标连同工业生产指标进入正值区域。在制裁期间以进口替代为导向的农业领域呈现出最好的经济状态。2016 年该领域实际增长率超过了基准轨迹。

应当指出，分析的这些指标在实施制裁前已经开始下降，俄央行再融资利率提高后，随着关键利率的急剧增加上述指标的降速加快。

评估制裁对俄经济的影响基于以下两种方法：个例和共性分析。本书中对制裁影响的计算方法[①]将仅做简短描述，不做详细介绍。第一种方法通过规定时间内各领域活动指标的变化趋势来评估危机因素对国内经济的影响。第二种方法是通过 GDP 的动态变化衡量危机因素的影响。这两种方法均是根据剩余原则进行制裁影响评估，该原则是从其他影响因素中清除具有代表性的目标指标的动态变化。

第一种方法包括：

（1）确定各部门在 2014—2016 年总体经济损失，制裁期间贸易、投资、金融和预算部门与代表性目标的偏离水平，与 2011—2013 年相对稳定的类似平均指标的偏离水平。

（2）计算制裁期限内皮尔逊相关系数与代表性指标和因素指标（外汇和石油）的关系。

（3）采用相关系数最大值作为非制裁因素对俄经济影响所占的比重。

（4）不区分内、外因素，对 2014—2016 年的制裁影响进行整体评估。

（5）详细说明非制裁因素，从俄央行的行动中区分两种内部负面影响：一是基础性影响，这与俄央行政策的变化、国内经济应对制裁损失进行的筹备工作相关。二是央行政策造成的最大负面影响。

（6）在指标因素组的框架内，并从外部非制裁因素的影响中清除制裁期间的整体非制裁损失的情况下，计算皮尔逊相关系数。

（7）评估制裁净负面影响。

上述 1—6 点内容的计算结果在表 13－2 中列出。

---

① 有关计算方法的详细说明，请参见 Глазьев С. Ю.，Архипова В. В. Указ. соч. 2018；Архипова В. В. Современный санкционный режим в отношении России：характеристика и глобальный аспект // Мир новой экономики. 2017. Т. 11，№2. С. 13－19.

表 13 - 2　　2014—2016 年制裁和非制裁因素整体影响评估
（包括俄罗斯央行行动导致的负面影响）①

使用的评估指标	2014 年	2015 年	2016 年	总计：按照部门
商品贸易指标（对外贸易总额）				
与 2011—2013 年平均值的偏差值（十亿美元）	51.9	317.7	376.7	746.3
制裁影响评估	26%	37.7%	8.5%	—
因制裁造成的损失（十亿美元）	13.5	119.8	32	165.3
产生最大影响的非制裁因素	外汇因素	外汇因素	外汇因素	主要是外汇因素
非制裁因素影响： 俄罗斯央行的基础性影响	74% 0.7%	62.3% 20.2%	91.5% 95.5%	— —
非制裁因素影响（十亿美元）： 俄央行的基础性影响	38.4 0.3	197.9 40	344.7 329.2	581 369.5
央行政策造成的最大负面影响（十亿美元）	—	64.7	—	64.7
服务贸易指标（对外贸易总额）				
与 2011—2013 年平均值的偏差值（十亿美元）	7.1	32.8	48.2	88.1
制裁影响评估	6%	62.7%	13.7%	—
因制裁造成的损失（十亿美元）	0.4	20.5	6.6	27.5
产生最大影响的非制裁因素	外汇因素	外汇因素	外汇因素	主要是外汇因素
非制裁因素影响： 俄央行的基础性影响	94% 0.7%	37.3% 53.2%	86.3% 5.2%	— —
非制裁因素影响（十亿美元）： 俄央行的基础性影响	6.7 0.05	12.3 6.5	41.6 2.1	60.6 8.65
央行政策造成的最大负面影响（十亿美元）	—	11.3	—	11.3
私人资本净流出指标				
与 2011—2013 年平均值的偏差值（十亿美元）	56	18.2	缺失	74.2
制裁影响评估	32.6%	26%	—	—

① Источник сводной таблицы：Глазьев С. Ю.，Архипова В. В. Указ. соч. 2018.

续表

使用的评估指标	2014 年	2015 年	2016 年	总计：按照部门
因制裁造成的损失（十亿美元）	18.3	4.7	缺失	23
产生最大影响的非制裁因素	外汇因素	外汇因素	综合性因素	综合性因素
非制裁因素影响： 俄央行的基础性影响	67.4% 42%	74% 53.2%	100% 96%	— —
非制裁因素影响（十亿美元）： 俄央行的基础性影响	37.7 15.8	13.4 7.1	缺失 —	51.1 22.9
央行政策造成的最大负面影响（十亿美元）	6.8	—	—	6.8
与 2011—2013 年平均值的偏差值（十亿美元）	36.4	53.7	27	117.1
制裁影响评估	41.9%	33.7%	28.7%	
因制裁造成的损失（十亿美元）	15.3	18.1	7.7	41.1
产生最大影响的非制裁因素	外汇因素	外汇因素	外汇因素	综合性因素
非制裁因素影响： 俄央行的基础性影响	58.1% 42%	66.3% 53.2%	71.3% 94.1%	— —
非制裁因素影响（十亿美元）： 俄央行的基础性影响	21.1 8.9	35.6 18.9	19.3 18.1	76 45.9
央行政策造成的最大负面影响（十亿美元）	6.1	4.4	—	10.5
联邦预算支出执行指标				
与 2011—2013 年平均值的偏差值（十亿美元）	1513	3221	4026.8	8760.8
制裁影响评估	0.5%	5.7%	6.2%	—
因制裁造成的损失（十亿卢布）	7.5	183.6	249.6	440.7
因制裁造成的损失（十亿美元）①	0.2	2.9	3.8	6.9
产生最大影响的非制裁因素	石油因素	外汇因素	石油因素	综合性因素
非制裁因素影响： 俄央行的基础性影响	99.5% 1.4%	94.3% 53.2%	93.8% 5.2%	— —
非制裁因素影响（十亿卢布）： 俄央行的基础性影响	1505.5 21.1	3037.4 1616	3777.2 196.4	8320.1 1833.5

① 为了将卢布转换为美元，我们使用用于每年制裁期间隔的美元兑卢布名义汇率的平均值：2014 年为 43.5 卢布/美元，2015 年 62 卢布/美元，2016 年 66.4 卢布/美元。

续表

使用的评估指标	2014 年	2015 年	2016 年	总计：按照部门
央行政策造成的最大负面影响（十亿卢布）	—	36.7	102.7	139.4
央行政策造成影响（十亿美元）：包括基础性和最大负面影响	0.5 0.5 —	26.7 26.1 0.6	4.5 3 1.5	31.7 29.6 2.1

通过数据结果可以看出，就绝对值而言，贸易部门因制裁造成的损失最大。一方面，这是由于制裁最初涉及双边和多边贸易限制。另一方面，由于直接禁止受制裁领域的商品和服务贸易活动，并在进出口条件恶化的情况下这些商品和服务的贸易间接受到二次影响，导致对外贸易额下降。

金融投资部门对外部冲击更为敏感，相应地在制裁期的第一年就针对金融经济制裁做出反应。该领域遭受的制裁影响通常可分为直接影响（资产冻结和金融禁运）和间接影响，间接影响体现在经济活动主体对国内经济投资持消极态度。应当指出，在本书研究期内，平均来看银行部门的资本输出额占资本输出总额的57%，尤其在制裁期的前两年商业银行有密集的资本输出。

制裁造成的损失给联邦预算增加了额外的负担，为此联邦预算划拨资金以减少受制裁影响部门的损失，并补偿自然人和法人的损失。根据我们的核算，制裁造成的额外预算支出（用于这些目的）约为4400亿卢布。

应当指出的是，就相对值而言，制裁造成的最大负面影响是：2014 年金融投资部门呈现萎缩趋势；2015 年贸易部门呈下降趋势；2016 年预算部门呈萎缩趋势；同预期相同，最初制裁打击了金融部门，导致大量资本外流。之后，遭遇最严重影响的是对外贸易部门。整个制裁期内预算损失均有所增加。

相对而言，俄央行主要对金融投资领域持续产生消极影响。2015 年消极影响主要体现在联邦预算支出增加和服务贸易量的变化，在 2016 年也因类似原因导致商品贸易额损失大幅上涨。在贸易领域（服务业），央行政策造成的最大负面影响大于基础性影响。

根据 2014—2016 年俄央行对经济各部门的影响材料（表 13 - 3），可以获得制裁和非制裁因素对本国货币汇率影响的上限和下限。确定 2014—2016 年制裁对卢布汇率的影响范围并找到 2015 年的最大值，这有助于确定 2015 年制裁对贸易部门的整体影响。

表 13 - 3　　2014—2016 年期间制裁对卢布汇率的影响范围

影响因素指标	2014	2015	2016
非制裁因素：俄央行（表 13 - 2 中的最大比率和最小比率）	1%—42%	20%—53%	5%—96%
非制裁因素：俄央行除外（最大比率/最小比率 = 100% - 俄央行影响的最大比率/最小比率）	58%—99%	47%—80%	4%—95%
制裁（比率 = 100% - 非制裁因素的最大影响）	<1%	<20%	<4%

资料来源：笔者基于表 13 - 2 中数据进行的计算。

在我们的定义中，制裁的净负面影响是指制裁使各部门造成的损失与俄央行最大负面影响带来的损失之间的差额。2014—2016 年制裁对金融投资部门的消极影响最大，而俄央行在贸易（商品）和金融投资部门的负面影响最大（表 13 - 4）。

表 13 - 4　　2014—2016 年制裁和非制裁因素对俄罗斯经济影响的百分比（考虑到部分制裁损失已转移至俄央行的最大负面影响）

使用的评估指标	2014—2016 年
商品贸易指标	
与 2011—2013 年平均值的偏差值（十亿美元）	746. 3
制裁影响评估	13. 9%
俄罗斯央行影响评估	58. 8%
其他非制裁因素评估	27. 3%
服务贸易指标	

续表

使用的评估指标	2014—2016 年
与 2011—2013 年平均值的偏差值（十亿美元）	88. 1
制裁影响评估	18. 4%
俄罗斯央行影响评估	22. 6%
其他非制裁因素评估	59%
私人资本净流出指标	
与 2011—2013 年平均值的偏差值（十亿美元）	74. 2
制裁影响评估	21. 8%
俄罗斯央行影响评估	40%
其他非制裁因素评估	38. 2%
外国直接投资流入指标	
与 2011—2013 年平均值的偏差值（十亿美元）	117. 1
制裁影响评估	26. 1%
俄罗斯央行影响评估	48. 1%
其他非制裁因素评估	25. 8%
联邦预算支出执行指标	
与 2011—2013 年平均值的偏差值（十亿卢布）	8760. 8
制裁影响评估	3. 4%
俄罗斯央行影响评估	22. 5%
其他非制裁因素评估	74. 1%

资料来源：笔者基于表 13 - 2 和表 13 - 3 中数据进行的评估。

评估结果证实了先前基于因果关系分析得出的结论，即俄央行的行为加剧了制裁造成的负面影响。

相对而言，第二种评估制裁和非制裁因素对俄经济影响的方法我们称为趋势分析，因为其根据支出法分析制裁前的 GDP 及其组成部分的走势。制裁使 GDP 实际增长无法达到预期的 4%，而俄央行政策导致的总体负面影响约为 58%（44% 为利率影响，14% 为外汇影响）。评估央行汇率影响的方法与先前使用的方法相似。GDP 构成是代表性指标，卢布汇率和利率是要素指标。

衡量制裁对不变价格计算的 GDP 的影响结果，其中考虑了基于纵向估算的 GDP 实际增长与基准轨迹之间的偏差值，还考虑了与表 13－5 中其他估值的比较结果。就绝对值而言，我们分析制裁导致的损失总额达 6960 亿卢布，其相对数值接近国际货币基金组织专家对短期制裁影响的评估。同时俄央行损失总额为 10.1 万亿卢布，约为 2013 年 GDP 的 16%。

表 13－5　**不同学术著作中就制裁对俄罗斯经济影响的评估结果对比**

作者及著作出版年限	什洛夫，扬托夫斯基，波塔别恩科（2015）	国际货币基金组织的专家（2015）	古尔维奇，普利列普斯基（2016）	格拉济耶夫，阿尔希波娃（2018）
制裁对俄罗斯 GDP 产生的负面影响评估	中期（至 2025 年）为 GDP 的 8%—10%	GDP 的 1.5%（短期）并高达 9%（中期）	2017 年前占危机前 GDP 的 2.4%（年均增速 0.4—0.6 个百分点）	2014—2016 年为以 2013 年不变价格计算 GDP 的 1.1%（年均增速 0.3 个百分点），以 2013 年现价计算的 GDP 2.5%（最高 3.9%）（年均损失 1.2 个百分点）
结果对比存在的困难	—	未指明制裁的短期和中期期限	以油价门槛形式设定条件	—
	未指出 GDP 的价值特点		—	—

资料来源：Широв А. А.，Янтовский А. А.，Потапенко В. В. Указ. соч. С. 9，16；Гурвич Е.，Прилепский И. Указ. соч. с. 30，33；Russian Federation：2015 article IV consultation. IMF Staff Country Report. 2015. №15/211；авторские расчеты.

制裁期限内用现行价格计算的 GDP 与 2010—2013 年平均值的偏差值为 1.4 万亿美元。据我们估算，其中就绝对值而言，俄央行的汇率和利率政策导致的损失约为 8700 亿美元（或约为偏差值的 60%）：分别约为 6150 亿美元（42.4%）和 2550 亿美元（17.6%）。同时，制裁的比例约占 2014—2016 年 GDP 偏离制裁前平均值的4%—6%，约为580亿美元。[①] 就相对值而言，这个数值接近古尔维奇、普利列普斯基（表13－5）的评估值。需要指出的是，在所分析的时间段内，俄央行政策对按现行价格和不变价格计算的GDP的影响大致相同，分析央行政策对现行价格计算的GDP的影响时，央行政策中汇率因素发挥主要作用，分析央行政策对不变价格计算的GDP的影响时，央行政策中利率操控影响更显著。

我们将获取的结果与其他国内外专家研究评估结论相对比。如表13－5所示，由于研究方法不同，且数据和时间间隔特点形成不同的前提条件，将这一问题（制裁对俄经济影响）的不同研究成果相对比遇到诸多困难。我们所提出的方法的显著特点是使用的统计数学工具相对比较简单，初始前提和结论清晰、具体且翔实，且能够全面研究和评估影响俄经济的内外因素以及二者相互依存和互补的关系，具备检验结果和假说的能力。

应当指出，我们对危机影响因素的评估是通过对制裁前期发展趋势外推而构建基准轨迹来衡量的。如果这一时期实行的宏观经济政策不是最佳政策，并导致经济活力（商品和服务潜在产量方面）下降，那么可以获得对危机影响因素的另一种评估。若俄罗斯实行超前经济发展区政策[②]，利用其他国家使用的扩大信贷[③]和金融加力

① 计算方法类似于之前的方法。目标指数是按当前价格计算的GDP，要素指标是俄罗斯银行的利率和卢布汇率（“2013年第三季度—2016年第四季度”的季度数据）。中央银行的制裁影响和汇率影响相关系数的校对根据表13－2—表13－4，数据来源：World Economic Outlook Database. International Monetary Fund. October 2017. 网址：http：//www. imf. org/external/pubs/ft/weo/2017/02/weodata/weoselser. aspx？ c＝922&t＝1（使用日期2017年11月19日）。

② Глазьев С. Стратегия опережающего развития России в условиях глобального кризиса. М.：Экономика，2010.

③ Глазьев С. Очередной документ прокризисной стратегии «мегарегулятора»（о неприемлемости центробанковского проекта «Основных направлений единой государственной денежно-кредитной политики на 2017 год и на период 2018 и 2019 годов»）// Российский экономический журнал. 2016. №5. С. 3－28.

（促进宏观经济发展采取的金融措施）的方法[①]，那么 GDP 有望增长 7%，投资有望增长 15%。在这种情况下，基准轨迹就会有所不同，2014—2016 年 GDP 实际增长与基准指标平均值的偏差将从 4.7% 增长到 8.2%。用同样的方法对制裁期内 GDP 潜在增长量进行计算，制裁的影响原则上不会发生变化，约为以 2013 年不变价格计算的 GDP 的 1%（约合 6420 亿—6960 亿卢布）。而央行汇率和利率政策的负面影响从 16% 上升到 29%—40%，达到 18.6 万亿—25.7 万亿卢布。[②]

---

① Финансовые стратегии модернизации экономики: мировая практика / Под ред. Я. М. Миркина. М.: Магистр, 2014.

② 资料来源：俄罗斯央行。制裁影响界限及俄罗斯央行影响上限根据以下前提确定：随着目标指标以约 1:2 比率增加，有理由认为，被分析指标因子“压力”的集中度发生显著变化。因此，根据我们的假设，这里的外部影响份额应减半：制裁因素小于 2%，其他因素小于 19%（但是，内部“冲击”在货币信贷领域对 GDP 的影响份额应整体上增加到 80% 左右）

第十四章 俄罗斯经济发展的教训与经验借鉴

俄罗斯可借鉴中国经济发展经验

与各国相比，特别是在俄经济衰退的背景下，中国的“经济奇迹”尤其令人信服（图 14－1）。在此期间（1993—2016 年）中国经济加速增长（其 GDP 在全球 GDP 总量中占比由 2% 增加到近 16%），而俄罗斯经济已经超过 25 年“落入停滞陷阱”（见图 14－2）。

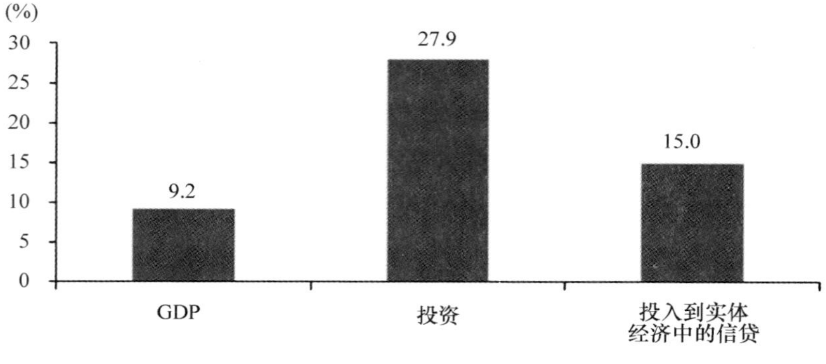

图 14－1 中国的 GDP、投资和货币供应量的增长率（1993—2016 年）

资料来源：M. 叶尔绍夫，根据中国的国家统计数据。

这些差异的原因在于，俄罗斯执行国际货币基金组织推荐的方案，融入以美国为中心的世界经济范式体系且偏离到该体系的“外

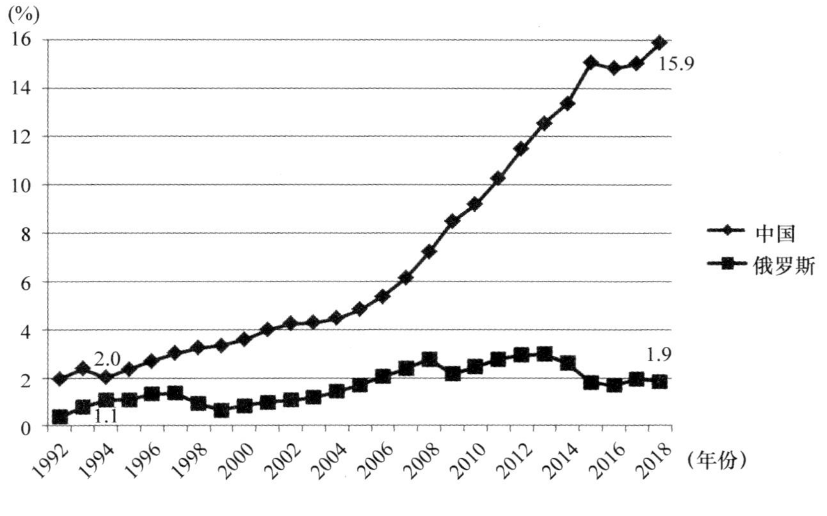

图 14－2　俄罗斯和中国的 GDP 在全球 GDP 总量中所占比例

注：2018 年引用的是估算值。

资料来源：笔者根据国际货币基金组织世界经济展望数据库中以美元现价计算的 GDP 数据核算，2018 年 10 月。

围”，与此同时中国实行一条渐进式经济发展管理新模式，该模式成为新的世界经济结构的基础。结果，俄罗斯陷入了不平等的对外经济交流“陷阱”，每年资本外流高达 1000 亿美元。俄罗斯前所未有的离岸化经济形势导致国家在大部分工业领域丧失掌控权（图 14－3），而工业也因此丧失高技术行业，逐渐衰落。实际上，俄正迅速转变为欧洲的原材料附庸国和美国经济捐助国，在 25 年中资本外流损失超过 1 万亿美元。

但同时，俄罗斯现存的科技和自然资源潜力可以使俄罗斯生产的产品数量为目前的两倍。在深化落实新经济范式的背景下，俄经济在新技术范式超前发展的基础上谋求腾飞，俄经济增速将可能不亚于中国，其 GDP 每年可增长 6%—8%，投资可增长 10%—15%。为此，俄有必要借鉴中国的经济发展管理经验，将其与俄罗斯的管理和文化传统有机地契合。

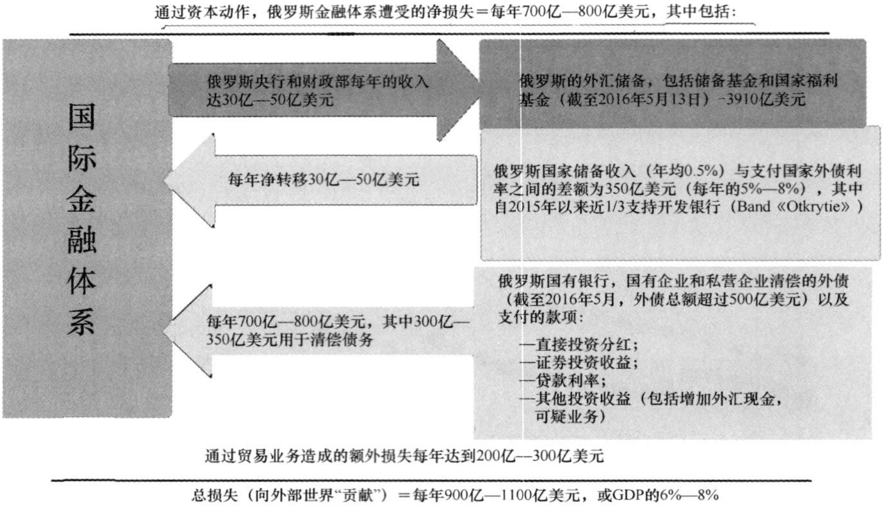
通过资本动作，俄罗斯金融体系遭受的净损失＝每年700亿—800亿美元，其中包括：
国际金融体系
俄罗斯央行和财政部每年的收入达30亿—50亿美元
俄罗斯的外汇储备，包括储备基金和国家福利基金（截至2016年5月13日）-3910亿美元
每年净转移30亿—50亿美元
俄罗斯国家储备收入（年均0.5%）与支付国家外债利率之间的差额为350亿美元（每年的5%—8%），其中自2015年以来近1/3支持开发银行（Band «Otkrytie»）
每年700亿—800亿美元，其中300亿—350亿美元用于清偿债务
俄罗斯国有银行，国有企业和私营企业清偿的外债（截至2016年5月，外债总额超过500亿美元）以及支付的款项：
—直接投资分红；
—证券投资收益；
—贷款利率；
—其他投资收益（包括增加外汇现金，可疑业务）
通过贸易业务造成的额外损失每年达到200亿—300亿美元
总损失（向外部世界“贡献”）＝每年900亿—1100亿美元，或GDP的6%—8%

图 14－3　俄罗斯向国际金融体系转变的评估

资料来源：Д. Митяев по данным платежного баланса России.

为保证能够进行扩大再生产，俄罗斯经济需要从根本上提高货币化水平，增加信贷规模，提高银行体系的能力。需要采取紧急措施来稳定经济，这就要求俄央行增加流动性供应并强化其作为最后贷款人的作用。与发行储备货币的国家不同，俄罗斯经济的主要问题不是由货币供应过剩和与其相关的金融“泡沫”导致，而是长期货币化程度低，及因贷款和投资严重短缺导致的长期损耗所致。

在新技术范式增长“浪潮”中实现谋求开放包容的发展机遇，需要强有力地推动固定资产更新，将已有资源集中在有前景的现代化领域和经济发展领域。因此俄需要将投资率提高到 GDP 的 35%—40%，并将投资集中在全球经济增长的突破性领域。货币当局根据统一确定的优先事项发放的专项贷款是此类投资的资金来源，中国上述经验证明了这一点，其成功利用了技术突破的机会窗口，加大金融支持政策，向有经济增长前景的领域增加信贷量，中国人民银行已成为开发银行，为实施统一计划的投资项目及规划发行必要的

资金。

从中国经济发展的理论和实践出发，需要结合经济发展目标并依靠内部发行货币的综合方法来建立货币供应体系。其中最重要的是信贷机构再融资机制，该机制无法为实体经济领域和优先发展领域的投资提供贷款。如前文有关货币演变部分的内容所示，可以借鉴发达国家货币发行的间接方法（凭国家和有偿付能力的企业担保进行再融资）和直接方法（对国家规划联合融资，提供国家担保，为发展机构提供资金）。

应当指出，发达经济体在发行国债时会重点发行专用的长期国债和超长期国债（美国、日本和中国达到30—40年），其中包括与长期投资项目融资相关的国债，并辅以中期再融资工具，这为形成长期经济资源奠定了强大基础。而且，货币信贷政策与产业优先方向（包括行业性质、集团性质和区域性质）一致，我们这样可以讨论建立货币产业政策制度。

国家现代金融信贷体系符合激发俄经济现代化发展投资活力的任务，在该体系形成的过程中俄央行应发挥发展机构的作用，保障私营企业信贷需求，以扩大生产和投资，实施国家规划、战略和指示性规划。

国家宏观经济政策的主要方向应该是确保公民充分就业并为公民自我实现创造条件，这需要建立长期贷款制度，向国内市场提供长期贷款资金。为此，有必要将专项贷款发放对象扩大到生产企业，这些企业产品的销售由出口合同、国家订货、企业同国内消费者的合同、贸易网络来保证，并严格监督专门用于生产需求的资金用途。这些贷款应由央行以企业债券形式进行再融资，该企业债券由国有控股银行发行，并以不超过4%的利率向最终借款人拨款。

由央行通过联邦和地区级别的专门发展机构以不超过2%的年利率（包括抵押贷款）筹集资金，将优惠信贷额度扩大2倍以支持小企业、住宅建设和农业。此外，私人企业应通过履行国家责任，即按国家要求以固定价格如期生产一定量的某些产品（或提供服务），以保障获得国家贷款。未能履行责任将导致形成与非生产成本等值的国家债务。

为维持稳定的宏观经济环境，俄必须对跨境资本流动和外汇交易进行监管，以防止出现投机、滥用贷款和金融市场欺诈的行为。这样可以降低成本并扩大生产性信贷，而且不会有以投机为目的将信贷资金溢出到货币金融市场的风险。还必须根据客观条件控制卢布兑换汇率，保障国内商品生产者的竞争力。选择性货币监管方法是众所周知的，正如中国的经验表明，如果货币当局实施连贯性政策，这些方法将非常有效。

创建公平、负责和有利于发展生产活动的国家管理体系，为形成全民思想团结的社会体系提供了必要条件。全民思想团结的社会体系是全球和谐的新社会关系，该社会关系以传统道德价值观、社会公正和伙伴关系为原则，在维持社会多样性和有序性的同时理解人类可持续发展的需求，尊重人的权利与自由、国际法、公平竞争和互惠的国际经济交流机制。

从错误中吸取教训

根据货币规划主要指标预测（表 14－1），俄央行计划在 2021 年前不提供资金，而是从银行部门回笼 3.3 万亿—4.4 万亿卢布的信贷资金。加上储备的预算收入，货币当局从经济中提取的信贷资金总额将为 8 万亿—12 万亿卢布。在这种情况下，俄央行的计息负债将由货币当局提取的信贷资金偿还，这显然是依靠发行货币弥补损失。这将是央行在经济史上亏损的唯一例子。

实际上，俄央行正在重新恢复国际货币基金组织惯用的“货币局”制度，该制度曾是英国为殖民地设计的一种货币制度。该货币制度仅允许在购买宗主国货币以增加本国央行外汇储备条件下发行本国货币。在 2008 年国际金融危机之前俄央行使用过上述制度，当时其负面影响已经显现。当前的情况与 21 世纪初的不同之处在于，由于石油价格稳定在中等水平，因此外汇流入的增加幅度要小得多。如果在那个时期通过外汇收入的不断增加和央行对外汇的收购来抑制卢布过度升值，基础货币每年也将增加30%—40%，但今天按照该方式基础货币没有增加。当时货币当局通过稳定基金将收到的联邦预算中的部分石油美元投入到外汇储备中，消除了货币供应量的过度增长。现在货币供应量没有增加，并且由于利率增加所形成的“流动性盈余”可以依靠银行从实体经济领域抽取资金进行补充。换言之，如果以前通过这项货币政策，我们拒绝使用从国外获得的额外经济收入，那么今天拒绝的不仅是额外的经济收入，还有私有经济中的流动资本。这堪比使用放血疗法治疗由人为原因造成营养不良的人（不愿咀嚼和消化食物），不但没有拯救其生命反而使其失去最后的力量。当前使用的货币政策模型如图14－4所示。

表14－1　**货币规划主要指标预测**　（万亿卢布）

	2017年1月1日（实际）	2018年1月1日		2019年1月1日		2020年1月1日		2021年1月1日	
		基本指标	选择性指标	基本指标	选择性指标	基本指标	选择性指标	基本指标	选择性指标
1. 基础货币（狭义定义）	9.1	9.5	9.6	9.8	10.0	10.1	10.4	10.4	10.8
1.1 流通现金（俄罗斯央行以外） 1.2 强制性储备★★	8.8 0.3	9.2 0.3	9.3 0.3	9.5 0.3	9.7 0.3	9.8 0.3	10.1 0.3	10.1 0.3	10.5 0.3
2. 存款准备金	22.4	24.5	24.5	25.3	26.7	25.5	29.3	25.8	32.0
十亿美元★★★	370	403	404	417	440	421	483	425	527
3. 国内净资产	－13.3	－15.0	－14.9	－15.5	－16.7	－15.5	－18.9	－15.4	－21.2
3.1 广义政府的净贷款	－6.3	－5.4	－5.4	－4.9	－6.2	－4.9	－8.6	－4.9	－11.1

续表

	2017 年 1 月 1 日（实际）	2018 年 1 月 1 日		2019 年 1 月 1 日		2020 年 1 月 1 日		2021 年 1 月 1 日	
		基本指标	选择性指标	基本指标	选择性指标	基本指标	选择性指标	基本指标	选择性指标
3.2 银行净贷款	-0.3	-3.7	-3.6	-4.9	-4.7	-5.0	-4.7	-5.2	-4.7
3.2.1 银行信贷总量	2.3	1.0	1.0	1.0	1.0	1.0	1.0	1.0	1.0
3.2.1.1 再融资业务要求★★★★	1.6	0.3	0.3	0.3	0.3	0.3	0.3	0.3	0.3
3.2.2 信贷机构在俄罗斯央行的往来账户	-1.8	-2.2	-2.2	-2.3	-2.3	-2.4	-2.4	-2.5	-2.5
3.2.3 信贷机构在俄罗斯银行的存款以及俄罗斯银行的息票债券★★★★★	-0.8	-2.5	-2.4	-3.6	-3.5	-3.7	-3.4	-3.7	-3.2
3.3 其他未分类净资产★★★★★★	-6.8	-5.9	-5.9	-5.7	-5.8	-5.5	-5.6	-5.3	-5.5

注：★以固定汇率计算的货币计划指标是根据 2017 年初官方的卢布汇率确定的；

★★信贷组织的俄罗斯联邦货币账户转入到俄罗斯央行账户上的存款准备金（不包括在信贷机构与俄罗斯央行往来账户上的资金，这些资金是平均法存款准备金机制的一部分）；

★★★包括使用俄罗斯国家公司存款保险总署和银行部门合并基金资金的业务，俄罗斯央行的利息净支出以及货币资产重估；

★★★★包括对卢布进行再融资业务的要求，包括担保贷款、回购交易、俄罗斯央行以卢布买进美元和欧元的货币掉期交易；

★★★★★包括俄罗斯央行抛售美元和欧元换取卢布的货币掉期交易；

★★★★★★包括使用俄罗斯国家公司存款保险总署和银行部门合并基金资金的业务，俄罗斯央行的利息净支出以及货币资产重估。

资料来源：俄罗斯央行。

将“吸收流动性盈余”（在 3 年内从金融部门回笼 3.3 万亿—4.4 万亿卢布）纳入货币计划，这意味着俄央行近五年实行的货币信贷政策引发的系统性银行危机加深。同时投机者不断利用俄罗斯和国外金融市场的盈利性差异以及卢布的升值，谋取超额利润。在世界各国，这种“套利交易”的游戏都被视为对宏观经济稳定的威

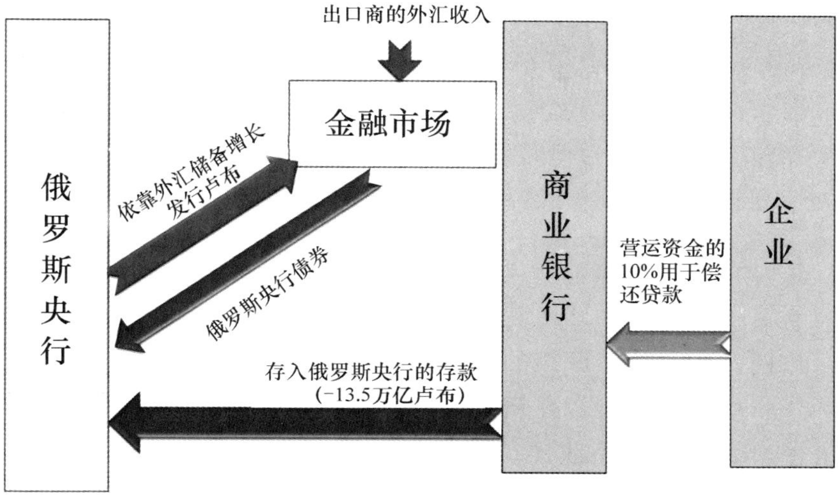

图 14－4　根据 2018—2021 年俄罗斯中央银行货币计划主要指标预测的货币政策模型

资料来源：E. 马特琴科，根据俄罗斯央行数据。

胁，并被货币当局所压制。相反，俄货币当局却支持这种行为，通过从生产和预算领域中挤压资金来人为地支持这种谋取超额利润的行为。货币当局越是允许投机者这种行为，从投资流向投机的资金就会越多。最终，投机者在本国货币崩溃后低价收购资产，获得更多的超额利润后离开市场。

在经济危机的背景下，其他国家货币当局实行宽松货币政策已有十年之久，加大信贷投放，为投资筹集资金，打破基于新技术范式增长的结构性束缚。与其他国家的货币当局相比，俄央行使用的是完全相反的方法，俄罗斯人为地减少信贷资金，加剧了投资活动下滑，阻碍经济现代化与经济发展。这种适得其反的政策可以解释为银行部门从赤字向流动性盈余转变。如文件草案所述，这种情况是受到前两年长期大量消耗储备基金（以前积累的资金）的影响。不知为何，国家统一货币信贷政策主要方向草案的起草者没有注意到，俄央行将关键利率维持在高于行业实际盈利能力之上是形成流动性盈余的主要原因。这类似于法国王后玛丽·安托瓦内特的著名逻辑，她见到农民穷得吃不起面包，竟说“没有面包的话，吃蛋糕不就好了吗?”同样，看到高档商店中销毁损坏的物品，就在大量穷人营养不良的情况下断言必须要减少产量。一旦俄央行将关键利率下调至加工行业的盈利水平，流动性盈余将导致生产企业的贷款资金短缺。

我们的货币当局早就令学术界感到震惊，武断的判断，盲目、固执不愿承认显而易见的错误，不顾国际经验且不愿参与讨论。夸大声称拥有“秘密知识”的背后隐藏着好战的无知。这使我想起了国际货币基金组织著名讲师卡瓦略的演讲，他曾作为反危机措施的预言者于1998年9月到访莫斯科。当时，作为“华盛顿共识”的拥护者，他提出了简单直接的反危机措施，这些措施与当前实施的措施极度相符：取消货币管制，放开卢布汇率管制，多次提高再融资利率，在宏观经济稳定方面无所作为。谢天谢地，我智慧而又礼貌性地拒绝了华盛顿的这些建议，我碰巧在议会发言中谈到了这些措施会导致许多国家的灾难性后果（其中包括阿根廷，该国财政部长卡瓦洛制定的政策导致了严重的危机）。

如今，由于流动资本融资和固定资产投资缺乏信贷资金，俄经济正处于半负荷运转状态。三年来，俄央行从经济中撤走约8万亿卢布，补充到被召回的2000亿美元西方贷款。通货膨胀的降低是以抑制贫困人口的最终需求和中止对企业投资为代价的。银行储蓄—投资转化机制已经暂停，相反，生产企业的流动资金向金融投机领域和国外输出。

最可悲的是，我们的货币当局不懂得从错误中学习（无论是别人的错误还是自己的错误）。这使我们注定要经历另一轮“不稳定”和经济衰退。这是第四次通过紧缩货币供应量对抗通货膨胀，结果导致投资减少。此后，经济技术落后加剧，竞争力下降，贸易平衡恶化，这将引起卢布再次贬值和通货膨胀激增。货币当局重蹈覆辙使国内经济动荡，已有3/4的设计局和科研设计机构倒闭，技术密集型工业产量大幅下滑，且由于需求不足，超过百万的高素质专家离开本国。

上面已经描述了俄央行教条式政策的后果。总而言之，其后果是导致俄银行系统紊乱，没有实现将储蓄转化为投资的传统功能。信贷投资的份额约为商业银行资产的5%。商业银行将资产中一定比例的资金输出国外成为其基本业务。货币信贷政策的推行使实体经济的金融状况不断恶化，并一再增加反俄制裁带来的损失。同时，实行的货币信贷政策鼓励在金融市场中构建金融金字塔结构和金融资产膨胀。

监管机构与金融集团之间的“合作”模式阐明了俄现代货币主义的实质，即维护货币持有者的利益。这些货币持有者为提升其购买价值，甚至不惜破坏整个国家金融和经济体系的稳定。该理论（前文提及的俄罗斯货币当局提出的货币信贷政策）仅为货币持有者的利益服务，在管理货币发行方面向国家施加限制，以造成货币赤字。它使用貌似科学的术语，但是其方法接近于准宗教教条，因为它不接受怀疑，忽略事实且不承认实验。这就是为什么许多思想家将货币主义视为旧约以色列拜金牛犊的现代版本，这是一种将金钱神化的“宗教”。为此，应正确评估自1992年以来实行的货币主义政策的实际效果：在这段时期内，俄罗斯经济主要集中在油气领域，当时这种政策的受益者通过提高利率来重新分配收入，从实体部门榨取数千亿美元，输送至国外。

在此期间，中国和其他前社会主义国家未受货币主义理论束缚，选择了务实的经济发展政策，一再提高其经济潜力。俄罗斯以及其他后社会主义国家在货币主义思想的指导下，在经济发展以及经济结构、对外贸易结构方面落入落后国家行列。但是，这并不妨碍俄罗斯在亿万富翁的增长人数和投资收购伦敦（伦敦被认为是国际寡头中心）高端房产方面处于领先地位。国内专家评估，在后苏联时期，俄罗斯资本外逃数额约为1万亿—3万亿美元。俄罗斯是全球以美国为中心的金融体系的最大捐助国，其通过自然资源出口、居民收入和固定资产折旧来支持美国的“债务金字塔”。

经济政策要结合不同社会群体的经济利益，其中统治精英的利益占据较大比重，其利益可能与民众利益并不吻合，甚至可能完全相悖。精英们需要将有益于自身的政策树立为唯一正确的政策，需要为此找到科学界代理执行人，这些执行人中大部分都从自身利益出发解读所实行的经济政策。与物理学不同，经济学不免会成为统治精英追求实施利己经济政策的附庸。大多数久负盛名的出版物中发表的文章、报告和规划内容中，专家们基于抽象的教条思想，貌似科学地论证统治精英政策的正确性。我们将社会福利的增长（用 GDP 的增长来衡量）作为经济政策的准则，对经济学进行了客观的科学分析。接下来，我们将根据该标准，并借助现代经济发展规律的相关科学知识论述最优的宏观经济政策。

第五部分

俄罗斯走出外围进入世界经济中心

本部分基于对全球经济发展规律和发展趋势的分析结果以及对俄罗斯经济状况和当前宏观经济政策效果的评估，对俄罗斯向超前发展区经济政策过渡的意见进行了论证。意见中包括不同层面的发展规划系统，其中最紧迫的是消除俄罗斯经济再生产日益萎缩方面的风险，风险主要涉及金融市场和货币信贷政策形势，并着重于消除国家安全的威胁。从中期来看，有必要为投资活动的增长创造条件，而对于投资融资则需要从根本上改变货币信贷政策。从长远来看，有必要实现科学技术进步的优先事项，包括部署战略规划程序和形成全面的发展机构体系。但当前刻不容缓的是保护国家安全免受威胁，只有这样才能实现上述所有可能性。其中最严重的风险涉及外汇资金冻结、俄罗斯的银行与国际支付系统和信息系统脱离、禁止向俄罗斯供应高技术产品以及俄罗斯出口条件恶化。

第十五章　恢复主权货币政策

如前文所示，俄央行的政策多次加剧了西方制裁的负面影响，因为其通过减少国内信贷和实行更为严格的商业银行监管来弥补外部信贷资源缺失。《巴塞尔协议Ⅲ》（*Basel Ⅲ*）标准的引入加剧了再融资条件的恶化，俄罗斯银行早于其他银行系统更加发达的国家使用该标准。几乎在遭受制裁的同时，俄央行提高关键利率且信贷条件恶化、监管严格、卢布汇率自由浮动以及莫斯科交易所私有化，俄央行的行为破坏了俄罗斯的稳定并使其陷入混乱，导致其陷入了当前危机。

碳氢化合物价格的急剧上涨为俄罗斯提供了维护主权的机会。俄总统普京以此恢复国家在行政政治领域的地位。但是，在宏观经济政策领域，俄罗斯仍然是一个依赖世界货币发行国的国家，其实行的货币信贷政策严格维护世界货币发行国利益。

在美国对俄罗斯发起战争[①]的背景下，货币政策的非殖民化成为生存的必要条件。现代国家只有在资金充裕的条件下才有可能独立发展，货币供应量的增长会使金融资产扩大，与此同时会促进现代国家间的竞争并降低货币供应成本。相反，俄央行实行的政策并非旨在创造维持经济正常发展所需的优质货币，而是旨在限制其数量并取代在外部融资基础上形成的美元替代品。俄央行提高利率导致

① Глазьев С. Как не проиграть в войне / Аналитический доклад，июль 2014.

国内信贷成本上升，并用美国和欧盟货币当局提供（在价格和贷款期限方面提供优惠）的外部信贷取代内部信贷。在因制裁切断外部信贷的背景下，这项政策将经济带入滞胀的“陷阱”。在长期贷款短缺的背景下（俄信贷总规模占 GDP 的比例低于大型发展中国家的一半，是发达国家的 1/3），这自然导致商业和投资活动减少、生产下降和工业退化。

为了实现总统设定的目标，即 GDP 的年增长率至少应为 8%，这需要至少增加 15% 的投资。[①] 这就要求信贷跨越式增长，意味着要经济再货币化。一些国家从经济落后迈入先进行列，这些成功的世界经验证明了将投资率提升至 GDP 35%—40% 的重要性，这一般通过将信贷量增加到 GDP 的 100% 或更高来实现。俄罗斯有可能实现这一飞跃，可以依靠现有的科学和技术潜力，从原材料出口中获得超额利润（自然资源租金）以及依靠主权货币信贷政策为有经济发展前景领域的创新和投资项目融资。

美国和欧盟的制裁为采用这种以扩大国内信贷为基础的政策提供了独特机遇。毕竟，俄罗斯是一个捐助者，而不是国际金融体系的东道国，拒绝成为捐助国将从根本上增加国内投资。马涅维奇和布金娜[②]的报告中令人信服地论证，如果一个国家处于贸易顺差，则不需要国外信贷。一个国家吸引多少外部信贷，其金融体系就会被迫相应减少多少国内信贷，并承担为外国提供信贷服务的超额费用。在当前情况下，用国内信贷替代国外信贷可以清算达 3 万亿卢布非正常损失，并相应增加国民经济的信贷量，这将为生产企业提供更加便宜且能够负担得起的信贷。

目前为止，美国对俄罗斯发动的世界战争主要是经济性质的。美国通过无限制地发行美元来确保其在战争中占据优势地位，这不

---

① Россия на пути к современной динамичной и эффективной экономике / Аналитический доклад / Под ред. А. Д. Некипелова, В. В. Ивантера, С. Ю. Глазьева. М.: Российская академия наук, 2013.

② Макроэкономическая ситуация и денежно-финансовая политика в России / Доклад / Под ред. В. Е. Маневича и И. С. Букиной. М.: Институт экономики РАН, 2013.

仅为难以想象的庞大军事和外交政策支出提供了资金，而且还确保了其经济的竞争优势——无止境地免费获取贷款。在世贸组织严格限制关税保护措施的条件下，此种贷款条件成为国际竞争中的决定性手段。此外，为偿还外债而大量发行廉价货币提供贷款的国家具有优势。因此，需要从根本上改变货币发行机制，从依靠货币发行保障外汇储备过渡至依靠货币发行保障国家债务和企业债务的模式。

尽管目前俄罗斯央行的关键利率是货币供应的主要调控工具，但央行表示，确定货币发行量时会继续遵守数量上的限制，在外汇回购协议拍卖中会任意设定最大资金量（根据回购业务分配一周的信贷资源，这构成了俄罗斯央行发行货币的主要部分）[①]，这些资金旨在用于平衡当前银行部门的流动性需求和供给，不能作为向产业部门提供贷款的来源。为此，在实施制裁之前，大部分信贷资源流入国外，使俄罗斯金融体系承担了越来越多的债务。

应再次回顾一下货币理论经典人物诺贝尔奖获得者托宾[②]的基本结论。他证明了央行货币政策的关键目标应该是创造有利于投资的最优条件。当然，宏观经济政策要以确保经济增长为导向。所有国民经济成功的国际经验表明，在均衡发展的情况下，要通过增加产量和效率来抑制通货膨胀，而不是通过限制货币供应量和降低生产力。

如果货币流通和资本再生产的监管机构不能确保将发行的货币转化为用于扩大生产和投资项目（可以促进科学技术发展，降低研发成本）的信贷，那么发行货币自然会导致通货膨胀。或者说，如果经济中的货币量饱和，那么过多的货币将导致金融金字塔。但是，正如 M. 叶尔邵夫所指出的那样，如果在俄经济货币化规模（M2/GDP 比率）仍然相对较低（与主要竞争对手 100% 的水平相比，大约占比 40%）的情况下，那么仍可能在无通货膨胀的基础上吸收财

① Годовой отчет Банка России за 2013 г. URL: http://www.cbr.ru/publ/God/ar_2013.pdf.

② Tobin J. Op. cit. 1958.

政资源。[①] 我们根据现有经验（2000—2016 年，物价稳定增长，多次落后于货币供应量的年增长率）得出结论，从确保经济增长的角度来看，货币化的优势超过了货币化引起的通货膨胀风险，应当通过银行监管机构以及反垄断政策将通货膨胀降至最低。

总体而言，由于当前的货币信贷政策和外汇政策，以及缺乏确保储蓄转化为投资的机制，俄经济在后苏联时期失去了一半以上的投资资金来源。充分利用它们可以保证生产发展中的资本投资增加两倍，并使固定资产积累率维持在 30% 以上，无须吸引外资。实际上，俄经济依靠消耗苏联时期积累的科学生产潜力来进行资本输出。

俄罗斯仍然有推行主权经济政策的机会，已有的科学生产潜力使俄能够在新技术结构增长基础上实施超前发展区的政策。但是，这不能仅仅停留在货币主义教条的框架内。超前发展区的政策需要进行战略上的规划、科学选择优先方向、制定长期的现代化规划、依靠新技术并将新技术大规模应用以及使其商业化。为此，我们需要内部长期信贷来源以及创新融资机制。这需要对资金流动进行监管，包括对外汇的监管，该资金通过商业银行和俄罗斯央行[②]的机构再融资体系划拨，这个再融资体系具有多渠道的性质，是基于发展实体经济建立的。下面将对此进行讨论。

在世界经济结构变化的背景下，应在调整相关国际经济关系的背景下向超前发展区的主权经济政策过渡。伴随着世界经济活动中心从美国转移到中国，正在形成新的国际合作制度体系（该体系基于相互尊重国家主权、协调利益和实现共同目标的责任）。以美国为中心的自由主义全球化模式，强迫其他国家开放其经济以供美国资本自由经营。与此不同，亚洲的资本再生产模式则是在保持一体化

---

① Ершов М. О механизмах оживления экономики и поддержания равенства условий финансовой конкуренции после вступления России в ВТО / Аналитическая записка. 2014.

② Глазьев С. Стратегия опережающего развития России в условиях глобального кризиса. М.：Экономика，2010.

国家多样性的同时以发展合作为导向。俄罗斯可以与中国以及其他国家一起组成一个新的中心，以扩大新世界经济结构[1]的再生产核心。

我们正在朝着这个方向行动，当前已经建立了欧亚经济联盟，正在发展上合组织，金砖国家联盟正在加强合力。俄罗斯有机会成为世界经济发展新中心的正式成员，但不是作为“外围”，而是作为新的全球金融和经济体系“核心”的一部分。但是为此，必须摒弃作为错误理论且毫无实践价值的货币主义。

---

① Глазьев С. Между Вашингтоном и Пекином // Экономические стратегии. 2015. Т. 1, №2（128）. С. 6 – 17.

第十六章　保障金融安全

美国及其盟友在金融领域具备压倒性优势，如今美国在对俄发动的混合战争中将金融领域作为关键打击方向。美国及其盟友利用在世界货币金融体系中的优势来操纵俄金融市场，使俄罗斯的宏观经济失衡、再生产和经济发展机制遭到破坏。美国及其盟友通过金融封锁以及投机性攻击的方式对俄货币金融体系进行打击。

一方面，美国当局阻断了提供给俄罗斯的中长期贷款和西方资本投资。另一方面，美国及其盟友没有限制短线交易，为俄罗斯市场上各种规模的投机性融资创造条件。由于长期资本外流与短期投机性资金流入，俄货币金融体系失去稳定性，陷入动荡局面。

现在没有什么可以阻止美国对俄货币金融体系开展新一轮打击。在俄央行放弃对卢布汇率的监管后，投机者开始操纵汇率。俄半数以上货币金融市场被非居民占有，其中美国资金占主导地位。因此，决定卢布汇率动态的是美国资金而非俄央行，卢布汇率基准在芝加哥证券交易所确定。

如果在美欧宣布对俄罗斯实施制裁之后，俄央行能够采取银行及外汇管制措施来保护俄金融体系免受外部攻击，那么则可以使俄罗斯免遭此次金融侵略。最近十年俄罗斯一直是世界金融体系的捐助国，只要货币金融市场得到充分的保护，客观上就可以使俄罗斯不受外部威胁的侵害。在全球范围内，俄罗斯是债务指标最好的国家之一，外汇储备相当充足，这使卢布能够稳定在合理的水平上，从而保持俄罗斯的经济竞争力。俄外汇储备量是基础货币的两倍，这使得俄央行可以抵制任何对卢布的投机性攻击。客观上卢布是世界上最安全的储备货币之一，正因如此，卢布可以抵抗任何制裁。针对欧盟和美国的金融封锁，俄罗斯可以采取适当的应对措施来化解不良影响。

俄居民持有的大量外币资产可以平衡俄罗斯过多的外债。俄罗斯对外贸易有大量顺差，其中包括与对俄实施制裁的国家之间存在顺差。因此，俄罗斯可以通过建立选择性外汇管制的方式来轻松应对制裁。

相反，俄央行提前宣布拒绝将卢布汇率维持在目标水平，这实际上充当了外部势力的工具。俄央行处在全球金融市场的“外围”，在外汇金融市场完全开放的条件下，俄央行无法管控本国货币汇率及市场利率。能够发行世界储备货币的金融信贷机构可以随时对任何未受保护的国家金融市场进行投机性攻击，使其汇率崩溃，同时可以向该国的借款人提供其可接受利率的不限额度贷款。

为了管理国家货币体系，有必要控制资本运营中货币的跨境流动。否则，俄罗斯的宏观经济状况以及经济发展都将受到国外的操纵。同时，通过减少传统意义上的随机变化因素来管理货币金融市场是不可能的。国家无法控制外汇金融市场运作参数，使其只能依赖于世界货币发行中心的超级投机者。

为了防止出现这种发展趋势，俄央行必须履行其“保护和确保卢布稳定”的宪法义务，并应该采取必要措施。其中包括：

- 宣布卢布汇率与目标汇率波动区间为1%；
- 恢复俄央行对莫斯科交易所的监管，消除金融投机者利用内幕信息的可能性；
- 采用国际惯例中普遍接受的方法来抑制操纵货币金融市场的企图，包括建立跨境资本交易的预先申报机制、信贷杠杆限制、货币干预等手段；
- 征收托宾税（旨在减少纯粹的投机性交易）；

- 在必要情况下，固定商业银行的外汇头寸并全部或部分出售外汇收益来抵制投机活动。

同样重要的是，从在殖民地交易所内实行以宗主国货币为单位的外汇牌价，过渡至普遍认可的以本国货币为单位的外汇牌价。例如，截至 2018 年 2 月 22 日，100 卢布的报价为 1.77 美元和 1.43 欧元。

俄央行既不采取措施阻止资本外流，也不使用国内的信贷代替逐渐枯竭的国外信贷资源。结果，货币基础减少导致信贷减少、投资和生产下降、借款人违约增加，这有可能引发经济“雪崩”，使经济陷入供需减少、收入下降和投资缩减的困境。俄试图通过增加税收来保持预算收入，这加剧了资本外逃和商业活动的减少。人口实际收入的减少使 2003 年的俄罗斯社会陷入了贫困，抵消了过去十年经济增长的社会影响。此外，生产和投资下降源于未满负荷生产（工业领域生产负荷为 30%—80%）、就业不足、储蓄超过投资和原材料过量。目前俄罗斯的经济运行潜力不超过其潜在能力的 2/3，但俄罗斯仍是世界金融体系的捐助者。

如果不采取紧急措施从根本上改变货币政策，建立长期的国内信贷来源并确保俄金融体系稳定，那么西方制裁将严重破坏俄经济关键领域的再生产模型。美国通过操纵俄金融市场和货币当局的政策，试图摧毁俄经济发展，影响工商界的活动，进而影响社会生活。在这种情况下，在这场美国发动的混合战争中俄罗斯是无法获胜的。因此，必须通过恢复国家主权、加强对经济再生产和发展的管控以强化俄罗斯的独立外交政策，为此需要确保外汇金融市场免受外部威胁。

由上可知，为了确保俄经济安全和可持续发展，有必要保护其免受外部因素的破坏，首先要防范的就是来自与美联储相关的外国投机者和其他世界货币发行国家的攻击。这意味着要对投机资金跨境流动实行选择性管制。因此，可以采用直接（许可、保留）和间接（资本出口税、商业银行外汇头寸限制）限制措施。应修改有关信贷组织活动的规章制度，以刺激卢布业务并降低外币业务的利润，特别是在信贷机构创建准备金、评估风险、资本充足率等方面。

还必须恢复对莫斯科交易所的国家监管，使之由俄央行控制，莫斯科交易所应归还控股权，或建立严格且全面的外汇交易监管机制。无论如何，该交易所不应有商业目的，也不应与投机者建立任何伙伴关系。莫斯科交易所的功能在于及时采取措施阻止投机性攻击，从而为交易提供服务并确保市场稳定。俄央行也需要监管莫斯科交易所的活动，坚决打击一切企图操纵市场和破坏市场稳定的行为。

鉴于美西方国家正在进行夺取俄资产的运动（尤科斯事件等），俄迫切需要卖掉美国、英国、法国、德国和其他参与对俄制裁国家的外币资产，取而代之的是需要投资黄金和其他贵金属，并建立具有高变现能力的商品储备库，包括关键性进口（指本国不生产或生产数量较少的原料和商品），投资欧亚经济联盟、上合组织、金砖国家的有价证券，投资俄罗斯参与的国际组织（包括欧亚开发银行、独联体跨国银行、国际投资银行、金砖国家开发银行等）的资本市场，扩大基础设施建设以支持俄罗斯的出口。其中，创建国际证券交易平台、在俄管辖范围内用卢布进行俄商品贸易、建立国际分销网络、提供具有高附加值的俄商品具有重要意义。

对于西方国家货币当局开始阻碍俄法人及自然人将资产转回俄罗斯、“冻结”法人实体和个人私有资产这一新兴趋势，俄同样可以暂停办理跨境金融交易业务，如禁止为扣押俄资产的国家提供贷款和投资。

必须执行俄总统多次提出的俄经济去离岸化的指示，目前俄经济的再生产模型过度依赖盎格鲁—撒克逊模式（国家作用最小化，市场作用最大化）和金融机构，导致俄金融体系每年遭受600亿美元的系统性损失（这仅仅是借入和分配资本的获利能力差异方面的损失）。另外，由离岸非法资本“流失”造成的损失约有500亿美元。

随着金融资源的损失和预算收入的减少，面对当前全球日益不稳定的局势，对大多数俄罗斯大型非国营公司及其在离岸区（公司的主体业务均在此地区开展）的资产进行产权登记越来越复杂，这对国家安全构成了特殊威胁。俄罗斯85%的外国直接投资集聚在离岸区，这些资本包括从俄罗斯流出的，也包括流入俄罗斯的。无抵押世界货币发行量日益增加，卢布贬值（比购买力平价少2/3）为外国资本吸收转移到离岸管辖范围内的俄罗斯资产创造了有利条件，这对俄经济主权造成威胁。

以下是解决这些问题和其他问题的一系列措施，以保障国家货币和金融体系免受过度损失和动荡威胁。这些措施的实施将有可能激活现有的科学生产力、人力和资源潜力，确保俄经济进入可持续增长的轨道，GDP年增速高达8%，生产投资年增速15%，新技术结构的生产规模年增速高达25%。

1. 卢布汇率和外汇市场稳定化，停止资本外流

1.1 通过缩小“杠杆”、对投机利润征税、减少交易天数以及利用世界银行的其他稳定机制，如恢复国家对莫斯科交易所的管控、更换交易所的人员，达到多次缩小货币投机规模的目的。

1.2 禁止企业通过优惠的再融资渠道以及其他形式的国家扶持资金从事投机活动，包括在没有进口合同的情况下购买外汇。

1.3 对于已经对俄实施经济制裁国家提供的贷款，借款人适用不可抗力条款。在对俄制裁升级的情况下，暂停执行对制裁国家的贷款还款业务和投资服务。在对俄实施制裁措施期间，禁止美国和欧洲银行子公司在俄国内的银行中介机构从俄罗斯个人和法人吸收新资金。

1.4 俄银行停止向非金融组织提供外币贷款。通过立法禁止向非金融组织提供外币贷款。

2. 去离岸化和禁止非法资本外流

2.1 俄罗斯战略性企业股份的最终所有者有义务在俄罗斯注册登记其所有权，从而摆脱离岸“阴影”。

2.2. 与离岸公司签署税收情报交换协议，并与它们就避免双重征税达成既有协议，包括位于“避税港”塞浦路斯和卢森堡的离岸公司。确定统一的离岸公司清单，包括附属于在岸公司的离岸公司。

2.3 根据经济合作与发展组织提出的提高税收透明度倡议，从法律上禁止将资产转移到未签署税收情报交换协议的离岸司法管辖区。

2.4 根据俄罗斯法律，属于俄罗斯居民拥有的离岸公司需要提供有关公司成员（股东、投资者、受益人）的相关信息并公开税务信息，并且该公司在俄罗斯获得的所有收入需要缴纳30%的税费。

2.5 严厉追究非法资本外流行为人的行政和刑事责任，包括以虚假贸易形式、信贷业务形式以及向国外贷款支付过高的利息。

2.6 对投机性货币交易（在欧盟计划实施的托宾税）和资本流出征税。

2.7 完善打击离岸经济、资本“流失”和税收最小化的信息统计库，包括在国家“层面”从所有离岸公司处获得有关国际收支和国际投资头寸的数据。

3. 提升俄罗斯货币体系的潜力和安全性，增强其在全球经济中的地位，使卢布具有国际储备货币的功能并建立莫斯科金融中心

3.1 鼓励在欧亚经济联盟和独联体国家之间使用卢布结算，与欧盟使用卢布和欧元进行结算，与中国使用卢布和人民币进行结算。建议经济实体使用卢布支付进出口商品和服务。此外，为向俄罗斯产品进口国提供卢布贷款以维持贸易，需要使用货币掉期（又称货币互换）。

3.2 通过独联体国家银行，大力扩展欧亚经济联盟与独联体国家企业之间以本国货币结算的服务系统，与其他国家使用的则是由俄罗斯控制的国际金融机构（国际经济合作银行、国际投资银行、欧亚发展银行等）。

3.3 俄央行将以可接受的利率长期对商业银行进行专项再融资，为进出口贸易提供以卢布计价的贷款。由于对外贸易在国内外汇中扩大以及其他国家和银行境外卢布外汇储备的建立，需要考虑货币

信贷政策中的额外卢布需求。

3.4 组织石油、石油产品、木材、矿物肥料、金属和其他原料商品在交易所以卢布进行交易；为了保障市场定价并防止利用转让定价进行逃税，商品交易商必须在俄罗斯政府注册的交易所销售至少一半的产品，包括出口的产品。

3.5 限制国有控股公司在国外的借款；由于俄央行以适当的利率向国有商业银行提供了专项再融资，因此可以逐步通过国有商业银行向国有控股公司提供以卢布计价的贷款，从而取代外币贷款。

3.6 在存款保险系统框架内，仅对公民的卢布存款提供存款担保，同时提高外币存款的法定准备金。

3.7 在独联体跨国银行的基础上，创建一个具备银行信息互换、风险信用评估和汇率报价功能的以欧亚经济联盟成员国本国货币进行结算的支付体系。创建欧亚经济联盟、上合组织和金砖国家之间专用的独立国际结算系统，这可以消除对美国控制的 SWIFT 系统的严重依赖。

为了创建独立的国际结算系统，有必要将创建国家银行卡支付系统以及用于交换银行间信息的国际系统相结合，以保护俄金融系统免受西方支付结算系统 VISA、万事达卡和 SWIFT 的制裁。建立这种国际性的结算系统有必要组织金砖国家成员国共同进行讨论，以确保俄罗斯的支付工具不仅可以在国内适用，在国外也同样适用。

3.8 为了在美国及其北约盟友发动世界混合战争条件下确保俄国家安全，需要各个国家货币当局就其行动规则达成一致，以保护国家货币系统免受投机性攻击和动荡威胁。与美国和国际货币基金组织的立场相反，建议就建立防范全球金融动荡风险的国家保护系统达成共识，包括：（1）建立外汇业务资本交易准备金制度；（2）对非居民出售资产的所得收入征税，其税率取决于资产的所有权期限；（3）各国对有可能构成威胁的业务实行资本跨境流动限制。

从外部信贷转向内部信贷，这是确保货币体系安全并消除西方制裁影响的最重要条件。

第十七章　向经济发展管理过渡

构建增加生产和投资的主权贷款体系

为保证能够进行扩大再生产，需要从根本上提高俄经济货币化水平，增加信贷规模，提高银行体系能力。俄罗斯应该采取紧急措施来稳定经济，这需要俄央行增加流动性供应并强化其作为最后贷款人的作用。与储备货币发行国经济不同，俄经济的主要问题不是由货币供应过剩和与其相关的金融“泡沫”所导致，而是由经济长期货币化程度低及贷款和投资严重短缺所导致。

在再融资利率进行调整的情况下，为提高投资和创新活动的积极性所需的货币供应水平应由经济实体和国家发展机构对货币的需求量决定。如果不实现宏观经济政策的其他目标，包括确保卢布汇率稳定，确保投资、生产和就业增长，就不可能实现真正的通货膨胀目标制。这些目标可以按优先级排序，设置限制形式，并通过灵活使用国家的货币信贷和外汇领域的监管工具来实现。在这种情况下，应在既定的通货膨胀和卢布汇率限制之内，优先考虑生产和投资的增长。此外，为了使通货膨胀限制在规定的范围内，需要一套完善的定价、价格政策、货币和银行监管以及竞争发展措施体系。

为在新技术结构的增长“浪潮”中谋求开放包容的发展机遇，需要强有力地推动固定资产更新，将已有资源集中在有发展前景的现代化和经济发展领域。因此需要将投资率提高到 GDP 的 35%—

40%，并将投资集中在全球经济增长的突破性领域。此类投资的资金来源是货币当局根据统一确定的优先事项发放的专项贷款。诸多国家的经验证明，所有成功利用“窗口”机遇实现“技术突破”的国家都加大了金融支持政策的力度，都向有经济增长前景的领域增加了贷款量。这些国家的央行成为开发银行，为实施统一计划的投资项目及规划发行必要的资金。

在新技术结构的基础上，转向超前发展轨道需要有动力刺激，这就要求投资活动水平提高至当前俄金融和投资体系投资活动水平的两倍。在当前俄经济形势下，想要实现该目标，唯一的支持来源就是国家发行贷款。因此，应客观评估各个经济活动领域的贷款需求，并考虑国家为经济长期发展确定的优先事项。

从发达国家的经济发展理论和实践出发，需要经济发展目标与内部货币供应相结合，建立货币供应体系。其中最重要的是贷款机构再融资机制，当前该机制无法向实体经济和优先发展领域投资进行贷款。正如前文货币演变部分的内容所述，这可以通过在发达国家实践中众所周知且行之有效的间接（由国家和有偿付能力的企业担保进行再融资）和直接（对国家规划联合融资、提供国家担保、为发展机构提供资金）的货币发行方法来实现。不排除为满足国家需要发行货币的可能性，就像美国、日本和欧盟，通过央行收购政府债务。

在货币扩张和世界货币发行国不断采取降低金融资源成本措施的情况下，有必要使俄企业在金融资源成本、获得金融资源的时间和风险水平等方面与外国竞争对手持平。这就要求将许多发达国家央行设定的再融资利率降低到长期低于通货膨胀的水平，并延长信贷资源的发放期限，以降低借款人的成本风险。此外，应该注意，发达国家通过发行国债来形成“长期”和“超长期”的专项资源（包括美国、日本等，长达30—40年），其中包括与长期投资项目融资相关的国债，这些投资项目辅以中期再融资工具，这为形成“长期”经济资源奠定了强大的基础。此外，货币信贷政策与产业优先方向（包括行业性质、集团性质和区域性质）保持一致，这使我们可以讨论建立货币产业政策制度。

鉴于需要对俄经济现代化进行加倍投资，俄央行和俄罗斯联邦政府需要将货币政策与解决信贷现代化和促进俄经济发展的任务联系起来。同时，为了防止国外金融资源对俄经济造成负面影响，重要的是需要确保内部货币化渠道发挥优先作用，包括扩大商业银行对生产企业和政府机构债务的中长期再融资。除此之外，建议使用内部信贷逐渐替代国外国有银行和企业提供的信贷。

在建立现代化的国家信贷金融体系同时，应充分发挥投资积极性，以实现俄经济现代化和发展的任务，俄央行应充分发挥作为发展机构的作用，向私营企业提供贷款，以满足其扩大和发展生产的需要，同时为实现国家规划、国家战略计划和指示性计划进行投资（图 17－1）。

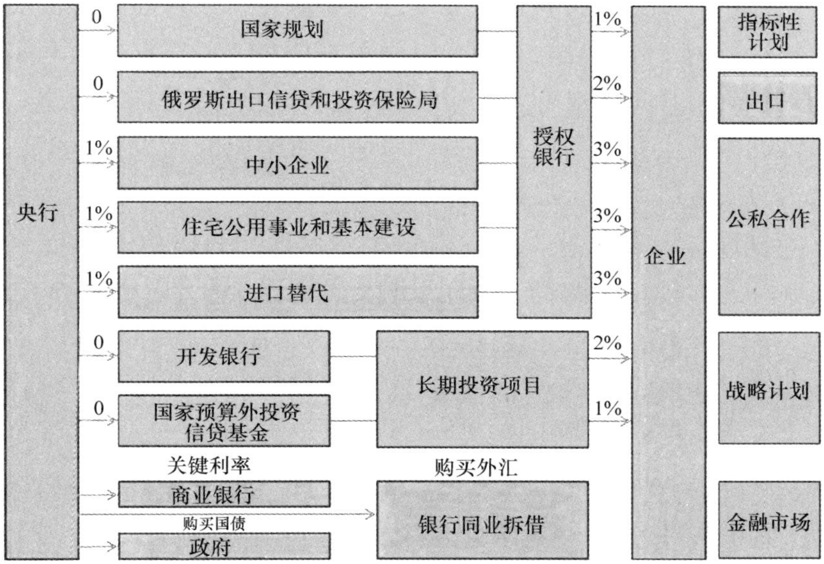

图 17－1　拟议的货币发行计划

资料来源：Глазьев С. Ю. О неотложных мерах по укреплению экономической безопасности России и выводу российской экономики на траекторию опережающего развития: доклад. М.: Институт экономических стратегий, Русский биографический институт, 2015. 60 с.

综上所述，建议在货币信贷政策领域实施以下措施。

1. 调整货币信贷体系以促进发展和扩大实体部门的贷款机会

1.1 通过立法将国家货币信贷政策以及俄罗斯银行的活动列入目标清单，从而为经济增长、扩大投资和就业创造条件。例如，《美国联邦储备法》规定，美国货币政策的目标是“增加与长期经济潜力相符的货币总量，促进实现最大化就业，保持价格稳定并确保合理的长期利率”①。向多目标货币政策过渡可以获得有关经济增长、通货膨胀和增加投资的优惠，同时可以对利率、汇率、银行外汇头寸、各渠道的货币发行量以及其他与货币流通相关因素进行系统管理。

1.2 向多渠道银行再融资体系过渡的同时发行货币，这主要是为商业银行向生产企业、政府债券和发展机构的债务提供再融资。此外，当前实行以关键利率补充流动性的再融资机制，同时有必要扩大商业银行的专项再融资渠道，以满足生产企业的需求，其利率不能超过投资组合扣除银行保证金（2%—3%）后的平均收益率，提供贷款的条件应与生产企业中生产周期的典型期限（最长7年）相一致。对所有商业银行都必须开放融资渠道，也必须在符合其活动概况和目标的特殊条件下向开发银行开放使用再融资系统的权限（包括基础设施的预期投资回报——最多20—30年，利率是1%—2%）。

此外，建议开展专门针对反危机的信贷业务，以恢复商业活动、扩大生产和生产技术现代化。商业银行和发展机构应根据专款专用原则分配此类贷款，根据该原则，仅能分配规定数量的资金，无须将资金转入借款人账户。

1.3 增加对生产企业的专项贷款，这些企业的产品依靠出口合同、政府订单、与国内消费者及连锁零售店签订合同保证产品销售。俄央行应通过国有控股银行对企业债务再融资提供利率为2%的贷款，并以4%的利率提供给最终借款人，为期1—5年，同时严格控

① “Federal Reserve Act”, URL: http://www.federalreserve.gov/aboutthefed/fract.htm.

制专门用于生产需求的货币用途。

1.4 国家对私营企业支持的前提是私营企业履行对国家的义务，企业应在一定的时间范围内以固定的价格生产给定数量的特定类型产品（或提供服务）。不履行义务的企业视为对国家形成负债，未完成的产品价值即为对国家的负债金额。

1.5 通过发行开发机构的长期债券来大幅增加开发机构资本，这些债券由俄央行回购并被列入俄央行的抵押名单中。

1.6 参照德国复兴信贷银行的模式创建国家预算外投资信贷基金，通过政府储备基金进行再融资，并根据国家投资规划由俄央行收购债券。

1.7 在央行开设信贷专线，通过俄罗斯对外经济银行，对因受到制裁无法获得外部信贷而使用外国借款的银行和企业进行再融资。

1.8 通过央行提供的年利率为 0.5% 的再融资资金，多次增加国内技术设备租赁机构的融资，这些机构的保证金不得超过 1%。

2. 稳定银行体系

由于商业银行被吊销执照产生的破产“链”会导致银行体系不稳定，为消除这种威胁，应采取以下措施。

2.1 为商业银行提供快速获得贷款的可能，以满足贷款人的迫切要求，其金额最高可达公民存款的 25%。

2.2 俄央行恢复对出现流动性不足的银行进行无抵押贷款竞拍。

2.3 将在俄罗斯实施《巴塞尔协议Ⅲ》标准的时间推迟 2—3 年，直到经济实体的信贷额度恢复到 2008 年上半年危机前的水平为止。调整《巴塞尔协议Ⅲ》的标准，以消除人为的投资限制。在《巴塞尔协议Ⅱ》中，信用风险的计算是基于银行的内部评级来代替国际机构的评级，在 2007—2008 年国际金融危机期间，这种机构出现了破产和缺乏专业素养的情况。

3. 创造必要条件以增强俄罗斯金融体系的能力

3.1 逐步在国有公司商业交易的国际结算中使用卢布，并在俄央行提供相应资金的情况下，用国有商业银行的卢布贷款持续替换其外币贷款。

3.2 目前正在以卢布进行有关的汇率报价，而不是以美元和欧元进行有关报价。确定先前宣布的卢布汇率波动范围。如果卢布汇率面临超出规定范围的威胁，那么将重新设置范围界限。这将让投机者措手不及，其目的在于避免卢布大规模资本外流和货币投机行为，确保卢布汇率迅速稳定。

3.3 为了防止生产活动再融资以及在金融和外汇市场进行的投资发生资金“外溢”，有必要利用相应的银行监管规则为专项使用此类贷款创造条件。限制商业银行向俄央行请求再融资的外汇头寸。

3.4 为了缩小金融投机活动的范围，建议扩大包括非银行公司在内的金融杠杆监管体系。

3.5 分阶段切换使用卢布支付外贸业务费用。

引入货币流通的数字化管理技术

俄罗斯联邦在制定货币政策时，应评估通过多种渠道发行卢布的宏观经济影响：以国内信贷资源取代国外信贷资源，来满足商业银行以生产企业债务、国债、开发机构债务的形式进行融资，以对卢布的外部需求来保障外汇储备，包括对外贸易贷款、资本业务和建立外国国家和银行卢布储备。这可以通过使用现代技术对货币进行数字化来完成，从而对货币发行的每个“因素”进行标记。这可以实现对资金使用的集中控制，从而极大地简化对上述专项信贷问题的管理。任何滥用资金的企图都会被计算机控制系统立即记录并自动阻止。首次有可能测量通过各种渠道的货币流动速度，并评估其数量随通货膨胀的变化。这样就可以计算出俄经济主要生产过程所需的额外信贷资源需求。

货币流通的数字化管理技术应从发行专项贷款和政府支出开始。为此，货币当局需要创建一个数字卢布发行运营商，该运营商将通过部署分布式注册网络（由俄罗斯金融科技协会以类似于区块链主链的方式创建）对所有交易进行监控。前文提到的国家投资信贷基金可以作为这样的经营者。该数字卢布的发行必须由该运营商在俄央行的统一调拨下进行，该部分资金将始终存储于俄央行账户中。当资金离开银行的控制范围时，数字货币运营商将必须确保将数字卢布换成普通卢布。运营商将看到由其控制的网络中进行的所有交易，并根据已发行资金的特定目的进行管理。最好是通过商业银行再融资的专门工具引入该技术，这些商业银行拟为投资项目提供优惠贷款、为发展机构提供贷款、为农业发展提供补贴贷款、为中小型企业以及公共采购系统提供贷款。同时，信息系统将自动控制对专项资金的使用，并将阻止未经许可的提款行为。以融资为目的发行的资金不能用于投机活动，不能用于购买已批准特别投资合同中未包括的商品和服务，同时不能用于进行可疑交易。当进行支付薪水、进口采购、缴税和其他允许的消费行为时，系统将自动将其在央行账户中的电子货币兑换成普通卢布。随着经验的积累，数字货币的数量及其在信贷发行中的份额将随着经济货币化的发展而增加。信贷组织使用该系统来监控贷款及其投入资金的目标用途。

应根据国家规划（这些规划为经济增长和现代化发展指明了方向）向实体经济提供长期专项贷款。特别是应根据军事工业、农业和建筑业投资与生产增长的指示性计划，进口替代和基础设施发展计划，出口合同以及中小企业的贷款需求，通过国有银行建立长期廉价信贷渠道。

一般而言，指示性生产和投资增长计划一方面与贷款规模和价格挂钩，另一方面可以通过在已建立的战略计划系统框架内以公私合营形式来实现。国家结构应成为构建该系统的基础，同时将增长动力传递给市场环境。只有国家元首才能将所有任务整合到一个统一的体系中，为此需要建立战略计划委员会、科学技术发展委员会和反垄断监管委员会。

促进科学技术进步和发展

众所周知，除了俄罗斯货币当局的领导以外，科学技术进步是现代经济增长[①]的主要因素。发达国家在技术、设备、培训、生产组织中体现出的新知识比重占 GDP 增长的 70%—90%。引入创新已成为市场竞争的关键因素，这使得领先企业利用专项技术获取超额利润。

科学研究、实验设计工作的发展和人类潜力很大程度上决定了当今国民经济的竞争潜力——那些为科学技术进步提供有利条件的国家赢得了全球经济竞赛。国家采取科学技术进步的激励措施对确保现代经济增长的巨大重要性取决于创新过程的客观特性，这些创新过程为私营企业制造了不可逾越的障碍：高风险性、对一般科学环境和信息基础设施发展程度的依赖性、对科学研究的巨额投入以及在商业上应用其成果的不确定性、对人员的科学和工程学历的要求以及对知识产权进行法律保护的必要性。各种公司在全球竞赛中取得成功是因为它们本国的科学技术政策以强大科研为导向。

持续管理创新是现代经济增长的一个重要特征。研发占投资的比重越来越大，超过了高科技行业购置设备和建造的成本。同时，界定科学和技术进步总体条件的国家科学技术、创新和教育政策的重要性正在提高。发达国家研发费用增加，达到 GDP 的 4%，其中 1/3 以上的费用由国家提供。

国民经济不断更新其技术基础并提高企业技术水平的能力正成为其提升竞争潜力的关键因素。处于科学技术进步“前沿”的国家在建立有利于它们的价格比例、标准和其他国际经济合作规范时，实现了其技术优势，为它们能在全球范围内获得知识能力租金提供了保障。

---

① Глазьев С. Какая политика обеспечит опережающее развитие российской экономики // Завтра. 20 марта 2018. № 10.

缩小全球经济体系“核心”与“外围”之间一直存在的技术差距，要求发展中国家实行积极的科学、技术和创新政策。

技术变化的特征是成本与创新结果之间存在非线性关系。任何技术的开发都需要克服同期成本的门槛，之后才能实现投资回报。而且，研发投入会因技术滞后而增加，只有达到先进技术水平后，研发成果才会显现。

在早期阶段对突破性科学技术进步领域的开发进行投资会产生非线性效应，并且可以通过独家使用新技术来获得超额利润。随着新技术的推广和完善、生产规模和资本强度不断扩大和加强会逐渐建立起合作关系，进行员工培训，并会形成一个市场。获得这种新技术的成本越来越高，因此，滞后掌握新技术会导致再生产成本呈非线性增长，这为落后国家设置了不可逾越的障碍。

举一个典型的例子。自纳米技术发展以来，纳米电路生产投资规模增长了一个数量级。同时，每次向新技术水平过渡时，产品效率都会突然提高。随着时间的流逝，研发成本呈非线性增长，克服技术滞后的成本随之上升。因此，为了领先于竞争对手，在新技术生命周期的早期阶段就需要为获取新技术提供大力支持。如果事实证明投资不足或延迟，则会由于技术滞后性增加导致竞争力下降。

为了加入发达国家行列，需要将资源集中在有发展前景的科技领域。这应该以国家的经济政策为导向，包括其结构、财政和货币信贷组成部分。应该考虑技术和经济发展的规律、不平衡性以及在开辟新技术领域的高度不确定性。

确定国家经济发展政策的优先次序尤为重要。如果经济发展的次序出现错误，会使政府投资贬值，正确确定国家经济发展政策的优先次序会产生积极效应，增加产品竞争力。如第一章所示，由于周期性地连续更换相关产业的整体结构（技术结构），导致了现代经济增长出现不均衡性。每次世界经济产生结构性危机，都为经济增长带来了新的机遇。

拥有必要的科学技术潜力，正确选择实施优先领域，可以极大地提高经济竞争力，并完成从技术落后到经济发展最前沿的“飞跃”。

如上所述，现在正在建立一种新的技术结构。这种技术模式正在进入增长阶段，而经济正从全球危机中崛起。危机阶段即将结束，在此期间，过时的技术“链条”会使利润和竞争力有所损失，从而造成减值和“资本外逃”。与此同时，新技术结构生产及其规模化的开发和应用费用以每年20%—35%的速度增加。目前正在形成新的技术路线，工业和技术合作“链条”正在建立，对扩大生产的投资正在增加，新的管理机制和方法也正在形成。

根据新技术结构的需要，金融、经济和政治机制重建速度越快，新的经济增长“长波”就将越早开始兴起。此外，不仅经济技术结构将发生变化，经济体制结构也将发生变化，领先企业、国家和地区的组成也会随之发生变化。它们之间更具竞争力的公司将能够迅速进入新技术订单的增长轨迹，并在开发的早期阶段对其生产的组成部分进行投资。相反，由于新技术传播过程的非线性，滞后者的准入门槛每年将变得更加昂贵，并且在技术结构达到成熟阶段时，准入门槛将关闭。

此时，如前文所述，技术发展滞后的国家可以换一种方式并赶上发达国家——通过模仿先进国家的成果来节省成本，成为“技术领先国家”，同时将集中投资新技术结构中有发展前景的增长领域。

在新的技术基础上促进经济复苏，这需要采取经济刺激政策。在美国、欧盟和日本，危机将以美元金融金字塔的崩溃以及开发新技术结构产生的资本金融“泡沫”而结束，这给经济发展带来了消极影响。为了消除这种影响并加速其经济潜力的现代化，这些国家采取大量发行长期廉价信贷资源的方式，来为不断增加的政府支出提供资金，其中包括为研发提供资金、刺激投资和创新活动以及购买新设备。

如上所述，俄央行采取相反的货币政策，不增加反而减少货币供应量。因此，人为地限制了俄经济现代化，将俄经济拖入滞胀的

“陷阱”，使俄注定要在新技术结构的迅速扩张中落后于其他国家。在无法获得长期贷款的情况下，俄企业甚至无法掌握自己的发展，只能“眼睁睁”放弃具有发展前景的新产品市场。由于俄采取了这种宏观经济政策，注定要在新经济长波中掌握关键技术的竞争中失败，目前这种新经济长波正处于萌芽阶段。随着其他国家掌握新的技术结构，俄竞争潜力会迅速下降。

俄科技潜力正在下降，而其他国家的科技潜力正在迅速增长。俄罗斯是G20成员国中唯一一个科学家和工程师人数、科研组织和设计组织绝对数量减少的国家。尽管在21世纪以来俄罗斯对科学领域的拨款有所增加，但仍大大低于苏联的水平。就研发支出占国内生产总值和对每个科学家的投入而言，俄罗斯明显落后于其他工业化国家。世界所有国家都在增加科研投入，科研支出在GDP中的份额接近4%，是俄罗斯知识密集型经济的2倍（图17－2）。

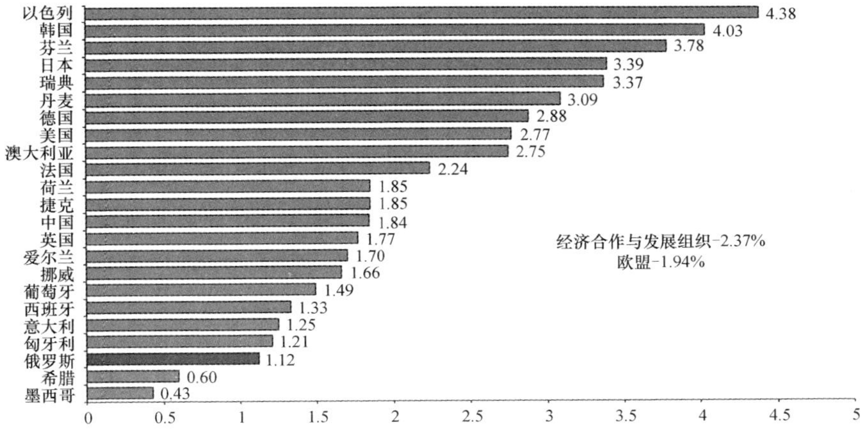

图17－2　俄罗斯和经济合作与发展组织国家国内科研支出占国内生产总值的百分比

注：俄罗斯的数据来自2014年科学发展问题研究所的评估报告；外国国家的数据是最新数据；俄罗斯居第21位。

资料来源：Минделидзе Л.，Черных С. Расходы на науку：мифы и реальность / Общество и экономика. – 2016（№2）；Данные по России приведены по Росстату；зарубежные страны：OECD（2015），Main Science and Technology Indicators，№ 1 Paris.

目前企业的创新积极性仍然非常低。俄罗斯专利申请数量总体在减少，而申请专利的外国人数量正在增加。结果，俄罗斯在科学技术潜力方面的地位在全球范围内受到威胁，这使俄罗斯在科学技术领域开始落后于美国和欧盟，甚至落后于中国。

在国家和私营企业对科研工作没有过多需求的情况下，俄罗斯的科学家和专家“外流”情况仍在继续。根据吸纳这些专家和科学家的国家统计，“人才外流”对俄罗斯造成巨大损失。受过高等教育的人才外流人数达数百万名，其中先进科学领域的科学家超过25万名。

目前，俄罗斯在发展科研、实现生产技术现代化、向新技术结构过渡方面面临着严峻的问题。造成这种不利情况的原因在于科学发展资金长期不足、科研生产协作机制被破坏、科学人员的老龄化以及“人才外流”。综上所述，私有化导致了应用科学产业的崩溃。

高科技产品的进口部分缓解了俄罗斯的滞后情况，这些高科技产品体现了国外的研发成果，其进口数量已经超过了俄本国高科技产品的数量。但是，国外技术的引入剥夺了俄经济自主创造能力，这注定无法与外国进行平等的经济交流，并给国家安全带来了威胁。俄经济竞争力正在下降，其去工业化和退化的趋势仍在继续。

俄经济再生产的完整性正在丧失，与发达国家不平等的对外经济交流对俄来说犹如一个“陷阱”，造成经济正在“滑向”世界经济的“边缘”。

经济制裁给俄罗斯带来的主要威胁是使俄罗斯无法获取新技术。如果这个问题得不到解决，那么几年后，在开发新技术结构的生产中，俄罗斯的经济将处于不可逆转的滞后状态，新技术结构生产在经济增长“长波”中将确保工业和军队的装备水平得到质的提升。为了防止这种滞后，一方面，有必要在新技术结构增长的基本方向上增加对科研领域的拨款。另一方面，要确保从根本上强化发展机构负责人有效利用分配资金的责任。为此，有必要建立一个现代化的系统来管理国家的科学技术发展，该系统需要涵盖科学研究的各个阶段以及科学的生产周期，并在新技术结构的框架内侧重经济的现代化。

为了防止科技和技术停滞，俄罗斯的研发费用应增加一倍。要解决这一任务，需要做好两方面工作：一是必须要国家实施相应的科学技术政策来增加拨款；二是通过税收优惠、发展基础设施和信贷扩张来刺激私营企业的创新性。应该以现有科学技术进步为重点，切实推进风险基金、工程公司、创新型企业和发展机构的网络活动。

根据国际经验，为了使经济进入新技术结构增长的“浪潮”，需要强有力的动力来推动固定资产的更新。为此，投资和创新性水平应是当前俄金融和投资体系水平的两倍。根据创造过经济奇迹的国家经验表明，有必要强制增加投资，达到 GDP 的 35%—45%。如上所示，增加信贷是提高投资积极性的主要资金来源，即国家通过多渠道发行国家和企业债券为升级、发展和扩大有前景的生产技术体系提供资金。因此，可以看出重新定位以发展为目的的货币信贷政策的重要性。为此，所要采取的措施应确保：

（1）通过有针对性地发行政府债券、国家发展机构债券、企业债券、联邦和区域投资计划指定的企业债券、发展机构项目指定的企业债券以及战略和指示性规划系统框架内专业投资合同规定的企业债券，降低利率，并建立投资和创新活动的再融资机制；

（2）对向发展生产、进行科研工作和新技术开发进行投资的企业所得收入免征税费，并对固定资产采用加速折旧机制，同时控制折旧费用的预期用途；

（3）科学研究预算资金水平增加一倍，建立有针对性的科学技术计划体系，为有发展前景的经济发展领域的创新活动提供国家支持；

（4）多次增加再融资额和提高发展机构的效率，同时俄央行需要根据规定的现代化和发展重点，引入投资活动计划；

（5）建设用于科学研究和商业活动的现代信息基础设施；

（6）确保有效保护知识产权，支持新技术的进口并保护俄罗斯在国外的知识产权。

现代化技术发展管理体系的建设包括：

（1）建立和推广一种机制，通过这种机制可以在新技术结构基础上实施超前经济发展的目标计划，该目标计划规定了增加对发展生产和技术综合体、创造良好的宏观经济环境以及形成相关机制和管理模式的投资措施；

（2）建立战略计划系统，包括确定经济、科学和技术发展的优先次序，并为执行这些计划制定指示性计划和方案；

（3）迅速施行《国家战略规划》联邦法律，并制定相关程序，以选择科学和技术进步的优先领域，制订优先领域项目的实施计划，并为发展机构设定目标指标；

（4）央行和财政部以及国有企业在内的所有宏观经济管理机构的活动都要符合经济现代化和技术发展的任务，充分释放其科学和技术潜力。这就要求根据投资合同为国家和企业之间的联合活动提供指示性的计划，明确实现目标的责任。

创新积极性的急剧增长，对基于新技术结构的经济现代化和发展起到了关键作用。鉴于科学研究结果的关键价值和不确定性，国家承担着智力信息中心的职能，需要监管经济发展和制定战略规划，同时提供相应的科学技术条件，包括建立先进的基础知识和检索研究基础、支持应用研究机构和实验设计机构的发展、鼓励开发和推广新技术体系。

国家经济管理机构服从于经济发展任务，这将使俄罗斯有机会进入世界经济发展新中心的“核心”，从而确保俄经济竞争潜力能够增强并充分释放。高效地利用欧亚经济联盟的科技潜力促进企业实体合作，将有助于建立区域和全球价值链。如今，无论从绝对指标还是相对指标来看，这种潜力都相对较小，这种潜力的主要部分集中在俄罗斯。必须将科学技术政策引入欧亚经济联盟职能部门中，恢复国家间目标规划的制定，基于共同确定的科学技术进步优先领域开展联合研发。

欧亚经济联盟的技术领域面临建立先进生产和技术系统的任务。为此，必须解决提升联盟成员国具有国际竞争力的合资企业科学和工业的增长潜力问题，同时解决促进突破性技术迅速普及的问题。建议欧亚经济委员会履行规划和组织联合研发、开发创新基础设施以及建立知识产权保护制度的职能。

建立经济发展战略管理体系

俄罗斯经济的现状及其前景与全球经济状况密切相关，后者正在向新技术和世界经济结构过渡。俄罗斯需要克服与新秩序“风暴”相关的全球经济危机，新秩序为新技术的发展铺平了道路。

上一部分内容概述了针对投资和生产增长的专项贷款组织体系。在新技术结构超前发展基础上，该体系应成为落实经济现代化发展战略性和指示性计划的工作机制。

成功实现现代化所必需的发展战略包括两个方面：一是加快开展新技术结构的基本生产；二是早日将俄经济带入新技术结构的新经济增长“长波”中。为此，有必要整合资源建立新技术结构的“核心”，并实现建立新产业集群所形成的协同效应，这意味着宏观经济政策应与技术发展的长期优先事项相协调。

实施这种政策需要建立一个战略管理系统，该系统能够确定有前景的经济增长领域并指导国家发展机构的活动和经济调节手段的实施。该管理系统包括：进行科学技术进步预测、战略规划、选择提升科技潜力的优先领域、利用机构和机制来实现上述目标（构想、规划和指示性计划），引入监管方法和实现必要成果的责任机制。考虑到国有银行、公司、发展机构的关键重要性，有必要针对国有企业的活动实施中期年度计划，以在生产、投资和经济之间取得平衡。社会经济部门和区域战略规划文件应基于共同性原则制定，这是一个统一整体。

进口替代政策的实施应作为超前经济发展战略的一部分，首先应部署战略规划系统，以确保在新技术结构的基础上系统地利用国家可用于现代化和新型工业化的资源。

战略规划方法论提供了一个中长期和短期的预测系统，并确定了经济发展的优先事项，实现经济发展的工具和机制，包括中长期构想体系、规划和计划体系，此外还有组织相关活动的机构以及实现既定目标的控制方法和责任。

《国家战略规划》法案仅规定了创建该系统的某些要素，主要就是行政部门制定一些相关文件的程序。

应建立互动的规则和机制，以制订长期的预测、构想、中期规划和指示性计划，进而与发展目标进行协商并予以批准。有必要在公私伙伴关系的基础上，通过立法建立战略规划参与者的监督机制和责任机制，以执行商定的措施和任务。特别重要的是，将发展机构、大型公司、国有股份公司和银行、大型私人金融和工业集团整合到国家战略计划体系中。要将它们的生产、金融和管理潜力相结合，这种整合不仅体现在战略制定过程中，同时体现在战略实施中。

应该为国有银行、公司和发展机构在其活动领域内的工作设定目标，这些目标旨在建立一种在世界市场上具有竞争力的新的生产技术模式，并为及时实现这些目标引入真正的责任机制。考虑到战略规划体系的重要性以及俄罗斯联邦政府作为中央执行机构的重任，鉴于目前战略目标无法实现并无法对其进行监测，有必要在俄罗斯联邦总统的领导下建立一个国家战略规划委员会，并赋予其相关权力。

（1）确定俄罗斯联邦社会经济发展的内部和外部条件、发展趋势、限制、不均衡性、不平衡性以及财政因素；

（2）根据俄罗斯联邦总统的命令，确定落实社会经济政策优先方向、俄联邦社会经济发展的目标和任务的方式方法；

（3）协调战略规划主体在选择实现俄罗斯联邦社会经济政策目标和任务的方式方法方面的工作，协调加强俄罗斯联邦国家安全，以确保最有效地利用现有资源；

（4）根据俄罗斯联邦总统批准的战略计划文件制订一套措施，以确保解决俄罗斯联邦社会经济发展的任务、实现目标，并加强俄罗斯联邦的国家安全；

（5）协调战略规划和战略计划文件规定的参与者的活动，以确保俄罗斯联邦社会经济发展和国家安全，包括预算政策的方向、实施的期限、预期成果和资源保障参数；

（6）组织对战略规划文件的执行情况进行监督和控制，保障科技、信息、资源和人才战略计划的实施。

国家及其地区社会经济发展的预测和规划系统应以国家法律框架为基础，其中应包含联邦和地区级别的政府、地区自治机关、发展机构、科学组织和公司之间进行互动的统一法律机制。这种机制旨在确保在制订和实施联邦及地区、市政、行政机构和公司的战略计划和方案时，整合各方的利益和资源。俄罗斯联邦和市政当局的主体应该能够参与在其管辖地域内实施联邦专项计划的制订、融资和实施。

在多个地区以及整个俄罗斯经济中，经济增长放缓的直接表现是社会经济发展指标恶化。俄罗斯地区的差异化程度仍然很高，联邦各主体的人均地区生产总值差异超过 20 倍、人均货币收入差异超过 5 倍。地域差异的积累和区域间分化的加大，加剧了地区的社会冲突程度。

在执行国家经济政策时，没有充分考虑地域问题，包括生产力发展和区域间联系体系的空间差异性。低估空间因素使协调各联邦机构、联邦主体和市政府实施区域政策措施和计划变得困难。区域之间的社会经济发展战略在目标、优先事项和预测参数方面没有达成一致，没有与更高级别的战略文件保持一致，也没有考虑区域间和部门间的限制，其结果是导致了财政、劳动力和自然资源的损失加剧以及区域失衡。

在国家预测、战略和指示性规划，国家计划及国家社会经济发展预算统一体系的所有主要部分，都应清楚地分析地域差异（包括从国民经济到行政区的差异）。鉴于此，首先需要最终确定并通过俄联邦空间发展构想，该构想旨在形成一个空间优先系统，并确定战略管理体系中区域发展战略和计划的地位。

作为一种在统一管理体系框架内整合区域和部门方面的机制，应该在新方法的基础上，重新制订与社会和经济发展战略相协调的总体发展计划，以及为期10—15年的生产力安置和迁移计划（《俄罗斯联邦空间发展规划》）。该计划应确定地区专业化和区域经济比例，同时将开发资源基础与公司和居民的需求相结合，论证基础设施系统和基本建设项目的位置，并形成此类项目的统一清单。《俄罗斯联邦空间发展规划》应协调生产和社会基础设施、能源和运输、联邦专项规划、行业战略和计划的发展。

俄罗斯对基础设施的投资是本国投资需求的最重要因素，同时也是提高个别地区经济发展的机制。俄罗斯交通基础设施发展不足已成为抑制社会经济发展的重要因素之一，特别是在乌拉尔以东地区。目前无法对统一运输网（该运输网络与地区社会经济发展行业战略和计划相适应）中现有和潜在参与者所有运输方式的运输量进行合理预测。此外，俄罗斯还缺少交通运输、经济平衡发展的实践分析，在该分析基础上可以确定对运输量和运输网发展的实际需求。因此，应当在战略规划体系的框架内解决每年实际的和预测的交通运输、经济平衡发展的任务。

为实现问题区域的可持续发展，需要制订一个考虑水平、地区及行业平衡和协调的区域规划体系，而这离不开联邦政策。该体系的关键是形成具有竞争性的区域生产集群和其他有前景的经济空间组织形式，首先是在经济创新领域建立这种组织形式。为了开展该项工作，有必要恢复一个世纪前成立的、被臭名昭著的经济发展部部长乌柳卡耶夫清除掉的生产力研究委员会。

战略规划的定位应是加速新技术范式的发展。根据该战略规划制订一个为期五年的经济现代化计划，在该计划中应制订措施加快生产和技术综合体的发展，创造有利的宏观经济环境，并形成相应的机构和管理体系。俄央行应该扩大对发展机构的再融资，同时在新技术范式加速发展的基础上，根据经济现代化发展的优先事项，制订发展机构的活动计划。

此外，应该考虑到，在现代社会向知识经济的过渡中，科学技术进步是提高知识经济效益的关键因素。根据经济快速、可持续发展的经验，知识经济要想走上创新发展道路，需要从根本上提高科学在经济和国家管理体系中的作用。

对于科学创新活动的管理，有必要考虑到科学创新活动贯穿经济的各个领域，而以部委的形式将科学作为一个独立部门进行管理显然是无效的。为了落实科学技术进步的系统管理方法及“跨领域”和全面激发创新活动的积极性，需要合理地创建一个联邦机构，负责制定国家科学技术和创新政策，协调行业部委和部门在政策落实中的活动，该联邦机构是俄联邦总统领导的俄联邦国家科学和技术发展委员会，委员会是一个由相关部委和部门、俄罗斯科学院、联邦融资机构及科学研究和试验设计工作支持机构的负责人组成的委员制机构。这样的科学技术进步管理系统应该帮助所有实体企业确定有前景的发展领域，以便最大限度地利用现有资源。

俄联邦国家科学和技术发展委员会最重要的任务是为迅速恢复应用科学创造条件，因为在大规模私有化过程中，应用科学的主要结构要素遭到摧毁。设计机构和设计局遭到大规模破坏，这注定了俄罗斯的工业要引进国外的工业基础科学技术。为扭转这种趋势，国家和科学技术界需要就建立广泛的工程公司、设计和工程组织网开展系统性工作。必须调整好从基础科学到应用开发再到企业创新的“知识传送带”。因此建议赋予委员会以下权力：

（1）确定俄联邦内部和外部条件、趋势、限制、比例失调、不平衡以及包括财政、社会经济发展在内的各种潜力；

（2）选择俄联邦总统规定的道路和方法，以落实俄联邦社会经济政策优先发展事项以及社会经济发展的目标和任务；

（3）协调战略规划主体在解决第（2）项任务时的工作，并加强俄联邦国家安全，确保最有效地利用现有资源；

（4）根据俄联邦总统批准的战略规划文件，制订有助于实现目标（2）和（3）的一系列措施；

（5）协调战略规划文件参与者的行动以及战略规划文件在社会经济发展领域和保障俄联邦国家安全领域规定的活动，活动包括预算政策的方向、实施预算政策的时间、预期结果和资源保障参数；

（6）组织监测和管理战略规划文件的实施工作，保障战略规划的科学技术、信息、资源和人才工作。

形成战略管理体系的第三个要素是国家反垄断政策和竞争保护委员会，应该将该委员会从俄联邦政府的管理中脱离，委员会除了反垄断政策、竞争保护、关税和价格之外，还应调解国家机构与企业之间的行政纠纷，包括指导监督和执法实践。在建立战略规划体系和信贷机制以促进生产和投资增长的同时，还应为提高企业竞争力创造条件。

此外，经济再生产过程的破坏和市场竞争机制的扭曲造成价格政策系统性缺失。这对经济发展产生不利影响，破坏了居民的支付能力，并引发了通货膨胀。用货币手段抵制通货膨胀的行为没有取得成功，造成了经济的非货币化，导致生产和投资活动下降。

国家的价格政策

为扩大高附加值商品的再生产创造条件，确保公平竞争，保护消费者权益并抑制通货膨胀是国家制定价格政策的目标。为此，有必要评估价格波动是否与经济按比例发展和提高经济竞争力的任务相符合，并研究一种维持价格平衡的方法。将调节定价和确保公平竞争的法律规范系统化，同时强化遵守这些规范的责任。必须保证定价过程的透明度，控制成本的合理性，分析价格与客观确定的成本的相符性。建议采取以下措施：

（1）制定并通过俄联邦2013—2020年国家价格政策构想（该项

目由俄罗斯科学院的学者编写），其中应包括国家价格政策的主要目标、任务和原则，以及实施该政策的方法；

（2）为了整顿好该领域目前零散的法律基础，建议通过《俄联邦关于价格制定和价格政策的法律》（草案已经拟定）及一系列规范，以落实平衡的国家定价和关税政策的法律措施；

（3）建立国家价格信息系统，该系统应以市场主体、国家机关及市政机构之间的价格信息交换为基础；

（4）引入针对产品价格（折旧、劳动报酬、科学研究和试验设计工作等）目标成本的责任标准；

（5）立法赋予消费者参与监督制定价格和关税的权利；

（6）建立实施国家价格政策的管理系统，该系统应与联邦反垄断局和关税委员会一起，纳入上述国家价格信息系统、由生产者和商业协会生产者组成的协调委员会、消费者保护协会以及利益相关的部委和部门；

（7）为了系统性制定和实施国家价格政策，将价格政策与反垄断政策相结合，并与国家的经济发展战略相协调，建议在俄联邦总统的领导下成立国家反垄断监管和定价委员会，并赋予其相关的行政和准司法权。

提高俄罗斯公司的竞争力

我们就确保俄经济安全及在俄面临世界混合战争的形势下为俄经济超前发展创造条件所提出的提议，主要旨在提高国家机构的工作效率，同时也为提高企业家主动性和私企经营积极性提供良好的条件。除了创建国内廉价长期贷款来源的措施外，还应创建税收措施，将税收负担从生产转移到消费。

为了更改税制、降低税收管理成本、减少逃税并刺激商业活动和创新积极性，建议用更易管理的销售税（PST）代替增值税，仅在最终消费阶段才征收销售税。取消增值税所产生的预算收入的

"损失"可以通过征收14%的销售税来弥补。取消增值税也将在政府采购方面节省超过1万亿美元，促使近百万名会计转向生产活动领域，同时释放企业的流动资金以增加生产和投资。

可以通过累进所得税来弥补企业家税收减少的损失，这种累进所得税已成为多数发达国家生活的固有组成部分。累进所得税的大部分税收都落在个人身上，主要是富裕的公民身上。相反在俄罗斯，超过70%的税费由法人承担，这抑制了商业和投资活动。此外，如今个人的主要净收入与工资无关，而与财产有关。俄罗斯最富裕的公民（20%的人口）的"非工资"收入占其总收入的65%，而在莫斯科，这一比例为90%。

对高收入人群征收高额税费对消费者需求影响很小，投资活动征税减少主要是由折旧费、法人利润和贷款所致。尽管企业家向国家缴纳部分收入，但会在投资和资产增长中受益。

因此，基于2012年计算的情况，对个人所得税实行40%的最高累进税率将使预算收入增加5万亿美元（仅向俄罗斯130个亿万富翁征收40%的税，就将使预算收入增加1.1万亿卢布）。通过将折旧费提高到发达国家水平（占投资的60%—70%），可以免除企业从事投资活动所获利润的部分税费。

同时，有必要立法对折旧扣除进行监督。2012年，一半的折旧费（4万亿卢布）不是用于发展，而是用于金融投资——购买证券、提供贷款和其他业务。结果，投资额比预估的减少了13.7%。此外，国家4000亿卢布的所得税预算目标也没有实现。

折旧加成不是按照固定成本的混合价格估计，而是重置成本，这将增加固定资本投资。根据2012年的计算，同样是5万亿卢布，被累进所得税征收所抵消的补偿额将不是12.6万亿卢布，而是17.8万亿卢布。补偿额在GDP中的份额将从20.1%增加到28.7%，增长率将增加到5%—6%。除上述措施外，如果缩短固定资产更新的时间（最近一次在2002年进行），那么增加对固定资产投资和加速GDP增长所产生的效果将更加明显。

提高国内生产商竞争力的关键是加强国家对自然垄断的监管力度，减少结构性成本。例如，电力行业中电价调整起着特殊的作用，极大地影响了经济成本和通货膨胀的形成。

V. 库德里亚维 2013 年的研究表明，有重要方法可用于降低电力行业的超额支出，去除这些支出可节省近 1 万亿美元的成本，并将电价降低 20%。[①]

现有法律环境无法为多数雇员创造足够的激励措施，让其在生产活动中实现自我。现有民法以当时从罗马帝国引入的粗浅概念为基础，将所有权视为占有权、使用权和处置权的结合。自那时以来，法律关系的多样性已经扩大了许多倍，并具有复杂的特征。特别是为了克服劳动与私有财产的异化并为雇用的生产工人实现自我价值创造条件，无论企业的所有权形式如何，劳动者参与企业管理在发达国家已经很普遍。该实践将成为新的（一体化的）世界经济结构制度体系的重要组成部分。基于此，克莱纳院士提出了系统地改善企业运作法律环境的方法体系：

（1）通过立法赋予劳动集体、专家和管理人员创建其委员会机构（工人委员会，科学工程委员会，管理委员会）的权利，并选举自己的代表参加最高战略管理机构（理事会），以保障企业活动中所有参与者的利益及企业作为经济实体的发展利益；

（2）如果企业的破产导致企业清算和工作岗位消失，劳动集体应有权对其进行监管，包括将其改组为国有企业的形式；

（3）为在发生利益冲突时做出决策并因此导致负面后果的管理者、违反技术标准和法规的专家及违反生产纪律的员工进行追责提供明确的依据。追究民事、行政和刑事责任应参照对企业造成的损害程度和有罪雇员的职权等级。如果所有者直接干预企业经营或在处置财产（利润和资产的转移、强迫虚假操作、恶意破产、袭击等）时使企业利益受损，所有者也应承担责任；

---

① Кудрявый В. Риски и угрозы российской электроэнергетики. Пути преодоления. 2015.

（4）企业的战略和社会分配：就战略分配而言，不允许转移外资控制权或关闭与军事工业综合体类似的企业；就社会分配而言，则不允许关闭与城市建设企业和形成体系的银行类似的企业。在企业破产的情况下，为劳动集体提供通过债务重组变为国有企业的机会；

（5）进行企业普查，这有助于更好地了解企业所有者、管理者、雇员的情况，而且有利于恢复经济主体与法律主体之间的协调关系。要求企业提供所谓的综合报告，不仅可以综合评估企业的现状，还可以根据企业广泛的活动指标来评估企业在不断变化的环境中的经营前景；

（6）建立一个企业活动监测中心，旨在收集、积累、分析和总结关于国内企业状况的数据和其他信息。

寻找发展思路

2017 年（本书开始创作之前）恰逢十月社会主义革命一百周年，很适合对主导世界的竞争理念进行回顾。[①] 如果世界就是全人类，那么在意识形态竞争中成功的标准应该是用 GDP 指数和人类发展指数（HDI）衡量的社会经济发展速度。

在过去三十年中，中国在这两个指标方面都是绝对的领先者，乌克兰是绝对的局外人。三十年前，乌克兰的生活水平比中国高得多，而如今却低了 2/3。

这些年来，俄罗斯一直在原地踏步，人均寿命、人口数量、人民的健康状况和低附加值的商品产量很难恢复到苏联时期的水平。这一时期，其他国家继续发展，其中大多数国家赶超了俄罗斯。俄罗斯跌破平均水平，进入第三世界国家之列。

苏联解体后，第二世界的社会主义国家虽然在地域上减少了，

① Глазьев С. Какая идеология поднимет Россию / Завтра. 9 января 2018 г.

但包括印度和中南半岛的一些国家在内的许多第二世界国家（如缅甸、柬埔寨），都是以社会主义为发展方向的。无论是从人类发展还是国内生产总值来看，第二世界都已经变得绝对和相对较大。第二世界将比第一世界国家的社会经济发展速度快2—3倍，并有可能在十年内统治世界。

第一世界国家已经停滞了二十年，未能解决日益严重的失衡问题。尽管第一世界国家吞并了苏联的地域，但苏联政治经济学家并未停止对资本主义普遍危机的描写。先前的社会主义国家向西方公司输出2万亿—5万亿美元和数百万的新劳动力，也仅仅只是延迟了这场危机的加剧，而这场危机现在具有启示意义。

市场改革的批评家们是正确的，他们警告称，俄罗斯从社会主义向资本主义的过渡会造成其在拉丁美洲和非洲国家中“边缘化”。但是趋同论人士的论点是中肯的，他们提议将资本主义和社会主义制度的优点结合起来，摒弃弊端。半个世纪前，P. 索罗金称社会主义市场经济为“一体化体制”，预言了苏联社会主义和美国资本主义的终结。

如上所示，综合体制将统筹规划与市场竞争、国有基础设施和基础部门与私营企业、社会主义意识形态和个人致富的可能性结合起来。国家在支持企业家活动的同时，调整私企活动朝着有利于社会利益的轨道上发展。综合体制整合了各种社会团体和专业协会的活动，从而使社会福利得以增加。

如果在资本主义制度中利润是经济活动的主要标准，那么在苏联制度中增加生产是主要标准，在中国提高人民生活水平是主要标准。三十年来，中国在社会经济发展速度上一直保持世界领先地位。这归功于有效的管理体系，在该体系中得益于绝大多数人民支持的意识形态和公共福利的稳定增长，所有机构都能协调地运作。尽管存在一些与该体系相矛盾的基本理论，但最终都被否定。

邓小平拒绝了科学共产主义关于禁止雇佣劳动和私人资本积累的教条。农业人口中私人企业家的数量得到增加，农业生产开始迅速增长，因此中国解决了苏联无法解决的粮食问题。与苏联的领导不同，中国共产党没有听信自由民主思想的对立教条。有限责任制度从俄罗斯夺走大部分财产并掠夺了 2 万亿美元，而在中国商业道德体系建立行为责任的道德规范后，有限责任制度在中国也出现了，但中国没有免费分配财产，不允许进行金融投机，并对跨境运营进行监管，企业家通过生产对社会有用的产品来增加自身财富。

与俄罗斯不同，中国没有遵守“华盛顿共识”的“方案”。中国不打算取消外汇管制及对资本跨界流动的限制，也不会放弃国家投资性贷款，同时将保留基础部门的国有性质并对大宗商品的定价进行监管。中国人没有给西方向其灌输经济体制转轨想法的机会，相反他们建立了中国特色社会主义市场经济体制。中国人用最新的定义强调了社会主义制度模式的多样性，再次展示了管理社会经济发展的创新方法。他们本着同样的精神构建国际经济联系。习近平提出的“一带一路”倡议以在有前景的经贸合作领域开展共同投资为基础，着眼于竞争优势的互利结合。与干涉别国内政和强加政治条件的美国金融体制不同，中国的发展体制旨在为具有共同利益的项目提供联合投资，并且不附加任何政治条件。

参考资料：中国国家金融体系的发展特征

本节[①]致力于分析在国际货币金融体系演变的新阶段，中国在国际货币金融体系中的作用。该研究的任务是评估中国金融业的发展水平以及人民币在自由化和国际化方面的改革成就，揭示上述进程和相关机构运作的特征和动态，基于跨国比较（主要以俄罗斯、美国、日本、英国和欧元区国家为例）确定当前和长期阶段中国在国际货币基金组织中的立场，并针对量和质的增长、完善观点提出建议。

① Доклад В. Архиповой «Роль Китая в формировании новой системы международных валютно-финансовых отношений». - М.: 2019 г.

中国金融业的特点是银行资产占绝对优势、银行集中度高、金融深度低。所有这些事实表明，中国与包括俄罗斯在内的、以美元为中心的国际货币基金组织的“外围”国家具有共同特征。与俄罗斯银行体系的运作模式相比，中国银行体系的一个优势是其向国民经济实体部门提供高额贷款（这是银行高效率的指标）。

在分析货币领域时，我们要注意一些关键指标。其中的一个指标是实际有效汇率的动态变化。如图 17－3 所示，在近 25 年的时间里，1990—2000 年和 2000—2010 年俄罗斯出现急剧“突增”和“崩塌”，日本有 5 个清晰可追溯的剧烈“波浪”期，与这些国家相比，中国实际有效汇率的动态变化最平稳，发展也相对稳定和谐。有趣的是，在经历过国际金融危机的严重期之后，针对所有国家的分析指标在 2010—2011 年互相接近，这为国际货币基金组织发展的新阶段设定了基准。然而，由于国家经济体系运作方式的不同以及国际货币金融体系的状况，分析指标再次分散。

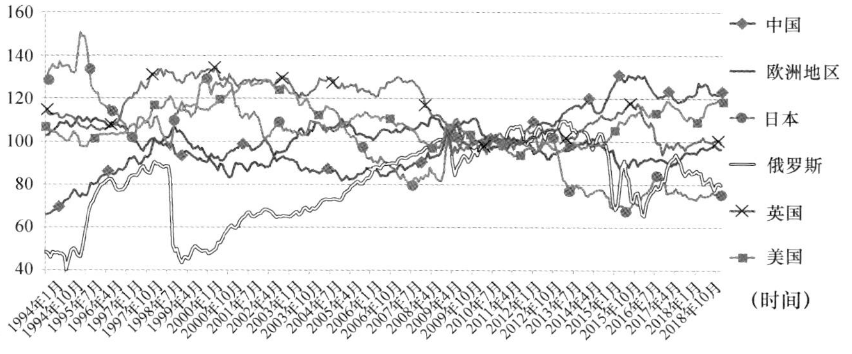

图 17－3　实际有效汇率，扩大指数，月平均数据，2010＝100

资料来源：国际清算银行。

此外，被分析国家的货币在金融市场交易中所占的份额是分析货币领域的重要指标。

以美国为中心的国际货币基金组织中“核心”国家的货币（包括美元、欧元、日元、英镑）总份额仍然很高（约 90%）。

为了弄清在人民币汇率相对稳定的情况下，人民币仍未在当代世界货币体系中占据主导地位的原因，有必要了解人民币自由化和人民币国际化的历史。

必须强调的是，中国的货币与货币自由化改革随着国家的总体改革方针逐步进行，采用了渐进主义策略，在创建制度实验和建立过渡制度"链条"时尤为明显（例如，1980—1990年的双重汇率），同时利用了"低起跑"的优势。货币自由化的渐进过程增加了外汇监管经验，同时又避免了汇率的自由浮动。"自由"和"管理"的均衡组合，一方面为中国的货币金融和经济发展带来了制约因素，另一方面也阻挡了外部"冲击"的破坏，保护了内部"环境"的稳定。

应当指出，中国外汇管制和监管的目标是为总体经济政策的"健康"和均衡发展提供保障，而执行外汇监管（包括调整外汇市场）的机构负责履行管控职能并承担相应责任。此外，中国外汇监管部门的行动配合货币信贷政策的实施，在紧急情况下，监管部门需要对某些变化及时做出反应。

需要强调的是，中国制定了关于监管外汇市场准入、维持外汇市场平衡、客户交易类型、银行间外汇市场运作等法规。

外汇结算账户监管是货币法的重要组成部分，特别是资本交易账户的监管。例如，依据货币法确定最大外币现金金额，这些外币现金在入境中国时需要进行必要的申报程序。货币法还规定，在中国境内外使用基本和衍生金融工具进行交易的直接投资者（法人和个人）要登记。①

提交、收集、验证和处理统计信息的国家系统是外汇监管最重要的工具，特别是在获得外汇监管的许可方面。在中国，向国外提供商业贷款的非银行金融中介机构与其他金融信贷机构都需要接受专项综合检查。中国鼓励举报违反外汇监管的行为，并制定了相关

① Приведено на основе：Петрова Г. В. Указ. соч. С. 103 - 111.

罚款制度。[1]

此外，G. V. 彼得罗娃认为，自 2012 年以来，中国银行开始在贸易领域开展卢布跨境结算业务，并愿意为两国参与交易的公司提供适当的金融服务，以及开办个人卢布跨境结算业务工作(2015)[2]，这是中国面向俄罗斯开展业务迈出的重要一步。2017 年，中国外汇交易中心开始了人民币对卢布的“同步交收”业务，这大大加快了交易时间。

中国货币政策的开放性改革仍在继续推进。例如，中国最近取消了进入金融中介市场的初步许可，扩大了人民币兑美元的银行间即期汇率的波幅限度，取消了场外交易市场的波幅限度，并采取了一些措施来促进人民币的买卖。

2016 年人民币被纳入世界储备货币，这成为 2000—2010 年人民币国际化进程的“顶峰”，可以认为这是国际货币基金组织对人民币的特别认可和高度赞赏。然而，人民币还不能自由兑换是其作为新储备货币的一个重要特征。这一事实与维护和发展货币监管经验以及限制跨境资本流动相结合，保留了人民币进一步自由化的潜力。

这里出现了一个问题：中国如何在人民币国际化方面迅速取得突破，使其成为储备货币之一，并规避了国际货币基金组织协定或国际货币基金组织宪章第 8 条关于货币兑换的要求和标准[3]？当前，专家界对此问题尚无统一答案，但是以下论据论证了当前人民币的地位：

（1）加入国际货币基金组织“外围”的首要标准及国际货币基金组织的要求。根据最近的数据显示，如果没有所谓的“自由兑换”，人民币就是世界上最具影响力的货币。此外，纯美元被认为是完全可兑换货币的标准，但事实并非如此，这也使特别提款权货币

---

① Приведено на основе：Сюйянь Ц. Указ. соч. С. 152 – 155；Петрова Г. В. Указ. соч. С. 103 – 111.

② Петрова Г. В. Указ. соч. С. 104.

③ См.：Articles of agreement of the International Monetary Fund. Washington，DC：International Monetary Fund，2016.

篮子的“容纳度”标准变得空洞。[①]

（2）政治游戏的准则。一些专家认为，中国已经获得了许多国家的可靠支持，这些国家受到国际货币基金组织标准的影响，主要是德国和澳大利亚。[②]

（3）宏观审慎政策分析的理论和方法。根据这一科研方向，货币国际化不仅受市场驱动，而且还要求国家采取果断行动，尤其是在“恢复机构平衡的关键时刻”。在国民和世界经济体系周期性波动发展的背景下，中国利用其“超大型”经济体优势，建立了分散且连贯的制度工程，在向目标货币金融和经济指标转变时制定了中间制度（或“制度桥梁”）。因此，将人民币国际化进程解释为某种“国际项目”是错误的。首先，人民币国际化进程与内部战略和动员力量有关。将人民币纳入特别提款权篮子，使中国必须重新调整其现行的货币金融发展策略，在宏观审慎方法的基础上完善国家政策。[③]

（4）利益组合的准则：改善特别提款权属性的可能。根据中国专家的计算，将人民币纳入世界储备货币可使特别提款权与黄金、石油和天然气价格的协方差分别降低44%、61%和65%。此外，人民币的加入增加了特别提款权与主要货币实际有效汇率之间的相关性，从而增加了特别提款权对国际货币基金组织稳定性的“冲击”[④]。鉴于此，有可能“缓和”世界原料市场的价格波动及汇率和

① Катасонов В. Юань против доллара, фунта стерлингов и евро / Русское экономическое общество им. С. Ф. Шарапова. Март 2018. URL: http: //reosh. ru/valentin-katasonov-yuan-protiv-dollara-funta-sterlingov-i-evro. html.

② Linling W. China Rallies Around Yuan as IMF Mulls Reserve-Currency Inclusion. June 15. URL: https: //defence. pk/pdf/threads/china-rallies-around-yuan-as-imf-mulls-reserve-currency-inclusion. 381196/.

③ Приведено на основе следующего источника: Weitseng C. Lost in internationalization: Rise of the Renminbi, Macroprudential Policy, and Global Impacts // Journal of International Economic Law. 2018. Vol. 21, Iss. 1. p. 31 – 66.

④ Источник данных и оценок: Jianping D., Jian X., Lizhu Y. Volatility of the Exchange Rate After Renminbi Inclusion into the SDR: Test of Stability and Representation // China Economist. May-June 2016. Vol. 11, №3. p. 77 – 91.

跨境结算的动态发展。

无论人民币被纳入国际货币基金组织的世界储备货币中的原因如何，不可否认的是，在当前人民币国际化的“高峰期”，中国在国际货币基金组织和国际金融法体系方面彻底完成了改革，这使得国际社会需要考虑拟议评估标准的合理性及其执行质量，以及在国际货币基金组织不断变化的情况下，重新考虑处于市场发展、形成和转型中国家的作用。

如上所示，根据自身关键发展指标（例如较低的金融深度等），中国不在以美国为中心的全球货币金融体系的领导者之列。但与此同时，从2000年代中期开始，尤其是在2010年代国际货币金融体系转型阶段，已经不能再将中国明确定位成国际货币金融体系的“核心”或“外围”国家。它应该处于“近核心”的中间位置。

首先这一方面表现在，中国在货币金融领域结合了国际化和跨国化的突破性成就，另一方面结合了对自由化的制约。以下是一些具体示例。

让我们回顾一下1995—2009年，中国和俄罗斯境内外资银行数量的动态变化（供比较），这一阶段正处于国际货币金融体系变化开始之前以及世界上新兴市场国家自由化进程加快的阶段。可以说，中国对外来金融中介机构的“启动”采取了谨慎的政策和严格的监管，仅从2006年以来，该指标的动态发生了变化。2009年外资银行资产在国家金融体系总资产中的份额仅为1%，在俄罗斯为12%，而在智利和哥伦比亚为50%，在罗马尼亚为85%，在捷克共和国为87%，在匈牙利为91%，在斯洛伐克为99%，在阿根廷和中国香港为95%—98%[①]。

此外，2018年中国的资本跨境流通指标反映出，与美国和英国的金融扩张积极性和开放程度相比，境外的中国金融中介机构和中国境内的外国金融机构的活跃度相对而言较低。

---

① Источник данных：World Development Indicators Database. World Bank. 2013；Архипова В. В. Указ. соч. С. 206 – 208.

但是，截至2018年，全球系统重要性银行的“健康”状况决定着未来国际货币金融体系的福祉水平。其中，四家中国机构——中国银行、中国工商银行、中国农业银行和中国建设银行发挥了重要作用。[①] 在2016—2017年全球系统重要性保险机构评级中，亚洲地区的唯一代表是中国平安保险（集团）股份有限公司。[②]

此外，一些学者表示，中国和俄罗斯加入了由全球互惠基金会发起的“超前竞技”平台，该平台旨在对处于经济发展和转型期的国家建立和实施金融资产的紧急买卖计划，特别是这些国家受墨西哥金融危机（1994）、亚洲金融危机（1997）和俄罗斯债务危机（1998）影响后的“曲折前进”时期。[③]

在当前发展阶段，中国已成为接受外国直接投资的主要国家之一。但外国直接投资进程在中国具有区别性特征。值得注意的是，中国作为外国直接投资的流入国，在吸引资本方面取得了相当大的成果：如果在1983年流入该国的资金不到10亿美元，那么到1993年已经是260亿美元，2006年为695亿美元，2017年为1360亿美元，这确保了中国在外国直接投资十大流入国中的稳固地位。为了监管此类业务，中国国家发展和改革委员会制订了一项外国投资管理计划，其中对金融资本领域进行相关规定，并发布了有关外国企业并购中国企业的程序规则。[④]

---

① 2018 list of global systemically important banks（G-SIBs）. Financial Stability Board. 16 November 2018.

② 2016 list of global systemically important insurers（G-SIIs）. Financial Stability Board. 21 November 2016；Review of the list of global systemically important insurers（G-SIIs）. Financial Stability Board. 21 November 2017.

③ Kaminsky G. L.，Lyons R. K.，Schmukler S. L. Mutual Funds Investment in Emerging Markets：An Overview // The World Bank Economic Review. 2005. Vol. 15，№2；Kaminsky G. L.，Reinhart C. M.，Vegh C. A. The Unholy Trinity of Financial Contagion // Journal of Economic Perspectives. 2003. Vol. 17，№4.

④ Абзац подготовлен на основе данных и аргументации：Конотопов М. В.，Сметанин С. И. Указ. соч. С. 551 – 553；World Investment Report. UNCTAD. 2018；Eichengreen B.，Lombardi D. RMBI or RMBR：Is the Renminbi Destined to Become a Global or Regional Currency? NBER. November 2015. Working Paper No. 21716. p. 5 – 7.

因此，在维持和发展中国2010—2020年的“资本循环”过程时，夸大和复杂化了直接投资的现实意义。我们还注意到，2017年中国对其他国家的直接投资达1250亿美元，几乎比2016年同一指标少1.6倍。中国采用自我批评的方法来解释减少的原因，并将其与“非理性投资”的减少联系在一起，在此情况下，中国依然在前十大投资国中保持领先地位。①

让我们参考下被分析国家融入全球金融体系的指标。根据金融互联互通的等级（表17-1），中国在短短十年间已升至第八位。

表17-1反映出，中国与美国、英国、德国和日本等全球货币金融组织系统“核心”国家一起，稳固地跻身于跨境和国际合作水平最高的前十个国家之列。俄罗斯在麦肯锡全球研究院前三十名中占据微不足道的地位，自2005年以来排名下降了一位。

表17-1　**金融互通互联等级（最新更新日期：2017年8月）**

等级（自2005年发生了改变）	国家	外国资本，占GDP百分比（%）					国外负债，占GDP百分比（%）			
		外商直接投资	净值	债务证券	贷款及其他	外汇储备资产	外商直接投资	净值	债务证券	贷款及其他资产
1	美国（净资本接受者）	40	38	15	21	2	39	35	59	28
3（-1）	英国（净资本提供者）	71	64	71	191	5	59	58	99	183
5（-2）	德国（净资本提供者）	57	29	57	84	5	42	20	61	68
6（+1）	日本（净资本提供者）	29	29	50	35	25	5	30	28	48
8（+8）	中国（净资本提供者）	12	2	1	15	29	26	5	2	9
21（-1）	俄罗斯（净资本提供者）	33	<1	5	28	29	32	11	4	25

① См.：World Investment Report. UNCTAD. 2018. С. 6，48.

在我们看来，经济关系紧密度系数（来自英语，意思是与外国和地区的经济合作）可以被视为衡量经济共轭水平的一部分，经济关系紧密度系数展示了另一个有趣的趋势，并详细展示了与中国合作最密切的国家及地区的分布。2017 年将中国与其他国家和地区项目和合同的资金流通额指标（营业额）相加并对比发现，中国与亚洲和非洲国家的联系程度最高（分别为 52% 和 30%）。巴基斯坦在亚洲国家中排名第一，与中国的经济关系紧密度系数为 6.7%（占亚洲总系数的 13%），阿尔及利亚在非洲国家中排第一，与中国的经济关系的紧密度系数为 4.7%（占非洲总系数的 15%）。总体而言，欧洲国家与中国经济关系的紧密度系数为 5.5%（其中俄罗斯最高为 1.2%，占欧洲总系数的 21%），拉丁美洲国家为 7.7%（委内瑞拉排名第一，为 1.9%，约占拉丁美洲总系数的 26%），美国为 1.3%（占北美洲总系数的 94%），澳大利亚为 2%，日本仅为 0.2%。2016 年的系数与 2017 年接近。[①]

因此，中国与世界的货币金融和一般经济的联系体现为其占据新的世界经济结构的中心位置，这种联系程度与以美国为中心的金融体系（形成于苏联解体后）中核心国家的一体化指标接近。中国正在根据新的世界经济结构制度来形成其货币金融空间。

中国成为新的国际货币金融体系核心国家的前提条件：

根据上文获得的数据分析结果，中国的目标是在较大程度上发展以美国为中心的国际货币基金组织系统的“外围”国家（与亚洲和非洲国家经济共轭的总指标超过 80%），而不是扩大与“核心”国家之间的金融和一般经济合作。同时，中国与美国领导的发达国家展开了对“外围”国家影响力的竞争（实际上，中国的资本储备用于发展国内经济）。[②]

---

① 笔者根据 2018 年中国统计年鉴计算得出的数据（URL：http：//www. stats. gov. cn/tjsj/ndsj/2018/indexeh. htm）。

② Оценки масштабов финансово-экономической транснационализации и экспансии на постсоветском пространстве см.：Глинкина С. П.，Куликова Н. В.，Тураева М. О.，Голубкин А. В.，Яковлев А. А. Китайский фактор в развитии стран российского пояса соседства：уроки для России. Научный доклад. М.：Институт экономики РАН，2018.

目前，世界经济范围内出现了两个非常杰出的巨头——中国和美国，也因此出现了一个描述全球经济状况的专业术语 Chmerica（由“China”和“America”组合而成）。这种现象表明，两个对立经济体之间存在着特殊的直接和间接联系：辛勤工作和消费者、节省和过度支出、管制和超级自由。这显示了新旧世界经济结构中心相互作用的辩证法。目前，新的世界经济结构中心依赖旧世界经济结构中心的技术进口，被迫通过劳动密集型产品和原材料出口来支付知识租金，包括降低工资和自然资源租金。在新的世界经济结构的再生产模式形成之后，其中心将变得自给自足，而从外围掠夺补给的旧的世界经济结构中心将衰落。

如上所示，中国的金融体系和经济总体上具有显著优势。首先是有效实施持续改革时发展的相对稳定性。如上所述，银行体系的稳定性水平是金融部门成功运作的主要指标之一，该水平反过来取决于“不良”贷款的数量。中国的不良贷款数量在 2000 年以来大幅减少（即使在全球金融和经济危机时期），而在 2010 年以来数量最低（图 17－4）。此外，在监管货币金融和经济流程方面的经验使中国能够抵御金融“崩溃”和“泡沫”的风险，以及跨境资本流动“突然停止”的风险，该风险主要与世界范围内不受控制的事件和不稳定因素有关。[①]

此外，一些研究人员表示，中国 2009—2010 年反危机计划的有效性和经济安全水平远高于美国的类似指标。[②]

基于新旧世界经济结构中心之间金融互动的辩证法，可以提出以下措施来消除由此带来的压力。

（1）为了在国际货币金融中占据领先地位，中国需要发展国际货币金融关系以及它们所服务的实体经济部门，以便在其中取得“突破”并立足于新的“领域”，例如[③]：

① См.：Архипова В. В. Указ. соч. С. 78－223.

② См.：Гордиенко Д. В. Указ. соч. С. 244－279.

③ Приведено на основе данных：Orr G. What can we expect in China in 2018? December 2017. URL：https：//www. mckinsey. com/featured-insights/china/what-can-we-expect-in-china-in-2018.

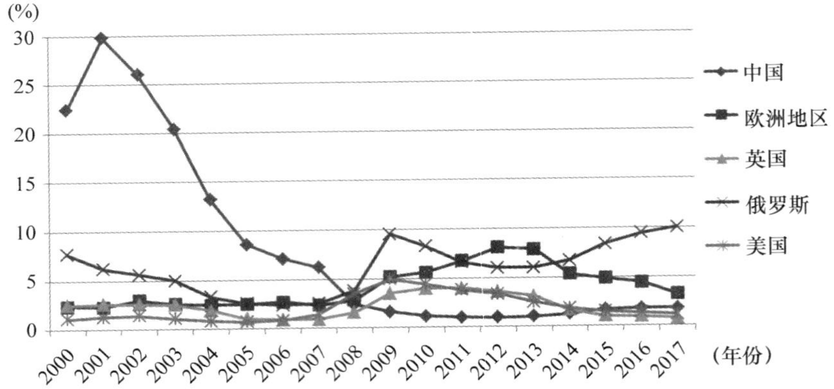

图 17－4　不良银行贷款占贷款总额的百分比

资料来源：世界银行 2019 版本世界发展指标数据集。

• 数字经济的演变：就电子商务零售总额而言，中国的份额已从 2005 年的 0.6% 增长到 2016—2017 年初的 42.4%，在研究最后阶段已超过美国的 24.1%；

• 移动支付：2016—2017 年初，中国的移动支付总额估值为 7900 亿美元，而美国为 740 亿美元（中国超美国近 11 倍）；

• 估值达到 10 亿美元以上的全球私人创业企业（也称为独角兽企业）处于“成长”阶段：截至 2016 年，中国约占全球总数的 34%，而美国占 47%，其他国家则占 19%。

此外，中国应继续改善银行体系和国家金融市场，因为中国在这些领域也有可能成为领头羊（见图 17－5），从而消除货币和金融领域所谓的改革“失败”。

（2）鉴于中国和俄罗斯金融部门具有许多相似特征，建议制定一项将两国银行体系相对接的金融战略。

根据 A. V. 库兹涅佐夫的评估，从 1913 年到现在，美元已经损失了 95% 以上原始价值或购买力，这反映在对美元的信心降低上。[①] 因此，考虑到本研究框架内的评估和分析结果，可以预测未来人民

① См.: Кузнецов А. В. Указ. соч. С. 193.

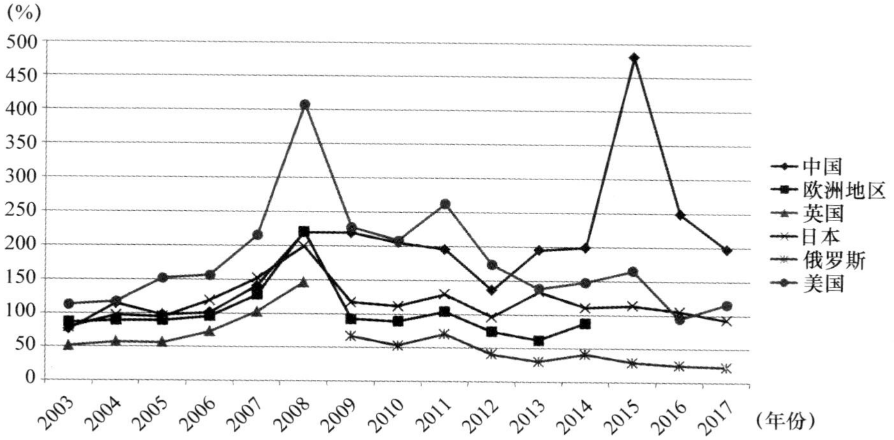

图 17－5　国内股票周转率

资料来源：世界银行 2019 版本世界发展指标数据集。

币的国际地位将会提升。

（3）我们认为，中国不应该急于加快人民币国际化，使其达到自由兑换的水平。现阶段，可以从巩固地区和国家间的货币金融关系开始，此后再加强全球地位就足够了。例如，按照中俄矢量建议通过以下具体决议：①在两国制定关于改用本国货币结算的政府指示，或者②建立专门银行以发展本国货币结算，再或者③暂时放弃货币伙伴关系和两国银行体系对接。上述选项中最后一项最糟糕，因为这会削弱人民币和卢布的地位，增强美元在地区和全球范围内的地位。

对中俄一系列指标进行统计分析和比较的主要结论表明：

• 实际有效汇率指标的动态变化有两个“相近”时期：1995—1998 年和 2005—2013 年。

• 中国货币政策改革呈现基本稳定趋势，改革政策与国民经济和外交政策发展目标相协调并分阶段演变，而俄罗斯的主要趋势是不稳定和相对稳定周期交替。

• 俄罗斯至少存在两种可能的货币政策方式：在更改基础货币

（美元→人民币）时保持美元化，或在制裁制度下通过地区货币金融合作的初步推动来刺激卢布发展和国际化。

（4）建议制定一项战略，以实现中国和俄罗斯国家支付系统之间的连接（尤其是在2013—2017年，使用国际支付系统SWIFT的俄罗斯家庭总数减少31%之后）。[①]

中国共产党摒弃教条主义，建立了一体化思想体系。该体系将实现社会主义的目标与自我实现的创造性自由、爱国主义相结合。在饱受"文化大革命"的痛苦后，一体化思想摆脱了20世纪主要思潮固有的几大思潮和实践。

印度将甘地的社会主义思想、民主价值观和国家利益结合起来，通过另一种方式走向一体化体系的道路。在这条道路上印度和中国一样，社会经济获得加速发展，2016年的GDP增量位列世界第一。中南半岛的一些国家（如越南、老挝）走上带有自身文化特色的社会主义道路，也呈现出很高的经济增长率。甚至非洲国家也引进了中国建立的管理制度，这些国家的经济也加速发展。其中埃塞俄比亚就是一个例子，该国在一定程度上摆脱了贫困，GDP增长率达到两位数。

在过去三十年的历史中，还出现过社会主义意识形态替换成自由主义意识形态的例子。"日本股份制"模式的例子是众所周知的，强调了日本社会经济结构的一致性。如果日本在20世纪80年代美国的压力下没有实行自由主义经济政策，日本可能会保持较高的经济增长速度。可以说，在90年代国际货币基金组织的压力下，类似的经济自由化阻碍了韩国的经济奇迹。最后说一下苏联社会经济发展的奇迹，大多数加盟共和国在苏联解体后放弃了社会主义意识形态，转而支持华盛顿共识，这给苏联带来了灾难性的社会经济后果。还应回顾一下德国、法国、奥地利在战后奇迹般地恢复和崛起，及

① Источник данных：Банк международных расчетов（год обновления данных：2018）. URL：https：//stats. bis. org/statx/toc/CPMI. html；идеи и модели интеграции платежных систем см.：Гладышев Д. А. Интеграция платежных систем на мировом финансовом рынке. Диссертация на соискание ученой степени кандидата экономических наук. М.，2014.

以民主社会主义意识形态为指导的斯堪的纳维亚国家的成功发展。

众所周知，实践是检验真理的唯一标准。理论的正确性必须通过实践来验证。不久前，社会科学的基本理论已经通过了实践的检验。自称最终真理的两个基本教条理论垮台了：苏联式的教条的共产主义及与其对立的自由主义（包括华盛顿共识的现代表现形式）。这意味着俄罗斯在社会经济政策中遵循的方针是错误的。苏联解体后，一种教条的意识形态被另一种教条的意识形态取代，这使俄罗斯陷入了历史僵局。俄罗斯处于泥潭之中，俄总统为解除国家危机所做出的所有尝试都被泥潭淹没。

毫无疑问，正是俄罗斯的经济政策使其从最富有的国家陷入第三世界国家的悲惨境地。尽管之前印度和中国缺少石油、天然气资源，科学技术水平远不及苏联，但如今印度和中国在 GDP 和其他科学技术发展指标方面要比俄罗斯高五倍。近几年，中国的平均工资已经高于俄罗斯，俄罗斯的劳动生产率水平日益落后于发达国家。俄罗斯社会经济发展水平在全球的排名不断下降，在疾病、自杀、堕胎等社会问题以及离岸寡头的增长率方面，俄罗斯处于领先地位。造成这些结果的原因不是没有提高效率和产量的新技术，而是对国民财富要素的挪用，如国有财产私有化、自然资源租金或行政机关的租金。

俄罗斯的国民财富被一些小团体据为已有，他们将国民财富用于个人财富积累。在这种私有化持续的四年里，以及在居民实际收入持续四年减少的背景下，亿万富翁数量的增长清楚地表明了现有社会经济发展管理体系的目标定位。国家领导试图使社会经济发展管理体系符合人民利益，但结果是仅仅加速了自私自利官员们的“敛财”活动。在国家意识形态缺失的情况下，社会经济发展管理体系的位置被对利益的渴望所占据。

正如著名的圣彼得堡学者达尼拉·拉宁指出的那样，意识形态的缺失就是自由主义意识形态的表现。自由主义意识形态正是统治精英的行为纲领。如果人的社会价值通过其拥有的金钱数量来体现，那么金钱就会成为衡量成功的标准（包括政府领导人在内）。国家银行和国有公司负责人的高额薪金就是体现这种意识形态的突出例子，他们的工资不取决于其工作的客观结果。如果实现人的价值的目标是获取个人收入，那么对处于亏损中的公司领导获取巨额酬金不必感到奇怪。

在现有管理体系中，假模假样地履行职责，掩盖滥用职权来谋取个人财富是官员的典型行为。现有管理体系的基本结构要素是"团队"，如上所述，它是根据互相包庇的原则建立的，掌握权力的人有计划地为犯罪集团牟利。在各级管理层——从村委会到联邦部委，都可以看到相应分形。[1] 因此，不必对这种管理模式取得的"最高成就"表示怀疑，如世界上最大的房地产公司赔本进行私有化；国库券金字塔以国家破产终结；拥有着数千亿卢布的中央银行成为"泡沫"；一万亿美元流入国外。

试图通过增加监管和执法机构的数量来抑制管理体系的"瓦解"，这只会加剧其瓦解，因为监管和执法机构也屈服于金钱的力量。这就是监管和执法机构在企业家不受互相包庇的保护下与商业团体共生的原因。结果形成了一个恶性循环：腐败支配着经济，强力监管机构的增加是为了压制自由企业家，将他们纳入这些商业团体，或迫使他们停止商业活动。在这样有权力处理经济问题的金字塔顶端，是那些将国有资产据为己有并关心高昂资产价值的银行家。他们把利率推高到加工业利润率的三倍后，就成了经济管家，决定破产企业的命运。高利率和税收压力榨取了实体经济部门的所有收入，由于投资减少实体经济部门的收入不断下降。

自由主义意识形态的世界中心与货币财富的聚集地重合。因此，这种意识形态的拥护者对财富有着强烈的渴望，他们渴望前往纽约和伦敦，事先将其收入隐藏在盎格鲁—撒克逊人的司法管辖范围内。总统下令进行的离岸化运动导致许多俄罗斯大商人迁往那里。他们

---

① Макаров В. Л. Социальный кластеризм. Российский вызов. -М.: Бизнес Атлас, 2010. 272 с.

将金钱视为最高价值，他们追随着金钱到达对金钱极度崇拜的地方。毫无疑问，在选择查封账户还是背叛国家时，受美国最新制裁的大多数俄罗斯商人将选择后者。

如果不在所有公民中推行清晰易懂的意识形态，就不可能实现俄总统制定的国家社会经济发展目标。在俄罗斯，这种意识形态只能是社会主义意识形态。

第一，没有意识形态就不可能使社会经济发展管理体系与国家领导表达的紧迫要求相一致。这与让红军指挥白军是一样的。通过镇压和阻拦，可以暂时迫使反对派下属执行命令，但是如果没有这些镇压就不可能好好地发展现代知识经济。

第二，如果没有一个使决策与提高社会福利相匹配的标准，管理体系将失去“核心”，即官员和国有企业负责人应对其工作成果负责，否则管理体系将依旧腐败和无能。

第三，社会公平是社会意识中的主导价值。如果管理体系与这一价值不相符，民众就不会认可其合法性。人民将假装服从该管理体系，而官员也会在管理上做样子。这种普遍假装遵循的体系可以造就民族团结的表象，但在经受首次考验时就会崩溃。因此，一个世纪前俄罗斯帝国垮台了，25 年前苏联垮台了。

第四，社会主义的选择是进步的，为俄罗斯被纳入新世界经济结构的“核心”开辟了前景。在没有官方意识形态的“庇护”下，保留自由主义意味着成为“外围”国家以及美国寡头的“摇钱树”。

第五，如果没有团结社会并使个人利益（包括统治精英的利益）服从全民利益的意识形态，我们就无法在美国为维护其全球霸权地位而发动的世界混合战争中生存。如果苏维埃国家银行在德意志帝国银行有条不紊的指导下工作，国家计划服从于东线法西斯，戈培尔监督苏维埃报纸的出版，而马丁·鲍曼领导党的建设，我们几乎没有可能赢得上次世界大战。

当然，社会主义意识形态必须是现代形式的。首先是人道的，以尊重人权和自由为出发点。其次应该是充满爱国主义精神的，优先考虑国家利益，并据此制定外交政策。现代社会主义意识形态必须以新技术结构为导向，引领社会经济实现超前发展，使这种意识形态变得注重科技、务实和进步。

第六部分

发展欧亚经济一体化战略

在新世界经济秩序形成的框架下，超前发展战略的实施不仅由宏观经济、科技和地区等因素构成，还有外部经济的作用，其中欧亚经济一体化是关键。后苏联空间的欧亚经济一体化指的是一些后苏联国家组成的关税同盟和统一经济空间，现在发展为由俄罗斯、白俄罗斯、哈萨克斯坦、吉尔吉斯斯坦和亚美尼亚组成的欧亚经济联盟。虽然该联盟始终抱以开放纳新的态度，且与包括遥远国家在内的其他国家建立经贸优惠制度，但从实际意义上来看，欧亚一体化的地理分布仅限于后苏联空间。此外，后苏联空间的异质性除了得到最愿意重新整合的欧亚经济联盟的核心国家的认可以外，由统一自由贸易区联结的其他独联体成员国也或多或少地参与了这一进程。

从陆地范畴来看，欧亚一体化的范围要更为广泛，囊括了上合组织、中国“一带一路”倡议、“东盟+”、欧亚经济联盟与越南的自贸区及与印度的项目等。本章旨在对广义欧亚项目的多个方面进行解读，其中重点将是欧亚经济联盟。欧亚经济联盟是通过超国家管理机构联结的区域集团，是俄罗斯经济发展最完善和最重要的形式。这并不是说该组织已经全面建成——我们还记得几个世纪前俄罗斯与乌克兰、格鲁吉亚和波罗的海国家签署的“永恒”协议。欧亚经济联盟被授权执行所有成员国的对外贸易政策，落实统一关税和技术监管，当下俄罗斯经济发展战略应将欧亚经济联盟纳入通盘考虑。

第十八章　欧亚经济一体化的先决条件

从历史、经济和政治等客观因素来看，俄罗斯在组织欧亚一体化进程中起到了关键作用。一体化“标尺”[①] 针对舆论的研究证明，俄罗斯使统一体中心这一认知牢固地保留在所有独联体国家内。人们期待能在俄罗斯出现落实系统性改革的创新突破和创新信号，这一改革被视为欧亚一体化进程参与国的国家利益。后苏联空间的大多数共和国在政治友谊和军事协助问题上是以俄罗斯的态度为导向的，来自9个独联体国家[②]的受访者有上述想法。

俄罗斯作为欧亚大陆引力中心这一认知得以形成，不仅有赖于俄罗斯广袤的地域和丰饶的资源潜力。欧亚主义是一种思想政治和历史文化理念。欧亚主义思想的最早发源可追溯到15世纪末和16世纪初，起源于长老菲洛费伊——普斯科夫叶利扎罗夫修道院修士的信函，菲洛费伊将俄罗斯民族视为拜占庭传统的传承者。霍米亚科夫、基列耶夫斯基、阿克萨科夫、特鲁别茨科依的著作出现在欧亚主义之前，随后于1920年在索菲亚出版的书籍《欧洲与人类》起到了突出作用。该部著作开启了俄罗斯知识分子的欧亚“文化—历史哲学”运动，这场运动在1917年后风靡欧洲。与特鲁别茨科依一样，地理学家萨维茨基、历史学家韦尔纳茨基也是这场运动的杰出

---

① Интеграционный барометр. М.: Центр интеграционных исследований Евразийского банка развития, 2013, 2014.

② В Казахстане сопоставимо значимо российское направление.

代表。在苏联政权开启无产阶级国际主义之际，这些伟大的思想家深入思考了苏联政权后续如何发展和消亡，何种意识形态基础才能使在苏联和俄罗斯帝国框架下保存几个世纪以来统一的民族的历史共性。

欧亚主义理论的内涵之一是“世界历史进程的多线性概念”，这令“文化的独创性和独特性”成为其固有的特质和特性，该理论否定了欧洲文化的排他性和绝对性。这场运动参与者从不同的立场解读了“欧亚”概念本身：首先，将其看作纯粹的地理空间，认为将西方和东方划分为欧洲（西欧）、亚洲（亚洲南部和东部：印度和中国）和欧亚（亚洲和欧洲大陆的平原地区）是理所当然的。其次，从种族角度来看，欧亚形成了特别的“图兰人心理类型”，“俄罗斯人既不是欧洲人也不是亚洲人，而是欧亚人”。再次，从纯粹的经济意义来看，横跨欧亚的俄罗斯是大陆国家，不仅需要发展全球海洋经济的联系，还要发展大陆内部的联系。①

特鲁别茨科依的预言天赋值得肯定。他在1927年就预见到，在这片土地上，共产主义帝国坍塌和新民族统一都是基于对历史命运共性的理解。后来，古米廖夫对现代欧亚主义理论的形成做出巨大贡献。苏联解体后，他在1992年其临终前的采访中指出：我知道一件事，可以作为秘密告诉你，俄罗斯能够且只能够作为欧亚大国且只能借助欧亚主义存活下来。② 这完全可以视为实践行动的指南，与现代欧亚主义者的表述相辅相成。现代欧亚主义者承认，保障东欧、高加索和中亚国家福利的前提不是与西方或东方合作时用单个国家优惠吸引投资，而是以建立从大西洋到太平洋的跨大陆一体化制度的可能性为前提。旧世界的俄罗斯是唯一一个“从这海到那海”的国家，可与西欧、东亚和北美三个世界经济和技术发展带进行交流。

---

① Трубецкой Н. С. История. Культура. Язык / Вступ. ст. Н. И. Толстого и Л. Н. Гумилева. М.：ПРОГРЕСС；УНИВЕРС，1995.

② Опубликовано в ежемесячном дайджесте социального соразмышления «Социум». 1992. №5.

俄罗斯学者波德别列茨金指出，俄罗斯独一无二的地理位置和其对欧亚一体化进程的重要性由以下几个方面确定①：

（1）俄罗斯不仅是一个国家，还是一个文明体国家。除中国和俄罗斯外，世界上再无他例。无论是从社会文化的角度还是从历史的角度来看皆是如此。因此受全球化的影响，有国际主义者试图将其“自由化”，改变其传统面貌，但民族认同和国家认同仍旧保留了下来。

（2）俄罗斯拥有独一无二的地理位置，从地理的角度来讲俄罗斯是欧亚的中心，连接东、西、南三边。

（3）俄罗斯的矿产、生物资源的储存量及邻近海域的面积在全球占据绝无仅有的地位。

（4）俄罗斯基于开放和非歧视的文化精神，团结世界主流宗教和以东正教为首的宗教团体，形成举世震惊、独一无二的、反对不可知论和世俗主义的精神宇宙。

（5）俄罗斯是世界范畴内独一无二的信息交流枢纽和交通枢纽，其作用正迅速增强。

在数十年间，欧亚经济联盟的成员国发展成具有共同经济综合体的单一国家。苏联的加盟共和国经济互补，数千种合作联系形成了完整的生产周期——从原料到成品，从基础科学到大规模生产技术。此外，苏联的经济不次于发达国家的水平，其中包括机器制造业和高附加值品生产业等制造业的占比指数。这当然不能说当时的经济空间具有同质性，该空间是统一的，无论是法律规范和经济组织形式，还是所有其他的经济制度：价格、标准、资质要求、规划程序和决策规则。依靠生产的专业化和合作保持统一，没有一个联合体的共和国——包括当时的俄罗斯苏维埃联邦社会主义共和国，能够自给自足，即产品是由原料和其他共和国供应的组件制造而成的。

---

① Подберезкин А.，Боришполец К.，Подберезкина О. Евразия и Россия. М.：2013.

因各国经济发展水平各异，关于后苏联空间经济一体化进程有人为参与的质疑时常出现，后苏联空间的完整性和统一性推翻了这一质疑。当然在苏联解体后的二十年里，原加盟共和国的经济十分衰颓，但是衰颓程度是与现有生产的复杂性成比例的。俄罗斯联邦在高科技生产方面损失最大，在原料、金属和能源载体出口方面与中亚原料经济体的出口份额持平。正因如此，如果关于一体化国家经济具有同质性、处于同一水平的理论具有一定的经济意义，那么应该认识到，较之苏联时期，原苏联加盟共和国在这一范畴的水平相近，且从这一逻辑来讲，原苏联加盟共和国国家一体化程度更高。

后苏联空间的一体化进程十分独特。直到最近，统一的国家经济空间仍然是具有统一国民经济综合体国家的一部分。一方面，共同的历史及数十年间形成的复杂合作关系确定了一体化进程的自然特性，其本质是一体化进程经数百年后复兴，在新的法律基础和经济条件下，出现了当前的统一经济空间。另一方面，由于过度担心会丧失刚获得的国家主权，因此分离主义综合症陡然滋生。独立的国家不得不从头开始建立本国的贸易经济合作战略，从根本上建立与现代地缘政治现实相符的全新协作机制。

苏联解体是由主观因素而非客观因素造成的。客观因素要求苏联保留统一经济空间作为国家稳定发展的必要条件。专家指出，后苏联空间经历过两次产量下降，一部分原因是国界的出现导致了已有生产技术联系被切断。欧亚一体化的批评者在诟病苏联空间国家经济发展水平不均衡时没有将这一情况考虑在内。专家们试图将区域经济一体化理论中确立的非历史观用于数百年来始终作为统一经济组织的地区。该地区的一体化进程应被视作现有的再生产的再次一体化，而不仅是新创建的一体化进程。这就是为什么在这种情况下，与先前独立国家组成的联盟（无论是欧盟还是北美自由贸易区）有关的陈旧理论在此行不通。解释欧亚一体化进程要比解释当前经济空间经济发展水平相近的传统观点复杂得多。经济高度发达地区通常与原料、能源和劳动力的来源地处于共生状态，通过流动来将经济高发达地区与欠发达地区统一到同一个再生产周期里。任何国家的统一经济空间都是由经济发展水平各异、按照当时生产专业化和合作需求相互补足的空间构成的。无论是城市间还是世界各国之间，任何地域的经济体制都是如此。

相反，经济发展水平相近的国家通常会出现单一产品种类生产竞争，通过关税壁垒驱逐同类产品，采取各种保护主义措施。在这些国家中时常爆发经贸摩擦，但从未发生在成品制造和原料供应领域。

以上并不是说国家间相近的发展水平会成为一体化的阻碍，而是说有可能会走向另一个极端。现代经济增长的特色是专业全球化、生产合作和生产复杂产品配件的全球供应链。在全球化趋势下，不断增加的竞争迫使发达国家出于降低成本、增加生产规模和扩大科技基础的目的进行一体化。

上述论据仅证明，试图用经济发展水平来解释经济一体化进程过于肤浅，不符合驱动其发展的复杂进程。这同样适用于国家间经济协作的“引力模型”。决定一体化程度的因素不是国家经济发展的规模和水平，而是历史上在普遍再生产框架下形成的生产专业化和合作关系。

2000 年建立欧亚经济共同体的决议完全符合当时原苏联国家在发展速度和发展水平存在差异时经济再度一体化的理念。哈萨克斯坦时任总统纳扎尔巴耶夫在欧亚一体化进程中起到了特殊作用。早在 1994 年纳扎尔巴耶夫在莫斯科国立大学演讲时表示：“上帝亲自吩咐我们——原苏联国家——信任彼此，珍惜并加强我们的团结。我们看到，有一些势力想要彻底分化我们，削弱我们，给我们播下不信任和仇视的种子。在这种境遇里人民能感受到的只有难过，我们的人民共同生活了数百年，加强睦邻关系符合数百万人的根本利益，它不受任何时局条件的限制……”① 曾长期担任欧亚经济共同体

① Выдержки выступления Президента Казахстана Н. А. Назарбаева взяты с портала «История Казахстана». URL：http：//e-history. kz/ru/publications/view/567.

秘书长的曼苏罗夫在哈萨克斯坦领导人思想的研究和宣传工作中，基于一体化联合的实际经验，设计和发展了欧亚一体化。[①]

在 20 世纪 90 年代中期，时任俄联邦领导人忽视了欧亚经济共同体，急于利用 1993 年国家改革的成果私占国有资产和国家财富。新崛起的离岸寡头也没有时间考虑欧亚一体化。只有普京当选俄罗斯总统后，欧亚一体化的草案才开始落实。2000 年欧亚经济共同体建立，2003 年俄罗斯、白俄罗斯、哈萨克斯坦和乌克兰启动统一经济空间建设进程。

与此同时，从“零”开始一体化的动力很大程度上受到俄罗斯权力阶层亲美势力的影响。他们宣称，后苏联空间一体化所有方式从经济角度来讲都是退化的和不成熟的。普京基于市场重新整合独联体国家经济潜力并以实际内容填充一体化潜力的想法在国内招致非公开反对，公开的反对则来自国外。关于后苏联国家无法在建立关税联盟的同时优先加入世贸组织的虚假言论让一体化进程延后了几年。负责推进一体化的责任人要么消极怠工，要么极力让国家领导人认为该倡议明显不切实际，目的是抹黑欧亚统一的想法。

全球危机在某种程度上转移了地缘政治对手及其在俄罗斯国内党羽的注意力，使其暂不关注后苏联空间的一体化进程。他们认为俄罗斯领导人会死守加入世贸组织事宜的优先性这一教条，这会长久地封锁住一体化进程。关税同盟成员国的三位政府首脑于 2009 年 6 月 9 日发布决议，中止关于加入世贸组织的单独会谈，成立统一代表团以讨论白俄罗斯、哈萨克斯坦、俄罗斯以相同条件加入世贸组织事宜，至此布鲁塞尔和华盛顿方面才明白上述打算的严肃性。

欧亚经济共同体按照区域一体化的经典模式建成，一共分为三个阶段：关税同盟（2008—2011 年），统一经济空间（2011—2012 年），经济联盟（2012 年至今）。在 2008 年年末启动该项目的前三

---

① Мансуров Т. Евразийский проект Нурсултана Назарбаева, воплощенный в жизнь. М.: Реал-пресс, 2014; Мансуров Т. Евразийская экономическая интеграция: опыт и перспективы. М.: Русский раритет, 2014.

年，后苏联空间的第一个超国家机构——海关联盟委员会——基于直接执行《海关法》对卫生、兽医、植物检疫、部分交管职能以及技术管理系统统一进行关税管控。关税同盟建设完毕的同时，2011年筹备并签署了统一经济空间建设基础协议[①]，这些协议为向欧亚经济联盟过渡奠定了基础。

当时欧亚经济联盟能在短时间内建成，依靠的不仅是选择正确的一体化模式、号召成员国帮助其发挥经济潜力和区域内经济关系的前景、确保全球竞争力提升，还得益于成员国利益的高度一致，这有赖于上述国家以同一个大国的形式共存数百年，以及苏联数十年里实行的国家经济综合体中紧密的经济关系和深入的生产技术合作。

欧亚经济联盟的建立形成了一个有1.8亿人口、共计2.2万亿美元国民生产总值、生产规模和品类都相应增加的共同市场，这有助于提升各成员国的经济效益和经济潜力。中期前景可提升经济效益，通过恢复合作关系和共同经济空间使经济增速提升1.5—2倍。

统一关税区落实的第一年对外贸易和相互贸易统计数字证实了消除关税壁垒的益处。2011年俄白哈三国的共同贸易额与2010年相比，同比增加1/3以上。关税同盟内部相互贸易额出现爆发式增长，特别是在边境地区（增幅超过40%）。由于消除过境壁垒，边境滞留期限最敏感的产品类别（农业、食业）获益最大。

俄罗斯是欧亚一体化进程的基础。俄罗斯领导人赋予该联合进程以优先性后，欧亚一体化进程发展十分顺利。一旦俄罗斯领导人中止给予应有的关注，该进程就会停滞。俄罗斯在欧亚一体化中起到的关键作用是由历史和客观上无可争辩的经济、政治优势决定的。俄罗斯占有欧亚经济联盟中87.6%的经济潜力，78.4%的人口和83.9%的土地。这不仅造就了俄罗斯的优势，也决定了欧亚经济一体化结构建立的困难性。

---

① Мансуров Т. Евразийская экономическая интеграция: опыт и перспективы. М.: Русский раритет, 2014.

俄罗斯领导人普京提及欧亚一体化时指出："我们提出强大的超国家联合体模式，它能够成为当代世界多极中的一极，发挥欧洲与亚太地区有效'纽带'的作用。"普京的《新的欧亚一体化计划——未来诞生于今日》[①] 一文，也超出单纯的欧亚经济一体化思想的经济意义。

普京多次提到，在自由贸易关系和互惠合作的基础上建立从里斯本至符拉迪沃斯托克的欧亚合作区的前景。俄罗斯领导人对欧亚一体化的理解比建立欧亚经济联盟深远得多，一体化不仅要将欧亚经济联盟与中国、印度和上合组织联通，还要与"大欧洲"[②] 联通。

哈萨克斯坦总统于 2011 年 11 月在文章中也指出了欧亚一体化的战略优先性："欧亚联盟应当成为连接欧洲—大西洋和亚洲发展区的链环。它可成为连通欧盟、东亚、东南亚和南亚的活跃经济之桥。"[③]

白俄罗斯总统对上述言论表示赞同，他指出："我认为欧亚联盟是泛欧洲一体化不可或缺的一部分，我们的联盟有望成为能够与世界主要经济组织建立关系的关键地区参与者。正是基于上述原因，三个参与国提出关于与欧盟协作的提议，最终这一合作会促成建立里斯本到符拉迪沃斯托克的共同经济空间，我们则提供一体化整合工作。"[④]

欧亚思想和欧亚政策——不仅是传统意义上"在地区占有优势的地缘政治概念"，更是为了建立共同价值体系的斗争，这一体系的实质是维护主权思想，保护国家在欧亚的利益。2013 年普京在瓦尔代俱乐部上的发言并非偶然，他表示："在这里我们讨论的不仅仅是对俄

---

① Путин В. Новый интеграционный проект для Евразии-будущее, которое рождается сегодня // Известия. 2011. 3 октября.

② Запесоцкий А. Россия между Востоком и Западом: новый контекст старой дискуссии (к вопросу о современной теории и практике евразийства). СПб: Санкт-Петербургский гуманитарный университет профсоюзов, 2013.

③ Назарбаев Н. Евразийский союз: от идеи к истории будущего. – Известия. – 25 октября 2011 г. (URL: https://iz.ru/news/504908)

④ Лукашенко А. О судьбах нашей интеграции // Известия. 2011. 17 октября.

罗斯历史、国家和文化经验的分析。首先，我指的是一般性讨论，关于我国发展的未来、战略和价值基础，是关于全球化进程如何影响我们的民族认同，是关于我们在21世纪想看到一个怎样的世界，以及我们的国家——俄罗斯和伙伴们将会给这个世界带来什么。”①

随着向新型世界经济秩序过渡，自由全球化的局限已经显现。与美国统治地位相悖的独立新世界经济中心，即中国、东盟国家、印度和欧亚经济联盟——已经形成。上述国家和地区具有独特的文化文明特点，拥有自己独特的价值体系、历史文化精神以及独有的民族和地区特性。显然，尽管全球化形势下的相互交融渗透具有多方面意义，但任何一个权力中心都不会放弃自己的特殊性和思想文化认同。在世界经济一体化逐渐形成的框架下，各国将会发展其自身的特色和思想文化价值，尽可能地提升本国的竞争优势。

显然，俄罗斯面临着抉择：要么成为一个强大的思想文明中心（这也是俄罗斯在最近一千年始终保持的特色）和经济社会中心；要么放弃国家的认同感，留在新世界经济的边缘地带。在了解自身思想文化使命的基础上选择自足和自立，需要恢复俄罗斯和欧亚经济联盟在世界经济、贸易和科技合作中相对高的权重。为此应当落实本著述论证的俄罗斯经济跨越式发展战略。

如上所述，包括欧洲、中国和印度在内的广义上的欧亚一体化，能够像中东和近东一样成为强大的维稳反战因素，有助于对抗全球经济危机，创造新的发展机遇。国际社会富有思想和最负责任的地区和国家认识到，为避免另一波自残式的对抗，为保障稳定发展，务必要以全球监管和互利互惠、合作、公正性的方式，向基于相互尊重主权的世界观新模式过渡。俄罗斯具有独特的历史机遇，可以重回世界联合中心的角色，围绕该中心将会基于全欧亚民族的利益形成完全不同的力量平衡以及新货币金融和贸易经济关系架构。②

---

① 普京在瓦尔代俱乐部全体会议上的发言，2013年9月21日。

② Глазьев С. Евразийская интеграция как ключевое направление современной политики России // Журнал «Изборский клуб». – 2014. – №1.

第十九章　欧亚一体化的历史基础

中国和俄罗斯的历史都与超级大国再生产有很深的渊源，俄罗斯在我们众所周知的历史阶段三次改变了自身形态，保留住了对欧亚地区的控制权，并使得该地域大部分地区处于共同的社会国家制度。

罗马—拜占庭王朝整个生命周期结束后，欧亚空间就联合成一个新的帝国，几乎覆盖了欧亚大陆所有陆地并以蒙古—鞑靼统治的形式进入了俄罗斯的编年史。虽然官方版本称，蒙古—鞑靼的统治由德米特里·伊万诺维奇在库里科沃之战中终结，但莫斯科与汗国仍在较长时间内保持着复杂的双边关系。从俄罗斯历史延续性的角度讲，应该说“大混乱”才是该时代的结尾。在大混乱期间，留里克王朝终结并暂时丧失了国家体制地位。此后，该地域北部出现了俄罗斯帝国。俄罗斯帝国因一个世纪前的二月革命而覆灭。半年后，苏联从十月革命中诞生并席卷同一片地理空间。第二次世界大战后，苏联联合了经济互助委员会成员国、在苏联援助下成立的中国和蒙古、摆脱盎格鲁—撒克逊人侵占且确立社会主义制度的印度和印度支那，成为所有帝国中首个重新合并大部分领土的国家。

几个世纪以来，上述帝国在存在巨大差异的情况下让绝大部分的共同领土和族裔得以保留。分布在现代欧亚经济联盟地区的土地和民族还一直留在这些帝国的范围内。考虑到历史延续性在每次社会主义国家体制更替时都会有所流失，因此为进一步分析和评估欧亚一体化的前景，我们将诸帝国统称为帝国。帝国每次垮台后重建，会产生新的掌权者、新的思想和另外一种社会和国家制度，但事实证明，人民中仍存在供给下一颗“幼苗”的“土壤”。

欧亚文明的民族意识是在“土壤”中得以完整保留，还是已经在全球化的“病毒”肆虐中瓦解了呢？欧亚帝国时代随着苏联的解体已经宣告终结，等待我们的是怎样的新的体制？俄罗斯在不同形势下的欧亚空间和全球扮演的角色是怎样的？我们应该从过去的错误吸取哪些教训？本章将就这些问题做出思考。本章仅涉及笔者认为更为熟知的俄罗斯历史经验，用历史经验的例子来研究帝国国家体制的再生产机制、坍塌和制度的重建机制。我们遇到的第一个问题是对我们的社会国家体制历史缺乏统一理解。

将破坏历史经验作为现代理论的基础

尽管社会宪法法规缺乏主导意识形态①这一认知被不断强加给我们，但无疑主导意识形态仍然存在，且与我们独特的历史背道而驰。彻底清除历史记忆将迫使阿萨多夫诗中“忘记亲人的伊万”接受各种有利于权力精英的神话。如果权力精英信奉一种与人民群众不同的外来思想，其实质是买办主义的意识形态，利用其优越的地位剥削本国人民来为他国谋取利益。

在我们眼前发生的对过去的诽谤和改编，旨在贬损国家制度历史意义而曲解历史事件，贬低本国国家制度在发展文明中的作用，编造俄罗斯和苏联压迫各民族的故事，这不是什么新鲜事。这一系统性地消除历史记忆和重建共同意识的行为已经发生了三次。第一次始于“大混乱”时期，当时由于权力精英形成的轻视被奴役的人民、效仿西方权贵的亲西方思想终结于“叶卡捷琳娜的黄金世纪”。国家伟大的历史被那些连俄语都不认识的德国特邀学者创作的“诺

① 第13章第2点，俄罗斯基本法规定，任何意识形态不得被确立为国家的或必须服从的意识形态。

曼理论”[1] 改写了。“诺曼理论”的创造者一般认为是拜耳、米勒和施廖采尔三位学者。三位学者为了证明西欧的优越性，歪曲俄罗斯国家体制在普鲁士殖民化和俄罗斯国家体制起源方面的基本情况。“诺曼理论”否认了俄罗斯人民独立自主建设国家体制的可能性，这造成了俄国知识分子长达数个世纪的自卑感。显然德国科学家创作历史神话的思维是消除当地居民的历史记忆，代之以西方代理人的卑鄙态度，将外国作家捏造的历史神话强加于公共意识。

在大混乱时期后的一个世纪里，上文提及的俄罗斯—汗国帝国的国家体制被毫不留情地根除了，并在德国俄罗斯史学者的行文里用臭名昭著的蒙古—鞑靼统治来代表。当时的莫斯科已经是欧洲最大的城市，居住在莫斯科的西欧德国郊区的移民远比在德国自己首都的人多。他们掠夺国家财产，毁掉了所有文物：军事勋章、艺术作品、编年史和文献甚至名人墓地。[2] 根除了古老的习俗、仪式、礼节、行为、衣着习惯、宫殿和公共场所的内部装饰。过去所有的痕迹，甚至发型和胡子样式，都被欧洲礼节嘲讽和替换了。只有东正教信仰没能被成功肃清，尽管被没收土地和财富，遭到分裂并屈从于官僚主义的东正教最终仍得以保留。这些移民甚至试图损害人民在童话、歌曲、赞歌、成语、俗语中国家各个时代的记忆。

尽管亲西方的权力精英不断摧毁历史记忆，民族精神却足以复兴伟大的帝国。留里克王朝覆灭一百年后，伟大的帝国以俄罗斯帝国的身份复兴了，俄罗斯帝国继承了东正教信仰、国家象征和领土的一部分，以及富有自我牺牲精神的人民。权力精英自身虽然保留了西方崇拜这一先天缺陷，轻视普通人民并用“法语和下诺夫哥罗

① “诺曼理论”指出，史料中更倾向于是瓦兰人和斯堪的纳维亚人（即诺曼人）建立了基辅罗斯，也就是第一个俄罗斯国家。

② Носовский Г. В. , Фоменко А. Т. Татаро-монгольское иго：Кто кого завоевывал. М. : АСТ：Астрель，2008；Носовский Г. В. , Фоменко А. Т. Русь. Подлинная история Великой Русско-Ордынской Средневековой Империи. М. : АСТ：Астрель，2009；Носовский Г. В. , Фоменко А. Т. Старые карты Великой Русской Империи. М. : АСТ：Астрель，2009.

德语言的混合体”[1] 交谈，但仍然怀有帝国意识形态和民族利益。如果俄罗斯不是一个世纪前新动荡的受害者，毫无疑问今日的俄罗斯会成为统治欧亚地区的霸主。

布尔什维克夺取政权后，立即着手肃清被称为“人民监狱”的俄罗斯帝国遗留的意识形态、象征、建筑纪念碑和文物古迹。历史再一次被捏造和改写。俄罗斯帝国遭到诽谤，而它的破坏者却被称作英雄。许多历史的见证都被销毁或秘密保存。潜意识形态的载体被消灭，教堂被炸毁或者充当仓库。但是与上个世纪不同，历史记忆得以保留，大量的书面材料为帝国复兴提供了助力。

自从全球革命思想和国家灭亡开始，布尔什维克基于强硬的国家权力制度，通过建立社会主义完成了构思。帝国国家制度以另一种形式、伴随新的意识形态重生，国家再次成为超级大国。共产主义权力精英在第二次世界大战中与西方正面对抗夺取胜利，但是不能驳斥其意识形态上的侵略，也不能抵消政治上的颠覆。

帝国这三次灾难性覆灭都是外部因素活动和新西方“盟友们”干涉内政导致的。大混乱时期发生了大规模的外部干涉。虽然来自全欧洲的冒险家组织了一支杂牌军攻入了莫斯科，但普遍认为此次干涉的主谋是波兰人。这只队伍提前在伊凡四世宫廷内安排了“西方党羽”意识形态颠覆活动，进而分化权力精英，几乎将精英群体中素有恶名的沙皇骑兵全部歼灭。

俄罗斯帝国覆灭始于西欧意识形态和政治新技术的推广，终于西方盟友干预的结果。在大混乱时期外部势力的主导作用还隐藏在历史的虚构和无稽之谈之下，这一次俄罗斯帝国的垮台不同于大混乱时期，1917 年的两次革命将一切都记录在案。俄罗斯被卷入毫无意义的世界大战；对德国战争中杀害大量的敌对者；通过谋杀奥地利王储来激化战争；为了推翻彼得堡精英制造的共济会阴谋，在首都散播饥饿恐惧，激起大量民众恐慌，最终发动军事政变迫使沙皇

① 引自格里鲍耶多夫的喜剧《聪明误》（1824）。查茨基用来讽刺俄罗斯贵族崇拜法话，经常指对法语了解不足的意思。

及其兄弟退位——英国特务在其致命游戏的每一个环节里都留下了马脚。[①]

这当然不是说其中没有内部原因。就像人的身体经过长期劳作而日渐衰弱更易感染病毒一样，帝国由于战争和内部争斗而日渐衰落，遭到了掩藏在同盟者身份下的外部敌人的迫害。伦敦方面将推翻沙皇视为胜利，英国首相劳埃德·乔治得知此事后公开表示“世界大战最重要的目标之一已经达成”。受外部控制的共济会成员[②]组成临时政府，通过分裂军队和制造混乱完成了击溃俄罗斯帝国的任务。俄罗斯最高统帅部的幸存人员向西方操纵者求助，后者则非常乐意前来干涉，以便瓦解和占领俄罗斯的土地。

西方特务在培植替代政治势力、推翻临时政府，并在内战中夺取政权的过程里起到的作用早已不是秘密。内战完全是西欧大国为夺取俄罗斯帝国实施的计划。按照他们的想法，俄罗斯帝国本应极大地被削弱，从而失去国家地位并就此垮台，到那时这个民族就会在手足相残的战争中瓦解，进而屈服于外国统治。然而就算将掌权者和大部分有能力的精英消灭也不会达成目的。布尔什维克掌控了民族精神，得以恢复帝国。苏俄失去了数百万人民和大部分产能后不但得以幸存，还在仅仅 25 年后就重新夺回世界大国的身份。

但是苏联甚至没有挺到 75 周年。只有那些单纯的人才会认为苏联就是自行垮掉的。通读美国特工部门领导人[③]的回忆录或者拜访美国主要政治机构的博物馆[④]，就足以证明上述部门在破坏苏联国家制

---

① Курлов П. Г. Гибель императорской России：Воспоминания. М.：«Захаров»，2001；Родзянко М. В. Государственная дума и февральская 1917 года революция. Берлин，1922；Суханов Н. Н. Записки о революции，1991；Шацилло В. Первая мировая война 1914 - 1918. Факты и документы. М.：Олма-Пресс，2003.

② См.：Катков Г. Россия в 1917 г. Февральская революция；Аронсон Г. Россия накануне революции：Исторические этюды. Монархисты，либералы，масоны，социалисты.

③ Швейцер П. Победа. Роль тайной стратегии администрации США в распаде Советского Союза и социалистического лагеря. Минск，1995.

④ 非营利组织国际共和党研究所（IRI）和美国国际民主研究院（NDI）是美国政府于 1983 年为了在世界范围内，特别是在发展中国家推动和支持民主进程设立的。上述机构落实政治和民主领域计划并提供捐款。

度、培植分离主义势力，恶意抹黑苏联领导层并将其卷入毫无意义的阿富汗战争中，通过在苏联领导层培植影响力代理人来推翻该政权。正如英国人将尼古拉二世吹捧为伟大的领袖，美国人也颂扬戈尔巴乔夫为文明的拯救者，这样是为了建立信任，方便在帝国背后插刀。这两次就是利用之前在本土精英的最顶端培植的影响力代理人来试试“插刀”事宜。

除上述外部巧合外，可看出一个曾在不同时期统治欧亚的帝国毁灭和再次复辟的一般性机制。事实数据可以详细追踪上述机制在苏联诞生和解体的生命周期以及其在俄罗斯帝国倒台阶段的作用。关于后者的发展和在它之前的被摧毁的俄罗斯—汗国帝国还有很多“空白点”。但是下文涉及的普遍性机制可在俄罗斯帝国观察到。

欧亚国家体制重建的规律性

所有欧亚国家的重建都会遵循下列体系，这些循环可以建立社会联系并维持稳定。

1. 意识形态体系，基于对社会及国家制度含义及其正确性的一致理解来统一人民。如苏联帝国具有共产主义的意识形态。俄罗斯帝国的意识形态用一个言简意赅的公式体现，即专制制度、东正教和民族性。俄罗斯—汗国帝国的意识形态也是宗教，尽管该帝国权力精英的信仰并不相同。在欧洲部分拜占庭帝国时期形成的基督教意识形态被保留下来，亚洲部分并没有精神统一，此外在不同时期、不同地域由伊斯兰教、佛教、印度教、萨满教和其他教义分别占据主导地位。当我们抛开关于上述宗教起源的纷争就会发现，历史上在帝国社会意识中存在的所有意识形态都要求符合社会国家制度的社会公正性。破坏这一条件将会破坏意识形态和令社会意识混沌化。

2. 政治体系，通过国家权力制度统一人民。无论是苏联还是俄罗斯帝国，政治体系都以等级制度的方式建立，分别由苏共中央委员会和沙皇领导。在俄罗斯—汗国帝国也存在类似等级制度，该制度规定了最高统治者通过诏书进行权力交接。这一再生产体系建立在保障其在社会意识形态合法化的相应意识形态基础上。破坏意识形态体系将会导致国家权力在社会公众意识中不合法，并动摇再生产体系。

3. 规范体系，基于行为规则和制裁破坏规则者来统一人民。规范体系是由政治体系通过批准法律、命令、决议和其他强制执行准则组成。动摇政治体系会弱化规范体系的合法性，为大规模破坏法律和违抗权力机构创造条件。因此，推翻沙皇导致社会组织机构迅速遭到破坏，陷入了违法和内战的境地。类似的例子还包括：苏共的自毁行为引发苏联法律系统的快速非法化、民族分裂主义滋生、国家分崩离析，社会出现犯罪行为。在第一个历史周期中，帝国灭亡之前，曾在几个妄图获得最高权力者间发生战争。随着帝国组成部分的经济发展，战争变成了对原始国家实体的独立性之争。统治精英的内部分裂是帝国倒台的直接预兆，这导致了对直辖区的镇压，最终引发了大混乱时期的乱象。

4. 经济体系，统一人民的经济活动。这一体系是由监管不同种类的经济活动法规和制度组成的。规范体系的非法化会破坏复杂的经济活动，令经济退化。在意识形态、政治和规范体系发生的灾难和统一国家体制的瓦解在经济上产生的直接后果是经济萧条、累积的大部分资本外逃或消失、生产力遭到破坏和人民生活福利下降。在其他法规、政治和意识形态体系制定的新经济再生产系统框架下恢复上述现象需要相当长的时间。

5. 家庭—氏族体系，保障人口再生产。家庭制度和血亲关系受到上述再生产体系的深刻影响，但是保留了保护历史记忆免遭破坏的自主性和社会意识转变为另一种社会结构再生和转变的能力。家庭—氏族体系的溃败常常伴随着无法管控的社会能力激增，后者的特点是极端的侵占性，丧失了人民生活和联络的惯性思维。这一现象将导致社会分裂和社会大部分群体的野蛮化，将家庭—氏族体系分解成自组织的敌对团体，助长暴力行为并会出现陈旧过时的社会结构。阻止这一乱象应通过上文提及的新帝国再生产体系的强力组织暴力镇压反社会行为。

这三种导致帝国覆灭的灾难是再生产活动遭到连续破坏导致的。最初是意识形态体系崩溃，这会破坏政治体系的稳定性，一旦政治体系被弱化，就会引发规范体系的非法性和接踵而至的经济体系退化。在类似条件下，家庭—氏族体系无法留住丢掉日常生活准则的人们，且大多数人会激进化并参加革命。这些灾难共同的表现形式是大部分人口会以惊人的速度失控，随着社会国家制度的五个再生产体系的崩溃，该群体会回到最原始的反社会行为形式，同时社会—国家制度的剩余部分也被毁掉了。随后出现的社会自组织的本质是新社会组织的暴力形象载体，即另一种决定其他再生产体系框架的意识形态。

上述三个通往新社会国家制度的阶段存在强大的外部动力，这一势力会先破坏意识形态，随后会破坏政治再生产体系。此外，影响的主要对象是权力精英，该群体中已经形成了鼓吹新意识形态优越性的影响力代理人阶层。

由于统治精英没有坚定脱离政治再生产体系，逐渐为“新意识形态”侵蚀，随后其意识形态再生产体系受到侵蚀，政治再生产体系也遭到摧毁。紧接着规范体系也将很快被毁掉，经济体系也会衰退。家庭—氏族体系具有相对稳定性，可保障未来的人口再生产，逐渐被纳入新的社会权利关系体系和与之相适应的再生产体系。

在专制制度逐渐衰落前，大部分精英的信仰随着诋毁东正教的漫长过程而丧失。他们认为当时的社会—国家体制对于国家来说是陈腐、低效和不光彩的。由外部势力培植的影响力代理人将以西方价值观、模式和方针为指导，推翻专制制度，随后其余所有社会—国家制度的再生产体系就会很快消亡。苏共肃清和随后的苏联覆灭都经历了类似的进程。

应注意，在拜占庭帝国覆灭后，西欧社会在生产结构经历了实质性变化。早前意识形态和政治再生产体系在严格的神权国家等级制度下被捆绑成一个整体，由具有世俗和精神双重权力的皇帝领导，它们坍塌以后只能以脆弱的形式局部重建。在上述条件下，家庭—氏族再生产体系具有较大意义，这在欧洲原始国家的封建制度中有所体现。上述欧洲原始国家疆域较小，潜力精英分布不够密集，妨碍了集权的产生，而权力集中对于复兴帝国再生产结构是必不可少的。将意识形态和政治生产体系分离同样是一个阻碍，前者总是围绕着梵蒂冈教皇的宝座，后者在西欧国家里遭到禁止。虽然每一个都尽力想让帝国重生，但没人能将其重建成之前的样子。俄罗斯皇帝在击溃拿破仑西欧联合军队后的短时间内就达成这一成就，但是由于西欧社会—国家的意识形态和政治体系造成的侵蚀太深，东正教皇难以取代罗马教皇的影响，随后意识形态体系仍然是开放的。亚历山大一世建造的神圣联盟是脆弱的，因为其再生产活动代价太高。

西欧的意识形态侵蚀和政治再生产体系的限制为具有相对自主性的家庭—氏族体系和经济体系再生产提供了可能，两者相互交织发展有助于资本积累。经济体系对自我增值的追求激化了贸易—高利贷和确保经济和政治体系再生产的贵族阶级间的矛盾。上述矛盾因权力经济组织的形成得以解决。该组织的形式随着不同的时期——从十字军东征到国有垄断企业——不断演变。该组织被用于对外扩张，通过洗劫其他国家攫取超额利润的方式消除内部的利益冲突。此举可通过将欧亚地区外的欠发达社会殖民化，或者通过破坏欧亚国家的再生产体系，破坏其社会—国家制度以及扰乱其经济空间来实现。这三次大混乱就是这样引起的，造成了灾难性的帝国崩溃，在著名的历史时期形成了欧亚空间。

从第一次大混乱时期开始，西欧社会的政治经济组织形式发生了实际变化。我们称为“世界经济秩序”① 的资本再生产从组织机

① Глазьев С. Мирохозяйственные уклады в глобальном экономическом развитии // Экономика и математические методы. 2016. Т. 52， № 2；Глазьев С. Прикладные результаты теории мирохозяйственных укладов // Экономика и математические методы. 2016. Т. 52， №3；本资料的笔者注册了“关于世界经济秩序周期性变化的假说”（笔者于 2016 年在俄罗斯自然科学研究院的科学和方法指导下在国际科学发现与发明作者学会注册了第 41 – N 号证书）。

构系统在生产力发展作用下发生转型。[①] 荷兰用贸易垄断世界经济秩序来保障资本集中，这足以让世界贸易体系组织起来，而这一经济秩序被英国主导的殖民化世界经济秩序所取代。东印度公司和荷兰西印度公司在英国王室的庇护下成立，这为在各大陆开采和进一步集中资本提供了可能。工业革命的发展开启了基于机器生产的现代经济增长的时代。英国主导的直接经济秩序被帝国（或垄断）世界经济秩序取代，在这一秩序中，由美联储通过发行世界货币和资助美国跨国集团最终占据了主导地位。

此处应注意在三个相互接替的世界经济秩序的制度中存在差异，这些差异确保了不同历史时期欧洲国家的资本再生产。上文提及的经济和政治体系在权力精英创造的权力—经济机构的交织也没有改变。这些机构总是以对外扩张为导向，其目的是依托与附属国非等价经济交换攫取高额利益。这次扩张的极限是由欧亚帝国的国界确定的，西方资本总是试图通过破坏其再生产体系来扩大其国界。这种破坏的技术虽然形式上存在实际不同，但是其逻辑和造成的后果是不变的。

首先是意识形态体系的坍塌，它是帝国社会—国家制度再生产的核心组成部分。因为意识形态建立在社会公正和团结的首要地位基础上，为了毁灭它，应当利用与个人自由和个人权利对立的价值观。个人自由和权力对立价值观人为地反对社会和集体价值观，国家被抹黑，基于社会制度的原则被讥讽为腐朽而荒谬的。

因此，（欧洲）启蒙思想被用于瓦解俄罗斯帝国的意识形态，其主要原则就是乌瓦洛夫著名公式中指出的：东正教、专制制度和民族性。[②] 这三种元素反对科学世界观、民主权利和个人自由，导致了

① Arrighi G.，The long twentieth century：money，power and the origins of our times，伦敦：Verso 出版社 1994 年版。

② “东正教、专制制度、民族性”，民族教育部部长谢尔盖·乌瓦洛夫借助这三个词成功地将俄罗斯帝国中的权力社会关系引入意识形态中。意识形态的建设是（16 世纪修士菲洛费伊将莫斯科建成第三罗马）首次尝试系统化和广泛推行国家规定和国家目标概念的首次尝试。根据构想，帝国的三位一体应当与帝国保持长久连接，并加强其意义。

统治精英发生分裂，其中大部分精英拒绝传统价值观，其本质是形成了对帝国不利的环境。随后在这一环境中进一步培植外部影响力代理人网络已成为政治技术手段。

破坏苏联帝国也是利用同样的手段。破坏其共产主义意识形态是通过向权力精英推行民主权力和个人自由等思想来实现的。抹黑以“各尽所能，按劳分配”[①] 为原则、强调自身物质技术优势的社会主义国家是基于对能体现资本主义物质技术优势的消费意识形态来实现的。部分权力精英起初受到这些思想的蛊惑，先是破坏意识形态体系，然后开始着手剔除政治体系。由上述体系构建的苏共自我毁灭了，随后受到外部操纵的影响力代理人运用同样的政治技术手段进一步将帝国搞垮。

欧亚国家制度周期性危机的成因

如果权力精英有历史记忆，那么在完成社会—国家体制的再生产循环时，就会及时防止出现类似 1917 年和 1991 年的灾难。一旦涉及所有体系的内部出现分裂，那么来自外部的力量也会起到推动和破坏作用。权力精英的自满、教条主义和无知为敌方外部影响力代理人侵蚀和动摇帝国的社会—国家制度的再生产体系提供了可能。

我们尝试证实权力精英的主要弊端，正是这些弊端导致意识形态和政治体系遭到破坏。第一，教条主义妨害意识形态及时地适应发生的变化。结果意识形态不仅丧失了为社会—国家制度辩护的能力，还失去了解释发生变化的能力。所以，苏联的宣传部门继续断言，称资本主义会因阶级对抗不可避免地快速灭亡，这与所有生活水平高于苏联社会主义国家的发达资本主义国家的显

① 1936 年 6 月 11 日，苏联中央选举委员会同意新苏联宪法的提案。其中第一节（社会稳定）中指出：苏联具有社会主义原则，即“各尽所能，按劳分配”（от каждого по его способности，каждому—по его труду）。但 1936 年苏联宪法的语句在 1977 年发生了不显著的变化。（От каждого—по способностям，каждому—по труду）

著成就相反。俄罗斯帝国的权力精英完全缺乏对意识形态重要性的理解，只会诉诸千篇一律的“神佑沙皇”。结果，意识形态发生了严重的分裂，从公民的角度看来，权力制度的崩溃没有表现出任何严肃的抵抗。

第二，计划永远掌权的权力精英的自大性。帝国再生产意识形态体系被破坏，甚至权力精英的反对派也没能料到，自己的权力—经济地位会因其被破坏而必然丧失。几乎所有推翻意识形态制度基础的人都无法在政权瓦解后保留自己的权力地位和财富地位，其中有很多人甚至失去了家庭、自由和生命。

第三，国家领导层的天真和不负责任。领导层一方面对西方“盟友”的奸诈程度估计不足，另一方面，过于轻易地将权力交给阴谋家。今天已经显而易见，第一次世界大战时的协约国是给尼古拉二世准备的“陷阱”，与西方领导人的友谊则是为戈尔巴乔夫准备的陷阱。两位前领导人都能继续执政，但没有利用政治压迫手段进行自我约束，很显然是对自己妥协的后果估计不足。

以上三项弊端都具有主观的特点，虽然也有长期权力关系再生产缺乏竞争这一客观基础。其中最为普遍的后果就是贪污、徇私、无能、自满和不负责任。根据个人贡献和物质利益为标准的不良干部选拔机制——这是等级制官僚体系的常规特点，这在现代管理理论中已经众所周知。

与上述特点抗衡的方法也已确定——规定官职更替的时间和年龄的限制，职位轮换，定期考核，始终有原则地打击贪污徇私，官员对其所领导机构的客观工作业绩进行客观评定，权力执行机构则通过其落实的社会经济政策的结果进行评估，干部招募考试制度等。

权力精英的品质是帝国社会国家制度的主要弱点。为了避免再生产衰退，权力精英至少应进行自我批评。让我们来细数苏联时期权力精英典型的、导致社会—国家制度意识形态和随后的政治再生产循环崩溃的错误。意识形态领域最主要的失败在于不断地提出快速建设共产主义[①]这一不现实任务，引发了人民对这一任务存有过高的希望和对未能达成希望的失望情绪。忽视科学共产主义理论中的大量事实是不对的，这损害了对理论的信任并对其科学性产生怀疑。否认全部错误是另一值得警惕之处，一是会引发权力阶级的不负责任，二是会使权力精英承担之前犯下的所有过失甚至造成数百万无辜受害者犯罪行为的全部责任。后者包括：由于对苏联政权成立后阶级斗争激化的错误意识形态论述，剥削富农并强迫其迁至不适应居住的地方生活；为了打压臆想出的大俄罗斯沙文主义威胁，强迫在自古是俄罗斯人居住地的土地上进行乌克兰化、强制推行乌克兰语和人为创造的国家政权；全面拆除教堂，出于对社会意识进行无神论“清洗”的目的杀害和镇压神职人员。这些由意识形态崩坏引发的罪行在社会意识中是没有被理解和被克服的，这让民族分裂主义者利用其来进行反苏联宣传。

政治领域发生的错误更多。国家领导层口头声称将会忠于意识形态原理，随后却采取与言语不一致的行动。这引起了权力精英的慌乱，在社会意识层面抹黑了权力，并对其权威性和执政能力产生怀疑。苏共的自毁行为是首要失误，破坏了所有国家制度的合法性，令国内失控并加剧了混乱程度。其错误在于为了抹黑国家而以假装透明的形式公开信息空间。另一过失是采用区域经济核算的形式，导致民族分离主义的加剧。这一过失加剧了更为老旧体制的崩塌，而这一体制的崩塌奠定了人为因素建立的共和国联盟国家区域体制的基础。上述问题并没有得到纠正，也注定了苏联权力阶层建立的具有独特原始民族身份的原始国家制度的灭亡。帝国开始发展初期，类似的原始国家制度很快具有了现实国家的特征，早期是单一的民族——分裂成几个基于对抗统一祖国这一立场建立的新民族。

---

① 1961年苏共第22次会议通过了（第三个）苏共党纲。其中规定20年（1980年）建成共产主义物质技术基础，保障苏联公民享有充裕的物质文化财富。10年内，至1970年，苏联应在人均产量方面在全球排名第一。党纲树立了建设统一的公共所有制形式，提高集体农庄的“公有化水平”，最终将集体农庄所有制和全民所有制结合起来。克服城乡差异，以及脑力与体力劳动的差异任务也提上日程。上述措施是为苏联消弭社会阶级差异，建立无阶级社会。

意识形态方面的错误延伸至外政领域。首先，这与共产党的资助、西方国家及其控制地区的反叛运动有关，导致了经常性的政治紧张和军备竞赛，后者占用了大量的资源，损害了苏联人民的生活福利。苏联军队入侵阿富汗成为这场注定失败政策的顶峰。该政策撤销后出现另一个类似的错误，即没有对《华沙条约》各成员国的内政情况进行管控，结果这一倡议被地缘政治对手截获了。在没有反抗行动的情况下，北约成员国的谍报组织很快就镇压了东欧共产主义和社会主义党派组织的活动。东欧中部国家的国家—政治制度的瓦解造成了世界社会主义体系崩塌的连锁反应。

经济领域也出现了同样严重的失误。根据意识形态关于私有财产无法作为资本主义复兴的基础这一原理，经济国有化全面落实，其结果是经济活性显著下降，生活必需品质量下降，服务业发展程度不足，创新积极性低下等弊端。一方面，是与之相反的意识形态的基本原理，即与市场竞争相比，占据主导地位的计划经济导致了对生产技术联系和商品种类不断增长的复杂化程度估计不足；另一方面是规划部门的选择性有限。最后只能例行扩大已掌握技术的再生产，其结果是出现了国民经济技术上的多层次性，它将陈旧生产活动中的有限资源联系在了一起。①

意识形态原理始终主宰着苏联领导层，直至苏联解体。通过扩大国企自主性和完善国企领导的选举制来发展没有私人财产参与的市场关系、合作社和青年科技创造中心的尝试没有考虑到主要问题（市场经济的驱动力是竞争），夸大了次要问题（严格限制自由支配私有财产和靠剥削雇佣工人获得收入）。苏共领导层不但没有完善基于现实的意识形态，还试图用改革来适应非现实主义原理，动摇国民经济体系已有的再生产体系，加剧日益严重的失衡。

应当注意，苏联领导层的系统错误在于，尽管意识形态与事实严重背离，但仍不愿完善它，最终导致国家的管理系统被不切实际

① Глазьев С. Теория долгосрочного технико-экономического развития. М.: ВлаДар, 1993.

的教条绑架，最后日渐低效，令社会经济发展滞缓，并以混乱加剧告终。

遗憾的是，俄罗斯改革继承了思维上的教条主义，仅仅将科学共产主义假设替换成对立的、同样与现实相悖的假设。市场自组织取代了计划的中心地位，普遍私有化取代了全面国有化，国际货币基金组织的备忘录取代了马克思列宁主义的经典著作。经济的可控性完全丧失了，其再生产从属于外部因素的影响。与当前灾难性的经济政策相反，私有经济制度已经持续了三十年。国家的领导层被市场原教旨主义所左右，不在意其失败的结果、国际经验、工会的要求和本国科学实业社团的建议。

不得不承认，对我们来说，历史什么也没有教会我们。找到对权力精英不可教育性这一神秘现象的解释十分必要。

第一个原因是在每个帝国覆灭时所有的权力精英都被替换。由于这三场灾难中的当权者就是前一种意识形态的推翻者，导致当时的意识形态具有教条主义的特点。这三次灾难具有对立的思想，这些思想被教条的公共意识视作信仰。此前的教条换成了与之对立的教条并通过强制的形式被推广。由于它们是由帝国的外部敌对势力中心建立的，其目的是颠覆帝国，因此并没有指望这些教条会能够成功落实。举例来说，众所周知，没有一个布尔什维克的西方庇护者会相信这些教条会被成功落实。同样，“苏联改革的倡导者”的西方庇护者也只是一味纵容国家覆灭。

第二个原因是以革命者对自己国家和民族的憎恨为前提的。布尔什维克在俄罗斯看到了世界革命之火，在与欧洲小资产阶级的战争中，俄罗斯的人民被当作“炮灰”。俄罗斯市场改革者关注苏联的清算，完全不在意当地的人民，其中大多数“不适合市场”[①]。他们面临的任务是通过推翻国家制度，甚至不惜分解国家、牺牲人民为

① “您在担心那些人什么？有三千万人死去了，甚至都没有在市场登记。如果不考虑这一问题，就会有新的忧虑滋生。”根据前国家国有财产管理委员会主席勃列瓦诺夫的说法，这是其前任丘拜斯与他私下谈话时提及的。

代价来清算帝国。至于成功的社会经济发展标准，根本不在其考虑之中。

第三，似乎最神秘的原因就是帝国惊人的再生能力。帝国在新的再生产体系中以新的社会—国家制度重生。这些制度建立在过渡时期保留下来的家庭—氏族生产体系上，为新的掌权精英提供了社会支持。到目前为止，后者还是不能抵抗帝国权力阶层的诱惑。在第一个和第二个灾难过后，当时的推翻上一个帝国的权力精英不顾最初的计划，建立了新的帝国。因此，布尔什维克摧毁了俄罗斯帝国并推翻政权，建立了社会主义，最终建成了世界社会主义体系。留里克王朝覆灭后由罗曼诺夫人统治莫斯科帝国。它与欧洲盟友发生了冲突，建立了俄罗斯帝国。现在，得益于普京重建国家制度的政策，市场原教旨主义制度正在转变为一个伟大的新国家。

事实证明，无论行动者的意愿如何，随着意识形态、政治和经济体系发生翻天覆地的变化，帝国也会重生。而且历史的记忆每次都会被格式化。新统治精英会依据自己的意识形态重新书写历史，并否定一切的连续性。随后帝国再次被持有另一种意识形态的外部势力所干预，进而意识形态和政治格局分裂瓦解，帝国被摧毁。由此，个人权利取代社会公正性，个人自由取代团结，由社会分裂为具有阶级、民族或宗教性质的敌对群体取代全国统一。

当然，这一过程是不断向前发展的。哲学家多次指出历史呈现螺旋状向前发展。随着生产力的发展，社会管理系统和社会国家制度日渐复杂。这种螺旋式的发展在技术和世界经济秩序变化理论中有所论述。[①] 技术和世界经济秩序的生命周期确立了现代社会经济发展的节奏，这一点在西方国家尤为明显，但在帝国却被抹去。在西方世界中，危机和战争引发技术和世界经济秩序变革。而在帝国中，

① Глазьев С. Мирохозяйственные уклады в глобальном экономическом развитии // Экономика и математические методы. 2016. Т. 52, № 2; Глазьев С. Прикладные результаты теории мирохозяйственных укладов // Экономика и математические методы. 2016. Т. 52, №3; Глазьев С. Последняя мировая война. США начинают и проигрывают. М.: Книжный мир, 2016; Глазьев С. Экономика будущего. Есть ли у России шанс? М.: Книжный мир, 2016.

只有出现资源拮据的情况，二者才会相互影响。在帝国社会国家制度下的再生产体系将外部环境发生的技术和制度变革视为挑战。因此，为保持稳定必须接受同化。然而当失衡状况累计超过社会经济环境中的同化能力时，变化就具有了革命性的特点，同时伴随着整个社会国家制度发生变革并崩溃。

在这一复杂的进程中，正如帝国统治精英的政权无法延续，历史的记忆也将灰飞烟灭。也许，在新的历史时期到来之际，一切将焕然一新。

欧亚一体化再生产体系相互作用

我们所了解的人类文明史始于能够积累知识和经验的社会国家制度。在此之前部落社会拥有一个灵活的结构，该结构依据地位划分，由大人物主导的经济部门或部落首领主导的强力部门领导。因此，社会结构再生产由萨满主导的宗教部门保障进行，而萨满将一切重要变动神圣化，其中包括人事变化。

应重点指出，在原始社会再生产中个人和社会原则相结合。如果在稳定的再生产条件下是沿袭旧规创造、积累物质财富，并依据一定的氏族规则划分家庭之间的物质财富，那么在不稳定的条件下现有规则会被融合在普遍统一的规则中，列维 - 斯特劳斯将其称为“交融”（Communitas），即替代现行社会规则，以此构建新公共秩序。[①] 很快从中产生了一个与新的再生产条件相对应的新秩序。有趣的是，每当革命期间社会结构崩塌时，这种自发产生共产主义的机制就会显现出来。

原始社会的社会结构灵活，因此难以保留新的信息和积累经验。只有部落组织成功发展至巨大规模，且可以管辖周边部落并达到稳定的再生产条件时，社会结构对于第一批国家的出现才具备足够稳

① Леви-Стросс К. Структурная антропология. М.：Изд-во ЭКСМО-Пресс，2001.

定的条件。它们依据上述再生产体系建立起来，在此不断积累了信息、实践经验和物质财富，而这些也被保留在宗教、军事和经济政权的等级结构中。这些等级结构由神圣的统治者一人领导，此人同时执行最高牧师、原始国家的领袖和经济方面领导人的职责。

随着稳定的等级结构形成，原始国家的扩大再生产具有拓展性。由于具备积累信息、经验和物质财富的能力，它们领先于其他组织薄弱的部落成为第一批国家，管辖所有周边的社会空间直至难以拓展其地理边界。

第一批帝国拥有极权主义神权体制，在该体制中所有再生产体系均以神圣的统治者为中心。统治者为稳定的意识形态和政治体系再生产制度创造条件。家庭农场活动创造大部分的物质财富，而经济体系调节家庭农场活动，并依据整个社会的需求重新分配这些财富。家族体系再生产在等级结构的框架下产生，可以保障世代的连续性和依据活动类型划分人员的专业。由此产生了早期帝国典型的等级社会。

再生产体系在意识形态和政治方面维持社会国家制度的完整性和稳定性，调整物质财富分配。而这些财富均由家庭农场通过经济体系创造，且家庭农场具有相对的自主权，这对于管控家族再生产体系带来一定的困难，因为在该体系框架下积累了私人财产。私人财产的使用受到其他再生产体系的限制，目的是压制因日益加剧的社会失衡而产生的社会矛盾。

接下来意识形态和政治再生产体系遭到破坏，迫使家族体系失去管控，这为私人财产的积累和资本主义生产关系的诞生创造机会。资本主义生产关系的发展影响经济体系，使其再生产受制于资本积累的利益，这导致政治体系腐败和意识形态体系进一步被侵蚀。随着意识形态遭到侵蚀，社会国家制度再生产体系也遭到破坏，最终导致帝国的瓦解。此后，社会国家制度的再生产受制于资本积累的利益，目的是最大限度地对家族组织施加影响。

统治精英控制帝国的再生产体系，而他们也会随帝国的瓦解而消亡，与之不同的是家族组织却可以无限地增加自己的资本和提升实力。家族组织的扩大再生产仅受彼此间竞争和保留帝制的国家的限制。面对保留帝制的国家，资本主义家族组织力求消灭它们并使其置于自己的影响之下，以扩大自己的生存空间。我们在苏联、俄罗斯帝国、金帐汗国、拜占庭帝国和奥斯曼帝国灭亡过程中均看到了这一现象。

随着意识形态和政治体系遭到破坏，在帝国时期形成的家族资本主义体系从个人扩大再生产的利益出发营造自己的生存空间。家族资本主义体系将经济体系化为自己的管辖范围，掌控政治体系和清除社会、国家在再生产过程中产生的意识形态体系。造成这种失衡情况的诱因是社会关系的惯性，而这种社会关系由意识形态假说、文化定型观念、生产关系、资本再生产机制所决定。它们构建稳定的再生产过程，而已建立的稳定机构会将其纳入一个统一体，即世界经济秩序。

世界经济秩序会依据自己的节奏在帝国的意识形态和政治体系之外发生变化，同时也会诱发自身的结构发生相应变化。由于意识形态和政治再生产体系极少受到经济变化的阻碍，经济方面自身的变化会相互影响，由此帝国的社会经济结构获得多层特点，导致经济失衡日益加剧，在经济中会同时再现新、旧世界经济和技术秩序。

帝国的现代化需要世代的付出，在生产力发展的作用之下才可以改变社会国家制度再生产的重要组成部分，但生产力的发展会受到已有制度、文化固有观念、意识形态假说和生产关系的限制。这种变化总是带有革命性和暴力性，因为在这一过程中社会再生产体系的所有环节会被破坏，保留下来的相关社会团队人员也会遭到镇压。而且旧社会国家制度的意识形态、政治和经济体系会被摧毁，随着载体的变换出现新的体系，同时家族体系在较小程度上也受到这些变化的影响。因此，当世界经济秩序发生变化时家族组织中的资本积累进程仍会继续，而其影响也会日渐增长。

家族体系在帝国时代被复制下来，以适应其社会和国家结构。

因此家族体系会保留相对的自主权，防止受到意识形态和政治体系的影响。随着意识形态和政治体系的分裂，家族体系会向社会政治体制中的意识形态和政治结构施加反作用力。意识形态和政治结构会摆脱帝国的掌控，获得自由，同时在家族体系框架下以世界经济秩序变革的形式存在，同时受制于资本再生产的各项规律。在摆脱帝国控制的国家中会出现如同世界经济和技术秩序的连续性、属于自己的社会经济发展节奏。

每一个新世界经济秩序都可以提供增加资本积累的机会，其生存空间因市场竞争推动科技进步而得到不断扩展。帝国被迫抵御资本主义关系的腐朽影响，掌握必要的新型技术用于发展经济和提升居民福祉。等级结构保障意识形态、政治和规范再生产体系的运作，但由于等级结构抑制竞争，因此帝国并不会达到资本主义经济所特有的创新活动水平。帝国不断追赶资本主义国家，引进或模仿新的技术。

据我们所了解，尽管俄罗斯各时期的帝国和苏联统治了欧亚大陆，但在科技和经济发展层面未处于领先地位，但这并不意味着它们未取得相应的成果。相反，无论在技术上还是在经济上，它们均取得众多成果。只是长期以来这些成果的大众认知度远远落后于领先的西方国家水平，这给统治精英造成国家发展落后的假象。帝国经常力求赶超西方，但由于竞争关系相对滞后，并未实现该目标（而军工和著名的项目除外）。[①]

事实上帝国模仿了西方技术成果，并取得不同的成绩。这涉及组织生产的方法、资本再生产和经济调控的制度。西方取得的成果也为帝国带来了相应变化，通常表现在削弱帝国方面。因此，帝国试图阻止西方的技术与经济扩张，同时也力图从中为本国谋利。

西方实现了社会经济和科技进步，与此同时帝国对保留本国的

① Эволюция технико-экономических систем：возможности и границы централизованного регулирования / под ред. Д. Львова，С. Глазьева，Г. Фетисова. М.：Наука，1992.

扩大再生产表示担忧。科学研究和试验设计工作及生产规模方面的经济能力无法阻碍本国企业以较低成本仿制进口技术，同时也无法顺利在全球市场获得竞争优势。况且帝国并不打算抢占市场，而是致力于解决各项任务以满足国内市场需求。

拥有丰富资源的帝国阻止了私人资本的扩张，利用国家利益将私人资本限制在国内并抵御外部的肆意侵略。对于人类来说最危险的行为是拿破仑、希特勒和杜鲁门试图构建的世界霸权，而帝国阻止了这一企图。事实上帝国确实是遏制世界邪恶的一股力量（Katehon）。目前帝国在形而上学上的本质角色已被俄罗斯抹去。它不仅不再是帝国，也不愿成为帝国，依据宪法，“任何意识形态都不能被确立为国家意识形态或强制性意识形态”（第2款第13条）。对于俄罗斯来说这一条款类似于日本宪法中有关禁止拥有武装力量的规定。①

目前出现两个问题：若缺乏限制西方资本的力量，人类将如何发展？帝国能否重返欧亚空间，并在现代条件下发挥一定作用？

众所周知，苏联解体后美国政府针对后苏联空间设立了主要目标，即“我们的初期目标是禁止在原苏联或任何地区出现像苏联一样对其构成威胁的新竞争者”②。因此，当俄罗斯、白俄罗斯、哈萨克斯坦三国首脑提出建设“欧亚经济共同体”以及后来的“关税同盟”和“欧亚经济联盟”的倡议以后，美国政府对此表现得过于敏感和激进。尽管欧亚经济联盟只是依据世贸组织规则建立起来的一个统一市场，且缺少统一的超国家政治机构，但美国政治精英立即从中看到了苏联复活的影子。③

---

① 第二次世界大战结束两年后的1947年日本通过了宪法，宪法中规定日本禁止拥有部队和利用武装力量作为解决国际争端的手段。这一条款至今未被取消。多年来日本已成为经济强国，但由于缺少军事政治影响力被冠以“经济上的巨人，政治上的矮子”的绰号。

② 美国国防部制定的报告1994—1998年财年《国防指令》。

③ 前美国国务卿希拉里·克林顿在2012年12月6日的新闻发布会上公开表示：“目前有关举措旨在该地区重新苏维埃化。它将被称作关税同盟、欧亚联盟等等。但我们不会受蒙骗。我们知道他们的目标，并努力找出延缓或阻碍其实现的有效方法。”

与此同时，对美国构成真正威胁的是中国。中国领导人秉持具有中国特色的社会主义思想，创造性地汲取了苏联社会主义建设的经验并分析了自身的不足，然后基于计划经济与市场调节相结合在社会主义国家的调控作用下建立了有效的社会经济发展管理系统。中国共产党人保留了苏联再生产的意识形态和政治体系，而后基于市场机制改变了经济体系，释放家族体系的社会能量，并利用其解决发展经济和提高人民福利水平的任务。

将帝国再生产体系与资本主义相结合的社会国家体制是俄罗斯帝国特有的制度。但在帝国和资本主义世界共存的历史期间新世界经济秩序首次出现在帝国内部，并扩展至周边资本主义的外围国家。或许这是较长的文明周期进行更替的前提。一部分专家认为资本主义时代正在终结[①]，另一部分专家认为正在向后工业社会过渡[②]，还有一部分专家认为将过渡到智力圈文明，该文明具备可持续发展和世界和谐的范式[③]。

在中国和邻近亚洲国家中正在建立一种一体化世界经济秩序，它规定将资本主义活动完全限制在社会所接受的框架内。而且不同于俄罗斯帝国的做法，上述国家的这种做法完全以理性的意识形态为基础，并以法律的形式被硬性规定在政治和经济的再生产体系中。上述再生产体系筛选各项规定的标准并非是是否符合意识形态，而是提升商品在产量和质量方面的经济效益，进而提高居民生活水平和质量。在该世界经济秩序框架下实现的经济增长可确保其迅速发展并拓展至更大的世界空间。

此前以美国为首的世界经济秩序垄断金融领域，其再生产在内部出现了失衡，这一问题在其制度体系框架下无法解决。[④] 由于指数

① Яковец Ю. Политическая экономия цивилизаций. М.：Экономика, 2016.

② Тоффлер Э. Третья волна. М.：АСТ, 2010.

③ Акаев А. А. Экономика xxi века － это ноозкономика, экономика справедливости и разума // Проблемы теории и практики управления. 2014. № 11. С. 8 – 12.

④ Кобяков А., Хазин М. Закат империи доллара и конец «Pax Americana». М.：Вече, 2003.

型发行信用货币和存在无抵押债务，资本积累呈现假象。由于金融金字塔中汇集了资金和商业活动，实际上实体经济部门扩大再生产被终止了。在这一世界经济秩序的核心国家居民生活水平下降，社会失衡日益加剧。

现代欧亚一体化系统

进一步发展生产力需要过渡到新的一体化世界经济秩序。而新的世界经济秩序将在中国、印度、中南半岛形成，它的成立基础是计划经济与市场调节相结合、基础设施和私营企业的全民所有制，在国家的协调作用下要求全民利益高于企业家的个人利益。与当前的金融垄断型世界经济秩序相比，新的世界经济秩序在这一点上展现出了主要优势。

历史上首次向新世界经济秩序的过渡与资本主义发展能力的扩大无关，而是与限制其发展能力有关。正如数学家所说，这一重大差别意味着社会经济发展的导函数同时也在发生变化。资本主义世界停止快速发展，它应重新回到帝国主义社会国家体制的意识形态和政治再生产体系的管控之下。一旦这一体制获得全球性的特点，这也成为文明周期发生变化的标志，即从局部冲突文明转为全球多样化的合作文明，以促进人类的和谐发展。

在现代条件下帝国形成的原因并不是一个国家占领另一个国家或对另一国家施以强权。它只可以依据国际法以国家联盟的形式成立，这些联盟中的国家有意加入一体化世界经济秩序和抵抗跨国资本的侵略性渗透。除非建立上述提到的反战联盟，否则这一变化不会自行发生。为了获得帝国般的影响力，这类联盟要作为一个完整的社会国家组织，拥有其再生产的意识形态和政治体系。为此需要在三大世界帝国的框架下恢复欧亚人民共同发展的历史记忆，这样才可以认清构建现代大欧亚伙伴关系的重大意义，而大欧亚伙伴关系具备一切可持续发展所需的再生产体系。

整体思想体系应符合可持续发展的现代范式和一体化现代经济秩序的原则。它对于再生产体系有以下要求。

政治方面的再生产体系应建立在国际法基础之上，尊重联盟所有成员国主权，从共同利益出发秉持互利、自愿合作的原则，实现和谐可持续发展。

经济体系需要具备足够的灵活性，这样才能融合各成员国多样化的经济系统，赋予各国行使任何对外经济限制的自由以保障各自的可持续发展。该经济体系旨在使成员国经济免受外部势力破坏，陷入不平等的金融交易，限制技术发展。同时它必须为成员国提供经济发展所需的必要资源，其前提条件是具备统一的战略规划、发展机制和统一的经济空间。

联盟社会国家系统中的家族体系应获得和谐发展的有利条件，这意味着要优先发展教育、卫生、文化和科学，建立统一的劳务市场和教育空间。

为了证明向新世界经济秩序和新文明周期过渡的必要性，仍需要考虑到与之相反的情况。如果未完成这一过渡，那么世界将会面临以下灾难性事件，而这些事件也是现代电影广泛谈论的内容：

世界混合战争进一步升级，进入失控的阶段，并可能使用大规模杀伤性武器；

出于非人道主义的目的使用新技术范式的成果（人类克隆、制造生化电子人、研发和使用生物武器）；

新技术范式生产的不合理发展造成人为的全球性灾难。

已有的科技预测表明上述威胁具有现实性。这也证明除了向一体化国际经济秩序过渡和建立保护人类的帝国反战联盟别无选择。相反，人类文明或因世界战争，或因进入一个新生物技术领域而自我毁灭。人类文明的起源及其延续将取决于欧亚一体化进程。为了应对当前的挑战，必须在欧亚大陆人民的历史记忆基础上建立坚实的思想基础。

第二十章　欧亚一体化的发展前景

后苏联空间欧亚一体化进程的发展按照两条路线进行。一是内部路线，促进新国家加入欧亚经济联盟。二是外部路线，建立自由贸易区和与其他国家签署经贸合作优惠制度的相关协定。目前第一条路线仅限在后苏联空间。塔吉克斯坦曾为欧亚经济共同体的创始国之一，有望成为欧亚经济联盟成员。还有乌兹别克斯坦，该国曾参与国防政治联盟——集体安全条约组织。

美国侵占乌克兰，使乌克兰强行加入欧盟并剥夺其主权，目前美国正阻止乌克兰返回欧亚一体化进程。类似的情况还发生在摩尔多瓦、格鲁吉亚，它们将国家主权交给欧盟，以无权的初级合作伙伴身份与欧盟结盟。普京曾提出建立从里斯本到符拉迪沃斯托克的统一经济空间或后期形成的大欧亚伙伴关系，若该提议能够成功落实，对于这些国家及已成为欧盟成员的波罗的海国家来说，理论上它们仍有机会参与欧亚一体化的第二条路线。

在后苏联空间还有两个独立的国家——阿塞拜疆和土库曼斯坦，它们在第二条路线框架下以自由贸易的形式参与欧亚一体化。这些国家拥有丰富的油气资源，它们通过出口这些资源得以发展，结果却陷入了对进口商（分别是土耳其和中国）的依赖。接下来它们在欧亚一体化进程中所扮演的角色取决于欧亚经济联盟与这些区域超级大国的关系。

因此，在当前地缘政治条件下欧亚一体化在内部结构方面的发展已达到临界水平。塔吉克斯坦和乌兹别克斯坦加入欧亚经济联盟在政治上仍具有现实意义，这为欧亚经济联盟带来更多的竞争优势和发展机遇，尽管这不会从根本上改变欧亚经济联盟在国际分工中的地位。

当前欧亚经济联盟 GDP 占全球 GDP 的 3.5%，其对外贸易额占全球贸易总额的 2.8%，显然这不足以让其实现自给自足的可持续发展。[①] 只有在欧亚一体化第二条路线框架下与快速发展的欧亚国家（中国、印度、中南半岛国家、近东和中东国家）建立经贸合作的优惠制度，才有可能提升欧亚经济联盟在世界经济中的比重。

与此相关的第一部协议是欧亚经济联盟与越南签署的自由贸易区协定。目前欧亚经济联盟与埃及、印度和以色列的自由贸易区协议正在制定中。其他的潜在合作伙伴包括韩国、智利、南非、伊朗、叙利亚、印度尼西亚。已签署和生效的协议是《中国与欧亚经济联盟经贸合作协定》，正在开展的工作是欧亚一体化进程与中国“丝绸之路经济带”倡议的对接。

欧亚经济联盟与“丝绸之路经济带”均为横跨多个大洲的一体化倡议，落实中俄两国首脑提出的二者对接的倡议可为欧亚可持续发展创造条件，开辟扩大互利合作的前景。这两部倡议可以有机结合，且优势互补。[②] 每个一体化方案都有自己的一套实施机制，包括欧亚开发银行和亚洲基础设施投资银行（法定资本 1000 亿美元）这两个开发机构。

欧亚经济联盟与“丝绸之路经济带”对接可以拓展二者的发展机遇。该过程可以从双方开始推进。对于欧亚经济联盟来说，建议落实已制定但尚未启动的项目，即开发横贯欧亚的交通基础设施投资项目，包括铁路、公路和航空走廊。

建立欧亚经济联盟与东盟之间的贸易优惠制度具有合理性。东

---

① C. 罗戈夫的数据，俄罗斯科学院美加所。

② “俄罗斯如何利用中国的经济奇迹”，S. 格拉济耶夫在伊兹博尔斯克俱乐部作的报告，2015 年 9 月。

盟成员国是统一经济空间的组成部分，其市场总人数为6.15亿人。该联盟成员国的经济与欧亚经济联盟成员国互补，在不影响国内生产商的情况下二者合作将开创广阔的合作前景。东盟与印度建立了自由贸易区，而欧亚经济联盟与越南建立了自由贸易区。若东盟和欧亚经济联盟之间能够构建特殊的经贸关系，它将为推进从里斯本到符拉迪沃斯托克的统一经济空间迈出实质性一步。无论如何，它可以为建立从圣彼得堡到雅加达的统一经济空间创造机会，该经济空间将包括欧亚经济联盟、印度、东盟，市场总人口数达到20亿人，GDP达到6.6万亿美元（按购买力平价计，GDP为16.5万亿美元）。

经贸关系和谐互补，再加上从已有国际区域开发机构吸引资金投资到交通、物流和基础设施领域的前景广阔，两者有机结合可为创造统一的发展空间带来机会，包括建设可靠的交通物流走廊和产业协作的技术链，以此将欧亚经济联盟与欧亚大陆其他地区连接起来。共同利用欧亚经济联盟和其他欧亚一体化组织中的各项机制可为发挥每个倡议的潜力提供便利条件。例如，可以在俄罗斯、中国、印度、伊朗合作的框架下开展紧密合作，建立统一空域，开放新航空走廊，继而过渡到自主研发和制造飞机；或者开放国内水路，建造和使用自产船只；或者建设横跨欧亚的交通走廊，发展自己的铁路和公路机械制造基地。类似的方法可以运用到构建统一的能源空间方面，与此同时应建设统一的机械制造基地。比如说，开采自然资源的前提条件是研发、生产和使用国产机械和设备。而运营管道系统的前提条件是投入资金用于管道系统升级改造和提升效益。

俄总统提议构建从里斯本到符拉迪沃斯托克的统一经济空间，而发展欧亚交通基础设施是落实该倡议的重要组成部分。它将结合中国领导人提出的“一带一路”倡议，与东方邻国开发高科技交通走廊。目前近60%的全球生产总值出自亚太地区，全球运输总费用约为3万亿—5万亿美元，其中大部分由海运产生。因此，从东亚到大西洋最具经济效益的国际走廊中80%是俄罗斯交通网。根据预测，欧盟和邻国的区域间陆路运输量比20世纪末增长一倍。客观上欧盟有意与欧亚经济联盟和亚太地区协同一致制定长期合作的明确规则。这首先涉及共同投资交通基础设施和通信，它们可以建立坚实的经济基础，免遭政治形势的威胁。

俄罗斯具备转运欧亚大部分货物的潜力。交通运输业收入中50%出自俄罗斯，达到1.5万亿—2.5万亿美元，这一数值超过俄罗斯GDP。目前俄罗斯在欧亚交通物流服务市场中的潜在份额仅为5%—7%。若将俄罗斯确定为统一欧亚基础设施的重要交通枢纽，可以实现原料和工业地区的连通，促进东部广大地区的工业综合体和社会经济领域的发展。还将带动铁路、冶金、采矿业、内河造船和航运、节能技术、航天导航设备、天然气工业、林业、电信等其他技术的发展。

按照两条路线发展欧亚一体化的进程是依据WTO规则进行的，其目标并非是脱离国际市场。它以平等、互利合作为基础，对所有有意合作的国家开放，通过比较优势的互补结合来增加发展机会，提高国家经济竞争力。

最近美国及其盟友试图提出新版本的世界秩序来替代欧亚一体化进程，一方面计划通过扰乱不受其管控的经济外围区来维持它们的霸权，另一方面加强自身在其管控地区的统治地位。为此，对于经济外围区来说美国及其盟友发动了对俄的混合战，对于其管控地区来说拉拢它们加入美国主导的《跨太平洋伙伴关系协定》（TPP）和《跨大西洋贸易与投资伙伴关系协定》（TTIP）。[①] 其重点是通过削弱国家政权，这其中也包括美国自身，来加强美国资本对其资本积累体系外围区的管控。有关跨洋经贸协议方面的问题值得单独分析。

签订的两部跨洋经贸协议，包括已签署的《跨太平洋伙伴关系

---

① 参与建立跨太平洋超级集团谈判的国家所在地区在全球进口中占据重要比重（约85%）。北美进口额约占全球的18%，欧洲占近36%，亚洲占32%。俄罗斯大部分出口面向上述地区。欧盟53%的国内供应依靠进口，而APEC国家是超过17%。

协定》和正在筹备的《跨大西洋贸易与投资伙伴关系协定》，被舆论视为以提升成员国经济竞争力为目标的大型区域市场之间相互贸易自由化的新阶段。依据市场原教旨主义者的传统观点，消除贸易壁垒本应可以扩大国际贸易，深化经济合作，这将促进经济活跃度的提升、投资和共同市场参与者福利的增长。因此，支持签署《跨大西洋贸易与投资伙伴关系协定》的美国和欧盟专家声称，该协定预计给欧盟和美国分别带来1200亿美元和900亿美元的经济效益，以及为第三方国家创造价值1000亿美元的额外产量。因此，他们预估相互贸易额和出口总额会提升17%—18%。

由于未公布计算方法，我们无法确认和驳斥这些评估。通常出于这些目的使用的经济数学模型极具程式化，但它们的先决条件却脱离现实。历史经验证实，贸易自由化实际上可以给经济更发达的国家带来优势，并增强其对欠发达国家市场的管控能力。欠发达国家可以采取措施保护本国市场，人为干预并维护本国生产商的竞争力。这种保护措施具有不同的效果，可以导致国家落后，也可以促进国家跃升为国家领导者，这都取决于开发机构的运营能力和国家管控的力度。

根据这一逻辑，一旦跨洋伙伴关系的相关协议生效，全球技术最发达的美国一定会获得胜利。但美国在与中国、印度、中南半岛国家的商品竞争中正逐渐失去优势，包括高科技领域。美国与全球新经济中心的贸易呈现巨大逆差。尽管美国计划签署的伙伴关系协定将中国和印度排除在外，但美国经贸存在的问题迫使大部分与经济实体部门建立联系的美国社会转而支持特朗普，而特朗普也成为第二次世界大战后首位将保护关税政策列入对外贸易政策的领导人。

但跨洋伙伴关系的核心不在于对外贸易自由化。目前欧洲、北美和太平洋市场一体化程度极高，执行这些协议仅对已有的发展形势有利，即发达国家的生产商可以获取额外的优势，而落后国家的企业竞争力却会被削弱。但考虑到美国和欧盟之间的贸易壁垒较低（大多数进口商品的加权平均税率为2%—4%，平均降低3%，几乎降为零），而在太平洋地区主要进行自由贸易，大部分行业中未必会出现上述情况。

与其说是贸易政策问题，不如说是这些协议的投资伙伴关系准则具有新颖性。其中协议中新增了有关保护外国投资者利益的内容，而这部分内容却破坏了现行保护国家经济利益法律体系的基础。它们为外国资本家提供高于本国企业家的优先权，破坏已构建的经济调控法律体系，损害公民的利益并使国家处于从属地位。这就涉及调解外国投资者和国家之间争端的程序，在该程序框架下投资者可以获得对损害国家立法利益进行专门国际仲裁的机会。

因此，一百位知名欧洲律师在反对 TTIP 的请愿书上指出，该协议中有关保护投资的章节以牺牲全社会为代价为外国投资者在程序上提供重要特权。[①] 为维护外国投资者的权利需要建立专门的国际仲裁法院，该法院可以由三位法官组成，其作用是审查投资者对于有损其利益的政治、行政和法律决议的申诉。即使国家通过的法规对于外国投资者不具有歧视性，且出于保护环境、公民健康、劳动者权益、交通及工程合理化的社会利益等社会需求，外国投资者也有权要求国家补偿其直接和间接损失。因此，外国投资者不承担任何责任，而国家却要履行这些责任。

正如律师在请愿书中所述，若 TTIP 通过关于保护投资的法规和外国投资者起诉国家的法院裁决程序，它将通过限制公民民主权、损害国家利益和压制国家潜力的手段来加强外企的权利。每一次法律修订后国家都会受到外企的各种申诉，进而从其预算中支出数十亿的资金用于赔偿。在与外国投资者的纠纷中国家也失去了保护全民利益的政治意愿。而外国投资者却获得额外机会去干涉所在国内政并将自己的利益强加于他国。

据欧洲律师所述，由三位国际仲裁员审议诉讼的程序本身无法

① Глазьев С. Последний виток либеральной глобализации // Информационно-аналитический портал «Катехон» (URL: http://katehon.com/ru/article/posledniy-vitok-liberal-noy-globalizacii).

避免腐败，因为法官的薪酬与审议投资者提交的诉讼挂钩。法官在依据程序审议案件时会产生物质利益，与现行的程序体系相比，这一程序可以赋予他们更多的权利和机会。且最重要的是，一旦各项争端在国家司法体系中被全力解决，那么 TTIP 中提到的程序就会破坏包括国际仲裁的现行体系。

应在律师的结论中添加一点，即 TTIP 规定企业纳入立法程序，企业有权向欧盟委员会和美国部门提交其对工作日程的实质性建议。也就是说在立法机关探讨和批准决议之前，企业可以从立法初期阶段开始获得立法动议，并成为立法程序的积极参与者。

TTIP 具有政治特点，它意味着欧盟委员会和欧洲中央银行将与美国相关机构展开进一步合作。上述机构有权就监管机构的法律草案互相提问，从而在立法者审议法案前彻底否决该法案。美国和欧盟正在建立监管机构的论坛，该论坛的作用是评估立法草案对于商业活动各方面的监管影响。美联储和欧洲中央银行之间确立开展直接合作的形式，目的是全方位管控统一资本市场。同时欧盟的货币机构职权不断扩大，即欧洲中央银行已没有义务就其决议与各国进行协商。

鉴于货币具有信托的性质，这些协议中规定的原则会导致国际货币体系被美国金融寡头私有化。美国金融寡头控制美联储，经美国国务院管控欧洲官员和日本政治精英控制欧洲中央银行与日本银行，通过国际货币基金组织管理俄罗斯及其他后苏联空间国家的货币政策，他们几乎已统治国际金融体系。TPP 和 TTIP 中隐含的内容包括废除国家经济调控合法使用的各项制度和合并美联储、欧洲中央银行和日本银行，这将准许美国寡头对全球金融体系进行管控，进而掌控全球经济，并为其统治世界和建立全球寡头集团专政开辟道路，而寡头集团不受任何义务和法律规则的约束。也许这就是阿塔利和福山所预见的结局，特朗普当选美国总统在政治上致使这些协议夭折，而在经济上使中国和其他东南亚国家在建立新技术和世界经济秩序的浪潮中崛起。

因此，TTIP 与 TPP 以及类似的未审议的欧盟和加拿大的全面经贸协定，它们本质上都意味着成员国最终要放弃经济上的主权。两部协议已偏离了 WTO 的规则，限制国家调控对外贸易和整个国家经济。这个统一的太平洋—美国—欧洲市场以牺牲人民利益为代价而建立，而这些国家被剥夺了独立调控经济的能力，以此给跨国公司带来好处。通过进一步削弱国家在经贸活动中已丧失的主权，跨国公司获得重要的法律权利来对自己活动的监管施加影响。

应重点指出，上述任何一个正在审议的协议都不允许中国、印度及其他金砖国家参与。这将美国和欧盟与世界上经济增长最快的国家隔离开，而这些国家占据全球贸易的 28%，GDP 占 28%，人口占 49%，这并非偶然。回想一下，在世界贸易中占据领先地位的英国在大萧条时期曾试图与美国划清界限，其使用的手段就是限制美国商品向英国出口。但这并未帮助英国维持其世界领先地位，却消除了美国对于是否保留大英帝国的所有疑虑。因此第二次世界大战后罗斯福与斯大林一致认为，赋予归属于它们的国家独立地位。而美国通过与欧盟、英联邦和日本建立统一市场来排挤金砖国家，但这并未使美国保持住其全球领先地位。WTO 规则对这个市场的保护力度不大，金砖国家也未必制定通过超国家仲裁解决经济纠纷的规则。

因此，一旦正在审议的跨太平洋协定生效，就意味着世界经济将分裂为不同监管模式的两部分。帝国主义世界经济秩序中的核心国家与其外围国家最终会陷入自由全球化的“沼泽”，在与跨国公司合作过程中失去保护本国利益的法律能力。一体化世界经济秩序中的核心国家保留了在 WTO 规则框架下管控对外经济活动的国家司法权，也许这会为其跨国公司带来一定的竞争优势。新世界经济中心范围内的国家会保留保护国内市场的法律机制，相反，旧世界经济中心范围内的国家会废除这些机制，同时本国地位也会被削弱。

或许特朗普明白一旦 TPP 和 TTIP 生效，美国就会陷入某种险区。与此同时，他实行保护关税政策也表明美国社会没有保持其全球统治地位的信心。事实上美国政府正在限制大型资本（主要来自美国）的肆意妄为，捍卫国家司法权。废除 TPP 和拒绝签署 TTIP 意味着紧缩美国大型资本再生产的空间和拉紧美国脖子上的金融“绞索”。美国及其经济外围国家企图孤立全球一半的国家，这也证明它们的经济正在步入衰退阶段。

新世界经济范式中的核心国家看透了美国的这些倡议，如同在上一次世界经济危机中美国商界看透英国企图与美国断绝往来一样。它们都是以此为借口打破现有世界经济秩序并向新世界经济秩序过渡。若美国力图通过牺牲企业的利益来改善自身的竞争环境，那么它也会失去进一步维持美国债务金字塔的基础，而该金字塔是美国资本积累体系的核心。中国停止积累美元储备的决议也表明和平解决美元债务扩大再生产和全球投资机会之间矛盾的限度。

世界经济体系开始分裂。俄罗斯、印度同中国一起开始摆脱美国的影响。美国资本主义的“外围区”开始缩小。债权人撤出美国金融金字塔的过程可能会呈现雪崩式的特点，这将破坏美国金融体系和以此为基础建立的当今世界经济秩序。

与跨洋经贸协议相比，欧亚一体化在构建具有经贸优惠制度的超大型区域方面更具发展前景。按照上文阐述的全球经济发展长周期的规律可以得出这一结论，按照该规律，世界经济中心正向东南亚转变。最大的两个发展中国家中国和印度构成了新世界经济范式的核心，由于跨洋经贸协议未将两个国家纳入其中，因此其发展前景较为渺茫。同时该一体化方案可以削弱俄罗斯的地位，降低俄罗斯商品进入欧亚最大市场——欧盟的机会，阻碍欧亚一体化在远东和东盟的扩展。因此有必要在欧亚一体化进程的框架下加快第二条路线的发展步伐。

为高效发挥欧亚一体化的潜力，俄罗斯需要掌握战略规划的方法，该方法以国家利益出发，保障与中国平等合作。在这种方法的框架下需要研究、批准和落实一系列措施，将俄罗斯东部地区的超前发展区与欧亚一体化全方位的发展相结合，以建立稳定、良好的国际经济和政治关系网。

尽管欧亚经济一体化进程完全符合全球构建区域经济一体化的公认标准（包括 WTO 规则），但美国仍试图破坏规则，有意阻碍欧亚经济联盟的发展。[①] 消除对欧亚一体化的谨慎态度应有助于提升欧亚经济联盟对于潜在成员国的经济吸引力和一体化管理机构的效率。

在促进经济繁荣和发展先进技术的同时，欧亚经济联盟还可以成为一个维护民族传统、精神价值和文化特点的民族和国家联盟。凭借其历史经验、精神传统、地缘政治意义，俄罗斯自然是欧亚一体化的中心，而实际上欧亚一体化覆盖自西向东从里斯本至杰日尼奥夫角、自北向南从新地岛到印度尼西亚的区域。欧亚一体化方案有潜力成为构建新世界经济秩序的最重要组成部分。而只有在俄罗斯的国家体制展现出公正性、高效性和以人为本的特点后，才能成功落实这一方案。若不从根本上改变俄罗斯经济政策和为欧亚经济联盟确立有吸引力的发展和扩员模式，欧亚一体化依然无法成功落实。换句话说，为了发挥欧亚一体化的潜力，俄罗斯必须合理利用自然资源、地理优势和管理能力，以史为鉴，利用技术推进经济现代化，进而在新技术范式基础上落实超前发展战略。[②]

---

① 2012 年 12 月 6 日美国国务卿希拉里·克林顿公开声称："美国正试图阻止俄罗斯借助经济一体化的方案重建新版苏联。"

② Глазьев С. Уроки очередной российской революции：крах либеральной утопии и шанс на экономическое чудо. М.：ИД «Экономическая газета»，2011.

第七部分

构建大欧亚伙伴关系

第二十一章　切实落实大欧亚伙伴关系构想的概念性建议

"……我认为，将欧亚经济联盟、'一带一路'、上合组织、东盟等一体化机制的潜力联合起来，可以为建立大欧亚伙伴关系奠定基础。

详细一点就是指，为简化一些领域的调控，例如海关、防疫和植物检疫监控、工业合作、投资、保护知识产权等领域，建立双边和多边的协定体系。

这种伙伴关系的形成，无疑是一个漫长而艰苦的过程。这个过程所涉及的是不同的深度、不同的速度和不同的一体化水平，这取决于每个参与国的意愿。

最终，这将能够形成一个从大西洋到太平洋的统一经济空间……"①

大欧亚伙伴关系的目标和条件

大欧亚伙伴关系的目标是将欧亚地区打造成和平、合作和繁荣的地区。其任务是确立经贸合作优惠制度，发展陆路交通、信息和能源基础设施，对接各国的发展计划和协调在生产、技术方面的国

---

① 普京在"一带一路"国际合作高峰论坛的演讲（2017年5月14日，北京）。

际协作，向公平的货币金融体系过渡以及消除现有武装冲突并杜绝新的武装冲突出现。

在确立解决上述任务的方法时需要考虑欧亚国家社会经济和政治体制的特点。大欧亚伙伴关系不要求它们具有统一性。其出发点是无条件尊重参与一体化国家的主权，不干涉他国内政，保持其经济和政治文化的多样性，这是在整合各国竞争优势基础上国家司法权良性竞争和共同发展的必要条件。

构建大欧亚伙伴关系的基础是灵活的法律规范体系、联合项目和考虑成员国利益多元化与合作自愿性的各项制度。通过一体化建立的伙伴关系只能是多样化和多层次的，并赋予每一个参与国选择自己义务的自由。

广泛的欧亚一体化具有规律性和客观性。在欧亚地区未必能找到一个不参与任何区域联盟的国家。欧亚一体化的基础是几个世纪积累的历史合作经验和欧亚人民共同的创造性活动。中国领导人提出的“人类命运共同体”理念印证了一百年前俄罗斯哲学家基于欧亚人民的共同经验而提出的欧亚一体化构想。

俄罗斯哲学家特鲁别茨科伊早在 1927 年就提出了俄罗斯在苏联解体后的发展前景，他认为新人民联盟的基础应是在一个统一国家框架下基于数百年的历史和共同生活经验对共同利益的认识。因此他强调新联盟中所有民族平等的必要性，并指出民族主义的威胁。消除民族主义需要竭力形成对历史的正确认识，积极阐释共同的历史经验，这是造就共同未来的积极面貌和共创未来的基础。

对历史数据进行数学和 DNA 系谱分析的新科学成果证明了欧亚各族人民的历史同根性，他们大部分时间生活在广阔的帝制国家和统一的经济空间内，具有共同的遗传、语言、文化和精神根源。他们还证明了欧亚在人类发展过程中的重要意义以及欧亚各帝国在延续至今的整个文明建设进程中的主导地位。在这一历史基础上也可以建设当代的大欧亚伙伴关系，其中的合同法律结构与合作原则将构成新世界经济秩序的基础。

构建大欧亚伙伴关系的前提

目前欧亚地区存在十余个不同一体化程度和管控领域的区域经济联盟。但只有欧盟和欧亚经济联盟具有超国家监管机构，其他一体化组织只有跨国监管机构。大部分区域联盟具有旨在消除贸易壁垒，建立自由贸易区，统一技术、海关、关税和非关税方面的监管法规。由于几乎所有的欧亚国家都是 WTO 的成员，该组织的规则自然成为各种区域经济联盟的基础。

关税同盟和自由贸易区等标准区域联盟成立的目标是构建统一的商品、服务、劳动力和资本市场，与此类联盟一样，目前有许多区域倡议也致力于促进投资、实施联合投资项目，包括发展大型交通和能源基础设施方面的联合投资项目。国际性银行和开发机构在相应区域联盟和整个欧亚大陆的框架下对于支持区域性一体化倡议起到重要的作用。

欧亚经济联盟是致力于在成员国内部构建真正共同市场的经典区域联盟，而“一带一路”旨在促进对大型基础设施项目进行共同投资，二者对接可以成为大欧亚伙伴关系的组建模式。这一模式在共同投资基础上结合自由贸易原则和各种比较优势，以实现所有一体化参与国的协同效应和互利。

目前统一经济空间涵盖欧盟和欧亚经济联盟国家，二者将各国的经济活动统一起来，两个统一市场分别达到 17 万亿美元和 1.8 万亿美元，人口分别为 5.12 亿和 1.82 亿。实行自由贸易的有独联体（CIS）、东盟（ASEAN）、经济合作组织（ECO）、南盟（SAARC）、海湾合作委员会（GCC）、欧洲自由贸易联盟（EFTA）[①] 中的国家。

---

① ECO：经济合作组织（阿富汗、阿塞拜疆、伊朗、哈萨克斯坦、吉尔吉斯斯坦、巴基斯坦、塔吉克斯坦、土耳其、土库曼斯坦和乌兹别克斯坦）；SAARC：南亚区域合作联盟，简称南盟（阿富汗、孟加拉国、不丹、马尔代夫、尼泊尔、巴基斯坦、印度、斯里兰卡）；GCC：海湾阿拉伯国家合作委员会，简称海湾合作委员会（巴林、卡塔尔、科威特、阿拉伯联合酋长国、阿曼、沙特阿拉伯）；EFTA：欧洲自由贸易联盟（冰岛、列支敦士登、挪威、瑞士）。

其中中国、日本、越南、印度、韩国、新加坡、以色列都与其他欧亚国家签订了自由贸易协定。欧盟与邻国建立自由贸易关系，与欧洲自由贸易联盟建立了统一经济空间。而欧洲自由贸易联盟与欧亚和其他大洲的许多国家及其经济联盟构建密切交叉的自由贸易关系网。欧亚经济联盟与越南搭建了自由贸易关系，目前欧亚经济联盟正与埃及、印度、伊朗、新加坡、叙利亚、塞尔维亚和黑山进行相关谈判。已经有40多个国家和国际组织表达了与欧亚经济联盟建立自由贸易区的愿望。

次大陆自由贸易区正在逐渐形成。联合了10个东南亚国家的东盟[①] GDP总量为2.6万亿美元，对外贸易总额达到2.5万亿美元，目前东盟正与中国、日本和韩国就建立自由贸易区展开谈判。谈判结束以后东南亚将会出现经贸合作优惠的超级区域，该区域总人口占全球人口的30%，GDP总量占全球GDP的24%，贸易额占国际贸易额的25%，占全球高科技产品出口的47%。若印度、澳大利亚和新西兰也参与进来，形成"东盟+6"模式的区域全面经济伙伴关系（RCEP），那么该超级区域将覆盖全球50%的人口，占据近30%的世界贸易额与GDP总量。

次大陆自由贸易区还可以连接跨洋一体化组织。欧盟与加拿大签订了全面经济贸易协定（CETA），与南美的南方共同市场（MERCOSUR）正在就建立自贸区进行谈判。英国和法国与在世界其他地区的前殖民地建立了优惠经贸关系。亚太地区12个国家均签署了跨太平洋伙伴关系协定（TPP）。[②] 目前仍在探讨在亚太经合组织（APEC）[③]框架内建立世界最大自贸区的问题。

---

① 东盟：印度尼西亚、马来西亚、新加坡、泰国、菲律宾、文莱、越南、老挝、缅甸、柬埔寨。

② 跨太平洋伙伴关系协定（TPP）伙伴国有文莱、智利、新西兰、新加坡、澳大利亚、秘鲁、越南、马来西亚、墨西哥、加拿大、日本。美国是跨太平洋伙伴关系协定的倡导者，它于2016年2月4日与其他国家签署建立该协定的协议，并于2017年1月23日退出TPP。

③ 自1994年通过《茂物宣言》持续至今，APEC成员国一直在讨论建立自贸区的前景和规则。目前亚太地区国家占全球人口的40%，占全球GDP的57%，占全球贸易额的48%。近25年来该地区贸易关税下降近70%。

与实行优惠贸易制度的传统区域联盟一样，目前涌现出众多国际经济合作的协定，内容包括商品和服务贸易、消除非关税壁垒、金融市场准入自由化、各种规范和标准实现趋同、保护知识产权、国际交通基础设施（公路和铁路走廊）发展协定、国家采购相互准入、建立电力统一市场、竞争规则统一、相互承认职业教育证书、制定地区和全球冲突中立化的共同原则和机制。

富有发展前景的区域一体化形式是中国的“一带一路”倡议，该倡议致力于落实大型的联合投资项目，包括升级改造已有和建设新的连接欧亚国家经济空间的交通走廊，为国家间开展经贸合作提供便利。该倡议已得到超过100个国家和国际组织的支持。如果欧洲和中亚已经形成了分别位于布鲁塞尔和莫斯科的超国家管理机构的区域联盟，那么在亚洲的其他地区，区域一体化的进程远远没有完成。区域超级大国正在建立自己的欧亚一体化中心。

目前，在欧亚地区正在迅速形成几个一体化体系。就像普京在2016年东方经济论坛上所说，“它们灵活且相互补充，可以根据互利原则落实项目”“我们可以基于一系列不同深度、不同发展速度、不同合作水平和市场开放程度的双边和多边贸易协定，依照某些国家经济体对合作的准备程度，在科学、教育、高技术领域的合作项目达成一致。所有这些协定都应当面向未来，在高效与平等合作基础上为共同和谐发展奠定基础。”①

“我们认为，这个一体化网络是包括自贸区在内的多边和双边协议体系，可以成为构建大欧亚伙伴关系的基础。”②

现有的优惠贸易制度、国际开发机构、联合投资项目、跨国公司和财团组成了大欧亚伙伴关系的框架结构，赋予该框架结构和谐、透明和吸引力。

---

① 俄总统普京在圣彼得堡经济论坛全体大会上的演讲（2016年6月17日，圣彼得堡）。

② 俄总统普京在东方经济论坛全体大会上的发言（2016年9月3日，符拉迪沃斯托克）。

大欧亚伙伴关系原则

大欧亚伙伴关系的原则是自愿、互利、平等、透明、严格遵守国际法及其所要承担的义务。

自愿原则是指不干涉民族国家内政，而欧盟和美国的做法却恰恰相反，它们在乌克兰策划政变，并强迫乌克兰与欧盟建立不平等的联系国关系。每个国家应当自主决定参加哪个联盟，并从自身的民族利益和本国法律程序出发履行自身应承担的义务。一体化主导者通过策划国家政变、革命及外部资助政治势力来建立符合其利益的政治制度，进而强行推进一体化。这种操作应被看作对人类的犯罪，而强加给相应国家的义务是非法的，是大欧亚伙伴关系参与国所不能承认的。

“我们相信，有效的一体化只能建立在所有参与国平等、相互尊重和考虑相互利益的基础上，不会在政治和经济方面胁迫参与者以及强行推进单边决议。我们认为的一体化是可预见的、长期的规则，它对于东方和西方的其他国家和联盟是开放的。”①

互利原则意味着一体化进程的所有参与国都应当从中获得切实经济利益，为其社会经济发展提供额外的机会，包括提升社会生产、消费和居民生活水平，扩大就业，提高国民经济的竞争力。若一体化效果呈现不均衡的特点，像欧盟一些国家利用统一市场的优势损害其他国家利益，就应当采取措施修改一体化协定，建立平衡一体化条件的机制。

平等原则是指每个一体化参与国有权选择全面考虑其国家利益的决策方式。这样针对将主权职能移交给超国家机构相关的一系列重要问题可以协商一致并通过决议，而这一点在欧亚经济联盟条约法律基础中有相应规定。平等原则所涉及的不仅有决策程序，还有

① 俄总统普京在东方经济论坛全体大会上的发言（2016 年 9 月 3 日，符拉迪沃斯托克）。

一体化参与国之间的经济等价交换。一体化机制应抑制收入不平等的分配过程，包括在知识、垄断和行政方面的红利或国际储备货币发行所得的铸币税的分配过程，这是发展水平不同的国家之间贸易往来的常见问题。透明原则涉及移交给超国家机构、影响收入分配条件和经济活动效率的所有监管职能：海关监管、货币、银行、技术、反垄断和税收监管、关税同盟内部关税分配。一体化参与国应当看到并了解其他国家权力机构如何实施共同的调节和管理职能。跨国协商和跨国管理程序应当是完全透明的。为保障透明原则的执行，必须在监管过程中运行统一的信息系统，包括各国的子系统和一体化部门。

遵守国际法和每个国家在一体化进程中所承担的义务是有效履行上述所有一体化原则的明确条件。显然，这一原则在国际组织的实际活动中并未得到普遍遵守。许多国家秉持本国法律高于国际义务的原则，它们认为可以不履行这些义务甚至国际条约的一般规则。例如美国和欧盟准许自己不履行 WTO 规则，肆意对他国实施经济制裁。

大欧亚伙伴关系是超级文明方案

2017 年 5 月 14 日俄总统普京在“一带一路”国际合作高峰论坛上指出，大欧亚伙伴关系是超级文明方案：“俄罗斯不仅仅将大欧亚伙伴关系的未来视为构建国家和经济体之间的新联系。大欧亚伙伴关系应改变欧亚大陆的政治和经济局面，为欧亚创建和平、稳定、繁荣和高质量的生活水平……就这一点来讲，大欧亚伙伴关系不是抽象的地缘政治框架，毫不夸张地说，它是着眼于未来的文明方案。”

我们将大欧亚伙伴关系视为独特的跨文明方案，覆盖第五代八种区域文明存续及协作的地区：三个欧洲文明（西欧、东欧和欧洲）、五个亚洲和北非文明（中国、印度、日本、穆斯林和佛教），同时北极文明也被视为欧洲、西欧和北美文明的一部分。

根据联合国的分类，大欧亚包括105个国家（世界人口展望）。

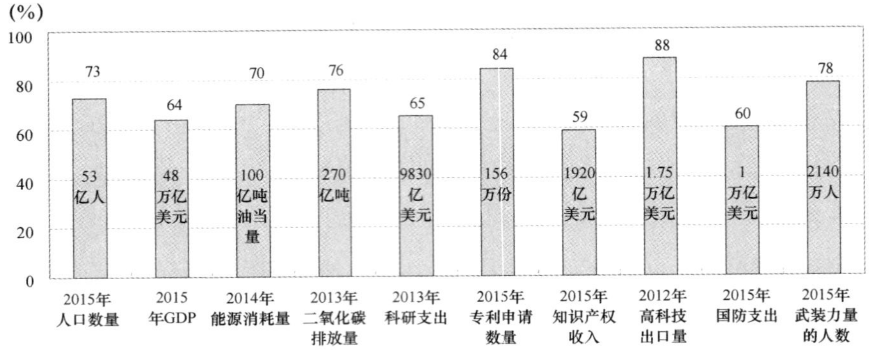

图21-1　大欧亚的主要宏观指数占世界比例

世界银行数据显示，欧亚人口数量占世界的73%，GDP占全球的64%，能源消耗量占全球的70%；二氧化碳排放量占世界的76%；科研支出占全球的65%；知识产权收入占全球的59%；高科技出口量占全球的88%，国防支出占全球的比例是60%，武装力量的人数占78%。

可以得出以下结论：

大欧亚国家经济发展（人均GDP）的整体水平低于全球平均水平；

人均能源消耗量低于全球平均水平，而二氧化碳排放量高于全球平均水平（由于过去25年来中国和印度二氧化碳排放量剧增）；

在发明创造积极性处于高水平和高科技出口所占份额提升的条件下，每百万人科研支出和知识产权收入水平低于全球平均水平；

大欧亚国家在武装力量就业的人员比例高于全球平均水平，因为军队技术装备（国防支出比例）水平低于全球平均水平。

大欧亚是地缘政治冲突、国际恐怖主义泛滥和国家间武装冲突的主要发源地。该地区曾爆发拿破仑战争、第一次和第二次世界大战，目前该地区充斥着文明之间的冲突。

因此，大欧亚在世界经济、自然生态、科技和地缘政治发展指数中起主导作用，全球文明的命运由欧亚空间决定。

21 世纪初为在近十年建立大欧亚伙伴关系并将其打造成为应对新世纪挑战的有效对话形式和文明伙伴关系而创造先决条件。第一，人类进入改变超长文明周期的新历史时代，即工业资本主义衰落，形成统一的、人文主义智力圈的世界文明，从西方主导的第四代地方文明过渡到东方主导的第五代文明。文明过渡始于旷日持久的深层文明危机，解决危机的基础是开展建设性对话，建立文明和大国的互利伙伴关系，首先应是大欧亚空间开展这样的合作。

第二，不断升级的地缘政治危机，经贸摩擦，美国对俄罗斯、中国、欧盟实施的经济制裁，不断加剧的文明冲突促使各方积极应对上述挑战并凝聚欧亚文明与大国力量。为此俄罗斯提出巩固多极世界秩序、整合一体化以及建立大欧亚伙伴关系等倡议，上述倡议获得多个国家领导人的积极回应。

第三，当前正在为大欧亚伙伴关系和“一带一路”倡议两大项目对接创造条件。总目标是使大欧亚地区成为和平、超前发展和文明伙伴关系的空间。

根据表 21 - 1 中大欧亚伙伴关系战略目标的内容，确定战略优先方向，落实大欧亚伙伴关系的相关计划和项目以及欧亚经济联盟和“一带一路”倡议对接工作。该战略落实期限暂定为 2030 年，后续根据积累的经验进行延长。

完成上述目标需要付诸长期巨大的努力，需要在大欧亚不同文明和国家之间建立信任并推动合作。与此同时，可能需要确定表格中具体目标的内容。

制定大欧亚伙伴关系战略时需要完成以下任务：

1. 必须建立可靠的科学基础为制定战略优先方向、巩固大欧亚国家、文明以及一体化联盟之间的协作提供依据，以便应对 21 世纪的严峻挑战。

表 21－1　**大欧亚伙伴关系战略目标**

第一阶段的目标	1. 欧亚能源—生态伙伴关系	1.1. 评估和节约自然资源
		1.2. 用可再生能源替代自然资源
		1.3. 综合治理环境
		1.4. 自然灾害监测预警
		1.5. 拯救北极
	2. 欧亚创新技术伙伴关系	2.1. 保护和支持科学发明、初级发明和创新
		2.2. 评估和支持基础创新
		2.3. 大规模研发新技术范式
		2.4. 科学、教育、国家和商业领域创新型伙伴关系
		2.5. 抑制国家间技术过度两极分化
	3. 经济伙伴关系	3.1. 消除泡沫经济
		3.2. 经济结构转型，建立欧亚运输基础设施
		3.3. 欧亚反垄断监管
		3.4. 消除国家间的贫富差距
		3.5. 建立欧亚专项基金体系
	4. 欧亚社会人口伙伴关系	4.1. 克服人口减少
		4.2. 优化移民流
		4.3. 有效利用劳动潜力
		4.4. 提高生活水平和质量，消除贫困
		4.5. 卫生事业跨越式发展
	5. 建立一体化的社会文化体系	5.1. 推动科学跨越式发展和发起新的科学革命
		5.2. 提高有关教育基础性、有效性和连续性的伙伴关系
		5.3. 保护世界和民族文化遗产及文化多样性
		5.4. 推动人文主义道德准则的复兴并巩固家庭制度
		5.5. 保护文明价值体系

续表

第二阶段的目标	6. 社会文化领域的伙伴关系	6.1. 科学的跨越式发展
		6.2. 提高教育的创造性、基础性和连续性
		6.3. 保护和丰富文化遗产和文化多样性
		6.4. 巩固社会和家庭的精神基础
		6.5. 保护文明价值体系
	7. 加强欧亚地区安全	7.1. 消除恐怖主义和极端主义
		7.2. 终止军备竞赛并确保武器管控
		7.3. 加强社会力量的伙伴关系
		7.4. 保障信息安全
	8. 欧亚伙伴关系机构	8.1. 欧亚峰会
		8.2. 大欧亚议会大会
		8.3. 欧亚一体化中的一体化
		8.4. 三个大型项目的对接

2. 有必要在既定科学基础上制定总体长期的“建立大欧亚伙伴关系战略”。

3. 对于负责审批并落实“大欧亚伙伴关系战略”的大欧亚机构，有必要优化其成员。欧亚峰会被认为是大欧亚伙伴关系最有效的领导机构，该会议成员可包括西欧（德国、法国、英国、意大利）、东欧（捷克）、欧亚（俄罗斯、哈萨克斯坦）的主要国家，中国、印度、日本以及信奉佛教的国家（韩国、越南），穆斯林文明国家（埃及、土耳其、伊朗、巴基斯坦、印度尼西亚）。为了对大欧亚伙伴关系提供法律支持，应建立由上述国家立法部门代表组成的大欧亚议会大会。为了协调“一体化中的一体化”，有必要建立一个欧亚一体化联盟代表理事会，包括欧盟、上合组织、东盟、伊斯兰国家组织、阿拉伯国家联盟、黑海经济合作组织等。还需要建立协调工作机构，推动大欧亚国家间的科学、经济以及人文领域合作。由于欧亚文明间存在利益冲突，建立上述机构需要长期的努力。俄罗斯和中国可发起并组织这一工作。

随着时代变革进程的结束，在接下来的三十年，将由2020年代的国家和世界领导人制定和实施战略决策。依靠信息技术的广泛使用，以文明间对话和伙伴关系的精神塑造这些领导人的世界观是至关重要的，新一代数字文明教育国际计划以此为宗旨。

同时，有必要充分利用现代信息网络，充实人道主义内容，并在信息网络上普及大欧亚伙伴关系的概念和建立大欧亚伙伴关系的战略，这将有利于新一代人以文明对话和伙伴关系的精神塑造世界观，克服现代文明危机，建立人文主义智力圈。

大欧亚伙伴关系一体化领域

几乎所有的欧亚国家均为世贸组织、世界海关组织、国际标准化组织、联合国贸易和发展会议以及联合国其他部门和区域组织的成员国，上述组织的准则、程序和建议自然是欧亚一体化的组成部分。大部分欧亚国家均为建立跨太平洋伙伴关系和自由贸易区的国际协议的缔约国，因而可以将大欧亚伙伴关系国家与世界其他地区联系起来。欧亚大陆每个国家和地区组织都有与其他国家和地区组织（包括位于其他大洲的组织）签署的条约网，因此欧亚伙伴关系必定是多层次且成分复杂的国家联盟，每个国家均与其他国家有着特定的关系，并承担由此产生的国际义务和国家主权限制。

大欧亚伙伴关系涉及经济合作问题，包括贸易、行业、投资、创新、科技等领域，不涉及军事政治、宗教以及种族一体化方面的问题。大欧亚伙伴关系涉及的每个领域中均有相应的地区组织和国际组织在运行，这一特点并不妨碍大欧亚伙伴关系的建立。

大欧亚伙伴关系的建立首先可以为一些领域带来附加的整合效应，“使货物在欧亚大陆的运输速度最快，最方便，最简易”[①]，这些领域主要包括“海关事务，卫生和植物检疫监督，行业合作和投

---

① 摘自俄总统普京在“一带一路”合作高峰论坛上的发言（北京：2017年5月14日）。

资，知识产权保护①……可以从简化和统一行业合作和投资领域的监管，以及技术、植物检疫监管、海关管理、知识产权保护等方面的非关税措施开始，将来逐渐减少和取消关税限制……”②

海关监督领域，建议在海关数据自动化处理系统方案基础上协调通关手续和监督准则，联合国贸易和发展会议90多个成员国使用海关数据自动化处理系统有效简化了海关清关程序。引用该系统可以使在欧亚空间上开展业务的对外经济活动合法参与者通过“绿色通道”周转大部分货物。

卫生、兽医和植物检疫方面，欧亚经济联盟根据现代科学基础对卫生、兽医和植物检疫标准进行了统一，上述标准可作为协调欧亚各个国家和地区组织工作的依据。

行业合作包括多个组成部分，其中最具一体化成效的是运输、远程通信、燃料能源以及农工综合体。“有效实现一体化的基础是综合发展基础设施，包括运输、远程通信和能源综合体……”③

运输部门和运输基础设施的发展一直以来是欧亚一体化方案，包括欧亚经济联盟和“一带一路”倡议对接工作的关键部分。当前正在开展有关升级和进一步发展欧亚主要运输走廊（公路和铁路）工作。在该领域实施大型联合投资项目时，最具潜力的方式是创建多国财团、国企、私企、银行以及其他发展机构，国家、区域和地方权力机关等均可成为该财团的参与方。通过将资金、技术、土地和以上的产业结合起来，这类具有超国家管理机构的财团可在租赁基础上建立发展走廊，连接欧亚国家生产和技术潜力。

此类举措将为地区发展带来新的机遇，提高地区投资吸引力，强化区域间合作并加快经济各领域的发展。同时，应根据大欧亚伙

---

① 摘自俄总统普京在“一带一路”合作高峰论坛领导人圆桌峰会发言稿（北京：2017年5月15日）。

② 摘自俄总统普京在圣彼得堡国际经济论坛全体会议上的发言稿（圣彼得堡：2016年6月17日）。

③ 摘自俄总统普京题为《亚太经合组织第二十五次岘港峰会：共同走向繁荣与和谐发展》的文章（2017年11月8日）。

伴关系成员国国家利益，优化物流运输基础设施一体化运营收益的分配组织模式。

在欧亚经济联盟和“一带一路”倡议对接工作框架下着手开展该领域工作是合理的。其中一项工作即为建立共同电力市场和大陆间的光纤通信市场。该工作应包括协调技术和经济管控、安全准则和投资担保问题。

远程通信领域合作也包括网络安全问题。现代信息技术虽然将各个国家和大陆连接起来，形成统一的信息空间，但是也有一些犯罪组织和国家将信息技术用于犯罪目的。为打击这一现象，应签署国际网络安全条约，规定缔约方不得将信息技术用于非法目的，包括使用植入程序和电子设备的计算机病毒，使用监视、监听数据传输以及干扰电子系统的秘密工具等。此外还需根据国家法律打击这一非法行为。国际条约中可规定创建过滤器，保护缔约国信息系统免受外部网络攻击，并可以切断全球信息网络中的病毒发源部分。国际条约中还可规定对不愿意加入该条约且滥用本国在操作系统、社交网络和电信服务市场的优势，在缔约国领土开展电子间谍、黑客攻击和破坏活动等国家实施集体制裁。制裁手段包括禁止供应电子设备、远程通信服务，禁止使用信息系统，包括社交网络，此外该条约中还可以规定为缔约国国内信息技术的研发和使用创造优势。

国际网络安全条约的重要内容应是对欧亚地区互联网和其他全球信息系统的运营提供法律规范，将互联网管理从国家管辖范围提升到国际法律领域并制定相关规则，消除国家层面对消费者产生的任何歧视。还应规定对缔约国使用的设备采用通用的认证和检测系统。

在大欧亚伙伴关系框架下，还可解决欧亚网络空间管控方面的其他问题，包括鉴定欧亚信息通信网络中的工作人员、打击偷税和非法输出资金以及打击在互联网上开展的非法商业活动，包括电子商务和金融服务。

燃料能源综合体一直以来是俄罗斯具有竞争优势的行业。我们一直建议创建欧亚能源市场，包括天然气、石油和电力市场，欧亚能源市场将在欧亚经济联盟统一经济空间内快速发挥作用。欧亚经济联盟制定的燃料能源领域准则可成为建立欧亚大陆统一能源市场的基础。发展欧亚管道网是建立欧亚统一能源市场工作的重要组成部分，可以创建跨国财团对管道网进行现代化升级和发展。

农业综合体方面，主要任务是协调国家和区域市场，有效整合欧亚国家竞争优势。需要努力消除关税和非关税壁垒，统一粮食领域国家标准，在粮食产品生产领域占优势的国家建立粮食交易所。制定欧亚粮食安全体系具有一定吸引力，这一体系能够保障粮食的可持续供应，并在必要时向所有大欧亚伙伴关系成员国提供粮食援助。

落实大型投资项目

发展大欧亚伙伴关系的关键方向是编制优先投资项目库。俄罗斯准备在这一领域提出自身的倡议，包括构建“连接俄罗斯、中国、日本、韩国的‘超级能源环’，或者在萨哈林岛与北海道之间建立运输通道……”①

俄罗斯提出的其他投资项目包括：

在欧亚经济联盟范围内铺设横贯大陆的高速铁路和高速公路干线，可将以此为依据对同中方商讨的欧亚经济联盟和“一带一路”倡议对接工作进行补充；

创建欧亚航空联合企业，生产各种型号的航空设备（充分利用伊留申、图波列夫、安东诺夫公司的设计局潜力）；

建设管道网，形成欧亚碳氢化合物市场的架构。

落实长期投资者俱乐部提出的创建“跨欧亚发展带”规划可能成为优先投资项目库的关键组成部分。该方案拟将创建新一代一体化基础设施的计划、区域生产规划方案以及长期直接投资融资方法

---

① Из статьи Владимира Путина «XXV саммит АТЭС в Дананге: вместе к процветанию и гармоничному развитию» (8 ноября 2017 г.).

结合起来，以便创建高效的欧亚一体化交通运输框架。为落实“跨欧亚发展带”方案，提议创建国际联合企业，国际联合企业的参与者包括有关企业、投资机构、区域行政机构。创建此类联合企业需要由国家政府和区域性行政机构划拨土地、自然资源使用权，此外还需发行债券、建立专项合股基金，其参与者将是欧亚国家发展机构、欧亚国际发展机构、区域行政机构，相关国家国有企业和私营企业。需要签署相关国际协议来批准“跨欧亚发展带”规划并创建国际联合企业。

应采用公私伙伴关系机制，通过专门的投资合同来创建投资项目库，一系列专门投资合同将布成大欧亚伙伴关系指示性规划结构网。从整合效应角度来说，对于重大投资项目，应与亚投行、金砖国家开发银行、欧亚发展银行、国际投资银行等国际发展机构共同投资。这些项目中规模最大的是创建国家间管理机构，并赋予其治外法权，这需要签署相关的国际协议。

货币监管和创建一般货币流通体系，其创建工作当前还尚未被纳入区域一体化进程，这可能成为大欧亚伙伴关系最重要的管控领域，所有可能加入大欧亚伙伴关系的国家均对这一问题感兴趣。

欧亚地区没有自身的世界货币，使用美元、欧元和日元充当世界货币，这引发了经济交流的不平等性，其原因是世界储备货币发行者根据其他国家的世界货币使用量，单方面搜刮铸币税。当前凸显的另一个问题是世界储备货币发行国政府实施的专横政治使国际经济关系稳定性面临威胁。美国、欧盟、日本等国家对伊朗、俄罗斯、朝鲜以及其他欧亚国家实施的经济制裁超出了国际法准则，对欧亚一体化以及对被迫使用美、欧、日货币作为储备货币和结算货币的国家造成了严重损失。世界货币发行国滥用本国在国际货币金融关系中的主导地位，不负责任地实施金融禁运、冻结账户和资产，使其不喜欢的国家及其领导人和企业的结算业务进入瘫痪状态。

全球不稳定性日益提升，世界货币缺乏流通准则、货币发行国将货币用于非法目的等风险大大提高，这需要大欧亚伙伴关系国采取统一措施，消除破坏国际经济关系稳定性的威胁。为此需要创建自动化数字货币环境，这能够对使用者提供便利并且有利于大欧亚伙伴关系成员国开展支付结算、金融投资、货币兑换业务，这是开展相互贸易和国际经济合作时必须涉及的业务。

大欧亚伙伴关系数字货币环境基础设施应包括：

大欧亚伙伴关系超国家数字化结算和储备货币，与大欧亚伙伴关系成员国货币篮挂钩，其比重应与成员国货币在相互贸易中的流通量成正比；

创建货币发行和结算中心，大欧亚伙伴关系成员国之间签订数字货币环境国际条约，货币发行和结算中心依据该国际条约开展工作，而国际条约规定超国家货币的发行准则，由成员国以本国货币出资缴纳超国家货币，而且成员国有义务保障本国货币和超国家货币之间的汇率稳定；

建立开展大欧亚伙伴关系货币兑换业务的货币交易所，并规定保障该货币汇率稳定性的管控措施，包括杜绝利用汇率开展与贸易和直接投资无关的投机行为。

在规定大欧亚伙伴关系超国家货币发行和流通程序的国际条约中，还需规定以超国家货币形式发放贷款的分配机制，可以通过大欧亚伙伴关系承认的国际发展机构和被授权的国家发展机构建立基金来实施这一机制。任何有意愿加入该条约国家的货币将被纳入货币储备库并加入大欧亚伙伴关系超国家货币篮，以超国家货币形式分配信贷资源时考虑上述国家的利益，按照既定的算法进行资金分配。建立发行中心时可沿用之前的工具，例如国际经济合作银行①和独联体国家银行。

① 国际经济合作银行由前社会主义国家于1963年（作为在联合国注册的国际组织）创建，目的是使用经济互助委员会的国际货币（“转账卢布”）开展多边结算。国际经济合作银行不受经济制裁威胁的影响，其资产和负债受国际法保护。该银行在俄罗斯银行拥有代理账户，具有免税地位，具备特殊的银行监管制度，并得到包括保加利亚、越南、古巴、蒙古、斯洛伐克、斯洛文尼亚、捷克共和国、波兰和罗马尼亚在内的成员国家政府部门的支持。国际经济合作银行的独特能力必须用于克服制裁对俄罗斯进入全球金融市场产生的限制。

用一种货币开展国际结算将大大降低出口商和进口商的货币风险，减少货币投机范围并限制汇率波动。

可利用区块链技术发行和保障大欧亚伙伴关系超国家货币的流通，区块链中包含每一个超国家货币的完整交易记录注册表。使用区块链技术能够轻松管控超国家货币的流通，并且可以绕过易受政治影响的SWIFT系统交换银行信息进行汇款，同时在整个交易过程中确保最高可靠性和可信性。这对反腐败、打击犯罪收益合法化、防止恐怖主义融资以及防止操纵金融市场的行为和投机行为均十分重要。

使用区块链技术发行和流通超国家货币的优点是可以在新建的和现有的货币金融体系中同时开展工作。新的金融平台作为技术更先进、更合法、更透明和更安全的支付方式将逐渐地淘汰现有的不透明和不公平的以美元为中心的系统。在大欧亚伙伴关系框架内很难对以美元为中心的系统进行改进，因为这需要发行国承担很大的国际义务。

在创建统一货币流通体系工作框架下，当前大欧亚伙伴关系成员国相互贸易和联合投资业务必须转向本币结算。建议充分鼓励开展相关工作，在国际货币结算中用愿意承担以下国际义务的欧亚国家的货币代替美元、欧元和英镑。

世界储备货币发行国家应通过遵守国家债务和贸易收支赤字方面的限制确保世界储备货币的稳定性。此外，世界货币发行国还应遵守相关要求，以确保其货币发行保障机制的透明度，在发行国领土上交易的所有资产（包括新技术）均能通过该发行国货币进行无阻碍交换，并对于那些遵守可靠和透明准则的外国非国有银行提供国家再融资制度。世界储备货币发行国需要遵守公平竞争原则和本国金融市场非歧视性准入原则是对他们提出的重要要求。

为确保宏观经济稳定，有必要制定欧亚金融监管标准体系，包括以管控系统性风险为目的的金融市场（包括货币市场）。特别是在对上市资产进行风险评估时，为了减少出现有利于某一国家的系统性偏差，有必要制定欧亚评级标准和评级机构活动标准，并确保对大欧亚伙伴关系成员国评级机构进行统一监管。

大欧亚伙伴关系国家的一项重要任务是制定和落实有关创建公平高效的国际金融经济关系方法体系。这能够为实现经济可持续发展、就业、居民福祉提供必要条件，这一任务必须在国际货币金融体系长期改革之前得以完成。在大欧亚伙伴关系框架下可以落实有关创建区域货币金融体系和国际金融机构的方法体系，目的是确保稳定、公平、互利的货币流通条件，同时推广用于发展新技术范式生产和刺激投资与创新活动的长期贷款机制。

建立大欧亚伙伴关系的法律基础和机构

建立大欧亚伙伴关系时需要解决一系列复杂问题，涉及国家间关系、国际法律制度的进一步完善以及将国际法律制度与大欧亚国家法律相协调等问题。为解决上述问题，应建立大欧亚主要国家议会间大会，参会者包括立法部门代表和参加欧亚峰会的国家代表，同时可借鉴独联体议会间大会的丰富经验，包括就共同关心的重要问题制定示范法。大欧亚伙伴关系主要国家议会间大会可在圣彼得堡举行，可以利用这里的小型执行机构和国际科学法律中心。2021年可在圣彼得堡举行第一届议会间大会。

规划建立大欧亚伙伴关系

为协调和充分发挥欧亚科技生产潜力，刺激具有重大社会意义的新技术范式成果的推广，必须实施欧亚社会经济发展战略规划。该规划包括：

——拟定科学技术发展长期预测；

——明确区域经济、区域经济组织及大型国民经济的发展前景；

——查明并消除贸易不平衡和阻碍现有资源充分利用的瓶颈；

——确定是否有可能消除现有的不平衡性，包括大欧亚伙伴关系成员国之间的发展水平差距；

——选择优先发展方向。

为落实优先发展方向任务，需将由成员国的专家和商界与被授权的国际组织共同制定的指示性计划纳入大欧亚伙伴关系规划体系。

建立大欧亚伙伴关系需要制定规划，明确资金来源，编制具有融资机制并以公私伙伴关系形式落实的优先投资项目库，制定国际条约与合资项目清单以及路线图。

规划中应确定建立大欧亚伙伴关系的目标指向、任务、解决机制以及执行阶段。未来在该方案中还包括发展大欧亚伙伴关系的战略计划和指示性计划。建议制定该规划时可借鉴大欧亚伙伴关系国家当前积累的制定科技和社会经济发展长期规划的成功经验。

欧亚大国和具有影响力的欧亚国家拥有强大的发展机构，广泛使用有利于公众利益的经济规划和国家调控工具。凝聚上述国家科学分析实力来对欧亚国家在全球结构性变化背景下的发展进行预测，凝聚欧亚发展战略规划和指示性计划，这有助于提升成员国发展科技和生产潜力的能力，集中资源解决建立伙伴关系的任务。

为建立大欧亚伙伴关系层面的战略管理体系，需要国家和国际专门科学机构联合开展规划性工作，建议在莫斯科国际问题研究所的基础上组织开展这一工作，该研究所具备相应地位和工作经验。启动大欧亚伙伴关系建立机制时必须召集相关国家代表和学者召开国际会议。

为了使建立大欧亚伙伴关系方案切实可行，该方案中必须规定所涉及的活动和所创建的国家间和超国家调控机构的资金来源。为此，建议在货币兑换业务中引入科学合理的税收，税收额度为交易量的1‰，根据大欧亚伙伴关系成员国国家法律征收并转交给大欧亚伙伴关系授权机构进行支配。这也将有助于减少欧亚金融市场的动荡。通过该类税收征收的资金可在大欧亚伙伴关系成员国授权的国际组织监督下用于维持大欧亚伙伴关系各机构运行和欧亚社会规划的落实。

特别是在以新技术范式为基础而产生的世界经济结构性变革的条件下，依靠这一资金来源建立由欧亚一流大学组成的国际教育网，培养发展中国家和欠发达国家的公民，并针对发达国家的失业人员实施新技能再培训计划，这对确保欧亚国家就业率和发挥人力资源潜力具有重要意义。这有助于利用人文合作（经济协调发展所必需的）强化大欧亚伙伴关系的经济功能，使共同的文化、历史和精神遗产更具现实意义。这类科教活动也将有利于建立 21 世纪欧亚人民和谐共处的意识形态平台。

第二十二章　大欧亚物流运输架构

为确保欧亚经济联盟和“一带一路”倡议对接工作的顺利进行，中俄两国制定了一揽子相互合作投资项目，这些投资项目中并未充分考虑到率先投资大欧亚伙伴关系物流运输基础设施的必要性，当前该区域物流运输基础设施运输成本高、效率低。

从长期发展角度出发，为建立高效的物流运输架构，需要制定、批准和实施一系列物流运输领域大型投资项目。俄罗斯作为21世纪“东方—西方—东方”交通路线中心，必须充分考虑本国利益。最先开展的项目如下：

——在欧亚经济联盟国家领土上铺设高速铁路和高速公路洲际干线；

——创建生产各型号航空设备的欧亚航空联合企业（充分利用伊留申、图波列夫、安东诺夫公司的设计局潜力）；

——建立管道网，构筑欧亚碳氢化合物市场架构（请参考上一章）。

优先投资项目库的一个关键组成部分可能是实施创建“跨欧亚发展带”计划，该计划由长期投资者俱乐部提出，经最高级别专家批准。①

---

① Реализация Транс-Евразийского транспортного мегапроекта как драйвер экономического роста ЕАЭС// Материалы Научно-методического семинара Аналитического управления Аппарата Совета Федерации 7 апреля 2016 г. – Аналитический Вестник Совета Федерации. -№ 19（618）, 2016.

创建“大欧亚发展带”计划应综合新一代一体化基础设施建设计划、区域生产规划方案以及长期直接投资融资方法，以便建立高效运行的欧亚一体化交通运输构架。在实施该计划时，需建立国际联合企业，参与方包括相关集团、投资机构、区域行政机关等。建立国际联合企业需要由国家政府或者区域行政机构划拨土地、自然资源使用权，此外还需发行债券，创建专项合股基金，成员将包括欧亚国家发展机构、欧亚国际发展机构、区域行政机构以及欧亚相关国家国有和私营企业。批准“跨欧亚发展带”计划并创建国际联合企业需要签署相关国际协议。

技术和操作方面，建议根据以下方向实施这一方案：

1. 就协调经济利益和制定项目任务问题开展联合工作，包括制定和实施联合创新项目——铺筑“创新丝绸之路”。[①]

2. 制定国际基础设施联合项目，实现参与国的长期经济利益。俄方提议在日本海附近铺设运输和能源环。对西伯利亚大铁路进行现代化升级并将该铁路与中国和蒙古国铁路干线连接，将“中国西部—西欧”国际高速公路从中国新疆延伸至圣彼得堡；联合铁路、公路、航空基础设施和北方航道。

3. 同步发展沿路基础设施的沿线地带（包括铁路和公路干线），这可以切实提升建立跨欧亚交通运输干线带来的经济效益，提高跨欧亚交通运输干线的投资吸引力以发展现有的和新的地区生产综合体。

落实该方案可以从发展东北亚国际交通走廊、在日本海附近成立运输和能源环、连接铁路基础设施和北方航道以及在智慧城市空间内创建新一代物流园区等方面着手开展工作。南滨海边疆区及其跨境区域连接符拉迪沃斯托克港口集中区和中国、朝鲜、韩国、蒙

① “创新丝绸之路”可能成为“大欧亚发展带”的重要组成部分，“创新丝绸之路”中规定了完整的创新活动周期：从开展高新技术领域联合研发到将其引入确保高附加值的具有竞争力的生产中。以这种方式创建的欧亚创新体系的基础结构部分应是一些科学和高新技术中心，这些科学和高新技术中心是在致力于发展欧亚经济联盟创新的国家科学中心、高校、工业园区、创新园区以及其他创新基础设施要素基础上建立的。

古以及日本等国家的物流中心，该地区可设计成为专门的社会和基础设施发展空间。

为落实“跨欧亚发展带”计划，建议创建“跨欧亚发展带”联合企业，参与者包括有关企业、投资机构和区域行政机构。联合企业必须拥有一个超国家战略规划机构。

“跨欧亚发展带”国际联合企业应作为国际发展集团来建立，通过发放债券贷款被授权进入成员国金融市场，并确保形成新技术范式的区域战略基地。为实现这一目标，需要出台专门立法、拟定企业财务活动的体制化机制、战略规划体系，确定完成既定目标的标准和判断达到的结果是否符合预定目标的标准。

为实施“跨欧亚发展带”方案并为此建立联合公司需要落实各类大型投资项目，为了给上述投资项目提供资金来源，必须使“跨欧亚开发带”方案与欧亚地区廉价信贷机制接通，上述信贷机制包含大欧亚伙伴关系超国家货币发行机构（未来或以传统货币或者加密货币形式创建此类机构）或有关国家中央银行出资建立的发展机构、欧亚证券市场、国家和国际金融机构。可以创建可交易的共同投资基金为该方案进行融资，共同投资基金的参与者将是欧亚发展机构（国家间或者某些国家国际合作发展机构、投资基金和银行）。除土地外，俄罗斯还可以以地质信息为基础创建的信息资产、勘探和开采矿产资源权以及森林、农业和海洋生物资源使用权作为出资方式。

提议以“跨欧亚发展带”形式建立的综合平台以及与其相对应的国际集团和大欧亚运输物流基础设施建设优先项目库，对众多（有时是多方面的）大欧亚发展计划起到了协调作用。最重要的是，最新的研究证实了在“大欧亚发展带”概念框架内制定的和前面提及的跨欧亚主要干线的经济效益，而其中一项研究就是由欧亚发展银行一体化研究中心开展的。[①]

① Транспортные коридоры Шелкового пути：потенциал роста грузопотоков через ЕАЭС/Доклад. – СПб：Центр интеграционных исследований. Евразийский банк развития. – 2018（№49）.

分析欧亚经济联盟国家参与“一带一路”倡议落实工作前景时，寻找以中国—欧亚经济联盟—欧盟为轴的最佳运输线路（根据货物运输成本、运输时间以及必要的投资额等标准）是重要分析内容。为此，我们研究了以下四条可以确保洲际货流量的国际走廊：

1）北欧亚走廊（中国—俄罗斯—欧洲，经远东和东西伯利亚领土）；

2）中欧亚走廊（中国—哈萨克斯坦—俄罗斯—欧洲，经哈萨克斯坦领土进入俄罗斯交通运输基础设施）；

3）跨亚洲走廊（俄罗斯领土以南的路线）；

4）“南北国际交通走廊”。

每条走廊之间均有长度、过境国数量、运输能力以及物流运输基础设施发展水平等方面的差异。

根据数量指标总和来筛选最具潜力的路线。根据路线的长度可以得出货物运送时间，但这不能用于比较不同起点和终点的路线。评价路线效益的主要标准是线路的潜在运输能力，但这不是唯一重要指标。具有一至二种运输方式且过境数量最少的路线是更有利的，因为运输价格更低且交付速度更快。运输成本是评估路线当前效益的重要标准，但是不同于其他大部分指标，运输成本可能会因物流运输基础设施的发展和物流系统优化而发生变化。此外，为了充分利用线路的全部潜力，提高竞争力，我们对该线路的必要投资额度进行了分析。

根据路线效益指标以及当前和未来货流量指标对比分析，其中最具发展潜力的陆路交通走廊为：

- 中欧亚走廊
- 北欧亚走廊

中欧亚走廊连接经中国、哈萨克斯坦和俄罗斯的干线，途经连云港、郑州、兰州、乌鲁木齐、霍尔果斯、阿拉木图、克孜勒奥尔达、阿克纠宾、奥伦堡、喀山、下诺夫哥罗德、莫斯科，接下来经过布列斯特或者圣彼得堡进入波罗的海港口，还可通过乌鲁木齐、多斯特克、卡拉干达、彼得罗巴甫洛夫斯克、叶卡捷琳堡、喀山到达莫斯科。从欧洲往返中国的陆路运输中，经该条线路的货流量最大。该条线路的总长度为0.7万—0.75万千米（取决于途经道路）。

中欧亚走廊基本路线（中国—哈萨克斯坦—俄罗斯—欧盟）开发投资额可能达到60亿美元（在俄罗斯和哈萨克斯坦境内铺设和升级交通线路，建立4—6个大型物流中心）。以乌鲁木齐—阿拉木图—奥伦堡—莫斯科—欧盟这一路线为例，进行此类投资后，一个集装箱的运输成本将降低38%（从1300美元降低至800美元），进行现代化升级后最大运输能力将从20万标准箱/年增加至50万标准箱/年。

北欧亚走廊的中心环节是经过西伯利亚大铁路和贝阿干线的线路（西伯利亚大铁路的使用率为100%）。该线路上的重要枢纽包括符拉迪沃斯托克、伊尔库茨克、克拉斯诺亚尔斯克、新西伯利亚、鄂木斯克、秋明、叶卡捷琳堡、喀山、莫斯科。该线路除了对发展俄罗斯东部地区发挥重要作用外，还拥有巨大的跨境运输潜力。在欧洲和亚洲之间的货物过境运输计划中，该走廊可以大大减少货运期限，将其缩短10—15天。但是由于基础设施不完善，在扩大过境运输能力方面将会受到很大的限制，因此在短期内未必能够大幅度提升该走廊的过境运输能力。计划按照贝阿干线和西伯利亚大铁路发展规划实施结果来提升该走廊的过境运输能力。

发展北欧亚走廊项目的资金投入可达20亿美元，通过开展项目投资可以将运货成本降低23%，从2200美元/标准箱降低至1700美元/标准箱（沿上海—符拉迪沃斯托克—西伯利亚大铁路—欧盟这一路线）。当前优先使用财政预算对西伯利亚大铁路发展项目进行投资，这通常会影响项目落实速度。吸引私人投资发展北欧亚走廊物流运输基础设施尤为重要。①

以下表格展示了在欧亚经济联盟国家发展运输线路的一系列优先方向（项目）：

① См. указ Соч.

表 22－1

最具潜力的路线介绍

路线	长度	理论计算的过境运输能力	运输方式数量	边境口岸数量	1 个标准箱的运输成本	必要的投资	当前最大运输能力	现代化升级后的最大运输能力	现代化升级后的价格
1. 上海—符拉迪沃斯托克—新西伯利亚—莫斯科—布列斯特—欧盟①	1.2 万千米	25 万标准箱	1（铁路）	2（中国—俄罗斯，俄罗斯/白俄罗斯—欧盟）	上海至布列斯特运输成本 2200 美元/标准箱	12—20 亿美元用于提升西伯利亚大铁路运输能力	90 万标准箱[1]	150 万标准箱[1]	上海至布列斯特的运输价格 1700 美元/标准箱
2. 乌鲁木齐—阿拉木图—奥伦堡—莫斯科—布列斯特—欧盟	0.55 万千米	30 万标准箱	2（铁路和公路）	2（中国—哈萨克斯坦，俄罗斯/白俄罗斯—欧盟）	铁路运输成本 1300 美元/标准箱，公路运输成本 3000 美元/标准箱	60 亿美元用于建设和改造铁路和物流中心	20 万标准箱	50 万标准箱	铁路运输价格 800 美元/标准箱，乌鲁木齐至布列斯特公路段运输价格 2000 美元/标准箱
3. 乌鲁木齐—阿拉木图—塞米巴拉金斯克—新西伯利亚—莫斯科—布列斯特—欧盟	0.84 万千米	—	2（铁路和公路）	2（哈萨克斯坦—中国，白俄罗斯/俄罗斯—欧盟）	—	—	20 万标准箱	50 万标准箱	铁路运输价格 800 美元/标准箱，乌鲁木齐至布列斯特公路段运输价格 2000 美元/标准箱

① 上海—符拉迪沃斯托克—新西伯利亚—莫斯科—布列斯特—欧盟路线统计数据，其中考虑了过境货物运输量和俄罗斯国内货物运输量。

续表

路线	长度	理论计算的过境运输能力	运输方式数量	边境口岸数量	1个标准箱的运输成本	必要的投资	当前最大运输能力	现代化升级后的最大运输能力	现代化升级后的价格
4. 乌鲁木齐—阿克套—马哈奇卡拉—新罗西斯克—欧盟	0.59万千米	10万标准箱	3（铁路、公路、海运）	2（哈萨克斯坦—中国，俄罗斯—欧盟）	铁路运输成本3200美元/标准箱，公路运输成本3000美元/标准箱，到达康斯坦察的运输成本4000美元/标准箱	40亿美元用于升级港口容量和造船业	3万标准箱	30万标准箱	铁路运输价格2000美元/标准箱，公路运输价格2500美元/标准箱，乌鲁木齐至康斯坦察段运输价格4000美元/标准箱
5. 乌鲁木齐—阿克套—马哈奇卡拉—第比利斯—波季—康斯坦察/布尔加斯—欧盟	0.57万千米	5万标准箱	3（铁路、公路、海运）	3（哈萨克斯坦—中国，俄罗斯—格鲁吉亚，格鲁吉亚—欧盟）	铁路运输成本3700美元/标准箱，到达康斯坦察的运输成本4500美元/标准箱	40亿美元用于升级港口容量和造船业，5亿美元用于升级马哈奇卡拉—第比利斯的路段	2万标准箱	25万标准箱	铁路运输价格2500美元/标准箱，乌鲁木齐至康斯坦察运输价格3500美元/标准箱

续表

路线	长度	理论计算的过境运输能力	运输方式数量	边境口岸数量	1个标准箱的运输成本	必要的投资	当前最大运输能力	现代化升级后的最大运输能力	现代化升级后的价格
6. 乌鲁木齐—多斯特克—阿拉木图—别伊涅乌—别列克特—因切布伦—德黑兰	0.65万千米	30万标准箱	2（铁路、公路）	3（哈萨克斯坦—中国，哈萨克斯坦—土库曼斯坦，土库曼斯坦—伊朗）	铁路运输成本1700美元/标准箱，公路运输成本2700美元/标准箱	20亿美元用于将运输成本减半	5万标准箱	50万标准箱	铁路运输价格1300美元/标准箱，乌鲁木齐至德黑兰的公路运输价格1700美元/标准箱
7. 乌鲁木齐—阿克套—巴库—波季—康斯坦察/布尔加斯—欧盟	0.58万千米	5万标准箱	3（铁路、公路、海运）	4（哈萨克斯坦—中国，哈萨克斯坦—阿塞拜疆，阿塞拜疆—格鲁吉亚，格鲁吉亚—欧盟）	铁路运输成本5000美元/标准箱，公路运输成本4000美元/标准箱	80亿美元用于升级港口容量、道路维修以及隧道建设	2万标准箱	25万标准箱	乌鲁木齐至康斯坦察/布尔加斯运输价格3000美元/标准箱

资料来源：欧亚发展银行（表11）

第二十三章　欧亚经济联盟和“一带一路”倡议对接是建立大欧亚伙伴关系的核心

综上所述，2015年中俄两国元首提出欧亚经济联盟和“一带一路”对接构想，该构想成为整合区域一体化项目的形式。正如中俄专家第五次对话后发表的联合声明中指出，过去三年，一体化倡议的融合对接工作取得了初步进展。

与此同时，欧亚地缘政治动荡起伏和安全领域政策为俄罗斯和中国带来一系列挑战。中俄两国是一体化倡议互补项目的两大支柱，两国将坚持互信互谅，珍惜取得进步的黄金时间，利用发展机遇并为维护大欧亚经贸稳定做贡献。

上一份中俄对话研究报告分析了阻碍“一带一路”对接的难题，尤其是确认了下列问题。

贸易和投资总额较少，结构单一

近年来中俄相互投资显著增加，但投资总规模依然不大，这制约着双边贸易的发展。投资经常被中断，有前景的经济合作领域投资不足以及投资区域分布不平衡尤其令人担忧。

参考内容 俄罗斯和中国投资合作

2008 年亚洲国家在俄罗斯对外贸易额中的占比为 17.1%，欧盟的占比为 52%。[①] 2013—2017 年亚洲国家的占比由 21.9% 上升至 25.5%，而欧盟的占比由 49.4% 下降至 42%。显然，对俄制裁导致了欧洲在对外贸易额中的占比锐减。

中俄贸易额增加是亚洲国家的占比实现增长的主要原因，2008 年中国在俄罗斯对外贸易额中的占比为 7.6%，2013 年增长至 10.5%，2017 年达到 14.9%。2008 年东盟成员国的占比为 1.4%，2013 年为 2.1%，2017 年为 3.2%。2008 年日本的占比为 3.9%，2013 年为 3.9%，2017 年为 3.1%。2008 年韩国的占比为 2.5%，2013 年为 2.9%，2017 年为 3.3%。2008 年印度的占比为 0.9%，2013 年为 1.1%，2017 年为 1.6%。

表 23 - 1　**中俄贸易**

中俄贸易（单位：百万美元）	2013 年	2014 年	2015 年	2016 年	2017 年
出口	35618	37492	28602	28011	38918
进口	53065	50773	34950	38021	48055

资料来源：俄联邦海关总署。

近年来中俄贸易结构并未发生本质上的变化，2013 年机器、设备和交通工具的贸易比重为 3.81%，2017 年上升至 6.86%。中国购买机械产品份额不高，俄方依然对此表示关切，而中国却反应平平，称这不是中方的错，俄罗斯对华出口结构与对世界其他国家的出口结构并无明显

① «Ośrodek Studiów Wschodnich (Польша): Россия совершает «разворот на Восток»? », Витольд Родкевич интернет-проект ИноСМИ. Ru, 21. 11. 2018https: //inosmi. ru/politic/20181122/244067768. html.

不同。[①]

“俄罗斯累计吸引外商直接投资”表格呈现了俄罗斯主要投资国对俄累计直接投资数据。为进行数字对比并获取更加真实的信息，主要使用了以下三个资料来源：俄央行官方数据，欧亚发展银行一体化研究中心公布的报告《欧亚经济联盟与欧亚国家：直接投资监督与分析》[②] 和中国国家统计局编印的《中国统计年鉴》。

表 23－2　**俄罗斯累计吸引外商直接投资**　单位：百万美元

俄罗斯累计吸引外商直接投资的国家	资料来源	年份			
		2013	2014	2015	2016
荷兰	俄央行	48948	41846	30816	41165
	欧亚发展银行一体化研究中心			11190	11270
英国	俄央行	21759	7257	8671	11694
德国	俄央行	18898	13745	12971	16630
法国	俄央行	14075	9698	10003	14653
瑞士	俄央行	6040	10595	8620	11259
奥地利	俄央行	11816	7553	4756	4941
	欧亚发展银行一体化研究中心	—	—	5460	6460
爱尔兰	俄央行	5210	4648	8253	6583
瑞典	俄央行	16176	3268	2431	3886
意大利	俄央行	1151	715	957	3853

① «Россия - Китай: почему «горячо» в политике и «холодно» в экономике», Чжао Хуашэн, Международный дискуссионный клуб «Валдай», 04. 11. 2018. http://ru. valdaiclub. com/a/highlights/rossiya-kitay-goryacho-kholodno/.

② Выпуски «ЕАЭС и страны Евразийского континента: мониторинг и анализ прямых инвестиций» за 2015, 2016, 2017 годы. Доклад за 2017 год содержит данные по итогам 2016 года. В 2018 году ЕАБР упразднил Центр Интеграционных Исследований. Соответственно, исследования по итогам на конец 2017 года не проводились.

续表

俄罗斯累计吸引外商直接投资的国家	资料来源	年份			
		2013	2014	2015	2016
芬兰	俄央行	4166	2724	6777	3856
美国	俄央行	17979	1686	1336	2558
日本	俄央行	1675	1273	1317	1922
	欧亚发展银行一体化研究中心	15001	14912	14843	15057
印度	俄央行	143	99	66	708
	欧亚发展银行一体化研究中心	5839	5819	5794	9104
中国*	俄央行	4684	3051	1908	3462
	欧亚发展银行一体化研究中心	4056	4340	5221	8225
	中国统计年鉴	7581	8694	14019	12979
土耳其	俄央行	758	749	759	1420
	欧亚发展银行一体化研究中心	5134	4977	5039	5147
韩国	俄央行	1886	1677	1339	2246
	欧亚发展银行一体化研究中心	1898	2011	2122	2122
新加坡	俄央行	164	499	493	14564
	欧亚发展银行一体化研究中心	601	626	685	786

* 中国内地和中国香港。

资料来源：俄央行、欧亚发展银行一体化研究中心和中国统计年鉴。

应当指出，上述表格中的一些重要数据的确存在明显出入，这些出入无疑是由计算方法差异造成的，我们认为欧亚发展银行一体化研究中心的数据更接近真实情况。欧亚发展银行一体化研究中心与俄罗斯科学院世界经济与国际关系研究所专家组成员一道，在俄罗斯科学院通讯院士库兹涅佐夫的指导下开展了研究。

欧亚发展银行一体化研究中心的数据库按照“从上到下”的原则建立，即该数据库是以公司报表和其他第一手资料为基础编制而成的，数据库纳入了通过离岸公司等机构进行投资的情况，还有利用海外获取的收益进行再投资的情况，数据库的统计与俄央行官方统计之间的差异也在于此。欧亚发展银行一体化研究中心统计方法的突出特点是按照资产本地化的实际地点，而不是按照外商直接投资（通常为离岸公司）形式上流入的第一个国家来统计投资数额，现在经济合作与发展组织成员国已经普遍使用欧亚发展银行一体化研究中心的统计方法。一般主要根据国际机构的建议进行投资评估，但是使用间接法对外商直接投资进行评估也较流行（例如在公司固定资产或其他公司的类似交易信息的基础上进行评估）。

欧亚发展银行一体化研究中心统计方法还考虑到了累计外商直接投资金额超过300万美元的所有项目，以及投资额稍少些的一批项目（首先为资金消耗率较低产业的项目），但不包括不动产领域，因为该领域更需考虑外商直接投资的地理位置因素。

俄央行以收支平衡数据为依据。由此俄央行的数据和欧亚发展银行一体化研究中心的数据会出现1—3倍的误差，因此，欧洲发展银行一体化研究中心的统计数据能够对俄央行的统计数据进行补充，但不能替代后者。

不确定中国统计年鉴用哪种方法统计外商直接投资，但是在一定程度上中国统计年鉴将离岸公司的外商直接投资考虑在内。

根据俄央行、欧亚发展银行一体化研究中心和中国国家统计局的数据，通过表23－2“俄罗斯累计吸引外商直接投资”呈现的数据可以得出以下结论：中国远不是对俄累计直接投资的龙头国家，中国对俄累计直接投资还不及欧洲主要国家和一些亚洲国家（日本和印度）。整体上亚洲国家对俄累计直接投资确实不及欧洲。若参考欧亚发展银行一体化研究中心的数据，荷兰无疑是俄罗斯经济的主要投资国。

对俄投资仅为中国海外投资中极小的一部分，如果中俄贸易额为中国对外贸易额的2%[①]，那么中国对俄投资在中国海外投资中的占比不足

① 资料来源于中国国家统计局关于2017年中国对外贸易的数据统计。

1%。

表 23－3　　**中国对外直接投资**

	2013 年	2014 年	2015 年	2016 年	2017 年
中国对外直接投资总额（单位：百万美元）	107843.71	123119.86	145667.15	196149.43	158288.3
对俄投资（单位：百万美元）	1022.25	633.56	2960.86	1293.07	1548.42
对俄投资比重	0.95%	0.51%	2.03%	0.66%	0.98%

资料来源：中国国家统计局。

同时可以确定中国是俄罗斯的大型投资国，未来几年有潜力成为最大投资国。

尽管中俄两国贸易往来愈加频繁，但是贸易规模仍不大：2017 年中俄贸易额约为同期中美贸易额的 13%。中俄贸易投资合作需进一步完善与发展。中俄贸易结构长期以来一直较为单一，以能源、原材料和其他低附加值商品为主。原材料价格波动能够对中俄经济关系产生实质性的影响，不仅影响贸易额，还影响整体经济发展。

金融合作的实际问题

如今众多因素成为中俄金融合作的障碍。首先，经贸合作不协调，严重制约了两国金融合作发展潜力。

其次，金融合作支持机制不完善，防控金融风险后果的一揽子工具不足且效率较低。例如，在西方（主要为欧盟国家和美国）制裁背景下中俄缺少有效的支付和结算渠道，这使得国家金融体系更加脆弱，在俄经商风险增加。遗憾的是所有这些都会严重影响中国金融机构正常运行。许多有意开展对俄合作的国家受悲观情绪影响决定放弃合作。必须扩大中俄双边金融合作的信息交流，加强多种调控。

再次，大型国有企业和私营企业没有本币结算的意愿。其原因较多，俄罗斯大型企业领导通过可自由兑换货币将外汇收入转移到离岸公司。中国为加速实现本币跨境交易的潜力，只倾向于实现人民币完全可兑换。目前中国在进行跨境资本交易时受到行政壁垒的限制。

最后，美国及其盟国对俄罗斯的制裁对中俄合作产生负面影响，中国银行拒绝向俄罗斯自然人和法人提供服务，美元结算受阻，陷入制裁风波的俄罗斯企业失去与中国伙伴按照传统方式进行结算的机会。

现有合作模式的局限性

目前中俄主要在政府层面开展经济合作，主要为开展大型基础设施建设联合项目和国家安全合作项目（如能源和航天领域合作项目）。这些合作项目仅对上述领域产生影响，实践证明类似的合作模式具有缺点与局限性，限制中俄扩大市场经济条件下的经济联系，特别是生产、创新和服务领域的合作。

高技术领域合作水平低是扩大两国多元化合作的短板。多年来两国在航空工业、油气机械制造业、电机工业等其他机械制造领域联合项目长期停滞不前。

欧亚大型联合基础设施项目停滞不前。俄方缺乏投资来源，中方未见资金偿还机制。

中俄应在市场经济原则基础上继续发展双边经贸合作。鉴于俄远东地区生产和消费增长有限，两国应针对最具出口潜力的领域进行投资。

两国对对方国家市场的研究和了解不足，多种经济部门存在贸易壁垒。

中俄农工业综合体合作没有进展，双边合作无法发掘巨大潜力。

中俄农业和农工综合体合作落后的重要原因之一是俄出口商不能满足中国需求。例如，2017 年中国进口大豆 9542 万吨，而俄罗斯大豆产量仅为 360 万吨。中俄农业和农工综合体合作发展缓慢的主要原因是俄罗斯企业对进入中国市场的相关问题研究不到位，为解决这一问题，应开展旨在扩大中俄农业合作的企业家论坛。

对国家政府机构的举措了解不足

众多学者、官员和公民大力支持中俄经济合作，但落实共赢项目仍面临众多阻碍，因为中俄两国在签署合同之后，仍不能全力促进两国落实某些项目，或导致项目延期。在某些项目框架下俄罗斯经常通过定额、标准、质检等方式限制中国投资相关领域，中国企业在制定投资决策时应像重视投资项目和达成共赢一样，注重俄罗斯当地居民的生活方式。

俄方关于同中方开展多领域合作的战略定位合情合理，但战略目标体系还不够尽善尽美。在制定最佳合作模式的激励标准时仍遭遇各种阻碍，而中方企业在开展国际贸易之前，应进行市场调研，做好相关准备，考虑当地人民需求。

发展绿色金融

中国和俄罗斯是国土广袤、自然资源丰富的国家。中俄两国面临的主要任务之一是保护自然区和生态系统的多样性。但是生态问题、自然资源问题和气候问题逐年恶化，而国家对绿色项目的投资预算非常有限，由此国家纳税人需承担额外负担。例如，2015 年中国制定了绿色项目的支出比重：10%—15% 由国家预算负担，85%—90% 由其他融资渠道负担。

“独木不成林”，这条谚语提醒我们要落实绿色倡议，就应开展国际合作。建议共同发展国家间绿色金融工具，这不仅是为了解决生态问题，还有助于扩大国家金融市场，在国际层面上落实联合倡议。

尽管面临困难，欧亚经济联盟成员国和中国之间的经贸合作整体上取得了成功。2018 年中俄双边贸易额突破千亿大关（1070 亿美元）。中国与欧亚经济联盟其他成员国之间的合作也正在飞速进展。

中亚地区特别是哈萨克斯坦是对接的关键区域。中哈就建设领域的

55个项目签署了总价值为270亿美元的合同。重要的是，建设领域合作与哈萨克斯坦“光明之路”国家规划具有紧密联系。此外，哈萨克斯坦在中国连云港获得了属于自己的货运基地，“双西公路”（西欧—俄罗斯—哈萨克斯坦—中国西部）也途经哈萨克斯坦，该高速公路共6条运输通道，这为哈萨克斯坦带来了超过1万亿美元的转运收入。

落实大欧亚伙伴关系建设的另外一个具有代表性的例子是白俄罗斯。在白俄罗斯国际机场附近的11.25公顷土地上建立了中白“大石头”工业园，在该工业园内可享受到前所未有的优惠政策，白俄罗斯总统卢卡申科称，白俄罗斯愿成为中国在欧亚地区实现利益的堡垒。

“一带一路”和欧亚经济联盟项目对接问题

2015年欧亚经济联盟建立，成员国包括俄罗斯、白俄罗斯、哈萨克斯坦和亚美尼亚。最初欧亚经济联盟计划与中国建立自由贸易区，但经欧亚经济联盟和中国领导层的决定，2015年5月中俄两国签署了《中华人民共和国与俄罗斯联邦关于丝绸之路经济带建设和欧亚经济联盟建设对接合作的联合声明》，声明称双方将采取协调行动，在欧亚经济联盟和“丝绸之路经济带”建设的整个过程中开展协作，在双边及多边平台，首先是在上海合作组织①框架内开展协同工作。欧亚经济联盟和“丝绸之路经济带”倡议将文化规范紧密融合在一起，“丝绸之路经济带”倡议覆盖30亿人口，欧亚经济联盟覆盖约2亿人口。

预计在欧亚经济联盟成员国（俄罗斯、哈萨克斯坦和白俄罗斯）范围内，德鲁日巴（多斯特克）—阿拉木图—奥伦堡—喀山—莫斯科—明斯克沿线的运输基础设施（公路和铁路）扩建区的经济将以更快的速度发展，就像19世纪末20世纪初铺设西伯利亚大铁路和中东铁路后，沿线地区经济得到快速发展一样，这两条铁路长度较

① Экономический пояс Шёлкового пути. М.: Русский биографический институт, Институт экономических стратегий, 2015. С. 22, 23.

长，且都具有出海口，在开始铺设铁轨时，就带动了线路毗邻地区的迅速开发，不管是俄罗斯（东西伯利亚地区和远东），还是中国（黑龙江、吉林和辽宁）都得到迅速开发。

欧亚经济联盟和“一带一路”两大项目对接，一方面，使俄罗斯和欧亚经济联盟其他成员国能够建设大型跨境区域，让欧洲商品进入亚洲，扩大中国和其他亚洲国家的产品销售市场。另一方面，扩大中国产品销售市场，拓宽中国进口原材料的渠道。欧亚经济联盟和“一带一路”两大项目对接在很大程度上加强了上海合作组织成员国之间的经贸合作，并将保证中俄经贸联系的发展。丝绸之路经济带的北部线路途经俄罗斯、中国和哈萨克斯坦，随着项目发展，该线路将到达中亚和西亚，直到海湾地区和地中海。这使得丝绸之路经济带不仅能够吸纳上海合作组织的其他国家（吉尔吉斯斯坦、塔吉克斯坦、乌兹别克斯坦），还能吸纳一批周边国家，并从合作中获取经济利益。

在落实“丝绸之路经济带”倡议的过程中，各方为对接战略，结合双方的经济、政治和法律现实情况，应就“丝绸之路经济带”项目成员国经济发展遇到的问题协同一致。“丝绸之路经济带”项目计划建设并完善沿线地区的跨境基础设施，在俄罗斯境内的主要跨境基础设施项目应该是建造北京—莫斯科高铁线路。

可以说目前中俄两国主要有三项“丝绸之路经济带”项目合作任务：

• 为落实中国领导人提出的五大目标必须保证“丝绸之路经济带”和欧亚经济联盟对接，需要建设中国和欧亚经济联盟的自由贸易区；

• 在基础设施发展领域中俄双方需建设莫斯科—北京高铁和莫斯科—喀山高铁；

• 需快速发展俄远东地区基础设施（建设黑龙江和乌苏里河大桥，跨境通道、公路和机场，扩建港口）以加强同中国东北的联系。

中俄战略合作是大欧亚伙伴关系的主要内容。为保证欧亚经济联盟和“丝绸之路经济带”项目对接应确定五大任务。

1. 完善扩大中俄经贸联系的政策，2015 年 5 月中国和俄罗斯发表联合宣言，称就欧亚经济联盟和“丝绸之路经济带”项目对接开展合作。之后在 2018 年 5 月中国和欧亚经济联盟签署《中华人民共和国与欧亚经济联盟经贸合作协定》，达成双边贸易和投资自由化。

2. 欧亚经济联盟和“丝绸之路经济带”倡议对接的另一个重要任务是加强双边的基础设施联系。“西伯利亚—太平洋”石油管道的支线斯科沃罗季诺—漠河段已竣工。中俄天然气管道“西伯利亚力量”正在快速建设中，该项目投产后中国就能获取来自俄罗斯的天然气，两国之间其他领域的合作也能得到进一步发展。还有两座在建桥梁：公路桥（黑河—布拉戈维申斯克）和铁路桥（下列宁斯科耶—同江），这两座桥梁能够为中国东北至俄罗斯符拉迪沃斯托克（“滨海 1 号”）和扎鲁比诺“滨海 2 号”之间建立起大型运输走廊。这样，欧亚经济联盟和“丝绸之路经济带”倡议之间的运输联系能够迈上新台阶。

3. 欧亚经济联盟和“一带一路”倡议对接还有一个重要方面，即极大拓宽了中俄之间的外贸联系。2018 年的统计数据显示，中俄外贸总额首次突破了 2015 年设定的 1000 亿美元大关，达到了 1070 亿美元。

4. 金融投资合作取得新成就。俄央行在中国开设了代表处，俄罗斯人民币清算中心在莫斯科启动，中国国家开发银行和中国进出口银行也在莫斯科开设了代表处。在中俄投资合作领域，中国计划在俄筹建总规模 1000 亿元人民币（合 10 亿卢布）的中俄地区合作发展投资基金，基金首期将募集 100 亿元人民币以促进中小企业发展。

5. 中俄人文交流对两国关系发展起到至关重要的作用，每年中俄之间人文交流的人数超过 300 万人，其中，两国互派留学生人数达 8 万人。

针对欧亚经济联盟成员国参与“丝绸之路经济带”倡议问题，需要指出的是哈萨克斯坦和白俄罗斯正在落实基础设施联合项目，例如，哈萨克斯坦境内正在新建或升级改造铁路和公路，建设中哈跨境通道春贾——霍尔果斯，扩大里海之滨的阿克套货物转运量，这让运至巴库的货物能够实现轮渡。白俄罗斯境内正在全速开展明斯克中白“大石头”工业园的建设。遗憾的是中俄之间没有像中哈、中白之间那样的大型项目。

分析欧亚经济联盟和“丝绸之路经济带”项目对接的可能性，应承认对接计划有三种发展结果：完全没有对接，完全对接和部分对接。现在有两种项目对接的方法，即通过上海合作组织对接和通过自由贸易区对接，后者更合理，因为上海合作组织框架下的对外贸易额并不大，该组织具有半封闭的特点。几年前欧亚经济联盟和“丝绸之路经济带”项目通过自由贸易区对接时，引发了人们对中国商品向俄罗斯市场扩张的强烈质疑。但是 2014 年 12 月卢布兑美元、欧元和人民币大幅贬值之后，情况出现了变化，俄罗斯市场上的中国商品价格陡升。成立自由贸易区使地区逐步摆脱贸易和投资壁垒的限制，贸易投资合作将成为强有力的联合因素。很明显，虽然中国面临一些问题，如人口庞大和劳动人口比重相对较小，油气等能源不足，制造业高速发展导致环境污染，但中国经济将继续快速发展。

表 23－4　　**2009—2018 年中国对外贸易额**　　（单位：十亿美元）①

国家和地区	1995	2003	2010	2015	2016	2017	2018
中国内地	280.9/100	851.0/100	2974/100	3957/100	3685/100	4105/100	4620/100
美国	40.8/14.5	126.4/14.9	385.4/12.9	558.3/14.1	516.5/14.1	583.7/14.2	632.3/13.7
欧盟	—	125.0/14.7	479.6/16.1	564.8/14.3	543.9/15.0	616.9/15.0	681.3/14.7
东盟	—	78.2/9.2	292.9/9.8	472.2/11.9	449.8/12.3	514.8/12.5	586.8/12.7
俄罗斯	5.5/2.0	15.7/1.8	55.5/1.9	68.1/1.7	69.1/1.9	84.1/2.0	107.0/2.3
中国香港	44.6/15.9	87.4/10.3	230.6/7.8	343.6/8.7	303.0/8.3	286.7/7.0	311.0/6.7

① 根据如下材料进行统计：《2018 年中国统计摘要》，中国国家统计局，第 102 页；《2018 年国民经济和社会发展统计公报》，中国国家统计局。

续表

国家和地区	1995	2003	2010	2015	2016	2017	2018
中国台湾	17.9/6.4	58.4/6.9	145.4/4.9	188.2/4.8	178.7/4.9	199.4/4.9	225.8/4.9
日本	57.5/20.5	133.5/15.7	297.8/10.0	278.7/7.0	273.4/7.5	303.0/7.4	327.0/7.1
韩国	17.0/6.0	63.2/7.4	207.1/7.0	275.8/7.0	251.1/6.9	280.3/6.8	312.7/6.8

中俄学者对话的参与者就两国合作问题的讨论结果如下。

——中俄国有企业和银行所有业务实行本币结算；

——对接支付系统，要求中俄央行直接加入到两国银行间信息交流电子系统中；

——俄罗斯国家银行支付系统“和平”和中国支付系统“银联”一同推出双标借记卡；

——在区块链基础上使用能够稳定支付数字资产的支付系统；

——为仅支持本币支付的共同投资项目融资设立专业化发展银行；

——建立中国与欧亚经济联盟成员国企业参与的国家间财团，以落实涉及广泛生产合作的跨境高技术投资项目。

整体上深化中俄合作，摘除两国经济代理处之间的关系短板，应实施下列措施。

通过共同行动进一步深化并巩固政治合作和互信

为提升中俄经济合作效率需全面落实“针对具体情况选取最佳解决方案”的原则。

参与本报告编写工作的中俄双方人员建议双方建立国家元首级别的经济合作问题的常委会，由两国第一经济副部长参与相关工作，国家首脑亲自指派人员进行领导。我们愿制定经济合作发展战略行动计划，委员会根据本计划做出的决定必须在既定权限内具有约束力，并体现在相应的国家文件中。近期中俄应适时成立两国投资与经济合作专门机构，该机构应简化投资程序并深化两国企业间合作。

美国的侵略性行为愈演愈烈，打破了国际贸易与法律体系，瓦解世界现行金融经济秩序。为此中俄应共同解决上述问题，在金砖国家和上海合作组织支持下继续推动全球金融体系改革。

提升贸易、金融和投资合作水平

在相互贸易和金融合作领域应采取下列措施：下令使央行开始使用本币进行两国相互贸易信贷和投资业务；使用针对相互贸易信贷与投资的卢布/人民币汇兑货币信贷机制；寻找保证银行间信息交流国家体系对接的途径，此前制定的协议和现行协议可以按照原来的方式保留协议要求，但新协议应以本币为基础（除非是两国不愿为意外变化支付罚款），为激励使用本币结算应合理使用面向公司和银行的特殊激励机制（如税收激励机制、投资标准、利率激励机制等）。

需为两国市场建立风险（货币和金融风险）缓冲的双边机制，这些机制的建立基础是两国大型国有银行联合参与，可能会为达成既定目标成立专门基金，这些机制应包括：组织交易保险；简化对冲机制；用人民币和卢布为石油期货合同进行合理定价。

在绿色金融领域，建议通过引入“绿色”金融来协调国家立法。为交换经验应适时建立中俄绿色金融发展工作组，该工作组应由在绿色金融领域采取决定并实施监督的授权人员构成。

在投资合作领域建议提升相互投资比重，建立投资基金和银行系统来保证本币直接投资和投资信贷。类似系统加上现有的直接投资联合基金，可能包括区域发展、风险投资和工业发展联合基金。

需简化相关程序，刺激两国公司和银行（包括制裁名单上的组织）在对方金融市场发行股票和债券，包括转移并撤出从人民币发行债券中获取的资金。

除了开始使用本币计算和建立专门金融机构外，同时还应合理使用数字货币工具，创建名为“欧亚”的国家间数字货币，包括俄罗斯、中国和其他参与欧亚经济联盟和“丝绸之路经济带”对接的经济体可以使用该货币进行跨境结算。为发行该货币应建立专门的国际结算中心，保证该数字货币可以与上海交易所黄金价格挂钩的汇率标准实现本币汇兑，数字货币“欧亚”将通过向类似区块链的分布式注册系统向所有参与者开放（例如在俄罗斯开发的“主链”系统中进行流转）。应在符拉迪沃斯托克自由港辖区内开始试运行该机制，建议预先设定新创建数字货币与现有数字货币能够高效协同的机制；针对很可能由网络威胁和现有金融技术造成的外部风险/震荡制定缓冲机制；提升货币信贷政策机制的有效性，实现货币信贷政策机制同新数字环境和谐共处。

另外，还建议中俄两国企业利用参与将于 2018 年 11 月在中国举行首届国际进口博览会的机遇，吸引各行业最优企业，推进俄罗斯技术、服务和产品发展。

欧亚经济联盟和“丝绸之路经济带”对接的其他努力方向

近年来，旨在切实实现欧亚经济联盟和“丝绸之路经济带”对接的项目运行相对协调，但这些项目的数量和成果依旧具有局限性，特别是落实欧亚地区基础设施建设领域合作项目的局限性尤为明显。俄罗斯对外投资额度较大，但整体上对华投资总额占比以及针对落实“丝绸之路经济带”倡议的投资占比仍较低，不过仍有机会扩大这些投资占比。

需通过及时制定并落实共同战略计划和国家战略计划的方式，确保欧亚经济联盟和“丝绸之路经济带”对接工作的顺利推进。为此应共同分析这些计划，并向这些计划中纳入大型基础设施吸引投资项目的内容，在投资基金和发展机构协助下为上述项目吸引投资。

“冰上丝绸之路”沿线基础港口建设是一条具有前景的投资合作方向。

为发展基础设施领域的合作，建议建立国家间财团，这些财团租让交通走廊，用于铺设道路和发展毗邻地区。同时建议依靠在中国和欧亚经济联盟金融市场上发行债券的方式实现融资，吸引亚洲基础设施投资银行、丝路基金、金砖国家新开发银行和欧亚发展银行的贷款。

深化科学技术领域合作

建议在发展能源领域传统合作形式的同时，扩大包括原材料加工在内的高新技术研究和应用领域合作，需形成具有科学制造潜力的合资企业网络，确定投资来源，包括建设航空制造联合企业。建议向联合航空公司移交权力和生产设备，以便生产安东诺夫、图波列夫和伊留申公司研发的民用飞机和运输机，并责成国家航空公司计划运行这些飞机，建立航空建设联合投资基金以保证为生产和购买这些飞机提供信贷，并向航空公司提供租赁服务。

油气、化学、林业、食品、造船、电力和电子工业等领域的机械制造业拥有较大发展潜力，且能够实现与中俄开展混合战国家产品的进口替代，应在这些领域建立共同生产、投产和投资的相似系统。

还建议成立科学合作战略中心，该中心能够落实经济和高新技术应用领域的科学项目筹备工作，准备 G20 峰会、金砖国家领导人峰会、上海合作组织领导人峰会、亚太经合组织领导人峰会所需的共同材料和项目文件。同时这一中心能够组织中俄学者、工程师和专家开展合作，保证国家研究机构和企业协作，发展中俄科学界的协作。

电子商务领域合作出现新机遇，增长潜力巨大

过去几年中俄两国在电子商务领域的合作取得极大进展，成为继能源之后的第二大合作方向，依托电子商务平台越来越多的俄罗斯企业能够获得打开中国市场的新机遇。除了电子商务，两国还在电信技术领域（包括城际联系电信技术）取得较大进展。以上领域的合作还需要进一步发展，包括扩大农业和农工综合体合作规模。

需充分利用两国具有相对竞争力的财富，即中国的人口优势和俄罗斯肥沃的土地，扩大两国在俄罗斯沿海边境及中国东北地区的农业合作应成为优先合作方向，这需要中俄建立高度的政治互信。

建议加速两国地区间和城市间合作，完善并巩固中俄地区合作与 2018 年和 2019 年地方合作交流年成果，发展协作联系。

扩大并加强分析中心与其他中心合作框架下的专家交流

考虑到许多俄罗斯人视自己为欧洲人，坚持西方生活方式，而包括精英阶层在内的许多中国人并不能总是理解俄罗斯国家及其人民的行为。建议在各领域开展专家交流并根据报告中涉及的主题进行对话交流，这能够极大促进中俄分析中心之间的合作，这种倡议已经获得积极响应。

两国人民的互通和交流具有重要意义，人民之间的友谊取决于相互理解。虽然中俄两国在国家领导人层面实现高度互信，但普通民众之间在某些问题上仍不能相互理解，中俄两国中仍有人在鼓吹“中国威胁论”和“俄罗斯不靠谱”等观念。因此仍需进一步加强人民交流，开展加深互信和相互理解的一系列活动，包括“中国年”“俄罗斯年”“旅游年”“语言年”“青年友好交流年”等。

结　　语

经济科学新模式介绍

新的世界经济与技术秩序已形成，并正在向有序的经济发展过渡，这要求形成新科学模式。如果我们将经济科学看作课题研究的客观知识，而不是统治精英阶层的辩护之词，该模式应能够揭示经济发展规律，是相关经济政策的基础。

在研究的基础上，下列内容分析了经济科学危机和开发新科学模式的基本问题。新科学模式有助于解释许多不符合主流经济思想的异常情况，揭示主流经济思想不能解释目前所发生危机的原因，展现与非古典经济理论起点相悖的现代经济发展过程。新古典经济理论主要研究市场均衡状态，但是在实体经济中这种均衡状态是无法实现的，这导致对社会产品分配过程提出的解释不符合实际，沦为现行经济管控秩序的辩护之词。

本书提出研究经济发展问题的新方法，经济系统的变化是主要分析对象，通常经济系统的变化呈非线性、不平衡性和不确定性。上文已对经济变化规律进行了阐述，经济变化规律受到科学技术成果特点、技术与国际经济结构的生命周期、技术轨迹和科学生产周期的形成机制的制约。因此可以得出结论，即现代经济系统的发展过程是从一个吸引子到另一个吸引子的运动过程，但创造新吸引子的新方法将不断出现，因此这一发展过程永远不会实现。最后，研究经济发展问题的新方法可以解释经济增长过程中出现周期性经济危机的原因，并为制定正确的经济发展政策提出有效建议。

经济思想与利益之间的关系

主流经济思想，包括政府中主流经济思想的代表都无法预测全球经济危机，不能对中国和印度的经济崛起作出合理解释，不能分析美国旧工业区衰落的原因，无法理解为什么各国复制了美国改革的成功经验，却引发了本国社会经济灾难。①

还应记住，不管是当代经济学家，还是苏联时期的经济学家，都曾无法预测他们一致认为最先进、最具前景的社会主义制度会崩溃。更糟糕的是，这些经济学家的建议导致社会主义制度遭受巨大损害，造成混乱，动摇了其根基。

但仅凭这些事实，还不能说就是经济学家误导了国家政府和公共舆论。这些事实只是传达了一项基本经济学说的原理，该经济学说决定了当前统治精英具有为经济政策和实践辩护的意识，这种经济学说本身不需要反映真知。对于统治精英来说，批准对自己有利的政策才是重要的，这是特定时期特定社会主流经济思想流派之间存在差异的本质原因。

任何经济政策都体现了不同社会群体的物质利益，任何经验丰富的企业高管都未必能对这一说法提出质疑。例如，上述内容已经能够证明，谁是继续推行俄罗斯现行的宏观经济政策的受益者，这些宏观政策深深破坏了生产力并导致人民贫困。由此可以得出结论，为国家宏观经济政策合理性进行辩护的理论，不过是打着科学的旗号谋求自身利益，那些研究空泛理论的学者们甚至不能认清自己是哪一利益群体的代表者。但这些学者的声誉与公认度取决于大众媒

① В книге «Зомби-экономика: как мертвые идеи продолжают блуждать среди нас» Джон Куиггин（М.: Издательский дом Высшей школы экономики, 2016）очень подробно описал этот процесс, который как раз и привел к последнему кризису.

体，被授予的各种称号和奖项，出席的著名论坛，被国家机关所需要的程度，出任政府机关、高校和其他被统治精英控制的机关的领导职务，符合统治精英的利益才是选择“科学”建议及其相关理论的标准。如果这一理论对统治精英在社会中的主导地位和真理权提出了质疑，不论是政府机构，还是社会意识，乃至大众教育系统最终都将认为该理论是错误的。这些理论徘徊在主流经济思想的边缘地带，统治精英暂时并不需要这些理论，且会使用教条理论取而代之。

社会主义革命取得胜利之后，马克思主义就取得了胜利，而此前处于统治地位的资本主义经济理论就被定义为偏颇的理论，因为它仅代表资本家的利益。然而马克思主义本身也迅速退化成为辩护苏联社会主义建设实践的教条理论，随着苏联的解体迅速从权力走廊和荣誉殿堂消失。马克思主义的反对派宣布自己才是最终胜利者，并急忙称马克思主义的“历史已终结”。①

实际上，马克思主义的历史没有终结，但没有从经济理论的角度将其研究清楚。如今，马克思主义成为“经济学”② 中的一套形式化的概念，在不切实际的理论基础上被编入“经济学”。虽然西方主流经济思想在过去的半个世纪中饱受批评，但从市场均衡这一边缘性概念出现后，西方主流经济思想的基础百年未变，在市场均衡的概念之上建立了逐渐远离经济现实的越发复杂的虚假结构。

早就没必要寄希望于从主流经济科学中得到中肯的评价或有益的建议。所有人已经习惯了经济预测的准确性还不如天气预报，官员和商人要想成功地开展工作需要依靠“清醒的头脑”，而不是所谓的“科学建议”。而在那些统治阶层文化程度较低的国家，没受过多少教育的统治精英依靠从国际货币基金组织得到的伪科学建议，使他们的国家陷入了社会经济灾难。

---

① Фукуяма Ф. Конец истории и последний человек. М. : АСТ, 2010.

② 文中这一术语是指大多数现代经济学教科书中使用的基于市场均衡理论提出的典型论证体系。

以上可以看出，围绕市场均衡理论的新古典主义模式在经济科学中本质上是披着科学外衣的宗教。它为私有财产的神圣权利做辩护，拒绝政府对经济进行干预，认为政府干预是明显在破坏经济并且阻碍市场这一“看不见的手”对资源进行优化配置。这一理论维护生产资料所有者任意安排生产资料的权力，并规定国家应保证遵循这种理论。在其粗俗的货币主义版本中，这一理论表达了货币所有者的利益，其实质是对迂腐的拜金主义信仰的现代伪科学表达。

经济科学危机

不言而喻，在新古典主义理论框架内人们曾得出许多有趣结论，这些结论解释了经济偏离市场均衡状态的不同情况。这些边际主义者学说看起来非常优雅，他们玩弄边际效用这一概念并将其应用到多种多样、无穷变化的生产要素组合当中，就是为了将生产要素的概念简化为市场均衡点上的单一的等价交换。从传统力学引入的数学工具旨在使读者相信他们根据社会产品按照劳动与资本边际生产率进行分配的解释具有重大意义，这些解释的提出为自由市场经济的公平性和完善性提供了科学证明。

然而问题在于，所有这些形式化的讨论都与经济现实有关，就好像利用热力学第二定律解释生物界自然进化论一样。市场均衡理论实质上是经济学方法的再现。唯一需要预先说明的是这一均衡状态，物理学家将其与最大熵联系到一起，经济学家将其解释为有限资源的最大使用效率。这一解释的基础是从形式上证明任何偏离均衡点的行为都伴随着经济活动总成果的减少和经济主体状况的分化（一些经济主体的状况不断恶化和另一些经济主体的状况不断改善），根据最佳行为准则，在市场均衡点上的经济活动成果总体相等。市场均衡理论的拥护者并没有注意到，从形式上讲，经济活动等于零，而从常理上讲，经济主体其实正在失去它们的活动动机。

基于新古典主义分析原理的市场均衡理论将经济解释为一种因

经济主体自由竞争而追求最大可能的状态。市场均衡理论的拥护者们将这种均衡状态比喻为一个最优点，在最优点上有限资源可以达到最有效利用。物理学家将其解释为停止与外部环境进行能量交换的终止点，在这个点上，整个系统进入完全混乱的状态。反观经济学，我们可以从这些解释中得出结论，经济主体因为自由竞争而达到均衡点，但并未完成更合理的经济活动，因此经济本身也就停止了发展。

新古典主义范式中的经济主体不会消亡，就像热力学中的分子一样，经济主体在均衡点继续运动。对于物理学家来说，这是系统元件杂乱无章的运动，而系统能量整体上不会改变。对于经济学家来说，这是一场市场力量的零和博弈，这场博弈迫使他们不断在均衡点上下移动，一些经济主体的盈利和其他主体的损失相等。令人惊讶的是，新古典主义范式的拥护者们没有注意到他们这种解释对实体经济来说如此荒谬。实体经济与物理体系不同，它由人及人创建的企业构成，人和企业相互协作才能产生越来越复杂的产品，从而不断增加能源消耗量。尽管经济主体之间确实发生了竞争，但与热交换器中热交换相反，市场力量的博弈并不会导致等于零的均衡点，而是会让系统更加复杂以及与环境交互作用所消耗的能量不断增加，距离均衡点越来越远。

问题在于，经济逐渐演变成更复杂多变的生产和消费行为，作为一种生命系统，它从未达到一个均衡状态，还会在进化过程中逐渐远离均衡状态。经济的发展具有负熵属性，在越来越复杂和可能情况越来越少的方向上发展。当经济脱离增长路径进入一种混乱和动荡的状态时，可能会出现倒退的特殊情况。但是即使在这种情况下，经济作为一种永久生命体系与热力学第二定律相反，它无法在均衡点上稳定下来，而是通过结构性危机不断更新改造技术结构和制度结构，“进入”一条新的增长路径，或者为了适应更加复杂系统的要求，它被更复杂的系统所吸收。因此，新古典经济学现实经济范式的拥护者寻找均衡状态的执念让人想起了中世纪生理学家试图借助病理解剖学揭示生命秘密的尝试!

如上所述，新古典主义范式之所以不具适用性，是因为其前提条件是要求经济主体的灵通性、合理性和独立性。在自由市场竞争的情况下，这些前提条件能自动确保有限资源得到最佳利用以及实现最大可能的经济效率，但是没有一项前提条件符合现代经济的现实性，所以在新古典主义范式基础上建立的经济政策将永远不会产生预期的结果。

面对无数无法解释的现象，新古典主义理论承认“市场可能存在漏洞”，但是它将这种漏洞解释为偏离均衡状态的国家调控不够完善，试图通过消除国家的偏离行为来接近这种均衡状态，这与中世纪广泛使用的放血疗法差别甚微。放血治疗当时作为一种普遍的治疗方法来治愈所有疾病，这种方法确实可能达到一种镇定状态，但是它是以杀死机体为代价。在死亡状态下，机体将根据物理法则演化，即完全根据热力学第二定律分解成最大熵。

机械的均衡模型让人们相信市场自组织功能的神奇属性，这一属性决定了新古典主义分析无法解释大量经济现象，而且还决定了基于古典主义分析所提出的经济政策的建议具有浮夸属性。古典主义分析所提出的建议一贯保护私人资本利益，有时甚至损害私人资本所有者的利益，更不会保护社会利益。毕竟建立这些机械片面的学说所得出的重要结论都是假定国家对经济不进行干预。

正如病理学家并不会去治疗病人，新古典主义范式拥护者们也不想研究现实经济，而现实经济的繁荣发展每天都在反驳市场均衡理论。围绕着假定的市场平衡和优化属性打转的经济思想就像野蛮人为求晴天下雨而在神像面前乱舞一样。

如果经济科学的任务是为提高社会福利水平而制定一些经济发展建议，那么它的研究对象就不应该是去寻找实现市场均衡的条件。而正相反，应该是研究一些偏离市场均衡的定律，让经济活动朝着更加复杂和多样化的方向发展，最后发展出一套完整的机制。

经济发展进程和基于经济发展进程的科技进步对于新古典主义

范式来说始终是一个谜团和反常现象。新古典主义范式无法解释科技进步的现象，而发达国家国民生产总值中超过90%的增长来源于科技进步，这一点证明了新古典主义范式科学的薄弱性和制定新科学范式的必要性。即使是这样，还是没有发生经济科学革命。许多新古典主义范式的拥护者们受到经院哲学研究的支持，主流经济思想几十年来作为保护资本家利益宣传工具的意识基础，保护资本家的经济活动不受国家限制，使资本家获得最大利润。

公平地说，反过来针对苏联的社会主义政治经济学也可以提出类似指责。苏联的社会主义政治经济学证实了社会主义建设复杂实践的正确性，履行了相应意识形态的功能，没想过要将相应的意识形态运用到管理国民经济的实践中。但正如新凯恩斯主义和新制度主义等所有新古典主义理论分支一样，新古典主义理论在预测社会长期经济发展方面惨遭失败，其中也包括预测苏联解体的失误。

主流经济思想的过时性

主流经济思想，无论是新古典主义还是苏联的教条马克思主义，都无法解释和预测经济发展，是因为它们把自己封闭在当前经济活动成果交换的问题上。马克思从"货币—商品—货币"这一公式的角度回答劳动成果交换的问题，他将经济再生产过程解释为资本依靠剥削雇佣劳动来占有剩余价值。边际主义者从生产率递减规律和边际效用递减规律的角度回答这些问题，认为交换比率一方面是劳动和资本的边际生产率等价，另一方面是所购买商品的边际效用等价。

从相关社会团体主张经济活动成果侵占的理由看，这些主流经济思想的理论很有说服力，但对组织这种主张的目的完全无益。无论哪种解释都无法解释经济发展规律，也都不能作为制定现实经济活动领域建议的基础。

任何一种理论都是现实的反映。源自古典政治经济学的马克思主义、边际主义和新古典主义理论反映的是一个多世纪前的经济状况和各生产要素的结合情况。当时主要的生产要素是以生产资料私人所有权形式存在的资本和失去生产资料所有权的工人们的雇佣劳动，大部分工人们都是后来迁居到城市的农民。

从那时起，经济发生了根本性改变，科技进步成为经济增长的主要因素，对人力的投资开始超过对机械和设备的投资。国家的主要开支集中在人力资本再生产上，从警察国家（行政国）成长为社会主义式国家。生产活动中创造性劳动的作用急剧增长，企业管理工作转给职业经理人，所有权关系变得更加复杂。主流经济思想无法理解这些改变，它陷入了学术性教条主义，从科学发展角度看，主流经济思想已经成为落后于时代的产物。

主流经济思想的两派——教条的马克思主义者和边际主义者之间至今无法和解的争论是经济思想过时状态的表现。它就像是经济思想两个派别之间的战争，但是这种战争与其说是科学上的，不如说是意识形态上的，如何将经济活动劳动成果在劳动和资本两大要素之间分配的问题是工人和资本家争论的焦点。其实我们面前应该考虑第三要素，这一要素决定了现代经济的发展，它就是科技进步。科技进步是如何让矛盾不再具有对抗性呢？因为科技进步克服了生产率递减规律的影响，而且日益多样化的商品种类和消费者喜好使商品交换不能归结于商品价值，也不能归结于边际效用。商品价值和边际效用这些分类变得空洞抽象。不断提高自身教育水平的工人和投资开发先进技术的资本家之间协同工作，依靠知识租金带来了生产效率和收入的提高。知识租金是劳动、资本和科学之间协同作用的结果，再生产过程参与者之间根据民法和劳动法、知识产权保护法和税收系统体制来分配知识租金。

当然可以从某一角度来解释科技的进步，即劳动作业程度提高到一定水平后，工资增长却落后于生产率增长，或者从另一个角度，即资本边际生产率水平提升到一定程度后，资本生产率同时增长。

但是这并未阐明经济发展规律，却使这种牵强的解释变得更加复杂，随着科学家、教师、工程师、发明家、创新者和其他知识经济载体不断参与到经济活动进程中来，经济活动再生产将不再只是归结于劳动和资本两要素的模式了。

主流经济思想，无论是新古典主义还是教条的马克思主义经济思想，都可与原始公社两个同一部落的人瓜分猎物时争议的理由进行比较，其中一人杀死了猎物，而另一个人为此制作了弓箭。许多经济思想主流学派作者都喜欢引用类似假设的例子来说明自己的见解。某些经济学著述的作者[①]甚至将一切简化为“鲁滨逊式”，当时在原始人的脑海里进行着他同时作为猎人和狩猎工具制造者双重身份的斗争，但所有这些见解都仅是作者们的一种幻想，他们没有料到在原始社会关系里，心理机制严肃影响人与人之间关系，由心理机制来决定每人和其他人分配必需品的规则（波尔什涅夫[②]，列维－斯特劳斯[③]），根据氏族公社再生产社会心理学法则，剩余产物由首领（big-man）负责保存和分配。

原始公社物质财富的生产和分配机制不是基于生产要素边际生产率或所投入劳动的合理衡量，而是基于用以管控那些没有逻辑思维负担的原始人类的社会心理法则。无论是在古代人的神话意识中，还是在中世纪社会的宗教意识中，物质财富的生产和交换不是通过合理衡量边际生产率或劳动力价格来调节，而是由约定俗成的、能够保障社会组织再生产的传统和保护管理社会组织再生产必要的机构来调节的。现代“经济学”提出的市场经济出现形式是传统社会及与之相关的宗教世界观被破坏的结果，宗教世界观禁止营利，并规定遵守已经形成的社会等级制度及与之对应的固有的物质财富生产和分配系统。在本书的这一章节没有必要再描述这个过程，历史

① Кларк Дж. Б. Распределение богатства. М.：Гелиос АРВ，2000.

② Поршнев Б. О начале человеческой истории（Проблемы палеопсихологии）. – М.：Мысль，1974.

③ Леви-Стросс К. Структурная антропология. – М.：Изд-во ЭКСМО-Пресс，2001.

科学研究[①]已经做得足够好。本次分析是为着重指出，传统经济学以及基于其衍生出的马克思主义、边际主义和新古典主义理论都是阐释工业革命以来这一特定历史时期的经济关系。随着向知识经济过渡，现在看来这一特定历史时期已经结束了。

现代知识经济与“经济学”研究对象之间的差别不小于其与原始或传统社会经济之间的差别。现代知识经济中经济活动成果既不是根据边际效用定律进行交换，也不遵照价格定律进行交换。零印刷成本反复下载的软件产品以不同价格销售，价格取决于卖方自由意愿和买方社会地位。免费分得的社会财富份额在增长。名牌商品的价格远高于同类甚至质量更优良的产品价格。商品和服务的多样化远远超出一个人合理衡量自身客观需求和收入的能力。广告和人为塑造的形象在现代社会扮演着前工业社会时期的习俗和神话般的角色。广告和人为塑造的形象对交换比例的影响远超过劳动投入和边际效用对交换比例的影响。

收入分配同样也不再归结于生产要素的边际生产率，而主要是由知识产权保护法、社会担保和垄断效应决定。垄断效应中扮演主要角色的是货币发行垄断权，货币发行在国家和经济主体担保情况下进行，目的是给国家和经济主体的支出划拨贷款。金本位时代处于边缘地位的铸币收益成为当今资金信托时代[②]财富最重要的来源。如上所述，每年仅在相关国家的担保义务下流入市场的货币就超过万亿美元和欧元。欧洲中央银行按一下按钮，就创造了比俄罗斯十年来原油出口额[③]更多的购买价值。世界货币的发行者为经济注入了金钱，创造了比数十亿普通人的积蓄还多的财富。

现代金融系统通常被称为赌场经济，该系统内部进行的大多数

---

① Бродель Ф. Материальная цивилизация, экономика и капитализм XV-XVIII вв. М.: Прогресс, 1986.

② Отырба А., Кобяков А. Как побеждать в финансовых войнах // Однако, 2014. Июнь-июль (№ 174).

③ Ершов М. Мировая финансовая система после кризиса: тенденции и проблемы развития // Деньги и кредит, 2013. № 1.

交易都具有虚拟性质。交易所的业务由自动装置按照以获取投机利润为导向的程序来完成，而投机利润与实体经济的再生产无关。大部分交易都是虚拟交易。社交网络服务、电脑游戏和娱乐消遣在消费结构中所占分量越来越重。在高科技领域，人们常见的产品变得越来越便宜，而具有过度消费属性的新产品却出奇昂贵。相反，简单粗糙的传统商品越来越昂贵，人们对产品“怀旧”服务的需求不断增加，例如，家具或鞋类企业为满足任性的消费需求，会对商品进行“人为做旧”处理。

主流经济思想忽视急剧增长的反常现象，对经济再生产中发生的质变视而不见，而是日渐囿于抽象数学学说中的烦琐理论。新古典主义范式不仅无力解释正在发生的变化和事件，而且无法预测经济的进一步发展。世界主导国家的宏观经济政策由那些不顾理论假设、依赖试错法的调控机构负责。国际金融危机具有持续性特点，每隔 7 年加剧一次，因此整个世界的不确定性和焦虑感正在增强。

经济学中科学革命的前提条件

经济科学的革命早已不可避免，而且革命规模可与一个世纪前的医学革命相提并论。我们可将当今的主流经济思想与中世纪医学作比较，当时的医学利用放血疗法治疗所有疾病，然后不管治疗结果如何，大夫都将论证几句高深莫测的医疗术语作为索取高额报酬的理由。有必要从病理解剖学研究和貌似科学的经院哲学过渡到社会机体发展理论研究。经济活动的发展过程应该成为经济科学的主要研究对象，而非经济活动劳动成果的交换。相应地也应该改变方法学。

经济活动发展过程的典型特点是系统的复杂化和多样化程度的提高。与追求寻找均衡状态和为找到普遍等价物（一般等价物）而去繁求简的交换理论不同，发展理论则侧重于在再生产完整性的框架下，寻找能维持再生产不断增加的复杂性机制。生命系统（区别于非有机体系统）的进化具有负熵属性，沿着复杂化路径发展。既然经济是一种生命系统，那么经济科学的主要研究对象就应该是研究其发展规律。相应地，在经济活动及其结果多样化增加的过程中，也要研究支持经济科学复杂化、维持其完整性和稳定性的机制。

这一研究方向在演化经济学框架下已有明确的研究措施/步骤，演化经济学选择经济活动过程固有的再生产机制作为主要研究课题。[①] 在演化经济学理论框架内，人们取得了不俗的研究成果，这些成果解释了经济系统演化的某些规律，包括发生机制和创新传播机制。人们曾将生态学中物种传播和物种竞争的数学分析方法引入经济科学中，得到了技术路径和科学生产周期的通用数学模型。[②]

在此基础上人们研究出上文提到的长期技术经济发展理论作为技术范式生命周期连续变化过程，对能充分反映经济系统再生产发展过程[③]的经济系统扩大再生产模型也进行了研究。

经济发展理论的另一个研究方向是系统动态模型[④]研究，该动态模型的研究基于保障经济再生产现实反馈的数学说明。然而间接反映经济体系再生产、其流动性和变化不确定性的反馈过于复杂且呈非线性，这超出了当时计算机的数学建模能力。在已有较好的经济体系扩大再生产模型、个体创新传播模型和经济部门结构变化模型的情况下，系统经济动态总体模型至今没能在任何国家建立。由于现实经济具有高度易变性且日益多样化，本质上不存在建立整体模型的可能。

与历经几百万年演化的生物系统和追求动态平衡的生态系统不

---

① Нельсон Р.，Уинтер С. Дж. Эволюционная теория экономических изменений. М.：Дело，2002.

② Грублер А. Инновации и экономический рост. М.：Наука，2002；Nakicenovic N. Technological Substitution and Long Waves in the USA：The Long Wave Debate. Berlin，1987. P. 81；Grubler A. The Rise and Fall of Infrastructures //American Economic Review，1959. No. 49.

③ Маевский В.，Малков С. Перспективы макроэкономической теории воспроизводства // Вопросы экономики，2014. № 4.

④ Форрестер Д. Мировая динамика. М.：АСТ，2006. С. 384.

同的是，现代经济体系处于不断变化状态中。短期内，现代经济系统可能会趋于某个假设均衡点，但是不断发生的创新会产生分叉点，分叉点改变了一个或几个吸引子的移动轨迹，这些吸引子由于下一次创新的出现也没能形成。协同理论用形式化工具来模拟复杂系统演化，但是在抽象水平上模拟进化过程，可以获得有关社会经济发展特性①的重要知识。

对于现实的模型和实际预测，数学工具是不够的，我们需要用人机结合的方法来研究不同管理影响下经济体系表现出的各种情况。

设定任务

经济科学应该揭示整个人类已知历史上经济活动的发展规律，解释当前经济科学的作用机制，预测当前经济政策的进一步发展情况并对其加以论证。为此，我们应该清晰地制定社会经济发展目标和确定阻碍其发展的限制条件。同时，管理经济发展的系统应当具有一种选择能力，至少能应对其当前和未来的多种变化。

我们还没有能力创建出总体经济发展理论。但是众所周知，正确地提出问题，就已经解决了一半问题。与研究生命系统的生物学、生态学、医学类似，经济学不应该总是沉迷于一成不变的公式。如果说经济学中存在某种一成不变的事物，那就是变化性和再产能。这种不断变化和再产能的特性出于人性的本质，这种本质的特点是在由于科学探索而不断扩大的范围中创造自我，实现自我。因此经济科学第一个应该回答的问题是确定由社会建立的经济活动的调控方法。

现代经济受法律规定管控，该法规是以普遍适用的强制性法律、合法机构决议以及经济活动主体在上述法规规定的且符合法规管理者意愿范畴内的决议为主要形式制定的。经济调控系统在形式上可能设定，也可能不设定既定目标。任何情况下这些目标的建立都是

① Капица С. , Курдюмов С. , Малинецкий Г. Синергетика и прогнозы будущего. М. : УРСС. 2003.

为了整合不同社会群体的经济利益。这些利益并不吻合，还可能存在相互冲突。如果调控系统不能将这些利益协调一致以发展经济和提高社会福利，那么它们相互作用的后果可能是经济因为社会变革或者外部影响而丧失稳定性，经济本身也遭到破坏。因此经济（与人不同）不会消亡，而是根据不断整合的社会群体变化而变化。

历史上有许多经济成功的案例，也有许多经济灾难。有时经济奇迹会变成经济灾难，反之亦然。令人惊讶的是诸如经济系统诞生和消亡等有吸引力的研究主题很少使经济学家产生兴趣。实际上在最近一百年间，这些事件仅仅在俄罗斯就发生过两次：伟大的十月社会主义革命之后和苏联解体之后，而且每次主流经济思想都和经济管理系统一样措手不及，认为这样的事件不可能发生。

如果拿医学进行类比，经济科学的首要任务是考虑如何保持研究对象的健康状况，研究它的发展规律和退化规律、阻碍其发挥功能的限制条件、诞生和灭亡条件。针对经济科学，具体来说是研究经济系统的再生，其中最重要的问题是研究再生的方法，而这种再生方法可能是进化的或者革命性的、内生的或者外生的、和平的或者暴力的、创造性的或者具有破坏性的。

马克思主义理论试图根据生产力和生产关系相互作用的辩证法来回答这些问题。在社会经济发展过程中周期性地出现一个经济周期的临界点，那时的生产关系开始阻碍生产力的发展。这一临界点需要通过社会变革来克服。因此，历史唯物主义解释了资产阶级革命（从封建主义向资本主义生产关系过渡）和社会主义革命（从资本主义向社会主义生产关系过渡）。

追赶式发展理论基于新古典经济学范式得以提出。根据该理论，所有追随现代发达资本主义国家的国家，在实施经济改革时，都经历与资本主义国家相同的解放市场力量的时期。

然而，我们见证了东南亚国家全新经济体系的诞生，传统主流经济思想否认这种经济体系存在的可能性。这一经济体系将社会主义计划和市场自组织机制、国家生产资料所有制和个人生产资料所有制、国家监管和个人经营相结合。该体系基于不同社会群体利益和谐发展来管理经营活动。不同社会群体之间的矛盾通过协同工作，共同制定和执行以提高人民福祉为目的的经济发展规划得以消除。建立经济调控系统的目的是整合经济利益，让大家为了共同的福祉而努力。经济调控系统内部的各经济关系主体能够各司其职：私人企业家扩大生产规模，提高社会必需品的生产效率；国家向私人企业家提供贷款以及稳定的经济条件（价格、税费、利息、对外经济活动调节等等）、现代化基础设施的使用权；学者依靠国家和企业的支持，不断激发新的知识流，工程师将这些知识在新技术中付诸实践，教师按照科技进步的要求培育一代又一代的年轻人。

如上所述，早在半个世纪前索罗金已经预见了类似经济体系的出现，他将其称为“一体化制度”①。一些苏联和美国经济学家②曾论述过：这一制度的形成融合了资本主义和社会主义优势，避免了两者特有的劣势，但是这些思考仍然停留在主流经济思想的边缘。不管是苏联还是美国的经济体系，主流经济思想将妄图形成世界规模的苏联和美国的经济体系都推进了死胡同。

美国在这场全球竞争中曾战胜了苏联，但是1/4个世纪过去了，美国失去了世界经济体系的统治地位，中国夺得产量第一的位置。中国同其他新兴经济体试图创建自己的一体化制度的变体，一体化制度在世界经济中逐渐占据统治地位。在以美国为中心的自由主义全球化模式中，经济活动的目的是利润最大化。而与其不同的是，一体化制度框架内经济活动符合增加社会福祉的经济发展任务。同时自由主义全球化模式和一体化制度组织国际经济关系的方法也不

① Сорокин П. Главные тенденции нашего времени // Российская академия наук, Институт социологии. М.: Наука, 1997. 350 с.

② Гэлбрейт Дж. Деньги: откуда они приходят и куда уходят, 1975; Богомолов О. Т. Реформы в зеркале международных сравнений. М.: Экономика, 1998; его же. Десять лет системной трансформации в странах ЦВЕ и в России: итоги и уроки: научный доклад. М.: ИМЭПИ РАН, 1999; Реформы глазами российских и американских ученых / Под общ. ред. О. Т. Богомолова. – М.: Российский экономический журнал, Фонд «За экономическую грамотность», 1996.

同：如果美国为了消除其资本和企业扩张道路上的跨境障碍强行实行全面自由化，那么上述国家在经济活动调控中会在尊重国家主权的同时寻求互利合作。

应当指出，传统主流思想忽视了中国，甚至是印度、越南、马来西亚、韩国乃至日本的经济奇迹，视这些经济奇迹为反常现象。当今这些“反常现象”在世界经济再生产中占据主导地位，证明了其在产量增速和社会经济效率方面的优势。经济科学至今无法解释这些反常现象，在此之前也没能找到西欧经济在战后“传奇般”迅速恢复的原因，更不用提苏联经济的惊人发展和戏剧化的瓦解了。

方法论基础

任何结构都由元素组成，而元素本身又由更基本的元素组成，以此类推直到找到基本元素，寻找基本元素是所有科学都在从事的活动。可能人们对寻找基本元素的这种痴迷是一神论宗教思想的特性，一神论宗教思想试图将所观察到的所有现象都归结为一个根本原因——圣徒认为根本原因是上帝，物理学家认为是基本粒子，生物学家认为是细胞，经济学家认为是商品，但是在生命系统中重要的不仅仅是元素，甚至与其说是元素，不如说是它们之间的联系。正是这种联系包含了确定系统属性的信息，联系中断，系统就会消亡并开始瓦解，同时被破坏掉的元素将被另一个元素取代。

例如，从生理层面讲，神经细胞间的连接系统构成了人类的意识。药物麻醉、创伤和疾病破坏这些连接后会引起意识丧失，同时单个细胞的死亡可在很大范围内得到补充（根据一些研究，这种补充可达到大脑内容量的2/3）。人在思想层面的意识是通过各种图像、概念、感觉之间的联系建立的。没有这些联系，人类将只能看到单独的物体，不能在大脑中建立世界的画面，也无法开发世界。

经济活动也是同理。经济活动的工具和对象在相关技术设定的生产过程中不断变化，技术确定了这些工具和对象与人类之间的联系。在组织生产过程中可能出现（离职和聘用）不同的人，他们走入由技术设定的关系中。因此想要确定经济活动发展规律就必须要明白技术的改变和更换过程。

经济活动不能简化为生产，它融入社会环境中，环境中的居民主持、组织、保证经济活动并利用经济活动的成果为自己谋取利益。这一环境由那些因经济活动及其成果而产生相互关系的人组成。这些关系可以在成员经常变化的情况下保障经济活动再生产。生产关系本身是由制度决定的，制度能束缚住生产关系里的人，规定这些人实现行为动机的形式。因此为了弄清楚经济发展规律就必须搞清楚社会制度的变化过程。

社会制度在一定程度上调控人们的行为，让人们更愿意遵守它设定的规范，这种“愿意”是通过人和社会之间的积极和消极关系来维持的。社会制度的有效性取决于个人道德价值观和主导意识形态的协调程度。协调程度越高，确定生产关系制度的效率越高。相反，拒绝主导意识形态的人员数量越多，制度支持相应生产关系的能力越小。因此想要了解经济发展规律，有必要在主流意识形态的基础上考虑人类价值体系的演变。这样一来，经济科学就不能忽视对人、大众意识的了解，以及对相关人文学科不断积累的社会关系的了解，否则经济科学就被简化为当前的“经济”，极其简单地将经济研究的主要对象解释为一个毫无感情的经济代理人或“经济人”（homo economicus）。这种解释对研究假定由个别超理性的企业家组成的经济体系可能有意义，假定这些企业家在不改变技术的知名市场上自由竞争。只要我们从上面提到的任何一个抽象情况中脱离出来，那么所有之前在这种抽象情况上得到的模拟成果将无法实现，而这些基于模拟结果建立的理论也不再适用于解释经济行为，无法对经济行为提出实际建议。

为理解经济发展规律，必须将经济体系视作复杂的人类群体集合，包括他们的意识形态、利益和与相关生产关系有关的行为动机以及管理这些关系的社会制度，甚至与一定技术相关的生产资料和生产对象。这一复杂的体系由无数不断变化的元素及元素之间的联系构成。它的典型特点是：本质上的复杂性，即无法将其所有组成部分还原成某种基本元素；相互关系的非线性；给预测和制定实际建议造成困难的不确定性。

综上所述，经济科学的中心问题是研究技术变化、制度变化和意识形态变化之间的相互关系。这些变化可能并不遵循普遍规律，组织和利用经济活动成果的方式也存在很大差异，这取决于社会经济系统中技术、制度和意识形态条件。所以主流经济思想拼命推出某些普遍经济规律，不管社会经济系统的技术、制度和意识形态特点如何变化，这看起来非常天真。

经济学中新科学范式的支撑结构

研究经济学中技术、制度和意识形态变化之间的相互关系需要从一开始就弄清楚每一个分系统的运作规律。为此应该把技术、制度、价值等基本元素加以区分，了解它们的变化规律。在社会科学中，上述领域的相关知识已经有所积累了。

目前针对技术的产生、传播和变化规律已经进行大量研究，这些研究总结出一系列一般性定律，包括著名的生产率递减规律。按照该规律，任何技术的生命周期都会迎来一个时刻，从这个时刻开始，进一步投资技术研发带来的回报会呈递减趋势。就像所有生物的生命周期和学习过程的周期一样，任何一个技术周期都可以用逻辑曲线描述。这个“S”形曲线展示了一个科学生产周期内所有标志（生产量、市场份额、生产率、产品质量特性[①]）的动态变化。

如上所述，经济生产活动通过技术共轭相关联，共轭是经济活动生命周期同步的前提。技术领域的关联生产综合体组成了完整的再生产系统—技术范式。再生产系统的每个技术组成部分都有生命

① Сахал Д. Технический прогресс: концепции, модели, оценки. М.: Финансы и статистика, 1985.

周期，这一周期通过逻辑曲线来描述，并且会经历完备阶段、快速增长阶段、成熟阶段和衰退阶段。由于达到生命周期的成熟阶段，技术发展投资带来的收益逐渐递减，这一递减趋势会随着衰落阶段的开始变成负数。生产发展（因技术共轭）相互关联，因此技术范式的生命周期具有同样的逻辑曲线形式，不同的是技术范式的生命周期会跨越近百年。

技术范式周期性变化规律揭示了依靠科技进步生产力无限发展的机制，科技进步具有不均衡和不平衡的特点。在技术范式生命周期的成熟期和衰退期，经验数据证明，在资源有限的条件下发展会放缓，经济增长会接近极限，但是这些极限随着新技术范式的出现被突破，新技术范式消除了资源限制，使经济进入一个新的长期增长浪潮。这个过程伴随生产资本和人力资本的贬值、生产力下降以及萧条，萧条则会刺激资本流入新技术范式生产中。

上文中提到的长期技术经济发展理论作为技术范式生命周期连续变化过程，使人们清楚这一非线性和不均衡性过程的规律，这一过程在宏观经济指标动态图中以经济行情的长波形式出现。

与技术组成部分一样，经济活动也由相应制度所规定的生产关系来保障。制度也不是一成不变的，不弄清楚制度的演化规律，就无法创建经济发展理论。在技术经济领域，作为分析的基本元素，此处应该是指再生产的完整性。

为了分析政治经济发展的规律，上文给出了世界经济范式的定义，它是一个完整的相互关联的制度体系。这些制度保证了当下国民经济扩大再生产，并确定了全球经济关系机制。世界经济范式相关的制度体系最初在某一国家经济层面得以形成，正在区域一体化和世界经济关系层面上进行完善。此时领先国家的制度体系具有特殊意义，这些国家在世界市场调节机制和国际经贸以及金融关系上具有权威影响。领先国家通过上述影响来装备本国的外围经济，将符合自己利益的制度强加给附属国家。落后国家极力复制领先国家的制度，以此来推动相应世界经济范式的传播。

每种世界经济范式都具有自己的生命周期，生命周期的极限由组成世界经济制度的再生产框架内所积累的矛盾决定。随着时间推移，矛盾的爆发令国内和国际经济、社会和政治关系体系内压力不断增加，这种压力到现在仍依靠世界战争来解决。按照这一过程的逻辑，世界大战是由旧世界经济秩序中处于领先但在当前世界失去主导地位的国家发起的，目的是对其外围经济加强监管以提高自己的竞争优势，甚至是为了威慑和削弱潜在的竞争对手。但在竞争对手中，总是会出现新的主导国家，即先进制度体系和生产关系的载体，从而使其经济效率和政治权力超过原来的主导国。为了提高自己的优势，新的主导国极力避免过早参与战争，就是为了在最后阶段再加入战争，并且加入胜利者阵营，这样就占据了全世界的主导地位。

旧世界经济秩序领导国的制度体系与经济利益挂钩，这导致新世界经济秩序的制度体系无法在旧世界经济秩序中发展成熟。世界经济主导国的统治精英对经济方式变革不感兴趣，一贯拒绝尝试改变世界经济范式，导致了其旧的经济秩序的再生产惯性。因此新的世界经济范式不会在主导国家形成，会在一个保护外围经济成分免受直接压迫的地方形成。随着世界主导国家不断更替，新世界经济范式的制度也会不断完善。这些制度保留了现有的物质技术成果，为社会生产力发展创造了新的机会。

世界经济范式作为保障经济再生产的完整制度体系，其周期性变化假设解释了政治经济长期发展的间歇性的原因。按照这一假设，世界经济范式的变化以离散形式发生，因为主导国家不能够改变制度，保障经济稳定增长的机会被耗尽。世界经济的主导国家试图通过加强监管世界经济的外围来维持自己的中心地位，这一行为导致了世界大战。新的世界经济范式经由世界大战完成了过渡。这种过渡伴随着世界经济发展主导国和中心的变化——主导权转移到其他已形成新式而且更加高效的经济再生产制度体系的国家。

这一假设揭示了世界大战的深层原因，提出了生产力和生产关系相互作用的新辩证法概念。

马克思主义解释苏维埃社会主义世界体系的形成是向无危机的生产力过渡，市场原教旨主义学说认为苏联解体是自由主义全球化的盛宴和世界资本市场的最终形成。与马克思主义不同，甚至与原教旨主义不同，这一假设证明了任何制度体系都存在历史局限性，而且在世界经济范式的非线性和不均衡发展过程中不可避免地发生改变。

使用范式这一概念旨在反映相互关联的元素，即相互联合的技术生产合作（即技术范式）和相互统一的经济组织的制度（经济范式）再生产的完整性。元素的关联性决定了其生命周期、至少在成熟期和衰落期的同步性，也决定了经济发展的间歇性特点，即大量元素会同时进行定期更替，元素间的关联也会同时进行定期重组，这令（在技术范式更替的情况下）技术变革和（在世界经济范式更替的情况下）政治变革呈跨越式特点。

在这一解释中，技术变革反映生产力组成要素的质变，而政治变革反映的是生产关系内容的质变。尽管它们的相互影响和一致性原则很明显，但它们并不一定吻合。但是生产关系的惰性本质上高于生产力的技术关联，因此世界经济范式的生命周期要比技术范式的生命周期长很多。

经济学中新科学范式的实际意义

作为阐述技术和世界经济范式周期性变化过程的学说，长期经济发展理论解释了许多主流经济思想没有叙述的反常现象。构成主流思想的这些流派，成为萎靡经济体系的抽象模型的特殊情况。正因如此，基于主流经济思想所提出的建议通常会导致相应国家经济的恶化。[①] 在长期经济理论框架内，这些过程得到了科学的解释，长期经济理论对经济所做的预测也会实现。根据长期经济理论所提出

① Глазьев С. Уроки очередной российской революции: крах либеральной утопии и шанс на экономическое чудо. М.: Экономическая газета, 2011. 576 с.; Обучение рынку / под ред. С. Глазьева. М.: Экономика, 2004.

的方法制定的新的科学范式为制定长期预测社会经济发展的方法学提供可靠的基础，能够预见全球经济和政治体系不稳定阶段的到来以及世界大战中所潜伏的威胁。这一范式在技术和世界经济范式发生变化时十分必要。

技术方式周期性变化规律的发现解释了当今全球危机的原因并能预测新技术方式增长路径的形成。这一发现为科学合理地选择科技进步优先方向以及确定经济超前发展战略创造先决条件。经济超前发展战略恰好为技术方式变革提供了可能性，落后的国家向先进的国家过渡，而这些先进国家正在承受着由于原有技术方式生产造成的资本贬值的危机后果。

世界经济范式变化的假设解释了当今世界政治局势紧张加剧的原因。无论美国保住其在世界经济关系体系中的领先地位的意愿有多强烈，世界主导国家都会发生变化，且这一过程具有不可逆性。该体系将会按照新式——一体化世界经济范式制度进行转变。

新的范式为全球社会经济发展提供了富有前景的想法。以美国为中心的自由主义全球化及与美联储相关的跨国集团的主导地位让位于与市场自组织机制以及战略和指示性规划制度相结合的、以中央监管经济为主导的多中心多币种系统和由国家监管维护社会共同利益的私营企业。在向新的世界经济范式过渡的情况下，得益于经营主体、社会群体和团体的多种利益相互协调，效率得到大幅度提高。如上所述，当前世界经济范式中的经济活动符合以任何方式获得利润最大化的活动者的利益。与当前世界经济范式不同，新的世界经济范式的目标是提高社会福利，从而保证其在经济增长中的优势。

上文提出的方法论便于理解长期经济发展机制，这一机制中稳定增长阶段和质变阶段交替出现，质变阶段以经济危机的形式出现。当前对这些机制的无知不但不能阻止这些危机发生，也不能阻止它们演变成世界大战和革命灾难。目前世界陷入了又一场经济变革，同时伴随新世界大战的风险。如果世界主导国的统治精英了解经济发展的客观规律就有可能避免战争的爆发，而且经济发展必然会向新的世界经济和技术范式过渡。阻止这些变化的阻力越强，生产力遭到的破坏越大，面临全球人道主义灾难的风险就越高。

现代专著中有许多启示性（世界末日）的预测，除了关于在经济发展中有必要自我约束的一般性辞令之外，几乎没有阐明应该如何避免这些预测成为现实。但是现实的出路在于消除环境、食品、能源等领域的限制。向新技术范式过渡的进程开启了太阳能、机器人技术、基因工程和细胞医学的时代，使得这些限制得以从本质上消除或削弱。这一过渡受旧的世界经济范式制度所牵绊，而这些制度激发全球生产和政治关系系统的对抗性冲突。全球生产的对抗性冲突会形成破坏经济稳定的巨大的金融泡沫，政治关系的对抗性冲突会引发世界混合大战。

主导国家统治精英的僵化思想妨碍以和平创新的方式解决这些矛盾冲突，由于不清楚现代经济发展规律从而不能对自身的各种可能性做出正确评估，最终导致形成这种僵化思想。上文已提到过经济发展的法律监管原则，需要为经济发展构建最佳配置。

新的范式为符合新的技术路径和经济再生产制度的宏观经济政策引用提供了科学依据，还为俄罗斯经济超前发展区政策的制定提供了科学依据。新的范式在阻止美国侵略发展成为世界大战的问题上将发挥重要作用，通过快速组建国家联盟，在新的世界经济范式制度以及新技术方式生产跨越式增长基础上形成新的世界经济发展中心。俄罗斯跟随中国的脚步或许可以在这个过程中发挥重要的作用，迈入跨越式发展新技术和世界经济范式形成之路中。

经济学中新科学范式发展的方向

世界经济变化进程呈现灾难性特点，这种灾难性是经济发展管理体制无法及时适应世界经济变化的结果。从很多方面来看不存在适应经济理论现实性的结果。上文曾指出一些构建经济理论的支撑结构，但是需要提出一个共同方案，为了制定这个方案，首先需要编制“技术任务书”。

一个切实有效的经济发展理论应该能回答如下问题，即如何保证经济发展的稳定性并指引经济发展朝向提高社会福利水平的目标。暂且不讨论这一标准的衡量（评判）方法，首先以最常见的指标——人均国民生产总值为例，这一数值通常能估算出经济发展水平。经济发展理论应该能够论证出一套最佳的经济活动法律规范和监管制度，以便在可预见的未来实现最大速度的经济发展。经济发展的主要因素是科技进步，而科技进步的源泉来自人的创造积极性，所以经济发展理论应该提出必要和足够的条件来提高公民发展和实现科技潜能的创造积极性，以实现经济的和谐稳定发展。

综上所述，为了创建一套经济发展理论，首先需要做什么呢?首先需要对其主要行为人（人的个性）提出一个准确的定义。经济人（homo economicus）概念及其收益最大化的原始动机和无止境地衡量消费品的边际效用来反映人在现代经济中的角色，这显然已不适用，无论人作为劳动力的买方还是卖方角色，经济人这一概念都已不适用。尽管所有这些角色都存在，但经济发展的主要动力是在创造和开发新知识、新技术中不断挖掘自身知识潜能并拥有创造力的人。为此他应该受过教育、富有创造力，拥有必要的设备、资金，具备良好的条件，使他可以在有共同目标的团体中开展工作。

为了适应现代经济活动的现实情况，经济科学不得不利用有关人心理行为动机的知识。想要实现个人在经济活动中的创造潜能，不仅要让人去共同参与活动规划，还要让他支配经济活动劳动成果。从这一观点来看，市场上劳动力买卖的传统经济科学观念是过时的，也许只适用于低端的劳动市场，这与将资本看作购入固定资产和劳动力用于服务的一般生产要素类似，均是过时观念。组织高科技生产以各成员之间的合作关系为前提，这些关系基于大家对目标、目标达成方法和成果分配方法的共识。在创造性活动中，成员间的相互理解不局限于完成形式任务，而是要对劳动成果产生共鸣。这种方法对共同生产活动生产资料所有权和劳动成果所有权的组织关系提出一定的要求。

“所有权”这一概念被主流经济科学忽视或者省略了。甚至在马克思主义范式中，所有权这一概念也并没有超越古罗马法及古罗马占有、使用、支配三位一体的说法。实际上现代经济活动基于不同所有权关系的组合搭配进行，而且这些所有权关系并未写入古罗马公式中。在一些先进国家，法律不仅规定资本所有者的权利，而且也规定工人、发明家、贷款人、地方和国家权力机关以及其他与组织经济活动和支配活动成果相关的主体的权利。集体所有制和劳动集体参与企业管理的权利被越来越广泛地使用。

新的范式规定经济科学和法律科学之间的相互关系。经济法体系是统治精英在保证自身经济利益的前提下创建的，因此他们愿意将其解释为一种绝对体系并强加给整个社会。精英们利用多种方法来说服公众，从向媒体施压到抹黑异议者和将暴力施加于反抗者。一般来讲，由于统治精英未能足够重视变革的必要性和过高评估其以过时方法管理发展的能力，最终导致灾难的发生。当列宁形象地说出“上级不能做，而下级不想做”这句话时，革命正在到来。统治精英通常试图以改革和战争相结合的方式阻止革命的到来，以缓解相应经济关系体系范围内的紧张情绪，结果通常是社会经济关系体系越来越混乱，最终走向崩溃。

新的范式为经济法体系跨越式改革提供了科学基础，它可以建设性解决经济矛盾，防止社会政治冲突加剧。为此，需要广泛的公众共识和有效的权力下放程序，向旨在协调法律规范中社会经济关系的机构放权。

在这里我们谈及一个关键问题，经济在社会科学中具有何种地位。现代的主流经济思想存在于一种人为创建的抽象真空里，不仅脱离人类社会的现实，而且脱离其他的社会科学。其实经济活动是为了满足人们的需求，并服从于人的意志。在宗教世界观的传统社会里，人类在世界上的存在被认为是为永生做准备并信仰拯救灵魂的思想。经济在价值等级中处于从属地位，而且经济活动是无止境地重复生产社会存在所必需产品的常规活动，而所生产的产品主要考虑统治精英的需求。只是在出现资本主义后，经济活动才以生产资料所有者的利益和增加他们的财富为目的。为了在世俗社会中证明这一实践的合理性才出现了自由价值体系，自由价值体系拥护个人的任意性，允许资本积累制度合法化，将其看作一种自我扩张的财富，至今这还是西方经济思想的主流。随着向知识经济和社会过渡，这一意识形态正饱受质疑。

第一，人类社会已经达到生态环境的极限，跨过极限就会引起不可逆转的环境退化。这就需要对自由主义价值体系进行适当的限制，即便这些限制是不符合自由主义价值体系的。

第二，人们在收入、生活质量和影响个人命运和社会命运能力上的差异即将达到临界值，越过这个临界值后，一个能接触先进技术和拥有足够财富的人，他的一次随意性发挥足以给全人类带来致命损失。

第三，货币政策的功能是创造财富。仅仅依靠债务担保发行的信托和世界货币的发行所创造的名义财富已超过劳动力和资本的总和。以同等货币计算的无抵押债务的金额超过主要国家和全球经济总产值的许多倍。

这样一来，人类就受一小部分人群的摆布，这部分人集中了财富、权力、能操纵现在和未来的人员的先进技术。主流经济思想（甚至社会学）基本上无视这些，本质上是在为由于科技进步而导致的社会经济关系结构发生质变进行辩护。这种变化对人类社会状态产生重要影响，直到人类社会因个别获得神圣机会的人随意操纵而走向灭亡。如果不形成一种制度来限制那些随意集权力、个人财产于一身的群体以及保证社会经济的稳定发展，那么最黑暗的反乌托邦可能发生。

深入研究人类可持续发展的意识形态，暂时停留在科学家、幻想家和热爱者的思考阶段。新的科学范式应该为这一活动提供可靠的坐标系统。一体化世界经济方式制度体系的形成至今没有进行科学论证，它建立在未经科学论证的折中思想基础上。更糟糕的是主流经济思想旨在抹黑这一工作并且试图将正在形成的新的世界经济范式制度说成是应被淘汰的残骸。这表明了经济思想主流范式的反动性。

在经济科学中，库恩的科学发展理论中的观点即将掀起一场革命。[①] 经济领域，乃至整个社会科学领域都需要向新的科学范式过渡。笔者希望，尊敬的读者们，读完此书能让您感兴趣加入这个广泛的超现实主义的跨学科讨论中。

---

① Кун Т. Структура научных революций / пер. с англ. И. З. Налетова; общая ред. и послесловие С. Р. Микулинского и Л. А. Марковой. М.: Прогресс, 1975.

参考文献

1. *Акаев А. А.* Экономика xxi века-это нооэкономика, экономика справедливости и разума//Проблемы теории и практики управления. -2014. -№ 11.
2. *Айвазов А.* Периодическая система мирового капиталистического развития / Альманах «Развитие и экономика». -Март 2012. -№2.
3. *Айвазов А.*, *Беликов В.* Экономические основы цивилизационных волн развития человечества//Партнерство цивилизаций. -2016. -№3-4.
4. *Аронсон Г.* Россия накануне революции: Исторические этюды. Монархисты, либералы, масоны, социалисты. -Нью-Йорк: 1962.
5. *Архипова В. В.* Современный санкционный режим в отношении России: характеристика и глобальный аспект//Мир новой экономики. -2017. -Т. 11. -№2.
6. Беседа В. Попова с П. Дуткевичем. 22 идеи о том, как устроить мир (беседы с выдающимися учеными). -М.: Издательство Московского университета, 2014.
7. *Блинов С.* Ошибка доктора Кудрина//Эксперт. -2015. -№ 19.
8. *Бодрунов С. Д.* Грядущее. Новое индустриальное общество: перезагрузка. -М.: Куль-турная революция, 2016.
9. *Богомолов О.* Реформы в зеркале международных сравнений. -М.:

Экономика, 1998.

10. *Бузгалин А. В.* , *Колганов А. И.* Введение в компаративистику (Исследование и сравнительный анализ социально-экономических систем: методология, теория, применение к переходным экономикам) . -М. : Таурус-Альфа, 1997.

11. *Винслав Ю.* , *Дементьев В.* , *Мелентьев А.* , *Якутин Ю.* Развитие интегрированных корпоративных структур в России// Российский экономический журнал. -1998. -№11-12.

12. Встать в полный рост / Доклад Изборскому клубу / Под ред. С. Батчикова, А. Кобякова, С. Глазьева. 23 ноября 2014.

13. *Волконский В. А.* XXI век. Многополярный мир. Тренды и задачи истории. -М. : Книжный мир, 2017.

14. Выступление В. Путина на пленарной сессии клуба «Валдай». 21 сентября 2013.

15. *Гэлбрейт Д.* Деньги: откуда они приходят и куда уходят, 1975. -http: //magnetfox. com/download/2255277/galbraith-money-whence-it-came-where-it-went-1975-

16. *Гельвановский М. И.* Ценовая политика государства: основные направления решения проблемы//Вестник Института экономики РАН. -2011. -№2.

17. *Глазьев С.* Геноцид. -М. : Терра, 1998.

18. *Глазьев С.* Евразийская интеграция как ключевое направление современной политики России//Журнал «Изборский клуб». -2014. -№1.

19. *Глазьев С.* Закономерность смены мирохозяйственных укладов в развитии мировой экономической системы и связанных с ними политических изменений//Наука. Культура. Общество. -2016. -№3.

20. *Глазьев С.* Информационно-цифровая революция / Доклад Изборскому клубу//Журнал «Изборский клуб». -2017. -№8.

21. *Глазьев С.* Кудрявая экономика. -М.：Политический журнал，2006.

22. *Глазьев С.* Между Вашингтоном и Пекином//Экономические стратегии. -2015. -Т. 1. -№2（128）.

23. *Глазьев С.* Мирохозяйственные уклады в глобальном экономическом развитии//Экономика и математические методы. -2016. -Т. 52. -№ 2.

24. *Глазьев С.* Нищета и блеск российских монетаристов//Экономическая наука современной России. -2015. -№2-3.

25. *Глазьев С.* НТП и воспроизводственные структуры в народном хозяйстве. Препринт. -М.：ЦЭМИ АН СССР，1986.

26. *Глазьев С.* О новой парадигме в экономической науке//Государственное управление. Электронный вестник. -Июнь 2016. -Вып. 56.

27. *Глазьев С.* О практичности количественной теории денег или сколько стоит догматизм денежных властей//Вопросы экономики. -2008. -№7.

28. *Глазьев С.* Очередной документ прокризисной стратегии «мегарегулятора»（о неприемлемости центробанковского проекта «Основных направлений единой государственной денежно-кредитной политики на 2017 год и на период 2018 и 2019 годов»）//Российский экономический журнал. -2016. -№5.

29. *Глазьев С.* Последняя мировая война. США начинают и проигрывают. -М.：Книжный мир，2016.

30. *Глазьев С.* Прикладные результаты теории мирохозяйственных укладов//Экономика и математические методы. -2016. -Т. 52. -№3.

31. *Глазьев С.* Санкции США и Банка России：двойной удар по национальной экономике//Вопросы экономики. -2014. -№9.

32. *Глазьев С.* Современная теория длинных волн в развитии

экономики//Экономическая наука современной России. -2012. -№ 2（57）.

33. *Глазьев С.* Социалистический ответ либеральной глобализации. -М.：АПН，2006.

34. *Глазьев С.* Стратегия опережающего развития России в условиях глобального кризиса. -М.：Экономика，2010.

35. *Глазьев С.* Теория долгосрочного технико-экономического развития. -М.：ВлаДар，1993.

36. *Глазьев С.* Уроки очередной российской революции：крах либеральной утопии и шанс на экономическое чудо. -М.：Экономическая газета，2011.

37. *Глазьев С.* Центральный банк против промышленности России// Вопросы экономики. -1998. -№1-2.

38. *Глазьев С.* Экономика будущего. Есть ли у России шанс? -М.：Книжный мир，2017.

39. *Глазьев С.*，*Горидько Н.*，*Нижегородцев Р.* Критика формулы Ирвинга Фишера и иллюзии современной монетарной политики// Экономика и математические методы. -2016. -№4.

40. *Глазьев С.*，*Чистилин Д.* Куда пойдет Россия?（Анализ предложенных программ социально-экономического развития страны）окончание//Российский экономический журнал. -2017. -№ 6.

41. *Глазьев С. Ю.* Битва за лидерство в XXI веке. Россия —США—Китай. Семь вариантов обозримого будущего. -М.：Книжный мир，2017.

42. *Глазьев С. Ю.* Об альтернативной системе мер государственной политики модернизации и развития отечественной экономики（предложения ученых секции экономики Отделения общественных наук РАН）//Российский экономический журнал. -

2011. -№ 4.

43. *Глазьев С. Ю.* О неотложных мерах по укреплению экономической безопасности России и выводу российской экономики на траекторию опережающего развития / Доклад. М. : Институт экономических стратегий, Русский биографический институт, 2015.

44. Глазьев С. Ю. Снова к альтернативной системе мер государственной политики модернизации и развития отечественной экономики (предложения на 2013—2014 гг.) //Российский экономический журнал. -2013. -№ 3.

45. *Глазьев С. Ю.* «Стратегия 2020» — антимодернизационный документ//Российский экономический журнал. -2012. -№ 2.

46. *Глазьев С. Ю.* Украинская катастрофа: от американской агрессии к мировой войне? -М. : Книжный мир, 2014.

47. *Глазьев С. Ю.* Экономическая теория технического развития / Отв. ред. Д. С. Львов. -М. : Наука, 1990.

48. *Глазьев С. Ю.*, *Архипова В. В.* Оценка влияния санкций и других кризисных факторов на состояние российской экономики// Российский экономический журнал. -2018. -№. 1.

49. *Глазьев С. Ю.*, *Микерин Г. И.*, *Тесля П. Н. и др.* Длинные волны: Науч. -техн. прогресс и соц. -экон. развитие / Отв. ред. С. В. Казанцев, П. Н. Тесля. -Новосибирск: Наука, 1991.

50. *Говорухин С.* Великая криминальная революция. -М. : Эрго-Пресс, 1995.

51. Годовой отчет Банка России за 2013 г. -http: //www. cbr. ru/publ/God/ar_ 2013. pdf.

52. *Гублер А.* Инновации и экономический рост. -М. : Наука. 2002.

53. *Гурвич Е.*, *Прилепский И.* Влияние финансовых санкций на российскую экономику//Вопросы экономики. -2016. -№1.

54. *Данилов-Данильян В. И.*, *Рывкин А. А.* Воспроизводственный аспект экономического развития и некоторые проблемы управления//Экономика и мат. методы. -1982. -Т. XX. -Вып. 1.

55. *Дементьев В. Е.* Длинные волны экономического развития и финансовые пузыри / Препринт # WP/2009/252-М.: ЦЭМИ РАН, 2009.

56. Десять лет системной трансформации в странах ЦВЕ и в России: итоги и уроки: научный доклад. -М.: ИМЭПИ РАН, 1999.

57. *Дмитриева О.* Еще раз об измененном бюджете-2009 и правительственной антикризисной программе//Российский экономический журнал. -2009. -№5.

58. Ежемесячный мониторинг социально-экономического положения и самочувствия населения: 2015 г. -июль 2017 г. / Под ред. Т. М. Малевой. -М.: Российская академия народного хозяйства и государственной службы при Президенте Российской Федерации, 2017.

59. *Ершов М. В.* Какая экономическая политика нужна России в условиях санкций? //Вопросы экономики. -2014. -№12.

60. *Ершов М.* Кризис 2008 года: «момент истины» для глобальной экономики и новые возможности для России//Вопросы экономики. -2008. -№12.

61. *Ершов М.* Мировая финансовая система после кризиса: тенденции и проблемы развития//Деньги и кредит. -2013. -№ 1.

62. *Ершов М.* О механизмах оживления экономики и поддержания равенства условий финансовой конкуренции после вступления России в ВТО / Аналитическая записка. 2014.

63. *Ершов М.* Об обеспечении валютной стабильности и о новых финансовых механизмах в условиях санкционного режима// Российский экономический журнал. -2014. -№ 5.

64. *Ершов М.* Экономический суверенитет России в глобальной экономике. -М. : Экономика, 2005.

65. *Запесоцкий А.* Россия между Востоком и Западом: новый контекст старой дискуссии (к вопросу о современной теории и практике евразийства) . -СПб: Санкт-Петербургский гуманитарный университет профсоюзов, 2013.

66. Интеграционный барометр. -М. : Центр интеграционных исследований Евразийского банка развития, 2013, 2014.

67. *Капица С.*, *Курдюмов С.*, *Малинецкий Г.* Синергетика и прогнозы будущего. -М. : УРСС. 2003.

68. *Кара-Мурза С. Г.*, *Батчиков С. А.*, *Глазьев С. Ю.* Куда идет Россия. Белая книга реформ. -М. : Алгоритм, 2008.

69. *Катков Г. М.* Россия в 1917 г. Февральская революция. -М. : 2006.

70. *Кейнс Дж.* Избранные произведения. -М. : Экономика, 1993.

71. *Кларк Дж. Б.* Распределение богатства. -М. : Гелиос АРВ, 2000.

72. *Клейнер Г.* Б. Стратегия системной гармонии экономики России. // Экономические стратегии. -2008. -№5-6.

73. *Кобяков А.*, *Хазин М.* Закат империи доллара и конец «Pax Americana». -М. : Вече, 2003.

74. *Кондратьев Н. Д.* Избранные сочинения. -М. : Экономика, 1993.

75. *Кондратьев Н. Д.* Мировое хозяйство и его конъюнктуры во время и после войны. -Вологда, 1922.

76. *Кондратьев Н. Д.* Проблемы экономической динамики. -М. : Экономика, 1989.

77. *Кондратьев Н. Д.* Основные проблемы экономической статики и динамики. Предварительный эскиз. -М. : Наука, 1991.

78. Конституция Российской Федерации. -http: //www. consultant. ru/document/cons_ doc_ LAW_ 28399/5b9338a7944b7701fbe63f48c943e

8175be16462/.

79. Концепция участия России в объединении БРИКС（утверждена Президентом РФ 21. 03. 2013.）.

80. *Косикова Л.* Новейшие украинские шоки российской экономики（о воздействии «постмайданного» кризиса в РУ на воспроизводственные процессы в РФ）//Российский экономический журнал. -2017. -№4.

81. *Кудрявый В.* Риски и угрозы российской электроэнергетики. Пути преодоления. 2015. -http：//exergy. narod. ru/kudryavyi. pdf.

82. *Куиггин Дж.* Зомби-экономика：как мертвые идеи продолжают блуждать среди нас. -М.：Издательский дом Высшей школы экономики，2016.

83. *Кун Т.* Структура научных революций. -М.：Прогресс，1975.

84. *Курлов П. Г.* Гибель императорской России：Воспоминания. -М.： «Захаров»，2001.

85. *Кьеза Д.* Что вместо катастрофы. -М.：ИД «Трибуна»，2014.

86. *Леви-Стросс К.* Структурная антропология. -М.：Изд-во ЭКСМО-Пресс，2001.

87. *Липушкина И.* Ю. Нефть Евразии：формирование общего рынка ЕАЭС. В соавт. -М.：Институт экономических стратегий，2016.

88. *Лукашенко А.* О судьбах нашей интеграции / Известия. -17 октября 2011.

89. *Львов Д. С.* Экономическая теория научно-технического прогресса. -М.：Наука，1982.

90. *Львов Д. С.*，*Глазьев С. Ю.* Теоретические и прикладные аспекты управления НТП. / Экономика и математические методы. -1986. -№5.

91. *Маевский В. И.* Реальный сектор и банковская система//Журнал Новой экономической ассоциации. -2009. -http：//journal. econorus. org/jsub. phtml? id = 22.

92. *Маевский В.*, *Малков С.* Перспективы макроэкономической теории воспроизводства//Вопросы экономики. -2014. -№ 4.

93. *Макаров В. Л.* Угроза перерождения экономики знаний под воздействием либерального рынка//Экономика региона. -2010. -№ 3.

94. *Макаров В. Л.* Социальный кластеризм. Российский вызов. - М.: Бизнес Атлас, 2010. — 272 с.

95. *Макконнелл К.*, *Брю С.* Экономикс: принципы проблемы и политика. -М.: Республика, 1992.

96. Макроэкономическая ситуация и денежно-финансовая политика в России / Доклад / Под ред. В. Е. Маневича и И. С. Букиной. -М.: Институт экономики РАН, 2013.

97. *Мансуров Т.* Евразийский проект Нурсултана Назарбаева, воплощенный в жизнь. -М.: Реал-пресс, 2014.

98. *Мансуров Т.* Евразийская экономическая интеграция: опыт и перспективы. -М.: Русский раритет, 2014.

99. Маркс К. и Энгельс Ф. Соч, т. 23. с. 10, 632. -М.: Государственное издательство политической литературы, 1960.

100. *Мигранян А.* Агрегированная модель оценки конкурентного потенциала стран ЕАЭС//Евразийская экономическая интеграция. -Ноябрь 2015. -№4 (29).

101. *Миндели Л. Э.*, *Мотова М. А.* Основные результаты разработки долгосрочного технологического прогноза России//Проблемы прогнозирования. -2006. -№5.

102. *Митяев Д. А.* О динамике саморазрушения мировой финансовой системы (сценарии и стратегии). Возможности адаптации и выбор стратегии для России. Сценарно-игровой доклад. -М.: Институт экономических стратегий, 2009.

103. *Миркин Я. М.* Финансовый конструктивизм. -М.: ИД

«Лингва-Ф», 2014.

104. *Моисеев Н. Н.* С мыслями о будущем России. — М. : Фонд содействия развитию социальных и политических наук, 1997.

105. *Мэнкью Г.* Макроэкономика. -М. : Из-во Московского университета, 1994.

106. *Нагорный А.* Ловушка от Обамы. 2016. -https: //izborsk-club. ru/9511.

107. *Назарбаев Н.* Евразийский союз: от идеи к истории будущего / Известия. -25 октября 2011.

108. *Найденов В.*, *Сменковский А.* Инфляция и монетаризм. Уроки антикризисной политики. -Киев: ОАО БЦКФ, 2003.

109. Нанотехнологии как ключевой фактор нового технологического уклада в экономике / Под ред. С. Ю. Глазьева, В. В. Харитонова. - М. : Тровант, 2009.

110. Население России в 2017 году: доходы, расходы и социальное самочувствие. Мониторинг НИУ ВШЭ. Июль 2017 / Под ред. Л. Н. Овчаровой. -М. : НИУ ВШЭ, 2017.

111. *Нельсон Р.*, *Уинтер С. Дж.* Эволюционная теория экономических изменений. -М. : Дело. 2002.

112. *Нижегородцев Р.*, *Горидько Н.*, *Шкодина И.* Институциональные основы теории финансов: современные подходы. -М. : ИНФРА-М, 2014.

113. *Никонов В.* Современный мир и его истоки. -М. : Издательство Московского Университета, 2015.

114. *Носовский Г. В.*, *Фоменко А. Т.* Русь. Подлинная история Великой Русско-Ордынской Средневековой Империи. -М. : АСТ: Астрель, 2009.

115. *Носовский Г. В.*, *Фоменко А. Т.* Старые карты Великой Русской Империи. -М. : АСТ: Астрель, 2009.

116. *Носовский Г. В.*, *Фоменко А. Т.* Татаро-монгольское иго: Кто кого завоевывал. -М.: АСТ: Астрель, 2008.

117. Обращение Президента России к главам государств -членов Евразийского экономического союза. 18 января 2018. -http://www. kremlin. ru/events/president/news/56663.

118. Обучение рынку / Под ред. С. Ю. Глазьева. -М.: ЗАО «Издательство «Экономика», 2004.

119. О внешних и внутренних угрозах экономической безопасности России в условиях американской агрессии / Научный совет РАН по комплексным проблемам евразийской экономической интеграции, модернизации, конкурентоспособности и устойчивому развитию. 2014.

120. О ключевой ставке Банка России. Информация пресс-центра ЦБ РФ. 25 июля 2014 г. -www. cbr. ru.

121. Основные направления единой государственной денежно-кредитной политики на 2009 год и период 2010 и 2011 годов / Вестник Банка России. -№ 66 (1082) от 14. 11. 2008.

122. Основные направления единой государственной денежно-кредитной политики на 2015 г. и период 2016 и 2017 годов / Вестник Банка России. -№106 (1584) от 01. 12. 2014.

123. О стратегии развития экономики России. Научный доклад. -М.: Национальный институт развития, 2011.

124. О стратегии развития экономики России: препринт / Под ред. С. Ю. Глазьева. -М: ООН РАН, 2011.

125. *Отырба А.*, *Кобяков А.* Как побеждать в финансовых войнах. Альманах «Однако». -Июнь-июль 2014 г. -№ 174.

126. О чем мечтают россияне. Идеал и реальность / Под ред. М. К. Горшкова, Р. Крумма, Н. Е. Тихоновой. -М.: Весь мир, 2013.

127. *Пантин В.* Наиболее вероятный прогноз развития политических и военных конфликтов в период 2014-2018 гг. / Аналитический материал. 12 июля 2014 г. -newsdon. info.
128. *Пантин В.* Циклы реформ-контрреформ в России и их связь с циклами мирового развития//ПолИс. -2011. -№ 6.
129. *Перкинс Д.* Исповедь экономического убийцы. -М. : Претекст, 2005.
130. Перспективы и стратегические приоритеты восхождения БРИКС / Под. ред. В. Садовничего, Ю. Яковца, А. Акаева. -М. : МГУ - Международный институт Питирима Сорокина-Николая Кондратьева -ИНЭС -Национальный комитет по исследованию БРИКС -Институт Латинской Америки РАН, 2014.
131. *Петров Ю.* К формированию новой экономической модели: рестрикция бюджетных расходов или повышение собираемости налогов? //Российский экономический журнал. -2013. -№4.
132. *Пикетти Т.* Капитал в XXI веке. -М. : Ad Marginem, 2015.
133. *Полтерович В.* Механизмы «ресурсного проклятия» и экономическая политика//Вопросы экономики. -2007. -№6.
134. *Подберезкин А.*, *Боришполец К.*, *Подберезкина О.* Евразия и Россия. М. : 2013. -http: //eurasian-defence. ru/sites/default/files/t4/4-1-1. pdf.
135. *Полеванов В.* «Бандитская» приватизация и судьба олигархов. Интервью ИА «Росбалт». -http: //www. rosbalt. ru/main/2005/01/18/192666. html.
136. Политическое измерение мировых финансовых кризисов / Под ред. В. Якунина, С. Сулакшина, И. Орлова. -М. : Центр проблемного анализа и государственно-управленческого проектирования. Век глобализации. 2013. Вып. №2 (12).
137. *Поршнев Б.* Оначале человеческой истории (Проблемы

палеопсихологии）. -М.: Мысль, 1974.

138. Послание Президента Российской Федерации Федеральному Собранию Российской Федерации, 3 декабря 2015 года. -http: //www. kremlin. ru/events/president/news/50864.

139. *Проханов А.* Рев русской истории. 2018. -https: //izborsk-club. ru/14935.

140. *Путин В.* Новый интеграционный проект для Евразии - будущее, которое рождается сегодня / Известия. -3 октября 2011.

141. Реформы глазами российских и американских ученых / Под общ. ред. О. Т. Богомолова. -М.: Российский экономический журнал, Фонд " За экономическую грамотность", 1996.

142. *Рогов С.* Место России в многополярном мире / Доклад. -М.: Институт США и Канады РАН, 2012.

143. *Родзянко М. В.* Государственная дума и февральская 1917 года революция. -Берлин: Slowo-Verlag, 1922.

144. *Росс Дж.* Китай и новый период в мировой экономике// Экономические стратегии. -2017. -№4.

145. Россия на пути к современной динамичной и эффективной экономике / Аналитический доклад / Под ред. А. Д. Некипелова, В. В. Ивантера, С. Ю. Глазьева. -М.: Российская академия наук, 2013.

146. *Самуэльсон П.*, *Нордгауз В.* Макроэкономика. -К.: Основы, 1995.

147. *Сахал Д.* Технический прогресс: концепции, модели, оценки. -М.: Финансы и статистика. 1985.

148. *Сергейцев Т.* Падение мировой сверхвласти: крымский рубеж. -М.: Однако, июнь-июль 2014. №174.

149. *Симчера В.*, *Соколин В.*, *Шевяков А.* К построению исторических рядов социально-экономического развития России// Экономическая наука современной России. -2001. -№6.

150. *Смирнов Ф.* Мировая финансово-экономическая архитектура. Деконструкция. -М. : ООО «Буки Веди», 2015.

151. *Сорокин П.* Главные тенденции нашего времени. -М. : Наука, Российская академия наук, Институт социологии, 1997.

152. *Суханов Н. Н.* Записки о революции. -М. : Издательство политической литературы, 1991.

153. *Сухарев О. С.* Экономические санкции: проблема оценки ущерба//Экономика и предпринимательство. -2017. -№ 8. -Ч. 4.

154. *Сухотин Ю. В.* О критериях и закономерностях социально-экономического реформирования. В кн. : Экономические реформы в России. Итоги первых лет 1991-1996. ИЭ РАН. -М. : Наука, 1997.

155. Технологическая кооперация и повышение конкурентоспособности в ЕЭП. Доклад №10. -СПб: Центр интеграционных исследований Евразийского банка развития, ЕАБР, 2013.

156. *Тобин Д.* Денежная политика и экономический рост. -М. : Либроком, 2010.

157. *Тоффлер Э.* Третья волна. -М. : АСТ, 2010.

158. *Трубецкой Н. С.* История. Культура. Язык. -М. : ПРОГРЕСС; УНИВЕРС, 1995.

159. *Ульянов Н.* Технология на вырост//Эксперт. -2017. -№24.

160. *Федоренко Н. П.* Вопросы оптимального функционирования экономики. — М. : Наука, 1990.

161. Финансовые стратегии модернизации экономики: мировая практика / Под ред. Я. М. Миркина. -М. : Магистр, 2014.

162. *Филимонов Г.* Культурно-информационные механизмы внешней политики США. Истоки и новая реальность. -М. : Российский университет дружбы народов, 2012.

163. *Фишер И.* Покупательная сила денег. -М. : НКФ СССР, 1926.

164. *Фоменко А. Т.* Как было на самом деле. Каждая история желает быть рассказанной М.：АСТ，2017.

165. Формирование стратегии модернизации экономики：мировая практика / Под ред. Я. М. Миркина. -М.：Магистр，2014.

166. *Форрестер Д.* Мировая динамика. -М.：АСТ，2006.

167. *Фридмен М.* Если бы деньги заговорили... -М.：Дело，1998.

168. *Фридмен М.* Количественная теория денег. -М.：Эльф пресс，1996.

169. *Фролов К. А.* Проект Украины как анти-России. Искоренение канонического православия на исторических землях Малороссии，Новороссии и Подкарпатской Руси. -М.：Алетейя，2016.

170. *Фукуяма Ф.* Конец истории и последний человек. -М.：АСТ，2010.

171. *Фурсов А.* Русофобия и информационная война против России. 2015 -http：//andreyfursov. ru/news/rusofobija_ i_ informacionnaja_ vojna_ protiv_ rossii/2015-10-31-496.

172. *Хантингтон С.* Столкновение цивилизаций. -М.：ООО «Издательство АСТ»，2003.

173. Харрис Л. Денежная теория. -М.：Прогресс，1990.

174. *Цыпин А. П.*，*Овсянников В. А.* Оценка доли иностранного капитала в промышленности России//Молодой ученый. -2014. -№12.

175. *Шацилло В.* Первая мировая война 1914-1918. Факты и документы. -М.：Олма-Пресс，2003.

176. *Швейцер П.* Победа. Роль тайной стратегии администрации США в распаде Советского Союза и социалистического лагеря. Минск：1995.

177. *Широв А. А.*，*Янтовский А. А.*，*Потапенко В. В.* Оценка потенциального влияния санкций на экономическое развитие

России и ЕС//Проблемы прогнозирования. -2015. -№4.

178. *Шумпетер И* ˘ . Теория экономического развития. -М. : Прогресс, 1982.

179. Эволюционная теория экономических изменений / Под ред. Р. Р. Нельсона, С. Дж. Уинтера. -М. : Дело, 2002.

180. Эволюция технико-экономических систем: возможности и границы централизованного регулирования / Под ред. Д. С. Львова, Г. Г. Фетисова, С. Ю. Глазьева. -М. : Наука, 1992.

181. Экономическая безопасность современной России: уроки кризиса и перспективы роста / Под ред. В. А. Черешнева, А. И. Татаркина, М. В. Федорова. -Екатеринбург: Институт экономики УрО РАН, 2012.

182. *Эрхард Л.* Полвека размышлений. -М. : Руссико-Ордынка, 1993.

183. *Яковец Ю.* Политическая экономия цивилизаций. -М. : Экономика, 2016.

184. *Яковец Ю. В.*, *Акаев А. А.* Перспективы становления устойчивого многополярного мироустройства на базе партнерства цивилизаций: Научный доклад. -М. : МИСК, 2016.

185. *Яковец Ю. В.*, *Кузык Б. Н.* Цивилизации: теория, история, диалог, будущее. -М. : Институт экономических стратегий, 2006.

186. *Яковлев А.*, *Глисин Ф.* Альтернативные формы расчетов в народном хозяйстве и возможности их анализа методами субъективной статистики//Вопросы статистики. -1996. -№ 9.

187. *Яременко Ю. В.* Структурные изменения в социалистической экономике. -М. : Мысль, 1981.

188. 2030 Чжунго: маньсян гунтун фуюй (Китай — 2030: вперед к всеобщей зажиточности) / Центр изучения положения в стране Университета Цинхуа / Под ред. Ху Аньган, Янь Илун, Вэй Син. -Пекин: Изд-во Китайского Народного университета, 2011.

189. *Andersen L.* , *Carlson K.* Monetary and Fiscal Actions: A Test of Their Relative Importance in Economic Stabilization//Federal Reserve Bank of St. Louis Review. -1968. -No50.

190. *Ando A.* , *Modigliani F.* The Relative Stability of Monetary Velocity and the Investment Multiplier//American Economic Review. -1965. -No 55.

191. *Arrighi G.* The long twentieth century: money, power and the origins of our times. -London: Verso, 1994.

192. *Attali J.* Millennium: winners and losers in the coming world order. -New York: Random House, 1991.

193. *CrozetM.* , *Hinz J.* Collateral Damage: The Impact of the Russia Sanctions on Sanctioning Countries' Exports. Research and Expertise on the World Economy//CEPII Working Paper. -№ 2016-16-June.

194. *Friedman M.* , *Meiselman D.* The Relative Stability of Monetary Velocity and the Investment Multiplier in the United States, 1897-1958 / Stabilization Policies. Cliffs E. (Ed.) . -N. J. : Prentice Hall, 1963.

195. *Fukuyama F.* The End of History and the Last Man. -N. Y. : Free Press, 1992.

196. *Grubler A.* The rise and fall of Infrastructures //American Economic Review. -1959. -No 49.

197. *Hammond G.* State of the art of inflation targeting. -London: Bank of England, 2012. Federal Reserve Act. -http: //www. federalreserve. gov/aboutthefed/fract. htm.

198. *Herbert S.* An Administrative Behaviour: A study of decision-making processes in administrative organizations. -Glencoe: Free press, 1960.

199. *Kemp J.* An American Renaissance: A strategy for the 1980s. -N. Y. : HarperCollins, 1979.

200. *Maddison A.* The World Economy: Historical Statistics. -Paris: OECD, 1995.

201. Main Science and Technology Indicators. -Paris：OECD，2013. №1.
202. *Marchetti C.*，*Nakicenovic N.* The Dynamics of Energy Systems and the Logistic Substitution Model. RR-79-13 / IIASA. -Laxenburg，Austria，1979.
203. *Nakicenovic N.* Energy Strategies for Mitigating Global Change. IIASA. -Laxenburg，Austria，1992.
204. *Nakicenovic N.* Technological Substitution and Long Waves in the USA：The Long Wave Debate. -Berlin：Springer，1987.
205. *Obstfeld M.*，*Shambaugh J.*，*Taylor A.* Monetary Sovereignty，Exchange Rates，and Capital Controls：The Trilemma in the Interwar Period//IMF Staff Papers. -2004. -Special Issue. -Vol. 51.
206. *PerezC.* Technological Revolutions and Financial Capital：The Dynamics of Bubbles and Golden Ages. -London：Elgar，2002.
207. *Ramo J.* The Beijing Consensus. -London：The Foreign Policy Centre，2004.
208. *Russell M.* Sanctions over Ukraine：Impact on Russia. Members′ Research Service//European Parliamentary Research Service. -March 2016.
209. Russian Federation：2015 article IV consultation//IMF Staff Country Report. -2015. -№15/211.
210. *SidrauskiM.* Rational Choice and Patterns of Growth in a Monetary Economy//American Economic Review. -May 1967. -Vol. 57. -Issue 2. Papers and Proceedings of the Seventy-ninth Annual Meeting of the American Economic Association.
211. *Tobin J.* Liquidity preference as behaviour towards risk. The Cowles Foundation for Research in Economics at Yale University//The Review of Economic Studies. -February 1958. -No. 67.
212. 2015 Article IV Consultation with the United States of America Concluding Statement of the IMF Mission. IMF. 28. 05. 2015.

译者后记

我与本著作作者格拉济耶夫院士相识于2016年秋天。当年他率团访华，我有幸参与接待他的代表团的工作，结识了这位在苏联解体俄罗斯独立后构建俄新政权，并亲自参与俄新政府工作的亲历者。

我眼中的格拉济耶夫院士是一位谦逊、知识渊博和极具爱国热忱的知名经济学家和国务活动家。他热爱俄罗斯的历史，具有强国、爱国主义的俄罗斯传统保守主义的思想；他坚持自己的学术立场和观点，不会曲意逢迎他人；他热爱祖国，为俄罗斯的经济发展道路和欧亚地区经济一体化奉献自己的聪明才智。我在翻译工作中遇到那些深奥的经济学理论请教他，他都能用深入浅出的语言给我讲解，在他的回答和向他学习的过程中我能感受到他的睿智和深邃的思想，并深深折服于大学者的人格魅力。

我眼中的格拉济耶夫院士是一位手不释卷、见缝插针工作的学者。无论在机场候机，还是在飞机上，他或看书，或掩卷沉思，或捧着笔记本电脑写作，许多关于中国经济改革与发展，有见地的、鲜活的思想和文稿就是他在中国实地考察和座谈调研后立即抓紧一切时间转化而来的。

《向未来跨越：新技术和新世界经济范式中的俄罗斯与中国》是我翻译格拉济耶夫院士的第二本专著。格拉济耶夫院士基于马克思政治经济学与西方经济学理论，同时总结俄罗斯经济改革的经验和教训，为我们提供了一个观察中国和俄罗斯在全球经济变革和霸权体系下走向经济现代化、实现国家发展的路径选择的特殊视角。该视角帮助我们从历史的、全球的视野和政治经济学的视角，深入理解技术进步、经济发展和全球竞争的关系，使我们能够更加冷静、深入地理解中俄发展的不同路径及其内在相似性（国家政策、政府作用、外部约束、全球技术和发展中心等）。这是本书的主要学术价值所在。我希望，这本译著除了在学理上为研究俄罗斯经济提供参考，也能为中俄两国务实合作的提质升级提供有益的智力支持，更能为欧亚经济联盟与“一带一路”倡议的对接合作做出贡献，从而体现出本译著的现实意义。今年是苏联解体三十周年，也希望这本译著能为我们深入理解苏联解体的原因、俄罗斯的国家治理提供一个思考的角度。

最后，我要感谢为这本著作翻译和出版提供过帮助的所有老师和机构，其中包括中国社会科学院国际合作局为该著作立项；在翻译、审校方面，中国社会科学院俄罗斯东欧中亚研究所副所长金哲，中央广播电视总台 CGTN 俄语资深翻译、前中国国际广播电台驻俄罗斯首席记者、时事评论员、新闻主播李忠庆先生，以及我的硕士毕业生李臣臣等所做出的特殊贡献；感谢中国社会科学院俄罗斯东欧中亚研究所俄罗斯经济研究室主任徐坡岭教授对本译著的评审；感谢为本译著付梓付出大量心血的中国社会科学出版社的王茵副总编辑，本译著的责任编辑黄晗、乔镜蜚老师，负责版权的刘嘉琦老师；感谢我的儿子瞳的理解与支持，尽管他在为高考奋战，而我忙于工作疏于全心全意地照顾他，深深祝愿他能通过自己的努力，明年考出好成绩，实现自己的理想！可以说，没有大家的帮助和支持，很难成就这本译著！还需说明的是，由于对原著的理解和翻译很可能有不妥之处，还请读者多包涵，并给予批评指正。

新年将至，让新冠疫情、混乱、痛苦留在过去，让我们迎接和拥抱一个崭新的、充满希望的、幸福、和平与发展的新年！祝愿中俄友谊万古长青！

李勇慧

2021 年 12 月 29 日于北京模式口驼铃古道陋室